W0192303

BASTEI
LÜBBE

Paperback

Jörg Kastner

DAS GROSSE
KARL MAY
BUCH

Sein Leben-Seine Bücher
Die Filme

BASTEI LÜBBE

Paperback

BASTEI-LÜBBE-PAPERBACK
Band 28 206

Erste Auflage: Februar 1992
Zweite Auflage: Oktober 1992

© Copyright 1992 by
Bastei-Verlag Gustav H. Lübbe GmbH & Co.,
Bergisch Gladbach
All rights reserved
Lektorat: Dr. Edgar Bracht
Titelillustration: Bastei-Archiv
Umschlaggestaltung: Quadro Grafik, Bensberg
Satz: KCS GmbH, 2110 Buchholz/Hamburg
Druck und Verarbeitung:
Clausen & Bosse, Leck
Printed in Germany
ISBN 3-404-28206-X

Der Preis dieses Bandes versteht sich
einschließlich der gesetzlichen Mehrwertsteuer.

Inhalt

Für Corinna

*Ich höre, daß Karl May der Öffentlichkeit so lange als
guter Schriftsteller galt, bis irgendwelche Missetaten aus
seiner Jugend bekannt wurden. Angenommen aber, er
hat sie begangen, so beweist mir das nichts gegen ihn —
vielleicht sogar manches für ihn. Jetzt vermute ich in ihm
erst recht einen Dichter.*

HEINRICH MANN

*Die Deutschen, die immer nur geniale Novellisten hatten
wie Goethe, Büchner und Kleist, haben in Karl May den
einzigen grandiosen Erzähler von Männerschicksalen.*

CARL ZUCKMAYER

*Es genügte, daß immer etwas los war, daß man in frem-
den Ländern und Sitten mit sicherer Hand geleitet wurde,
daß es Käuze gab, über die man lachen konnte, Helden,
für die man schwärmen durfte, Bösewichter, die man
verachten mußte.*

THEODOR HEUSS

Danksagung

Mein aufrichtiger Dank gehört allen, die mich bei der Arbeit an diesem Buch unterstützt haben. Namentlich seien genannt:

Regina Arentz, Königswinter;
Ekkehard Bartsch, Bad Segeberg;
Thomas Deist, Bielefeld;
Hansotto Hatzig, Oftersheim;
Ellen-Maria Jäger und Alfried Nehring vom Fernsehen der DDR/
Deutschen Fernsehfunk, Berlin;
Corinna Koch, Hannover;
Marion Rasche vom DEFA-Studio für Trickfilme, Dresden;
Dr. Reiner Schmalisch vom ZDF, Mainz.

Für die freundliche Unterstützung bei den Arbeiten zur Herausgabe dieses Buches bedankt sich der Verlag sehr herzlich bei Herrn René Wagner, dem Direktor des Karl-May-Museums in Dresden-Radebeul.

EINLEITUNG

MIT WINNETOU ZUM SILBERSEE

Karl May ist ein Garant für gute Unterhaltung. Als Schriftsteller lange Zeit in die Ecke des Trivialliteraten gedrängt, beginnt die Literaturwissenschaft allmählich damit, ihn ernst zu nehmen. Seine Millionen von begeisterten Lesern haben sich von den Fehleinschätzungen nie stören lassen. Sie schätzten und schätzen den phantasievollen Erzähler mit der beispiellosen Fähigkeit, sie auf spannende Reisen in fremde, exotische Weltteile zu entführen und gleichzeitig ein Lehrmeister ihrer Seelen zu sein. Denn das Besondere an Karl May, das ihn vielen trivialen und künstlerisch ambitionierten Schriftstellern überlegen macht, ist, daß er an unserer Seele rührt. Ein schweres eigenes Schicksal ließ ihn mitfühlend werden gegenüber anderen Menschen, und er verstand diese Grundeinstellung wunderbar in seine Werke zu übertragen. Die meisten May-Leser werden dies nur unterschwellig merken, aber gleichwohl ist es der Grund, weshalb sie zu einem ›May‹ greifen.

Erfolg zieht stets ungeahnte Folgen nach sich, so auch im Fall Karl Mays. Die Abenteuer von Winnetou und Old Shatterhand, von Kara Ben Nemsi und Hadschi Halef Omar blieben nicht lange auf die Welt des gedruckten Wortes beschränkt. Ein neues Medium sollte in die Unterhaltungskultur einziehen und sich des sächsischen Dichters bemächtigen: der Film, *die* Kunstform des 20. Jahrhunderts. Die in den sechziger Jahren entstandenen Karl-May-Filme mit Lex Barker und Pierre Brice genießen heute einen Kultfilm-Status. Zwar stellen sie nicht die ersten Ausflüge des Films in die Maysche Abenteuerwelt dar, jedoch die erfolgreichsten. Die ersten Filme nach Karl May wurden schon in der Stummfilmzeit gedreht. 1920 entstanden drei Orient-Streifen, die heute leider als verschollen gelten. Der nächste May-Film hieß *Durch die Wüste* und wurde 1935 mit großem Aufwand inklusive Außenaufnahmen in Ägypten hergestellt, aber er erntete nicht den ersehnten Erfolg. Was als ›erstes Abenteuer‹ angekündigt war, blieb für fast ein Vierteljahrhundert das einzige. Zwei weitere Orientfilme Ende der fünfziger Jahre schafften es wieder nicht, eine Serie zu initiieren.

Es schien so, als wolle sich der phänomenale Bucherfolg Karl Mays auf der Leinwand nicht einstellen. Doch dann wagte der Produzent Horst Wendlandt 1962 den riskanten Ritt mit Winnetou zum Silbersee, und damit hatte er auf ein Siegerpferd gesetzt. *Der Schatz im Silbersee*, der erste verfilmte May-Western, war der erste Beweis für die These, daß man mit diesem Autor auch im Kino große Erfolge feiern kann. Eine Fortsetzung war unvermeidlich. Bis 1968 ritten Mays Helden siebzehnmal über die Leinwand. Anfänglich noch relativ eng an die Vorlage angelehnt, borgten sich die letzten Filme nur noch die Namen der Helden bei Karl May.

Diese Serie war der letzte große Erfolg des sterbenden deutschen Altfilms. Die nachrückenden Jungfilmer interessierten sich nicht für Karl May — mit einer Ausnahme: Hans-Jürgen Syberberg verzichtete 1974 in seinem Dreistundenopus *Karl May* auf vordergründige Action, um statt dessen die Hintergründe der Schriftstellerseele auszuleuchten. Dann blieb die Leinwand dunkel für den Sachsen, bis die DDR Ende der achtziger Jahre den Ritt zum Silbersee puppentricktechnisch neu aufbereitete und Filme wie ›Buschgespenst‹ und ›Präriejäger in Mexiko‹ entstanden. Eine späte Genugtuung, nachdem May in seiner Heimat lange Jahrzehnte persona non grata war.

Auch das Fernsehen ließ sich — viel zu selten — auf Karl May ein. Eng verknüpft mit Film und Fernsehen sind Karl Mays Abenteuer auf der Bühne, nicht zuletzt durch *den* Winnetou — Pierre Brice, der auf der Leinwand, auf dem Bildschirm und auf Freilicht- und Theaterbühnen zur Silberbüchse griff.

Karl Mays 150. Geburtstag am 25. Februar 1992, dem am 30. März desselben Jahres sein 80. Todestag folgt, ist Anlaß für diesen Versuch, die Karriere des Schriftstellers näher zu beleuchten, mit allen Höhen und Tiefen. Wir wollen den Menschen Karl May und seine Werke kennenlernen sowie ihre Umsetzungen in andere Medien.

Der Schwerpunkt liegt dabei auf den Karl-May-Filmen, die von den May-Forschern oft als Nebensache abgetan werden, die sich aber um die Popularität des Schriftstellers beim heutigen Publikum einen unschätzbaren Verdienst erworben haben.

Der gigantische Filmerfolg in den sechziger Jahren ist gleichermaßen Beleg wie Ursache für die auch nach seinem Tod ungebrochene Popularität Karl Mays. Denn viele neue Krieger folgten Winnetou erst durch die jugoslawischen Film-Prärien, bevor sie bei Karl May nachschlugen, wie er die Sache sah.

In diesem Buch werden die einzelnen Filme ebenso besprochen wie ihre Romanvorlagen, die Darsteller und die von ihnen dargestellten Figuren. Besondere Beachtung erfahren die ›swinging sixties‹ mit dem ›Traumpaar‹ Lex Barker und Pierre Brice.

Ein paar Besserwisser in ihren Elfenbeintürmen wollen uns weismachen, die Filme seien ebenso unbedeutend wie die Tatsache, daß Mays Leserschaft nach Millionen zählt. Karl May aber schrieb für die Massen; bei ihnen Erfolg zu haben war sein Ziel. Er selbst wollte Winnetou auf die Bühne bringen. Hätte das Medium Film zu seinen Lebzeiten schon Bedeutung gehabt, hätte er vielleicht selbst ein Winnetou-Drehbuch verfaßt. Wenn Millionen Leser und Filmfreunde ihre Freude an Karl May haben, so ist das ein Wert an sich, der sich nicht wegdiskutieren läßt. Oberlehrer haben wir genug, Karl May ist einmalig!

Porta Westfalica, im Juni 1991   Jörg Kastner

KARL MAYS
LEBEN

ZWISCHEN TRAUM
UND WIRKLICHKEIT

Ein Lieblingskind der Not, der Sorge und des Kummers

Karl May – dieser Name ist heute ein fester Begriff für abenteuerliche, spannende, exotische und humorvolle Unterhaltung. Mit einer Gesamtauflage, die 1988 allein im deutschen Sprachraum bei 75 Millionen gelegen hat, ist er der meistgelesene deutsche Unterhaltungsschriftsteller. In ungefähr 30 Kultursprachen übersetzt, hat er weltweit an die 200 Millionen Leser gefunden. Ein ganzer Buchverlag schmückt sich mit seinem Namen und hat Karl Mays ›Gesammelte Werke‹ in bisher 74 Bänden veröffentlicht. Eine neue Werkausgabe, die sich an seinen Originaltexten orientiert, ist gar auf 99 Bände angelegt. Wer war dieser Mann, der die Herzen seiner Leser für sich gewann wie kaum ein anderer?

Karl Friedrich May kam am Abend des 25. Februar 1842 als fünftes von insgesamt 14 Kindern des Ehepaares Heinrich August May (1810–88) und Christiane Wilhelmine May geb. Weise (1817–85) zur Welt – einer Welt, die sich ihm von ihrer dunkelsten Seite zeigte. Der Vater war Weber in der kleinen erzgebirgischen Stadt Ernstthal, die später mit dem Nachbarort Hohenstein zur Gemeinde Hohenstein-Ernstthal zusammengeschlossen wurde. Wer Gerhart Hauptmanns Drama *Die Weber* kennt, kann sich ein Bild von den Verhältnissen machen, in denen die Familie May lebte. Den im Erzgebirge ansässigen Webern ging es um keinen Deut besser als ihren schlesischen Kollegen, von denen Hauptmann erzählt. Die fortschreitende Industrialisierung der Tuchindustrie zunächst in England und in Frankreich, dann aber auch in Deutschland, minderte das Einkommen der noch in Handarbeit tätigen Weber. Folgeerscheinungen des mageren Verdienstes und der sozialen Miß-

21

stände waren Hunger und Krankheiten, was an der damals sehr hohen Kindersterblichkeit deutlich wird, die zum Teil auch in den so gut wie nicht vorhandenen Vorstellungen von Hygiene, besonders bei der Geburt, begründet war. Von den 14 Kindern der Mays überlebten nur Karl und zwei seiner Schwestern die frühe Kindheit. Neun Kinder starben, noch bevor sie zwei Jahre alt waren. Karls Großmutter mütterlicherseits starb 1851, nach seiner Meinung an dem, ›was man gegenwärtig diskret als ›Unterernährung‹ zu bezeichnen pflegt‹ (Karl May in seiner Autobiographie *Mein Leben und Streben).*

Karl May bezeichnet sich in seiner Lebensbeschreibung als ›ein Lieblingskind der Not, der Sorge, des Kummers‹. Kurze Zeit nach der Geburt erblindete er. Über die Ursache kann nur gemutmaßt werden. Eine Dürreperiode führte damals in der Ernstthaler Gegend zu Wassermangel, so daß sich die ohnehin schon miserablen hygienischen Verhältnisse weiter verschlechterten. Vielleicht wurde auch der kleine Karl das Opfer einer Infektion. Möglich ist auch, daß Karl sich eine Erkältung zuzog, als ihn die Eltern schon am Tag nach seiner Geburt durch die kalte Winterlandschaft zur Taufe brachten. Eine solch frühe Taufe war damals wegen der hohen Säuglingssterblichkeit weit verbreitet, denn die Kirche verweigerte ungetauften Kindern ein christliches Begräbnis.

Der junge Karl May verbrachte die meiste Zeit bei der Mutter seines Vaters, zu der er eine besondere Zuneigung faßte und deren Märchen und Geschichten seine Gedankenwelt sehr stark beeinflußten. ›Hier liegt begründet, daß er in seinem späteren Leben nie das vernunftgemäße Verhältnis des Durchschnittsmenschen zur Wirklichkeit finden und nie pragmatisch denken konnte, sondern immer wieder den Eingebungen seiner Phantasie folgte.‹ (Rudolf Beissel, *Von Atala bis Winnetou.*)

Um zusätzliches Geld verdienen zu können, ließ sich Karls Mutter zur Hebamme ausbilden. Während dieser Zeit geknüpfte Kontakte zu Ärzten ermöglichten ihrem Sohn 1846 eine Augenoperation in Dresden, die ihm die Sehkraft wiedergab.

Karls Vater übte fortan einen großen Einfluß auf den Jungen aus, weil er sich von ihm das ersehnte, was er selbst nicht geschafft hatte: einmal etwas ›Besseres‹ zu werden. Da Karl in den Jahren der Blindheit im Gegensatz zu seinen Geschwistern nicht zu irgendwelchen Arbeiten herangezogen worden war, hatte er viel Zeit zum Nachdenken gehabt und erschien deshalb klüger als seine Altersgenossen, was den Wünschen seines Vaters sehr entgegenkam. Obgleich er das sechste Lebensjahr noch nicht vollendet hatte, durfte Karl schon 1847 die Schule besuchen.

In seiner Autobiographie nennt Karl May seinen Vater einen Menschen ›mit zwei Seelen‹, der zu seinen Kindern äußerst streng, aber auch sehr liebevoll sein konnte. Außerdem war er eifrig und geschickt, weshalb er sein Arbeitspensum schneller bewältigte als andere Weber. In der übrigen Zeit versuchte er sich in verschiedenen Nebentätigkeiten, wie der Taubenzucht, die jedoch am allzu großen Enthusiasmus und an unzureichender Überlegung scheiterten und regelmäßig zu Reinfällen wurden.

Heinrich August Mays Eifer erstreckte sich auch auf die Bildung seines Sohnes, dem er so ziemlich alles Lesbare verschaffte, was in dem Städtchen aufzutreiben war. Ganze dickleibige Schwarten mußte Karl abschreiben, weil sein Vater glaubte, das in ihnen angesammelte Wissen werde sich so auf den Sohn übertragen. Später erhielt der Junge Unterricht in Musik und Fremdsprachen. Um diesen bezahlen zu können, mußte er sich als Kegelaufsetzer in einer Schankwirtschaft verdingen, womit ihm der letzte Rest an Freizeit genommen war. Oft hatte der damals Zwölfjährige bis nach Mitternacht auf der Kegelbahn zu tun. Die rauhen Sitten der Ablenkung von ihrer Arbeit suchenden Weber trugen nicht gerade dazu bei, den Charakter eines so jungen Menschen zu festigen.

Karl May schreibt über seine Kindheit: ›Sie starb in dem Augenblick, an dem ich die Augen zu sehen öffnete.‹ Das Übermaß an − meistens nutzloser − Bildung und die Arbeit nebenher stempelten ihn zum Einzelgänger ohne Spielkameraden und Freunde. Denn zum Spielen oder Herumtreiben mit Gleichaltrigen hatte er einfach keine Zeit. Für ihn bedeutete es schon ein Glück, wenn ihn die Mutter in Abwesenheit des Vaters für fünf Minuten an die frische Luft schickte.

May beschreibt die schlechten wirtschaftlichen Verhältnisse, denen sich seine Familie ausgesetzt sah, in dem *Keine Jugend* betitelten Abschnitt seiner Selbstbiographie wie folgt: ›Es mangelte uns an fast allem, was zu des Leibes Nahrung und Notdurft gehört. Wir baten uns von unserem Nachbar, dem Gastwirt ›Zur Stadt Glauchau‹, des Mittags die Kartoffelschalen aus, um die wenigen Brocken, die vielleicht noch daran hingen, zu einer Hungersuppe zu verwenden. Wir gingen nach der ›Roten Mühle‹ und ließen uns einige Handvoll Beutelstaub und Spelzenabfall schenken, um irgend etwas Nahrungsmittelähnliches daraus zu machen. Wir pflückten von den Schutthaufen Melde, von den Rainen Otterzungen und von den Zäunen wilden Lattich, um das zu kochen und mit ihm den Magen zu füllen. Die Blätter der Melde fühlen sich fettig an. Das ergab beim Kochen zwei oder drei kleine Fettäuglein, die auf dem Wasser schwammen. Wie nahrhaft und wie delikat uns das erschien! Glücklicherweise gab es unter den vielen Webern des Ortes, die arbeitslos waren, auch einige wenige Strumpfwirker, deren Geschäft nicht ganz zum Stillstehen kam. Sie webten Handschuhe, so außerordentlich billige, weiße Handschuhe, die man den Leichen anzieht, ehe sie begraben werden. Es gelang Mutter, solche Leichenhandschuhe zum Nähen zu bekommen. Da saßen wir nun alle, der Vater ausgenommen, von früh bis abends spät und stichelten drauflos. Mutter nähte die Daumen, denn das war schwer, Großmutter die Längen mit dem kleinen Finger und ich mit den Schwestern die Mittelfinger. Wenn wir sehr fleißig waren, hatten wir alle zusammen am Schluß der Woche elf oder auch zwölf Neugroschen verdient. Welch ein Kapital! Dafür gab es für fünf Pfennige Runkelrübensirup, auf fünf Dreierbrötchen gestrichen; die wurden sehr gewissenhaft zerkleinert und verteilt. Das war zugleich Belohnung für die verflossene und Anregung für die kommende Woche.‹

Auch um die Behausung der Mays stand es nicht allzu gut. Zwar wohnte die Familie bei Karl Mays Geburt in einem eigenen Haus, aber nur, weil die Mutter dieses Gebäude von einem entfernten Verwandten geerbt hatte. ›Freilich war das Haus nur drei schmale Fenster breit und sehr aus Holz gebaut, dafür aber war es drei Stockwerke hoch und hatte ganz oben unter dem First einen Taubenschlag, was bei anderen Häusern bekanntlich nicht immer der Fall zu sein pflegt. Großmutter, die Mutter meines Vaters, zog in das Parterre, wo es nur eine Stube mit zwei Fenstern und die Haustür gab. Dahinter lag ein Raum mit einer alten Wäscherolle, die für zwei Pfennige die Stunde an andere Leute vermietet wurde. Es gab glückliche Sonnabende, an denen diese Rolle zehn, zwölf, ja sogar vierzehn Pfennige einbrachte. Das förderte die Wohlhabenheit ganz bedeutend. Im ersten Stock wohnten die Eltern mit uns. Da stand der Webstuhl mit dem Spulrad. Im zweiten Stock schliefen wir mit einer Kolonie von Mäusen und anderen Nagetieren, die eigentlich im Taubenschlag wohnten und des Nachts nur kamen, um uns zu besuchen. Es gab auch einen Keller, doch war er immer leer. Einmal standen einige Säcke Kartoffeln darin, die gehörten aber nicht uns, sondern einem Nachbarn, der keinen Keller hatte. Großmutter meinte, daß es viel besser wäre, wenn der Keller ihm und die Kartoffeln uns gehörten.‹ *(Mein Leben und Streben.)* Ein winziger Hof und ein kleiner Garten vervollständigten das ererbte Grundstück.

Zwar gehörte auch etwas Geld zu der Erbschaft, aber die Summe reichte nicht aus, die Mays der Armut zu entreißen. Zum einen mußten auf dem Haus liegende Schulden samt Zinsen abgezahlt werden, zum anderen brachte Vater May mit seinen nebenberuflichen Fehlschlägen einen Teil des Geldes durch. Schließlich mußte das Haus 1845 verkauft und eine Mietwohnung am Ernstthaler Marktplatz bezogen werden, erst im Haus links und später rechts neben der Gaststätte ›Zur Stadt Glauchau‹.

In der Wirtschaft, in der Karl als Kegelaufsetzer arbeitete, befand sich die einzige Leihbücherei des Ortes, in der allerlei Unterhaltungsromane angesammelt waren. Bald erhielt Karl vom Wirt die Erlaubnis, sich dieser Lektüre kostenlos zu bedienen. Er nutzte das aus und verschlang geradezu – mit Wissen und Billigung seines Vaters – die Geschichten von edlen Räubern, die sich gegen eine ungerechte Obrigkeit zur Wehr setzen. Paradebeispiel dieser Art von Literatur ist der auch von May gelesene *Rinaldo Rinaldini* des Goethe-Schwagers Vulpius, dem eine ganze Reihe ähnlicher Werke mit Titeln wie *Himlo Himlini* und *Sallo Sallini* folgten. Die Moralvorstellungen, welche auf diese Weise in Karl May verankert wurden, sollten später verhängnisvolle Folgen zeitigen.

Der einsame Seminarist

Karl war ein guter Schüler, und zunächst schwebte ihm und seinen Eltern ein Medizinstudium vor. Aber die Eltern waren zu arm, um ihn aufs Gymnasium und danach zur Universität zu schicken, weshalb man beschloß, ihn zum Volksschullehrer ausbilden zu lassen. Der Traumberuf des Arztes tauchte später häufig in Karl Mays Werken auf; so wird Kara Ben Nemsi dank seiner bemerkenswerten medizinischen Fähigkeiten von den Orientalen zeitweilig für einen Hakim, einen Arzt, gehalten. Auch für den Besuch des Lehrerseminars fehlte das nötige Geld. Karl brach, wenn man seiner Autobiographie hier glauben darf, kurzerhand nach Spanien auf, um von den edlen Räubern, von denen er gelesen hatte, Hilfe zu holen. Hieran wird deutlich, wie stark jene Trivialromane den Heranwachsenden beeinflußten, der die Fiktionen der Schreiber mit der Realität verwechselte. Der Ausflug zu den edlen Räubern endete im nächsten Ort, von wo Vater May den Ausreißer zurückholte.

Eine in Mays Selbstbiographie erwähnte, aber sonst nicht verbürgte jährliche Unterstützung des Grafen von Hinterglauchau in Höhe von 15 Talern ermöglichte Karl May ab Frühjahr 1857 den Besuch des Lehrerseminars Waldenburg. Er blieb mit seiner ausgeprägten Phantasie ein Außenseiter in der strengen Umgebung, der weder bei den Mitschülern noch bei den Lehrern Freunde fand. Lediglich die Ferien brachten ihm etwas Freude, konnte er in ihnen doch seine erste Liebe, Anna Preßler, besuchen. Aber die gleichaltrige Anna pflegte auch noch andere Herrenbekanntschaften und mußte 1858 heiraten, als sie von einem Rivalen Mays ein Kind erwartete.

Die pragmatische Ausbildung bot Mays Phantasie wenig Gelegenheit zur Betätigung. Daher schrieb er nach eigener Aussage in dieser Zeit seine erste Indianergeschichte und sandte sie an Ernst Keil, der die sehr populäre Unterhaltungszeitschrift *Die Gartenlaube* herausgab. Keil schickte die Geschichte zwar zurück, ermunterte den damals sechzehnjährigen May aber, es in vier oder fünf Jahren noch einmal zu versuchen.

Im Dezember 1859 nahm sein Aufenthalt in Waldenburg ein jähes Ende. Nachdem eine seiner Schwestern bei einem Besuch in Waldenburg darüber geklagt hatte, daß in diesem Jahr sogar das Geld für die Weihnachtskerzen fehlen würde, wollte Karl ein paar billige Talgkerzen aus dem Seminar mit nach Hause nehmen, wurde aber verpetzt. Eine Lehrerkonferenz verbannte ihn wegen ›sittlicher Unwürdigkeit‹ im Januar 1860 aus dem Seminar. Damit traf ihn die härteste der fünf möglichen Strafen. Der Grund für die schwere Maßregelung liegt darin, daß May schon vorher unangenehm aufgefallen war. Er hatte vor einem Dreivierteljahr die Andacht geschwänzt und war durch seine einzelgängerische Art, die sich nur schwer in das konformistische Schulsystem fügte, auch sonst unangenehm aufgefallen. So stellte sich der ›Kerzendiebstahl‹ als für die Seminarleitung und den Lehrkörper glückliche Fügung dar, die es ihnen ermöglichte, den unliebsamen Seminaristen endlich zu entfernen.

Gut einen Monat später suchte Karl May in einem Bittgesuch beim ›Hohen Königlichen Ministerium‹ um die Erlaubnis nach, die Lehrerausbildung fortsetzen zu dürfen. Unabhängig davon schickte der Ernstthaler Pfarrer Carl Herrmann Schmidt ein zweites Bittgesuch an dasselbe Ministerium. Daraufhin durfte May im Juni 1860 seine Ausbildung im Seminar Plauen wiederaufnehmen, wo er im September des folgenden Jahres sein Lehrerexamen mit der Gesamtnote ›gut‹ bestand.

Die verhängnisvolle Taschenuhr

Einen Monat später trat er in der Armenschule der Stadt Glauchau seine erste Stellung als Hilfslehrer an, wo den Kindern der Unterprivilegierten Religion, Lesen, Schreiben, Rechnen und Singen beigebracht werden sollte. May blieb aber nicht lange in Glauchau, denn er begann ein Techtelmechtel mit der gleichaltrigen Henriette, bei deren Mann, dem Krämer Meinold in der Glauchauer Färbergasse Nr. 7, er als Untermieter wohnte. Als dieser seine Frau und May beim Küssen überraschte, lief er zur Superintendentur und meldete, daß der junge Lehrer ›sich bemüht habe, die Ehefrau von ihm abwendig und seinen schändlichen Absichten geneigt zu machen‹. Der Superintendent, der großes Aufsehen vermeiden wollte und deshalb den Fall nicht näher untersuchte, entließ May nach nur zwei Wochen Schuldienst fristlos.

Bald zog er nach Altchemnitz, wo er ab Ende Oktober als Lehrer in den Fabrikschulen der Firmen Solbrig und Claus vornehmlich zehn- bis vierzehnjährige Kinder unterrichtete, denen nach zehn Stunden Fabrikarbeit am Tag ein geringer Grundstock an Bildung vermittelt werden sollte. Beabsichtigt war nicht, die Kinder auf ihr späteres Leben als Erwachsene möglichst gut vorzubereiten, sondern nur, sie mit der fortschreitenden Industrialisierung der immer komplizierter werdenden Arbeitswelt vertraut zu machen. Nach einer Visitation urteilte der Superintendent Kohl über May: ›Der noch sehr junge Lehrer hat kein übles Lehrgeschick.‹

Trotzdem begann in Altchemnitz der Leidensweg des jungen Karl May, dessen Vorstellungen vom ›besseren Leben‹ auf fatale Weise zerstört wurden. Mays Stubengenosse, ein Buchhalter, lieh ihm eine alte Taschenuhr, die er selbst nicht benutzte, weil May zum Abhalten eines pünktlichen Unterrichts eine Uhr benötigte, sich aber aus Geldmangel keine kaufen konnte. May hängt sie beim Heimkommen für gewöhnlich zurück an die Wand, nahm sie später auch mal mit, wenn er ausging. Die Weihnachtszeit nahte, und, wie vor zwei Jahren, sollte sie auch diesmal äußerst unglücklich für ihn verlaufen. Als er in die Weihnachtsferien nach Hause fuhr, nahm er die Uhr sowie Tabakspfeife und Zigarrenspitze seines Stubengenossen mit, um damit daheim vor seiner Familie ein wenig anzugeben. Prompt handelte er sich eine

Diebstahlsanzeige seines Zimmergenossen ein, der ohnehin nicht glücklich darüber war, seine Stube mit May teilen zu müssen.

Als der Ortspolizist von Ernstthal den Beschuldigten beim Billardspiel in der Hohensteiner Gaststätte ›Drei Schwanen‹ nach den Gegenständen fragte, leugnete dieser in Panik, sie bei sich zu haben; aber bei einer Leibesvisitation wurden sie entdeckt. May ließ sich dahingehend ein, daß er die Gegenstände nur entliehen habe und sie nach den Weihnachtsferien zurückgeben wollte. Aber das Gericht verurteilte ihn gleichwohl wegen ›widerrechtlicher Benutzung fremder Sachen‹ – ein Straftatbestand, den es heute in Deutschland nicht mehr gibt – in erster und zweiter Instanz zu sechs Wochen Gefängnis, die er in Chemnitz verbüßte. Mays anschließende Bemühungen, wieder in den Schuldienst aufgenommen zu werden, waren erfolglos; sie führten vielmehr zum Einzug seiner Seminarzeugnisse und dem Verlust der Berechtigung, den Lehrerberuf auszuüben. Damit stand der Zwanzigjährige wegen einer äußerst geringen Verfehlung vor dem Nichts; seine Zukunft, die er sich hart erarbeitet hatte, war vernichtet.

Der Weg in den Abgrund

Die Zeit von Oktober 1862 bis Juli 1864 gilt als dunkler Zeitraum in Mays Leben. Immer wieder wurde behauptet, in dieser Zeit hätten Frühreisen des späteren Schriftstellers nach Amerika und nach Tunis stattgefunden. May behauptete einmal, die in *Winnetou I* geschilderten Ereignisse zum größten Teil selbst erlebt zu haben. Mittlerweile hat aber die Karl-May-Forschung diesen Zeitraum soweit aufgehellt, daß jene mysteriösen Frühreisen als höchst unwahrscheinlich erscheinen. Die teilweise erstaunlich genaue Kenntnis der amerikanischen und orientalischen Verhältnisse in Mays Werken, die immer wieder als Beleg für jene Reisen angeführt wird, lassen sich ebensogut mit dem akribischen Quellenstudium Mays erklären.

Übrigens entging May auch einem achtjährigen Militärdienst, da er bei der Musterung am 6. Dezember 1862 wegen einer Sehschwäche für ›untauglich‹ befunden wurde – ein Schicksal, das 41 von 47 Musterungskandidaten teilten.

Karl May schreibt über diese Zeit in seiner Autobiographie: ›Ich arbeitete. Ich gab Unterricht in Musik und fremden Sprachen. Ich dichtete; ich komponierte. Ich bildete mir eine kleine Instrumentenkapelle, um das, was ich komponierte, einzuüben und aufzuführen. (. . .) Ich wurde Direktor eines Gesangvereins, mit dem ich öffentliche Konzerte gab, trotz meiner Jugend. Und ich begann zu schriftstellern. Ich schrieb erste Humoresken, dann ›Erzgebirgische Dorfgeschichten‹. Ich hatte nicht die geringste Not, Verleger zu finden. Gute, packende Humoresken sind äußerst selten und werden hoch bezahlt. Die meinigen gingen aus einer Zeitung in die andere.‹

Nur wenig davon ist wahr. Die Gemeinden Hohenstein und Ernstthal waren nicht gerade wohlhabend. So konnte May mit vereinzelten Privatunterrichtsstunden, einigen Kompositionen und Versen für den Laiengesangsverein ›Lyra‹ und einigen ›musikalisch-declamatorischen Abendunterhaltungen‹ sein Auskommen kaum sichern. Er vermochte sich nur über Wasser zu halten, weil er wieder bei seinen Eltern wohnte. Auch ein erfolgreicher Schriftsteller war er zu der Zeit keineswegs. Falls damals tatsächlich schon Veröffentlichungen aus seiner Feder erschienen sind, so sind sie heute verschollen. May schrieb obige Zeilen vielmehr, um den materiellen Hintergrund seiner folgenden Straftaten zu verschleiern und ihre Verursachung ganz und gar einem psychologischen Defekt zuzuschreiben.

Tatsächlich wurde May in dieser Zeit von einer psychischen Neurose gequält, die in ihm Rachegedanken gegen die menschliche Gesellschaft schürte, die ihn — wie er meinte — aus ihren Reihen ausgestoßen hatte. ›Es war, als ob ich aus jener Zelle, in der ich sechs Wochen lang eingekerkert gewesen war, eine ganze Menge unsichtbarer Verbrecherexistenzen mit heimgebracht hätte, die es nun als ihre Aufgabe betrachteten, sich bei mir einzunisten und mich ihnen gleichgesinnt zu machen. Ich sah sie nicht, ich sah nur die finstere, höhnische Hauptgestalt aus dem heimatlichen Sumpf und den Hohensteiner Schundromanen; aber sie sprachen auf mich ein; sie beeinflußten mich. Und wenn ich mich dagegen sträubte, so wurden sie lauter, um mich zu betäuben und so zu ermüden, daß ich die Kraft zum Widerstand verlor. Die Hauptsache war, daß ich mich rächen sollte, rächen an dem Eigentümer jener Uhr, der mich angezeigt hatte, nur um mich aus seiner Wohnung loszuwerden, rächen an der Polizei, rächen an dem Richter, rächen am Staat, an der Menschheit, überhaupt an jedermann! Ich war ein Mustermensch, weiß, rein und unschuldig wie ein Lamm. Die Welt hatte mich betrogen um meine Zukunft, um mein Lebensglück. Wodurch? Dadurch, daß ich das blieb, wozu sie mich gemacht hatte, nämlich ein Verbrecher.‹ (Mein Leben und Streben.)

Schließlich floh er aus Ernstthal und zog wie ein Landstreicher umher. Kälte und Hunger veranlaßten ihn zu kleinen Eigentumsdelikten, die durch jene Geltungssucht auffallen, die auch schon aus dem Vorfall mit der Taschenuhr spricht. Immer wollte May, der von den Behörden ungerecht behandelte und darob von dem Mitmenschen verachtete Mensch, als mehr erscheinen, als er war.

So spielte er die Rolle des Mediziners, die ihm im richtigen Leben aus finanziellen Gründen versagt blieb, als er sich im Juni 1864 im sächsischen Penig als ›Dr. med. Heilig, Augenarzt und früher Militär aus Rochlitz‹ einmietete. Mit dieser Bezeichnung kompensierte er auch seine Untauglichkeit als Soldat. Er ließ sich von einem Schneider fünf Kleidungsstücke anpassen und untersuchte bei dieser Gelegenheit gleich einen Kranken, dem er ein äußerst echt wirkendes Rezept ausstellte. Mit der Entschuldigung, ein zur genaueren Untersuchung notwendiges Instrument aus seinem Zimmer holen zu wollen, verschwand er mitsamt den unbezahlten Kleidern.

Im Dezember 1864 fiel er bei einem erneuten Kleiderschwindel in Chemnitz auf. Diesmal kam er in der Maske des ›Seminarlehrers Ferdinand Lohse aus Plauen‹ daher, erneut die Anmaßung eines ihm letztlich versagt gebliebenen Berufes. May ließ sich in seinem Hotelzimmer Pelze und Pelzkragen vorlegen, die er angeblich für seinen Direktor erwerben sollte. Diesmal seilte er sich unter dem Vorwand ab, die Ware seinem im Nebenzimmer weilenden Direktor zeigen zu wollen.

Der dritte Streich im März 1865 lief für ihn nicht so glimpflich ab. Als ›Noten- und Formenstecher Hermin‹ nahm er ein Zimmer im Leipziger Vorort Gohlis. Er suchte ein bekanntes Rauchwarengeschäft auf und nannte sich dort dreisterweise ›Hermes‹ (in der griechischen Mythologie der Gott der Kaufleute und Diebe!). Er verschwand mit einem Pelz und der Bemerkung, diesen seinen Wirtsleuten zeigen zu wollen. Bei dem Versuch, die Beute in Bargeld umzusetzen, wurde er schließlich festgenommen. Er gestand auch die Taten in Penig und Chemnitz. Einen Teil der Beute aus diesen Vorfällen fand man bei ihm, einen anderen Teil hatte er bereits zu Geld gemacht.

Das Bezirksgericht in Leipzig verurteilte ihn am 8. Juni 1865 zu vier Jahren und einem Monat Arbeitshaus. Diese Strafe war zwischen Gefängnis und Zuchthaus angesiedelt und sollte die Verurteilten durch den Zwang zu regelmäßiger Arbeit an ein bürgerliches Leben heranführen.

Karl May trat seine Strafe am 14. Juni im Arbeitshaus Schloß Osterstein in Zwickau an und wurde zunächst in der Schreibstube eingesetzt. Er versagte jedoch auf diesem seinen Fähigkeiten an sich angemessenen Arbeitsplatz, wahrscheinlich wegen der psychischen Auswirkungen seiner Verhaftung und Verurteilung. Da er sich aber dann bei der Anfertigung von Geld- und Zigarrentaschen bewähren konnte, wurde er 1867 in die viele Vergünstigungen gewährende oberste Disziplinarstufe eingeordnet. Er betätigte sich als Kirchensänger und Posaunist sowie als Arrangeur von Musikstücken. Schließlich wurde er ›besonderer Schreiber‹ des Anstaltsinspektors Krell und betreute daneben die 4000 Bände umfassende Anstaltsbibliothek, was ihm literarische Studien ermöglichte.

May schriftstellerte in seiner Freizeit und fertigte das *Repertorium C. May* an, eine 137 Positionen umfassende Auflistung geplanter schriftstellerischer Werke, von denen erst einige wenige, wie *Der Amerikaner, West-Eastern-Railway, Im wilden Busch* oder *Der schwarze Captain* auf den späteren Autor spannender Abenteuererzählungen hindeuteten. Die meisten der im *Repertorium C. May* aufgeführten Werke hat May nie geschrieben. Ansporn für dieses literarische Engagement war vermutlich der Besuch des Kolportageverlegers Heinrich Gotthold Münchmeyer im heimatlichen Ernstthal, von dem der Vater Karl berichtet hatte und der bei dem Häftling Nr. 171 die − zunächst unerfüllt bleibende − Hoffnung auf eine Karriere als Schriftsteller weckte.

Nachdem Karl May bereits im November 1868 wegen guter Führung entlassen worden war (seine Haftzeit hätte normalerweise bis zum Juli 1869 gedauert), kehrte er voller Zuversicht nach Ernstthal zurück, wo ihm seine Eltern den bisher verschwiegenen Umstand eröffneten, daß die geliebte ›Märchengroßmutter‹ schon 1865 gestorben war.

May strebte weiterhin eine literarische Karriere an, schrieb fleißig und reiste zuweilen nach Dresden und Raschau bei Schwarzenberg. Neben dem Verkauf seiner schriftstellerischen Werke verfolgten diese Reisen den Zweck, das Dienstmädchen Auguste Gräßler in Raschau zu besuchen, die damals seine Geliebte war. Wenn May in dieser Zeit überhaupt Manuskripte verkauft hat (Veröffentlichungen aus diesem Zeitraum sind nicht bekannt), dann nur eine kleine Anzahl, die ihn nicht ernähren konnte. Als er erfuhr, daß man den Exhäftling in seiner Heimatstadt hinter vorgehaltener Hand aller möglichen unaufgeklärten Missetaten bezichtigte, kehrten die psychischen Neurosen zurück, und May nahm das Vagabundenleben wieder auf. Mitursächlich hierfür war auch die erneute finanzielle Not, die aus seinem schriftstellerischen Mißerfolg resultierte.

Und wieder gab sich May als eine Persönlichkeit aus, die er im wirklichen Leben nicht war. Am 29. März 1869 stellte er sich dem Krämer Reimann in Wiederau als ›Polizeileutnant von Wolframsdorf aus Leipzig‹ vor, der von Amts wegen nach Falschgeld fahnde. Als solches ›beschlagnahmte‹ er einen Zehntalerschein und einige Silbermünzen; gleiches geschah mit einer an der Wand hängenden Taschenuhr (!), bei der es sich um Diebesgut handeln sollte. Anschließend nahm May den Krämer mit zu einem ›Verhör‹ nach Clausnitz. Dort ließ der falsche Polizist ihn in einer Gaststätte warten, ›bis er werde gerufen werden‹, und machte sich aus dem Staub. Als der Krämer nach einigen Stunden die Gendarmeriestation aufsuchte, erfuhr er, daß dort ein Leutnant von Wolframsdorf unbekannt war.

Am 10. April war May erneut in polizeilicher Mission unterwegs, diesmal als ›Mitglied der geheimen Polizei‹. Als solches wollte er bei dem Seilermeister Krause in Ponitz dreißig vorgeblich falsche Taler konfiszieren. Diesmal sollte ein ›Verhör‹ auf dem Gerichtsamt in Crimmitschau stattfinden. Da Krause sehr skeptisch war, beschloß May, ihn rasch abzuschütteln. Er gab vor, seine Notdurft verrichten zu müssen, trat hinter einen Busch und suchte das Weite. Der Seilermeister nahm die Verfolgung auf. May entkam, indem er das erschwindelte Geld wegwarf und den Verfolger mit einem Doppel-Terzerol bedrohte, das allerdings ungeladen war.

Auf der Flucht verlor May ein Stück Pappe mit der Aufschrift ›Julius Metzner, Oberlungwitz‹. Da Oberlungwitz ganz in der Nähe von Ernstthal lag, verdächtigten die Behörden bald Karl May als den dreisten Betrüger. Am 17. April erließ die Staatsanwaltschaft Mittweida im Fahndungsblatt den Haftbefehl für May.

Vier Tage zuvor war May in der Nacht heimlich in die Wohnung seiner Eltern geschlichen und hatte dort einen Brief hinterlassen. Am 18. und 19. April besuchte er seine Geliebte Auguste. Am folgenden Tag schrieb er an die Eltern, er habe zwei Amerikaner namens Burton, Vater und Sohn, kennengelernt, mit denen er nach Amerika reisen wolle, weil die beiden ihm eine Stellung als Hauslehrer angeboten hätten: ›Ich reise ab; man wird meine Vergangenheit vergessen und verzeihen, und als ein neuer Mensch mit einer besseren Zukunft komme ich wieder.‹ Daß es dann doch nicht zu der Amerikareise kam, soll daran gelegen haben, daß May in Bremen Schwierigkeiten mit seinem Paß bekam. Die ganze Geschichte mit den Burtons ist sehr zweifelhaft. Vieles läßt darauf schließen, daß es sich um eine Fiktion Mays handelt, mit der er die besorgten Eltern beruhigen und ihnen – und wohl auch sich selbst – wieder etwas Hoffnung machen wollte. Der Beruf des Hauslehrers und der Name Burton sollten später auch in Mays Erzählungen als Motiv mehrfach Verwendung finden.

Am 27. Mai schlüpfte May im Ernstthaler Haus seines Paten Christian Friedrich Weißpflog unter. Der weitgereiste Schmied regte durch Erzählungen über seine Erlebnisse in der Fremde die Phantasie des Schriftstellers in ähnlicher Weise an wie einst die Märchen der Großmutter. Als May Weißpflogs Haus wieder verließ, nahm er zwei Taler, einen alten Kinderwagen, eine Schirmlampe, eine Brille, ein Viertelpfund Seife und auch ein paar Dietriche mit. Hierbei handelte es sich vermutlich um Geschenke des mitleidigen Paten. Daß Weißpflog ein paar Tage später Strafanzeige gegen den Autor erstattete, wird daran gelegen haben, daß Mays Besuch bei ihm bekannt geworden war und er einer Strafverfolgung wegen Beihilfe und Begünstigung zuvorkommen wollte.

May brachte die Gegenstände in einer nahe bei Hohenstein gelegenen Höhle unter, die heute als ›Karl-May-Höhle‹ bekannt ist. Dabei handelt es sich um die Überreste alter Eisenerzstollen aus dem 17. Jahrhundert. Von hier aus setzte May seine gesetzwidrigen Unternehmungen fort.

Am 31. Mai stahl er in einer Limbacher Gastwirtschaft fünf Billardkugeln, die er für fünf Taler verkaufte. Dabei erregte er den Verdacht zweier Polizeidiener, die ihn aufforderten, ›sich über seine Person auszuweisen‹. May zog es vor zu fliehen.

In der Nacht zum 4. Juni stahl er aus dem unverschlossenen Stall eines Gastwirts in Bräunsdorf ein Pferd. May ritt auf der Beute erst nach Remse, dann nach Höckendorf, wo er einen Schlächter fand, der das Tier für fünfzehn Taler kaufen wollte. Noch vor der Bezahlung erschien jedoch der Eigentümer des Pferdes, und einmal mehr mußte May die Flucht ergreifen.

Am 15. Juni ging er wieder auf Falschgeldfahndung. Als ›Expedient des Advokaten Dr. Schaffrath in Dresden‹ erschien er bei dem Bäckermeister Wappler in Mülsen St. Jacob, dem er eröffnete, Erbe eines amerikanischen Verwandten zu sein. May schickte den Bäcker und seine drei Söhne umgehend nach Glauchau, wo sie alles mit Dr. Schaffrath besprechen sollten. Als er mit der Bäckersfrau allein war, gab sich May als ›höherer Beamter der geheimen Polizei‹ zu erkennen, der nach Falschgeld forsche. Diesmal zog er mit einer Beute von 28 Talern ab.

Karl Mays letzte Straftat Ende Juni war ihrer Natur nach eher lächerlich. Er drang in den Kegelschub der Gaststätte Engelhardt ein, wo er als Kind das Geld für seine Ausbildung verdiente, und nahm ein Handtuch und ein ›Cigarrenpfeifchen‹ an sich, deren Gesamtwert das Gericht später auf zehn Neugroschen und fünf Pfennige festsetzte.

Als May in der Nacht zum 2. Juli zum wiederholten Mal im Kegelhaus übernachtete, wurde er erwischt. Zwar wehrte er sich mit seinem Terzerol, das wohl wieder nicht geladen war, aber unter der Mithilfe des Hohensteiner Polizeiwachtmeisters wurde er überwältigt. Man fand bei ihm zwei gefälschte Legitimationspapiere: eines für seine ›Falschgeldnachforschungen‹ von einem ›Dr. Schwarze, Generalstaatsanwalt‹ und das andere für seine Erbschaftsbetrügereien von einem ›G. D. Burton, amerikanischer Generalkonsul‹ und einem ›Heinrich von Sybel, sächs. General-Consul‹. Auffällig ist die erneute Benutzung des Namens ›Burton‹.

Da May alle ihm zur Last gelegten Taten abstritt und die Geschädigten bzw. Zeugen in weit auseinanderliegenden Ortschaften lebten, wurden Lokaltermine angesetzt, an denen der Festgenommene seinen Opfern gegenübergestellt werden sollte. Am 26. Juli zerbrach er auf dem Weg nach Bräunsdorf die ›eiserne Bretze‹, eine Handfessel, und entfloh. Wie ihm dieses Maysterstück gelingen konnte, ist nicht überliefert. Falls die Fessel nicht halb durchgerostet war, muß er in diesem Moment etwas von den übermenschlichen Kräften aufgeboten haben, die später seine Traum-Ich-Helden Old Shatterhand und Kara Ben Nemsi auszeichneten.

Wieder zog May ruhelos umher. Eine großangelegte Suchaktion der Polizei und der Ernstthaler Turnfeuerwehr in der Nacht zum 7. August verlief im Sande. Früher wurde behauptet, in dieser Zeit habe May eine Afrika-Reise unternommen. Da aber einzelne Daten seines Aufenthalts in Deutschland belegt sind, erscheint dies wenig wahrscheinlich. So besuchte er Mitte November eine Frau Malwine Wadenbach, Wirtschafterin auf einem Rittergut bei Halle, und ihre Tochter Alwine. Beide hatte er im März 1865 in Leipzig kennengelernt. Die beiden Frauen kannten seine wahre Identität nicht; für sie war er der ›Schriftsteller Heichel aus Dresden‹, ein ›natürlicher Sohn des Prinzen von Waldenburg‹.

Weitere Wanderungen führten Karl May in das böhmische Grenzgebiet. Am 4. Januar wurde er halbverhungert auf dem Dachboden eines Hauses in Algersdorf gefunden. Zur Feststellung seiner Identität nach Tetschen gebracht, ließ er seiner Fabulierlust und -kunst freien Lauf. Albin Wadenbach(!) heiße er, und er sei der Sohn eines Plantagenbesitzers auf Martinique. Mit seinem Bruder Friedrich sei er nach Deutschland gereist, um Verwandte zu besuchen. Bei ihrer Trennung habe sein Bruder versehentlich seine Ausweispapiere mitgenommen. May schilderte das Leben auf Martinique so überzeugend, daß die Gendarmen zeitweilig geneigt waren, ihm zu glauben. Als sich aber die von May angegebenen Verwandten nirgends nachweisen ließen, wurden die Ordnungshüter mißtrauisch. Ein nach Sachsen geschickter Steckbrief mit Bild führte zu Mays Identifizierung und seiner Auslieferung nach Mittweida.

Die von May verübten Straftaten belegen, daß er kein gefährlicher Krimineller war, sondern eine mit Minderwertigkeitskomplexen beladene Persönlichkeit, die ihr Heil in Scheinwelten suchte, in der sie etwas darstellte, sei es als Arzt, Polizist oder als Gesandter eines Advokaten. Nie hat Karl May Gewalt angewandt, um sich zu bereichern, selten nur, um sich der Verhaftung zu entziehen; und selbst bei diesen Gelegenheiten war sein Terzerol ungeladen (Gegenteiliges ließ sich nicht nachweisen). Auch ist May niemals ein ›Räuberhauptmann‹ gewesen, wie es ihm spätere Feinde anzulasten versuchten. Während der Zeit seiner Verfehlungen lastete man ihm einfach alle möglichen unaufgeklärten Straftaten an. Auch der Umstand, daß die von May zeitweilig als Zuflucht benutzten Höhlen als ›Räuberhöhlen‹ bekannt waren, weil im 18. Jahrhundert der Räuberhauptmann Christian Friedrich Harnisch dort hauste, hat zur Legendenbildung beigetragen. May war jedoch weder der Anführer einer Bande, noch hat er jemals einen Raub im strafrechtlichen Sinne begangen.

Der Diebstahl einigermaßen wertloser Sachen, wie der Billardkugeln oder des Handtuches und des ›Cigarrenpfeifchens‹, zeigen, daß es May mehr darauf ankam, sich selbst zu beweisen, als darauf, sich in großem Stil zu bereichern. Man darf annehmen, daß es ihm eine Menge Spaß bereitete, als angeblicher Geheimpolizist seine von den deutschen Stammtugenden Untertanengeist und Obrigkeitshörigkeit beseelten Mitbürger an der Nase herumzuführen. All das läßt auf ein labiles Seelenleben schließen, das ihm heute gewiß mildernde Umstände einbringen würde.

Solche Überlegungen waren der damaligen Rechtsprechung jedoch fremd. Vom Bezirksgericht Mittweida wurde Karl May am 13. April 1870 ›wegen einfachen Diebstahls, ausgezeichneten Diebstahls, Betrugs und Betrugs unter erschwerenden Umständen, Widersetzung gegen erlaubte Selbsthilfe und Fälschung bez. mit Rücksicht auf seine Rückfälligkeit mit Zuchthausstrafe in der Dauer von 4 Jahren belegt‹. Und das für Taten mit einer Gesamtschadenssumme von 106 Talern, zwölf Neugroschen und drei Pfennigen. Die Berufung und ein Gnadengesuch Mays blieben erfolglos. Kein Wunder bei einem Pflichtverteidiger wie dem Rechtsanwalt Haase, der seinen Mandanten in der Berufungsschrift als ›ein gemeinschädliches Individuum‹ bezeichnete; die Verwerfung solch einer Berufung läßt sich nicht schwer begründen.

Karl May verbüßte seine Strafe vom 3. Mai 1870 bis zum 2. Mai 1874 im Zuchthaus zu Waldheim, das zum Bezirk Leipzig gehörte. Dies war keine leichte Zeit für den ›Züchtling Nr. 402‹, wurde er doch zunächst in die unterste Disziplinarstufe eingeordnet und ›wegen Verdachts des Entweichens und Neigung zu grobem Unfug, Widersetzlichkeit und Gewaltthaten‹ für ein Jahr in Isolierhaft genommen. Die Züchtlinge mußten dreizehn Stunden am Tag unter strengstem Schweigegebot arbeiten. May wurde die Stelle eines Zigarrenmachers zugewiesen.

Der konkrete Anlaß der Isolationshaft ist nicht bekannt. Jedenfalls fing sich May im Laufe der Zeit. Noch während der Isolationshaft durfte der protestantische Häftling im katholischen Anstaltsgottesdienst die Orgel spielen. Der katholische Anstaltskatechet Johannes Kochta, den May in seiner Autobiographie äußerst positiv zeichnet, setzte sich auch sonst für den Sachsen ein. Er befaßte sich in persönlichen Gesprächen mit ihm und sorgte dafür, daß er in die zweite Disziplinarstufe aufstieg. Aus dieser Zeit rührt die Vorliebe des Protestanten Karl May für den katholischen Glauben, die sich auch in vielen seiner Werke widerspiegelte. Mays Zuchthausjahre, die für seine Persönlichkeitsentwicklung sehr wichtig waren, liegen zu einem guten Teil im Dunkel. Auf alle Fälle gelang May in diesen vier Jahren die Wende zu einem Leben im Rahmen der Gesetze. Die strengen Bedingungen des Zuchthauslebens dürften für ihn ein heilsamer Schock gewesen sein. Dem Aufseher Müller, der ihn bei seiner Entlassung fragte, wann man ihn hier wiedersehe, antwortete er: »Herr Schließer, mich sehen Sie hier niemals wieder!«

May wird Redakteur

Wieder einmal stand Karl May vor dem Nichts. Seinen erlernten Beruf durfte er nicht ausüben. Zudem wurden ihm als Exzuchthäusler auf Dauer die Befähigung zur Bekleidung öffentlicher Ämter abgesprochen und einige bürgerliche Ehrenrechte aberkannt. Auch wurde er für die Zeit von zwei Jahren unter Polizeiaufsicht gestellt. Von der bei seiner Entlassung angegebenen Absicht, nach Amerika auszuwandern, muß er bald Abstand genommen haben. Er kehrte zunächst zu seinen Eltern zurück, die inzwischen allein in ihrem Haus lebten, und strebte erneut eine schriftstellerische Karriere an.

Hatte er lange Zeit nur für die Schublade geschrieben, so läutete das Jahr 1875 die Wende in Karl Mays Schriftstellerlaufbahn ein. Der Dresdener Kolportageverleger H. G. Münchmeyer, mit dem May schon ein paar Jahre zuvor Kontakt aufgenommen und dem er gerade wieder neue Manuskripte vorgelegt hatte, stellte May im März als Redakteur mit einem Jahresgehalt von zunächst 600 Talern ein. Dieser Posten war kurzfristig frei geworden, weil sich Münchmeyer mit Otto Freitag, Mays Vorgänger, überworfen hatte. Aufgrund neuer Drucktechniken und verlagsfreundlicher Gesetze boomte der Markt für Unterhaltungsliteratur.

Am 8. März 1875 reiste May nach Dresden ab und war schon am 27. März wieder in Ernstthal. Man hatte ihn aus Dresden ausgewiesen, weil sich der unter Polizeiaufsicht stehende Exsträfling dort unberechtigt aufhielt. Es schien, als wollte die deutsche Justiz alles unternehmen, um May ein bürgerliches Leben zu verwehren. Diesmal jedoch blieb er Herr der Lage und betrieb seine Redakteurstätigkeit zunächst von Ernstthal aus. Im August konnte er bewirken, daß der Ausweisungsbeschluß rückgängig gemacht wurde. Er kehrte nach Dresden zurück und zog gegen Ende des Jahres in das Verlagsgebäude der Münchmeyers, wo auch die Verlegerfamilie wohnte.

Zunächst redigierte May die Wochenzeitschrift *Der Beobachter an der Elbe – Unterhaltungsblätter für Jedermann*, in der auch zwei Beiträge aus seiner Feder erschienen: die in der Heimat angesiedelte Novelle *Wanda* und die erste in exotischen Gefilden (hier: Südamerika) spielende Erzählung in der Ich-Form, *Der Gitano – ein Abenteuer unter den Carlisten*. Der Ich-Erzähler hat mit dem späteren Helden der Reiseerzählungen allerdings noch nicht viel gemeinsam, hält er sich doch mehr beobachtend im Hintergrund.

May stellte den seinen Vorstellungen von einer Familienzeitschrift nicht entsprechenden *Beobachter* im Herbst 1875 ein und gründete zwei neue Blätter: *Das deutsche Familienblatt* und *Schacht und Hütte*; letzteres war für die Berg-, Hütten- und Minenarbeiter gedacht. Im *Familienblatt* erschienen 1875 Mays erste Wildwesterzählungen *Inn-nu-woh, der Indianerhäuptling* und *Old Firehand* unter dem Sammeltitel *Aus der Mappe eines Vielgereisten*, womit die angebliche Authentizität des Geschilderten unterstrichen wurde. In *Old Firehand* hat der Apache Winnetou seinen ersten Auftritt, ist dort aber noch längst nicht so edel wie in Mays späteren Werken. In *Schacht und Hütte* veröffentlichte Karl May *Geographische Predigten* und andere populärwissenschaftliche Beiträge. Auch bei anderen Verlagen konnte er kleinere Erzählungen unterbringen.

Nach einem Jahr stellte Münchmeyer die beiden neuen Blätter ein und übertrug May die Redaktion der neuen Zeitschrift *Feierstunden am häuslichen Herde*, für die May unter anderem Humoresken, den historischen Roman *Der beiden Quitzows letzte Fahrten* und die in Ägypten angesiedelte Reiseerzählung *Leilet* (später: *Die Rose von Kahira*) schrieb. Mit *Leilet*, unter dem Pseudonym M. Gisela erschienen, erschloß May dem erzählenden Ich erstmals den Orient.

Als Münchmeyer ihn mit seiner Schwägerin Minna Ey verkuppeln wollte, kündigte May im März 1877, um als freier Schriftsteller zu arbeiten. Er war gegen eine Verbindung mit Münchmeyers Schwägerin, weil er sich in die junge Emma Lina Pollmer (1856–1917) aus seiner Heimatstadt verliebt hatte.

Emmas Mutter, eine ›unverheiratete Weibsperson‹, war nach Emmas Geburt am Kindbettfieber gestorben. Nachdem neun Jahre später auch die Großmutter starb, wurde Emma allein von ihrem Großvater Christian Gotthilf Pollmer aufgezogen, einem Hohensteiner Barbier, der nebenbei als ›Chirurgus‹ auch Wunden behandelte und Zähne zog. Der alte Pollmer stand einer Verbindung zwischen Karl May und Emma zunächst skeptisch gegenüber, aber nicht wegen Mays Vorstrafen, sondern weil dessen Verdienst kaum ausreichte, eine Frau zu ernähren. Auch mußte sich Pollmer keine Sorgen darüber machen, seine Enkelin unter die Haube bringen zu können, denn diese war eine richtige Dorfschönheit und wurde von zahlreichen Verehrern umschwärmt.

May, der zuweilen mit für ihn ungewohnter Direktheit eingestand, von Natur aus keinerlei körperliche Vorzüge zu besitzen, war stolz darauf, die Rivalen um Emmas Gunst aus dem Felde geschlagen zu haben. Weshalb Emma dem Autor den Vorzug gab, ist nicht bekannt. Vielleicht ahnte sie damals schon, daß es der nicht mehr ganz junge, aber sehr ehrgeizige Schriftsteller noch zu etwas bringen würde. Jedenfalls bemühte sie sich darum, einen guten Eindruck auf ihn zu machen. Sie las einige seiner Werke, unterhielt sich mit ihm darüber und schrieb auch Briefe, die ihm gefielen, so daß der Verliebte schließlich feststellte: ›Welch eine Veranlagung zur Schriftstellersfrau!‹

Im Mai 1877 zog Emma gegen den Willen ihres Großvaters nach Dresden und arbeitete bei einer Pfarrerswitwe und ihren beiden Töchtern als Dienstmädchen, um so ihre hausfraulichen Tugenden zu vervollkommnen. Ganz in der Nähe hatte sich May nach dem Bruch mit Münchmeyer eine Wohnung genommen. Mit seinen Veröffentlichungen hielt er sich mehr schlecht als recht über Wasser, verdiente kaum die Hälfte seines Jahresgehalts als Redakteur bei Münchmeyer.

Das Jahr 1878 brachte finanzielle Verbesserungen für May, der eine neue Anstellung als Redakteur bei dem Dresdner Verleger Bruno Radelli fand, dessen Wochenzeitschrift *Frohe Stunden* er betreuen sollte. May veröffentlichte in diesem Jahr nicht weniger als zwölf eigene Beiträge in dieser Zeitschrift, die sich sämtlich über mehrere Ausgaben erstreckten. Am umfangreichsten war der ›Criminalroman‹ *Auf See gefangen*, der 32 Fortsetzungen umfaßte und später in der Zeitschrift *Deutsche Gartenlaube* (nicht zu verwechseln mit Ernst Keils *Gartenlaube*) unter dem Titel *Schloß Wildauen* zweimal nachgedruckt wurde. May arbeitete Teile dieses Werkes, das Elemente des Kriminal-, Seeräuber-, Indianer-, Liebes- und Gesellschaftsromans durcheinanderwirbelte und in dem auch Winnetou einen seiner frühen Auftritte hat, später in sein Buch *Old Surehand II* ein. (Eine Buchausgabe des Originalromans erschien erst 1982 unter dem Titel *Winnetou und der Detektiv*.) Neben diesem ersten größeren Roman und den anderen Beiträgen für die *Frohen Stunden* publizierte May auch in anderen Zeitschriften. Einige Beiträge erschienen pseudonym, manchmal mit der Verfasserangabe ›Emma Pollmer‹, wodurch May seine Liebste enger an sich binden wollte.

Im Juli 1878 zog Emma zu ihrem Großvater zurück, wahrscheinlich weil er ihre Hilfe im Haushalt benötigte. Um ihr nahe zu sein, ging May erneut zu seinen Eltern nach Ernstthal, betreute jedoch weiterhin die *Frohen Stunden*. Zeitweilig wohnte er auch in Hohenstein bei Emma und ihrem Großvater, zu dem er allmählich ein besseres Verhältnis bekam.

Das allerdings sollte böse Folgen für May haben und ihn noch einmal mit dem Gesetz in Konflikt bringen. Am 26. Januar 1878 verstarb der einzige Sohn des alten Pollmer unter seltsamen Umständen in Niederwürschnitz: Der dem Alkohol zugeneigte Emil Pollmer hatte in betrunkenem Zustand Streit in der Gaststätte ›Zum Braven Bergmann‹ entfacht und wurde daraufhin vor die Tür gesetzt. Dort geriet er unter die Räder eines Fuhrwerks und starb an den Folgen. Der alte Pollmer mochte diese Geschichte nicht so recht glauben und bat May, sich doch einmal darum zu kümmern. Bemüht, sich mit dem Großvater seiner Angebeteten gut zu stellen, sagte May seine Hilfe zu, reiste am 25. April 1878 nach Niederwürschnitz und zog Erkundigungen ein, allerdings ohne seinen Namen zu nennen. Einmal stellte er sich fast wahrheitsgemäß als ›Redakteur einer Zeitschrift in Leipzig‹ vor. Dem Wirt der Kneipe ›Zum Braven Bergmann‹ gegenüber jedoch verfiel er in die alte Renommiersucht und gab sich als ›von der Regierung eingesetzt und etwas Höheres, wie ein Staatsanwalt‹ aus. Er legte sich keinen bestimmten Titel zu, meinte aber, den Staatsanwalt hinter Gitter bringen zu können, falls dieser falsch gehandelt habe. Der Oelnitzer Gendarm hörte davon und zeigte May bei der Staatsanwaltschaft an. Um der Sache gleich das richtige Gewicht zu verleihen, erfand der

Gendarm Ernst Oswald noch ein paar Beschuldigungen hinzu: ›Derselbe ist Socialdemokrat durch und durch und soll gegenwärtig Schriftsteller der Socialdemokratischen Blätter sein.‹ Das machte sich gut in einer Zeit, als die Regierung der Sozialdemokratie den Kampf angesagt hatte und gerade das Sozialistengesetz vorbereitete.

Besonders heftig bestritt May den Vorwurf, ein Sozialist zu sein. Aber er wurde in zwei Instanzen zu drei Wochen Gefängnis wegen Amtsanmaßung nach § 132 StGB verurteilt. Dabei war dies ein glattes Fehlurteil, denn da May sich keinen bestimmten Titel gegeben hatte, war der Tatbestand des § 132 überhaupt nicht erfüllt. Da Justitia aber bekanntlich blind ist, muß dies den Richtern in ihrem staatstragenden Eifer, dem ›Sozialisten‹ eine Lektion zu erteilen, völlig entgangen sein. Ein Gnadengesuch Mays an den sächsischen König Albert wurde ebenso verworfen wie seine Bitte, ihm wenigstens die Schande zu ersparen, im heimatlichen Gerichtsgefängnis von Hohenstein-Ernstthal einsitzen zu müssen. So verbrachte May die drei Wochen vom 1. bis zum 22. September 1879 ebendort, konnte aber seine Schriftstellerei fortsetzen, weil sich der gutmütige Wachtmeister Philipp bereitfand, den Häftling unter Umgehung der Dienstvorschriften mit Literatur zu versorgen. Sich selbst versorgte Philipp dadurch mit einem Disziplinarverfahren.

Zwischen Reiseerzählungen und Kolportage

Diese letzte Haftstrafe Karl Mays vermochte ihn nicht mehr aus der Bahn zu werfen. Nach Ablauf eines Jahres schied er als Redakteur bei den *Frohen Stunden* aus, um fortan nur noch als freier Schriftsteller zu arbeiten. Und mit dieser Entscheidung kam 1879 auch der Erfolg. Seine Abenteuererzählungen, Dorfgeschichten und Humoresken, die er — manchmal in überarbeiteter Form — häufig an mehrere Verlage und Redaktionen verkaufte, fanden immer besseren Absatz. Sein erstes Buch, eine Bearbeitung von Gabriel Ferrys bekanntem Wildwestroman *Der Waldläufer*, kam 1879 heraus, noch im selben Jahr gefolgt von seiner ersten eigenständigen Buchveröffentlichung, der Reiseerzählung *Im fernen Westen*; letzteres ist eine überarbeitete Fassung seiner Reiseerzählung *Old Firehand*. Wichtig für Mays schriftstellerische Entwicklung war auch seine Position als ständiger Mitarbeiter der katholischen Familienzeitschrift *Deutscher Hausschatz*, wo ab März 1879 viele seiner berühmt gewordenen Reiseerzählungen erschienen. Friedrich Pustet aus Regensburg gab diese Zeitschrift als Gegengewicht zu Ernst Keils bismarcktreuer und antiklerikaler *Gartenlaube* heraus; allerdings erreichte der *Hausschatz* nie die sechsstelligen Auflagenzahlen der *Gartenlaube*. Pustet erkannte Mays Talent und machte ihm das Angebot, alles zu veröffentlichen und zu bezahlen, was May ihm schickte. Wenn Mays Reiseerzählungen zuweilen ein für Abenteuergeschichten ungewöhnlich tiefgreifendes Christentum an den Tag legen, so dürfte das nicht zuletzt in Mays Umwerben der katholischen *Hausschatz*-Leser begründet sein.

Da Karl May jetzt über ein gesichertes Einkommen verfügte, heiratete er im August 1880 Emma Pollmer und bezog mit ihr eine Wohnung in Hohenstein. Zwar hatte er zu diesem Zeitpunkt bereits erkannt, daß Emma keineswegs die ideale Schriftstellergattin war, für die er sie anfangs gehalten hatte, aber inzwischen hatte er sich schon zu fest in ihrem Netz verstrickt. Als Großvater Pollmer im Mai 1880 starb, mußte May ihm versprechen, für Emma zu sorgen. Ohnehin fühlte May sich für die Frau verantwortlich, die zeitweilig auch schon vor der Heirat als ›Emma May‹ aufgetreten war. Auch wenn sie beileibe nicht den Anteil an seinen Werken nahm, wie er früher gehofft und vermutet hatte. Vielmehr langweilte sie sich, wenn er stundenlang in seinem Arbeitszimmer saß und gedanklich in fernen Ländern weilte, und lud sich Freundinnen ins Haus ein. Den oberflächlichen Plaudereien der Damen wiederum konnte Karl May nichts abgewinnen, der sich darob nur noch mehr in seine Phantasiewelten zurückzog. Die Ehe mit Emma stand so von Anfang an unter keinem guten Stern. Erfüllung fand May nur im Beruf.

Von 1881 bis 1887 veröffentlichte der *Hausschatz* Mays umfangreiche Reiseerzählung *Giölgeda padishanün − Im Schatten des Großherrn*, die später als Buchausgabe in den Bänden *Durch die Wüste* (ursprünglich: *Durch Wüste und Harem*), *Durchs wilde Kurdistan, Von Bagdad nach Stambul, In den Schluchten des Balkan, Durch das Land der Skipetaren* und *Der Schut* nachgedruckt wurde. Dieser Mammutroman, in dem der deutsche Reiseschriftsteller Kara Ben Nemsi (identisch mit dem Wildwest-Helden Old Shatterhand) und sein kleiner, großsprecherischer Diener mit dem Bandwurmnamen Hadschi Halef Omar Ben Hadschi Abdul Abbas Ibn Hadschi Dawuhd al Gossarah im Orient und auf dem Balkan Mädchenräuber, Mörder und Aufwiegler zur Strecke bringen, wird von vielen als Mays bestes Werk angesehen. Nicht nur sein außerordentlich spannendes und humorvolles Erzähltalent kommt darin voll zur Geltung, sondern May streut auch allerlei Wissenswertes über Land, Leute und Geschichte in die Handlung ein, womit er dem einst angestrebten Lehrerberuf in gewisser Hinsicht doch noch gerecht wurde. Der Germanist Heinz Stolte, der erste, der Mays Werk in einer Dissertation würdigte, bezeichnete diese Reiseerzählungen als ›gedichtete, d. h. in epische Kunstform transponierte Geographie‹. Durch ein umfangreiches Quellenstudium erwarb sich May unschätzbare Kenntnisse über den von ihm beschriebenen Kulturraum. Seine exakten Beschreibungen versetzten sogar Orientkenner in Erstaunen.

Diese schriftstellerischen Erfolge machten aus Karl May aber noch keinen wohlhabenden Mann; dazu reichten die Zeitschriftenhonorare einfach nicht aus. So blieb er 1881 mit einem Jahreseinkommen von etwa 1500 Mark unter dem Jahresgehalt eines Redakteurs. Deshalb konnte sich das Ehepaar May auch vorerst nicht den Wunsch erfüllen, von Hohenstein in die Großstadt Dresden umzuziehen. Eine neue − und gleichzeitig alte − Einnahmequelle tat sich auf, als Karl und Emma im Spätsommer 1882 eine einwöchige Erholungsreise nach Dresden unternahmen, wo sie unerwartet H. G. Münchmeyer begegneten. Der Kolportageverleger, dessen Geschäfte angeblich seit

Mays Weggang etwas schlechter gingen, bat May, wieder für ihn zu schreiben. An die hohen Ansprüche seiner Gattin denkend, willigte der Schriftsteller ein und zog erneut nach Dresden, wo er von 1882 bis 1886 parallel zu *Giölgeda padishanün* fünf große Kolportageromane für Münchmeyer verfaßte, die überwiegend unter Pseudonymen erschienen. Inhaltlich und formal sind die episodenhaft zusammengesetzten Lieferungsromane nicht mit Mays Reiseerzählungen zu vergleichen. Diese in großer Eile heruntergeschriebenen Romane sollten später schwerwiegende Konsequenzen für ihren Verfasser nach sich ziehen, da es May bei mündlichen Absprachen mit Münchmeyer beließ.

Der erste und erfolgreichste der Kolportageromane war *Das Waldröschen oder Die Verfolgung rund um die Erde. Großer Enthüllungsroman über die Geheimnisse der menschlichen Gesellschaft von Capitän Ramon Diaz de la Escosura* (1882–84). (Zum Inhalt des Romans und zum Kolportagegeschäft allgemein vgl. das Kapitel über die Filme *Der Schatz der Azteken/Die Pyramide des Sonnengottes*.) Die 35 Mark, die May für jedes der 100 (es wurden schließlich 109) 24seitigen Hefte bekommen sollte, lagen zwar, auf die Seitenzahl umgerechnet, unter dem Honorarsatz beim *Deutschen Hausschatz*. Aber die Aufnahmekapazität der Regensburger Zeitschrift war erschöpft, und die anspruchslose Kolportageliteratur ging May viel schneller von der Hand als die Reiseerzählungen. Außerdem sollte der Autor zum Abschluß eine ›feine Gratifikation‹ von Münchmeyer erhalten. Dieser erwarb das Abdruckrecht für eine Auflage von 20 000 Exemplaren; danach sollten sämtliche Rechte an May zurückfallen. An diese Absprache hat sich der gerissene Verleger nie gehalten, sondern, als sich *Das Waldröschen* als Sensationserfolg entpuppte, immer weiter gedruckt. Auch erschienen Übersetzungen, für die May keinerlei Honorar erhielt. Münchmeyer, der sich sogar um die versprochene Gratifikation drückte, machte Millionenumsätze mit dem Werk, für das der Autor nur ein paar tausend Mark erhielt. In einer Börsenblattanzeige von 1904 wurde mit 500 000 verkauften Exemplaren geworben.

Karl May, der sich auf Münchmeyer verließ und nicht merkte, daß er damit auf Sand baute, willigte ein, weitere Lieferungsromane zu schreiben. Wahrscheinlich glaubte er sogar, ein gutes Geschäft gemacht zu haben, indem das Honorar pro Heft auf fünfzig Mark heraufgesetzt wurde. Ab September 1883 – *Das Waldröschen* verkaufte sich immer noch gut – erschien *Die Liebe des Ulanen. Original-Roman aus der Zeit des deutsch-französischen Krieges von Karl May.* Diesmal hatte May nichts dagegen, daß der Roman unter seinem Namen erschien, weil er nicht auf dem anrüchigen Kolportageweg vertrieben wurde, sondern von 1883 bis 1885 in Münchmeyers ›anständig scheinender Zeitschrift‹ (so May) *Deutscher Wanderer* abgedruckt wird. Der ganz große Erfolg des *Waldröschens* stellte sich nicht ein, wohl weil die exotischen Schauplätze fehlten (mit der Ausnahme einiger Abstecher nach Afrika).

In heimatlichen Gefilden war auch Mays dritter Kolportageroman angesiedelt, *Der verlorene Sohn oder Der Fürst des Elends. Vom Verfasser des Wald-*

röschens. Roman aus der Criminal-Geschichte, der von 1884 bis 1886 in 101 Lieferungen erschien. Diesmal ließ Karl May auch sozialkritische Tendenzen in die Geschichte einfließen, schilderte er doch das ihm selbst sehr wohl vertraute Leben verarmter Weber.

Rein abenteuerlich und dazu ganz exotisch ging es dagegen im vierten der für Münchmeyer verfaßten Romane zu: *Deutsche Herzen, Deutsche Helden.* *Vom Verfasser des ›Waldröschens‹ und ›Der Fürst des Elends‹,* der von 1885 bis 1887 in 109 Lieferungen erschien und die Zusammenführung einer über den Orient, Nordamerika und Rußland verstreuten Familie schildert. Die Fließbandschreiberei, die keine Zeit für eine sorgfältige Konstruktion der Geschichte ließ, sondern nur eine Aneinanderreihung wilder Abenteuer bot, zeigte auch bei Karl May Auswirkungen, die besonders bei *Deutsche Herzen, Deutsche Helden* hervortraten. Widersprüche und Ungereimtheiten im Handlungsgefüge verraten hier die flüchtige Arbeitsweise.

Auch Mays fünfter und letzter Kolportagewälzer *Der Weg zum Glück. Roman aus dem Leben Ludwigs des Zweiten,* von 1886 bis 1887 in 109 Lieferungen erschienen, gilt als wenig gelungen. May war nur einer von vielen Kolportageautoren, die sich nach dem bis heute ungeklärten Tod König Ludwigs im Starnberger See am 13. Juni 1886 literarisch mit dem ›Märchenkönig‹ befaßten. In Mays Roman blieb er aber mehr eine Randfigur in einem Liebes- und Ränkespiel, das so ziemlich alle Klischees der Heimat- und Bergweltromantik vereinigte.

Karl May ließ sich sogar noch zu einem sechsten Kolportagewerk für Münchmeyer überreden, das *Dalilah* heißen sollte. Er hatte dem Verlag bereits achtzig Manuskriptseiten vorgelegt, als sich ihm andere Publikationsmöglichkeiten auftaten. May nutzte die Chance und kehrte der Lohnschreiberei den Rücken zu, einer Arbeit, die umfangmäßig immerhin ungefähr die Hälfte seines gesamten Schaffens ausmacht.

Der zähe Weg nach oben

Nach der zweiten Trennung von Münchmeyer schrieb er ab 1887 außer für den *Hausschatz* auch für die Jugendzeitschrift *Der gute Kamerad,* deren Zielgruppe die männliche Gymnasialjugend war. Hier erschienen acht Abenteuererzählungen Mays, die heute zu seinen beliebtesten Werken zählen: *Der Sohn des Bärenjägers* (1887), *Der Geist des Llano Estacado* (1888; zusammen mit dem Bärenjäger heute in bearbeiteter Form in dem Buch *Unter Geiern* zu finden), *Kong-Kheou, das Ehrenwort* (1888; heute bekannt als *Der blaurote Methusalem*), *Die Sklavenkarawane* (1889), *Der Schatz im Silbersee* (1890), *Das Vermächtnis des Inka* (1891), *Der Ölprinz* (1893) und *Der schwarze Mustang* (1896; heute bekannt als *Halbblut*). Bis auf den *blauroten Methusalem* haben alle diese Werke als Vorlage für Verfilmungen gedient.

Hatte May schon in die Reiseerzählungen so manche belehrende Passage eingeflochten, so verfolgte er mit diesen speziell für die Jugend geschriebenen Erzählungen erst recht pädagogische Absichten, ohne dabei freilich die Spannung zu vernachlässigen. Dementsprechend gibt es hier auch keinen Ich-Erzähler, obwohl Old Shatterhand in einigen der Werke auftritt. Vielmehr schuf May mehrere Identifikationsfiguren für die jugendlichen Leser.

Die Zusammenarbeit mit Friedrich Spemann, dem Herausgeber des *Guten Kameraden*, entwickelte sich ähnlich positiv wie Jahre vorher die mit dem *Hausschatz*. Nach seinen ersten Beiträgen für den Kameraden schloß man einen Vertrag des Inhalts ab, daß über alle von May eingesandten Manuskripte sofort zu entscheiden und die Vergütung bei Annahme umgehend fällig sei.

Freilich floß der Geldsegen vom *Hausschatz* nicht mehr so üppig wie einst. Zwar hatte die Zeitschrift ihren Aufstieg zum großen Teil Mays populären Reiseerzählungen zu verdanken, doch wollte man das nicht so recht wahrhaben. So hieß es im Herbst 1888 in einer Redaktionsmitteilung an die Leser: ›Heiß wogt unter unsern Lesern der Kampf um die Romane des Reiseerzählers Carl May. Während der eine Theil in fulminanten Zuschriften bei der Redaction sich beklagt, daß die Romane einen so großen Raum einnehmen, der viel kostbarer verwendet werden könne, verlangt der andere in nicht minder bestimmten Ausdrücken, daß sofort im neuen Jahrgang wieder mit einer Erzählung von Carl May begonnen werde. Da ist die Redaction denn doch gezwungen, den goldenen Mittelweg einzuschlagen, um beiden Theilen gerecht zu werden. Den Gegnern von Carl May zu Gefallen bringen wir also vor der Hand Erzählungen aus der Feder anderer Autoren, den Freunden des Abenteuerromans aber verrathen wir, daß sich in unseren Händen wieder eine sehr spannende Erzählung von Carl May aus der Zeit nach dem amerikanischen Bürgerkriege befindet, die ebenfalls im neuen Jahrgang zum Abdruck gelangen wird.‹ Hinter diesen seltsamen Zeilen steckte der neue Redakteur Heinrich Keiter, der mehr Platz für die Veröffentlichungen ihm nahestehender Autoren schaffen wollte, wie etwa dem späteren May-Gegner Hermann Cardauns und Keiters Frau Therese, die unter dem Pseudonym M. Herbert schrieb. *Hausschatz*-Nummern ohne Beiträge von Karl May verkauften sich jedoch nicht so gut, so daß der ›Reiseerzähler‹ in den meisten Ausgaben vertreten blieb.

Privat gab es in dieser Zeit einige Rückschläge für Karl May. Nachdem schon 1885 seine Mutter gestorben war, folgte ihr sein Vater drei Jahre später. Auch zwangen ihn die knapp bemessenen Zeitschriftenhonorare, seinen Lebensstil einzuschränken. Die von ihm im Oktober 1888 gemietete ›Villa Idylle‹ in Kötzschenbroda mußte er schon zu Beginn des Jahres 1890 wieder räumen, nachdem er die Quartalsmiete von 200 Mark schuldig geblieben war und die Vermieterin eine Zahlungsklage anhängig machte. Bis 1891 folgten verschiedene andere Zahlungsklagen. May zog in eine Mietwohnung und konnte sich nicht einmal mehr die Zigarren leisten, ohne die er sonst beim Schreiben nicht auskam. Auch Übersetzungen im Ausland, besonders in

Frankreich, wo manche seiner Werke eher als Buchausgaben vorlagen als in Deutschland, konnten die finanzielle Misere nicht verhindern. May hatte seine Einnahmen schlichtweg überschätzt und sich in alter Großmannssucht zu früh als ›Villenbesitzer‹ geriert.

Auch mit Emma gab es weiterhin Schwierigkeiten. Die Ehe blieb kinderlos, und Emma sträubte sich, ein Kind zu adoptieren. Im November 1891 nahm man die neunjährige Klara Selbmann, eine Tochter von Karl Mays Schwester Karoline, bei sich auf, wohl um deren Eltern finanziell zu entlasten. Die kleine Klara verstand sich sehr gut mit Onkel Karl, aber ebenso schlecht mit Tante Emma, so daß sie bereits im August 1892 zu ihren Eltern zurückkehrte. Daß Emma diesem Versuch überhaupt zugestimmt hat, dürfte darin begründet sein, daß sich Karl anderweitig orientiert hatte und eines ihrer Dienstmädchen um das Jahr 1890 herum ein Kind von ihm bekam, für das der Vater auch Alimente zahlte. Die Aufnahme von Klara war auch nur möglich, weil es den Mays im Laufe des Jahres 1891 finanziell wieder besser ging und sie im April erneut in eine Villa zogen, die ›Villa Agnes‹ hieß und in Oberlößnitz lag.

Ein folgenreicher Freundschaftsbund

In dieser Zeit lernte Karl May den Mann kennen, der für sein weiteres Leben und besonders für seine schriftstellerische Karriere eine große Rolle spielen sollte, den Verleger Friedrich Ernst Fehsenfeld (1853–1933). In Kindheit und Jugend schon mit vielen großen Literaten wie den Gebrüdern Grimm, Gustav Freytag oder Berthold Auerbach in Berührung gekommen, hatte dieser Mann 1890 im badischen Freiburg den Beruf des Buchhändlers und Verlegers ergriffen. Sein Herz schlug besonders für die Abenteuerliteratur. So besorgte Ernst Fehsenfeld nicht nur die deutschen Erstausgaben von solchen Klassikern dieses Genres wie Rudyard Kiplings *Im Dschungel* (später: *Das Dschungelbuch*), Jack Londons *Wolfsblut* oder Robert Louis Stevensons *Die Schatzinsel*, sondern er übersetzte diese Werke auch eigenhändig.

Bei der Suche nach Autoren für seinen jungen Verlag stieß er schließlich auf Karl May, dessen Reiseerzählungen im *Hausschatz* es ihm angetan hatten: ›Ich begann zu lesen und kam nicht davon los. Familie, Geschäft, Essen und Trinken, alles vergaß ich! Diese Erzählungen aus ihrer Zerstückelung in den Zeitschriften herauszuholen, sie in Bücher zu fassen und so der deutschen Jugend und dem ganzen Volke zu schenken, das war ein Gedanke, der mich nicht wieder losließ. Und alsbald ging ich ans Werk. Ich verschaffte mir Karl Mays Anschrift und fragte bei ihm an, ob er mit mir in Verbindung treten wollte.‹

Karl May ließ sich allerdings mit der Antwort vier Monate Zeit, wahrscheinlich, weil der unbekannte Verleger ihm ein wenig dubios erschien. Im

November 1891 trafen sich die beiden Männer schließlich und wurden rasch handelseinig. Fehsenfeld verpflichtete sich vertraglich, Mays bisher in verschiedenen Zeitschriften erschienene ›Reiseromane‹ als 500 bis 600 Seiten dicke Bücher herauszubringen. Mays Aufgabe war es, die Texte für die Buchausgabe einzurichten. Dafür erhielt er eine Abschlagszahlung von 500 Mark pro Buch und jeweils 2000 Mark für 5000 abgesetzte Exemplare. Als das Geschäft später prächtig lief, wurde sein Honorar erhöht. Wie erfreut May über diesen Abschluß war, belegt ein Gedicht, das er im Dezember an Fehsenfeld schickte:

Im lieben, schönen Lößnitzgrund,
Da saßen zwei selbander,
Die schlossen einen Freundschaftsbund,
Gehn niemals auseinander.
Der Eine schickt Romane ein,
der Andere läßt sie drucken,
Und's Ende wird vom Liede sein:
's wird Beiden herrlich glucken!

Das Jahr 1892 brachte für Karl May den großen Durchbruch auf dem Buchmarkt. Fehsenfeld gab den Orientzyklus *Giölgeda padishanün* in Buchform heraus; damit lagen die ersten sechs Bände der ›Gesammelten Reiseromane‹ (später: ›Reiseerzählungen‹) vor. Im folgenden Jahr erschienen fünf weitere Bände bei Fehsenfeld, darunter die berühmte Winnetou-Trilogie.

Nicht nur die Leser nahmen Mays Werke begeistert auf, sondern auch Presse und Kritik lobten sie als weit über den üblichen Abenteuergeschichten stehend. Jahr um Jahr wuchs die Fehsenfeld-Edition durch die Zusammenfassung der Zeitschriftenbeiträge Mays, aber auch durch Bücher, die der Schriftsteller eigens für die Buchausgabe schrieb, so *Winnetou I* (1893), eines seiner Maysterwerke. Im Jahr 1896 hatten die Fehsenfeld-Bände eine Gesamtauflage von 400 000 erreicht, drei Jahre später schon 722 000. Da May auch weiterhin in Zeitschriften und katholischen Marienkalendern Erzählungen unterbrachte (in den Marienkalendern mit einer aufgepfropften Religiosität verbrämt), war er nach langen Jahren der Dürre endlich finanziell ein gemachter Mann. Im Dezember 1895 kaufte er für 37 300 Mark ein Villengrundstück in Radebeul bei Dresden und nannte es die ›Villa Shatterhand‹. Im Januar des folgenden Jahres bezogen Karl und Emma das Haus, in dem May bis zu seinem Tod leben sollte.

›Ich bin wirklich Old Shatterhand‹

Der Schriftsteller erhielt eine große Anzahl Leserpost, in der er immer wieder mit Old Shatterhand/Kara Ben Nemsi, dem Helden und Ich-Erzähler seiner Reiseabenteuer identifiziert wurde. Er machte dieses Spiel schließlich mit, da es viel einfacher war zu sagen, er sei in früheren Jahren zusammen mit Winnetou im Wilden Westen oder mit Hadschi Halef Omar im Reiche des Großherrn gewesen, als zuzugeben, ein mehrfach Vorbestrafter zu sein. In den späteren Reiseerzählungen führte er die Einheit von Autor und Held auch innerhalb der Geschichten durch. Besonders einfach wurde die Sache für May dadurch, daß Fehsenfeld selbst an die Reisen des ›Weltläufers‹ glaubte. Daher auch die Umbenennung der ›Reiseromane‹ in ›Reiseerzählungen‹; damit sollte das eigene Erleben dokumentiert werden: ›Das Titelwort ›Reiseromane‹ ist ohne meine Erlaubnis gesetzt (also falsch) und jetzt in ›Reiseerzählungen‹ umgeändert worden. Ich bin wirklich Old Shatterhand resp. Kara Ben Nemsi und habe erlebt, was ich erzähle. Daß ich dabei, wie der Maler, die Feder in die Farbe tauche, versteht sich ja von selbst, daß ich es gar nicht zu erwähnen brauche. Wer da behauptet, daß ich nicht aus der Erfahrung, sondern aus der Phantasie schöpfe, der mag, und sei er der begabteste Mensch, sich doch einmal hinsetzen und den Versuch machen, auch nur einen einzigen ›May-Band‹ einfach zu erdichten.‹ Im Untertitel hatte es freilich immer schon ›Reiseerlebnisse von Karl May‹ geheißen.

Karl May bestätigte diese Old-Shatterhand-Legende in Briefen und sogar in öffentlichen Vorträgen und erfand dabei immer wildere Geschichten über seine Abenteuer unter Indianern und Beduinen. Sein Haus und besonders sein Arbeitszimmer schmückten allerlei ›Reisetrophäen‹. Auch Old Shatterhands berühmten Bärentöter ließ er sich für die Zurschaustellung anfertigen. Daneben konnte man sogar Winnetous Silberbüchse bewundern, obwohl diese, wie man in *Winnetou III* nachlesen kann, eigentlich mit dem Häuptling der Apachen begraben wurde. Aus dieser Zwickmühle fabulierte der Autor sich mit einer Passage in *Old Surehand III* heraus: Er sei gerade noch rechtzeitig gekommen, um zu verhindern, daß Ogellallah-Indianer Winnetous Grab öffneten und das berühmte Gewehr herausholten; um künftigen Grabschändungen vorzubeugen, habe er die Silberbüchse an sich genommen, die nun über seinem Schreibtisch hänge. Eine Serie von käuflich erwerbbaren Fotos, in denen May als Old Shatterhand und Kara Ben Nemsi mit den berühmten Waffen posierte, machte die Fiktion komplett.

Auch den Doktortitel, mit dem man ihn schon seit seiner Redakteurszeit bei Münchmeyer anredete, legte er sich in dieser Phase ›offiziell‹ zu und wollte ihn 1898 sogar ins Radebeuler Adreßbuch eintragen lassen, obwohl er niemals promoviert hatte. Den daraufhin stutzig gewordenen Behörden erzählte er, den Titel von einer Universität Rouen in Frankreich verliehen bekommen zu haben, in China habe er sogar eine dem Doktortitel gleich- oder höherstehende Würde erworben. Man glaubte ihm nicht und untersagte ihm das Führen des Doktortitels. Als ihm seine zweite Frau Klara 1902 einen Doktortitel von einer deutsch-amerikanischen Universität in Chicago verschaffte – ein Kapitel aus seinem Roman *Im Reich des silbernen Löwen* wurde an der ›Universitas Germana–Americana‹ eingereicht –, erkannte man diesen Titel in Deutschland nicht an.

Wieder einmal war Karl May der Versuchung erlegen, sich mit erfundenen Verdiensten zu profilieren, und wieder einmal sollte dies für ihn schlimme Folgen haben.

Tiefere Ursachen für diese maßlose Aufschneiderei finden sich in der ganzen Entwicklung von Mays Persönlichkeit. Er, der stets Unterprivilegierte, der sein ganzes Leben lang versucht hatte, nach oben zu kommen und Anerkennung einzuheimsen, ergriff, ohne die Folgen zu bedenken, jede Gelegenheit der Selbstdarstellung beim Schopf. Minderwertigkeitskomplexe plagten ihn ebenso wie Schuldgefühle gegenüber den verstorbenen Eltern und der innig geliebten Großmutter, an deren Tod er sich die Schuld gab. ›Sie war nicht eigentlich krank gewesen‹, schrieb er in seiner Selbstbiographie, ›sie war nur so hingeschwunden, vor Gram und Leid um – mich!‹ Und: ›Ich hatte mich so sehr darauf gefreut, Großmutter meine Arbeitspläne vorzulegen; nun war sie tot.‹

Je mehr er in der Öffentlichkeit darstellte, desto mehr glaubte er, das in ihn gesetzte Vertrauen der Eltern und der Großmutter gerechtfertigt zu haben. Sein Vater hatte immer gewollt und von ihm verlangt, daß er etwas ›Besseres‹ werde, und nun war er es. So war der mit übergroßer Strenge durchgeführte väterliche Zwang mit ursächlich für die frühen und späteren Hochstapeleien Karl Mays. Mit den frühen Straftaten wollte er die – auch von seiner Familie erlittene – Schmach der ersten Haftstrafe(n) an seiner Umwelt rächen, mit den späteren Schwindeleien wollte er sich – und damit seine Familie – rehabilitieren.

Dabei kam ihm seine überreiche Phantasie zu Hilfe. Schon oft wurde die Frage gestellt, ob Karl May, der sich nächtelang mit den Gestalten seiner Erzählungen unterhielt, wirklich glaubte, Old Shatterhand und Kara Ben Nemsi zu sein. Er verlor jedoch niemals den Bezug zur Realität, sondern schuf sich eine zweite Realität, die teilweise die Wirklichkeit (so paradox es klingt) überlagerte. Hierhin konnte er vor der Wirklichkeit flüchten und Kraft tanken für die Rückkehr in sie. Er konnte beide Welten trennen und sich doch in beiden bewegen. Das machte auch seine Qualität als Dichter aus; ohne dieses Übermaß an Phantasie hätte er nicht all die Bücher so schreiben können, daß sie heute noch ihre Leser finden und begeistern.

Auch stimmt es, wenn May sagte, er habe alles, was er schreibt, wirklich erlebt. Nur fanden diese Erlebnisse nicht im Orient und nicht im Wilden Westen statt, sondern in seinem durchaus sehr reellen Seelenleben. Die Ereignisse und Weggefährten seines Lebens spiegeln sich in seinen Werken auf mannigfache Weise. May versetzte alles in exotische Szenerien und machte sich zu Old Shatterhand/Kara Ben Nemsi, dem alles besser gelang als dem echten Karl May. Wie oft wird sein Ich-Held fälschlicherweise verdächtigt und gefangen, aber immer kann dieser sich vom Verdacht reinwaschen bzw. sich befreien. Das Schreiben war eine Therapie für May, mittels derer er sich von den traumatischen Erlebnissen seiner Vergangenheit befreite. Die Übertragung seiner Gedankenwelt in die Realität ist untrennbar damit verbunden. ein Karl May, der sich nicht in aller Öffentlichkeit der Taten seiner Helden gerühmt hätte, hätte diese auch niemals in den Erzählungen zum Leben erweckt.

Auf Kara Ben Nemsis Spuren

Aber auch Karl May mußte die bittere Erfahrung machen, daß man um so tiefer fällt, je höher man gestiegen ist. Im Jahr 1896 griff ein Hamburger Lehrer in einer Streitschrift mit dem Titel *Das Elend unserer Jugendliteratur* einige deutsche Schriftsteller an, besonders May, und forderte, daß Werke für die Jugend ohne belehrende Tendenzen auskommen müßten. Der Vorwurf fand nur ein geringes Echo. Aber bald mehrten sich kritische Stimmen zu Mays Werken, denn der Erfolg rief — und das ist in Deutschland immer so gewesen — Neider auf den Plan.

1898 hörte die Zusammenarbeit mit dem *Hausschatz* auf. Dort war May suspekt geworden, weil man entdeckt hatte, daß er ›Hintertreppenromane der übelsten Sorte‹ für H. G. Münchmeyer geschrieben hatte. May selbst war über die Trennung nicht unglücklich; seine Bücher verkauften sich gut, und er brauchte sich nicht mehr dem Terminzwang unterzuordnen, den die Mitarbeit an einer regelmäßig erscheinenden Zeitschrift mit sich brachte. So kündigte er von sich aus die Zusammenarbeit und forderte bereits eingesandte Manuskripte zurück, als die Regensburger Erzkatholiken sich für ihren Star-Autoren zu schämen begannen.

Im Frühjahr 1899, die ›Gesammelten Reiseerzählungen‹ waren inzwischen auf stolze 27 Bände angewachsen, begann Karl May eine längere Orientreise, die für sein weiteres Leben und Schaffen von entscheidender Bedeutung sein sollte. Als er sich am 2. April in Genua auf der PREUSSEN nach Port Said einschiffte, wollte er auf den Spuren von Kara Ben Nemsi wandeln und die Schauplätze seiner Phantasie in der Realität erkunden. Gleichzeitig sollte die Reise die Old-Shatterhand-Legende, die Identität von Autor und Held, bestätigen. May veranstaltete einigen Presserummel, damit alle Welt erfuhr, daß er tatsächlich die Gegenden bereiste, die er in seinen Büchern beschrieb. Und wenn er es jetzt tat, dann war er wohl auch schon früher viel gereist; das war die Schlußfolgerung, die er sich erhoffte. Er ahnte nicht, daß er als ein völlig anderer wiederkehren würde. In Genua verabschiedete er sich von dem befreundeten Ehepaar Richard und Klara Plöhn sowie von Emma, die ihren Mann aus gesundheitlichen Gründen nicht begleiten konnte; schwere Unterleibsbeschwerden machten ihr zu schaffen.

Fünf Tage später traf er in Port Said ein und nahm sich ein Zimmer in Kairo, wo er sechs Wochen blieb, um sich an die neue Umwelt zu gewöhnen. Mit kleineren Ausflügen, unter anderem zu den Pyramiden, erkundete er die Gegend und absolvierte so ein Pensum, für das Kara Ben Nemsi höchstens einen Tag gebraucht hätte.

Aber hier erkannte er, daß er nicht Kara Ben Nemsi war und daß seine Phantasien nicht mit der Realität übereinstimmten. Eine viele Monate andauernde psychische Krise war die Folge, an deren Ende der endgültige Abschied von der Old-Shatterhand-Legende stand. Noch war Karl May jedoch im Netz seiner eigenen Fabulierkunst gefangen und schickte fleißig Ansichtskarten in die Heimat, auf denen er bekundete, als Kara Ben Nemsi auf alten Karawanenwegen zu reiten, mancherlei Abenteuer zu vollbringen und die Gestalten seiner Bücher zu treffen. Auch ein Wiedersehen mit Hadschi Halef Omar, jetzt oberster Scheik der Haddedihn, sollte bevorstehen. In Wahrheit reiste May noch nicht einmal in die Nähe der Haddedihn-Jagdgründe. Zu groß war der Schock gewesen, den der fremde Orient ihm bereitet hatte, als daß er eine nähere Konfrontation mit den realen Gegenstücken seiner Phantasie hätte auf sich nehmen wollen.

Das Gegenstück zu den Grüßen in die Heimat bilden Gedichte und Reisenotizen aus dieser Zeit, die einen ganz anderen Karl May offenbaren. Einen Karl May, der sich Gedanken über das Sterben machte, für den das Innere des Menschen immer wichtiger zu werden begann, der allmählich erkannte, wie wertlos in Wahrheit der äußere Schein ist.

Als May sich in Begleitung seines Dieners Sejd Hassan — aus dem in Mays Roman *Et in terra pax/Und Friede auf Erden* Sejjid Omar (eine Referenz an Hadschi Halef Omar) wird — ins Landesinnere begab, reiste er auf den ausgetretenen Touristenpfaden, was er früher öffentlich verpönt hatte. Zunächst zog man den Nil hinauf bis nach Assuan, kehrte zurück nach Port Said und suchte von dort Beirut, Haifa, Nazareth, Jerusalem, Jaffa und Aden auf. Dann ging es über das Rote Meer nach Colombo auf Ceylon und weiter nach Padang auf Sumatra. Von dort kehrte er nach Port Said zurück.

Dabei kam es immer wieder zu Zusammenbrüchen Mays, physischen Auswirkungen seiner psychischen Krise. Mal gab er das Rauchen und das Essen von Fleisch auf, dann verweigerte er die Nahrungsaufnahme ganz oder weinte bitterlich.

Obwohl er mit Emma nicht das ersehnte private Glück gefunden hatte, vermißte er seine Frau auf der Reise und wollte sie unbedingt nachkommen lassen. Wenn man bedenkt, daß eine Verständigung mit Sejd Hassan wahrscheinlich nur in geradebrechtem Englisch möglich war — perfekt Arabisch spricht Kara Ben Nemsi, nicht aber Karl May —, muß der Autor sehr unter der Einsamkeit gelitten haben, die seine Krise noch verstärkte. Wegen ihrer Krankheit wollte Emma nicht allein reisen, weshalb May auch die Plöhns einlud. Aber auch Richard Plöhn war aufgrund eines Nierenleidens noch nicht reisefertig, so daß sich das geplante Zusammentreffen verzögerte. Gegen Ende des Jahres fand das Treffen schließlich in Arenzano nahe bei Genua statt, wo sich Richard Plöhn von seinen Leiden allmählich erholte.

Im März 1900 brachen die beiden Ehepaare und Sejd Hassan gen Orient auf und besuchten zum Teil die Stätten, die May und Hassan vorher allein erkundet hatten. May beklagte sich später über die innere Teilnahmslosigkeit Emmas, von der sich Klara Plöhn wohltuend abhob. Emmas Verhalten dürfte auf ihre Krankheit zurückzuführen sein. Karl May jedoch begann damals, in Klara mehr zu sehen als nur die Frau seines Freundes. Als man in Beirut an die Heimreise dachte, hieß es Abschied nehmen von Sejd Hassan. ›Der gute Mensch hing zuletzt so sehr an uns‹, berichtete Klara, ›daß er seine Familie verlassen und mit uns nach Europa gehen wollte. Der Abschied von Beirut war schwer; Hassan kam noch einmal auf den russischen Dampfer, der uns nach Griechenland bringen sollte, und bat, mitgenommen zu werden. Ich hatte das Haus und die Seinen gesehen und konnte ihm nachfühlen, daß das Wiedereinpassen in die Enge für ihn keine leichte Sache gewesen sein wird.‹ Karl May hatte sich gerade innerlich von seiner Heldengestalt Kara Ben Nemsi gelöst; da war kein Platz für einen (Hadschi Halef) Sejjid Omar.

Der neue Karl May

Als die Reisenden am 31. Juli 1900 nach Radebeul zurückkehrten, war Karl May ein gänzlich anderer, als der er ausgezogen war, die Welt seiner Träume zu erforschen. So zu schreiben wie früher, wilde, bunte Abenteuer um ihrer selbst, des Ruhmes und des Profites willen aneinanderzureihen war ihm ab jetzt unmöglich. Schon seine letzten Werke vor der Orientreise hatten nicht mehr die Leichtigkeit des unbeschwerten Fabulierers aufgewiesen, sondern eine eher düstere, nachdenklichere Stimmung. Das gilt ebenso für die Abenteuer von Old Shatterhand in dem Roman *Weihnacht!* (1897) wie für die von Kara Ben Nemsi in dem Buch *Am Jenseits* (1899). Fortan aber benutzte er die alten Abenteuerstoffe und -gestalten nur noch als Hülsen für seine ureigensten Ansichten. Die ursprünglich geplante Fortsetzung zu *Am Jenseits, Im Jenseits* blieb ungeschrieben, weil der Autor sich nicht in der Lage sah, noch einmal den alten Pfad zu beschreiten. (Das als Band 50 in die Gesammelten Werke des Karl-May-Verlags aufgenommene Buch *In Mekka* bringt die Handlung aus *Am Jenseits* zwar doch auf die alte Abenteuerweise zum Abschluß, aber es stammt nicht von Karl May, sondern von Franz Kandolf.)

Karl May schrieb nun die Werke, die man gemeinhin seinem ›Alterswerk‹ zurechnet, symbolische Visionen von teilweise sprachlich großer Ausdruckskraft. Unmittelbarer Ausfluß der Orientreise war der China-Roman *Et in terra pax* (1901), den May für die Buchausgabe von 1904 in *Und Friede auf Erden!* umbenannte. Der Ich-Erzähler, der Mays Route auf der Orientreise folgt, ist zwar erkennbar mit dem Autor identisch, hat aber nur noch wenig vom alten Kara Ben Nemsi an sich. Auf äußere Aktionen wird fast gänzlich verzichtet. Vielmehr predigte May den Weltfrieden und die Völkerverständigung und setzte sich damit bewußt in Widerspruch zum Hurra-Patriotismus des wilhelminischen Zeitgeistes. Die Erzählung entstand für Josef Kürschners Sammelwerk *China. Schilderungen aus Leben und Geschichte, Krieg und Sieg. Ein Denkmal den Streitern und der Weltpolitik*, mit dem der Herausgeber sich an die Niederschlagung des Boxeraufstands anhängen wollte. Kürschner erwartete daher von May einen der alten Abenteuerschmöker voll der Heldentaten tapferer deutscher Recken. May unterlief die Absichten des Herausgebers und dessen Werkes völlig.

Als herausragender Teil von Mays Altwerk gelten die Bände III und IV des Großromans *Im Reiche des silbernen Löwen* (1902 und 1903), mit denen er nur scheinbar an die ersten beiden, noch ganz im alten Stil geschriebenen Bände (1897-98) anknüpfte. Aber Kara Ben Nemsi und Hadschi Halef Omar agieren hier ganz anders als in den früheren Büchern. Statt oberflächlichem Heldentum zu frönen, räsoniert der Hadschi über das Sterben. Und der deutsche Recke Kara will sogar seine berühmten Gewehre ablegen, weil er nicht mehr jener Kara Ben Nemsi sei. In diesem sehr hintergründigen, auf mehreren Ebenen angelegten Roman rechnete der Autor mit seinem eigenen Leben, aber auch mit seinen Kritikern ab.

Diese wurden immer zahlreicher und sollten sich in seinen letzten Lebensjahren zu einer recht schlagkräftigen Einheit formieren. Der Deutschen liebster Schriftsteller sollte bald zum literarischen Freiwild werden.

Die ›Karl-May-Hetze‹

Schon während der Orientreise erfuhr Karl May aus der Presse von ernsten Angriffen gegen ihn. Der Redakteur Fedor Mamroth kanzelte ihn im Juni 1899 in der *Frankfurter Zeitung* ab, schimpfte auf Mays seiner Meinung nach bigottes Christentum und äußerte vorwurfsvoll den Verdacht, der Autor habe die von ihm geschilderten Länder nie mit eigenen Augen gesehen. Auf einen Einspruch Fehsenfelds antwortete Mamroth mit fingierten Leserbriefen, in denen es sogar hieß, May sei momentan gar nicht im Orient, sondern in Bad Tölz.

Weiterer Ärger braute sich bereits seit geraumer Zeit an der Münchmeyer-Front zusammen. Nach H. G. Münchmeyers Tod im Jahre 1892 mußte sein Verlag starke Einbußen hinnehmen, die Münchmeyers Witwe Pauline nur dadurch halbwegs auszugleichen wußte, daß sie die von Karl May verfaßten Kolportageromane in Neuauflagen herausbrachte und die Übersetzungsrechte veräußerte, obgleich sie wußte, daß aufgrund mündlicher Absprachen zwischen May und ihrem verstorbenen Mann alle Rechte an den Verfasser zurückgefallen waren. Dann verkaufte sie den Verlag mit allen Rechten an Adalbert Fischer, der ab 1901 die früher pseudonym erschienenen Kolportageromane mit großem Werbeaufwand unter Mays Namen herausbrachte.

Diese Neuauflagen lieferten den Gegnern des Schriftstellers neue Munition. Sie stellten ihn wegen angeblich unsittlicher Stellen in diesen Werken als Jugendverderber hin. May verklagte Fischer und Pauline Münchmeyer auf Schadenersatz und verlangte die Herausgabe der Originalmanuskripte, um zu beweisen, daß die ›unsittlichen Stellen‹ nachträglich eingefügt worden waren. Aber Pauline Münchmeyer behauptete, die Manuskripte seien bei einem Brand vernichtet worden. Briefe an und von H. G. Münchmeyer, die sich angeblich in Mays Besitz befanden und das Zurückfallen der Rechte an ihn bestätigten, wurden wahrscheinlich von Mays Frau Emma aus Freundschaft zu Pauline Münchmeyer vernichtet. Ganz geklärt wurde dieser Sachverhalt nie. Zwar vernichtete Emma tatsächlich Papiere ihres Mannes, jedoch steht nicht fest, ob diese Briefe darunter waren bzw. ob es diese tatsächlich gab oder ob es sich um eine ›taktische Erfindung‹ Mays handelte.

Jedenfalls stand Emma auf Paulines Seite. Dadurch nahm die ohnehin schon getrübte Beziehung zwischen Karl May und seiner Frau neuen Schaden, und im Januar 1903 kam es zur Scheidung. Zwei Monate später heiratete May dann Klara, die Witwe seines 1901 verstorbenen Freundes Richard Plöhn.

Schon zu Lebzeiten ihres ersten Mannes und auf ausdrücklichen Wunsch desselben hatte Klara als Karl Mays Sekretärin gearbeitet und seine Leserpost beantwortet, zum Teil unter dem Namen ›Emma May‹. Besaß sie in bezug auf Mays Arbeit sowieso ein weitaus größeres Einfühlungsvermögen als Emma, so wurde nach dem Tod von Richard Plöhn auch das private Band fester, das sie, die acht Jahre jünger war als Emma und zu dieser Zeit auch attraktiver, und den Schriftsteller verband.

Es muß ein seltsames Dreiecksverhältnis und eine noch seltsamere Atmosphäre gewesen sein, die in den ersten Jahren dieses Jahrhunderts in der ›Villa Shatterhand‹ herrschte. Zeitweilig wurde May von der Angst geplagt, von Emma ermordet zu werden, und weigerte sich darum, von ihr zubereitete Speisen zu essen; so wird verständlich, daß er Emmas reichlich merkwürdiges Ansinnen ablehnte, sie nach der Scheidung wenigstens als Köchin zu behalten. Auch war man im Hause May dem Spiritismus zugetan (wovon Karl May sich später distanzierte), und die Frauen zeigten sich beide medial begabt. Da erstaunt es wenig, daß sich hilfreiche Geister fanden, die versuchten, Emma in Karls und Klaras Sinn zu beeinflussen. ›Wenn du jetzt nicht unseren Willen tust und unterschreibst, was Karl dir vorlegt, dann wehe! wehe! wehe!‹ soll nach Emmas Aussage ein Geist ihr geflüstert haben. Ein Ehebruch Emmas mit einem Max Moritz Welte blieb im Scheidungsverfahren unerwähnt, denn der Gatte hätte sich dann wohl Ähnliches vorhalten lassen müssen.

Im Sommer 1902 unternahm dieses sonderbare Trio eine mehrwöchige Reise nach Berlin, Hamburg, Leipzig, München und Südtirol, wo man sich im Hotel Penegal auf dem Mendelpaß bei Bozen einmietete. Auf dieser Reise fand die letzte Schlacht der beiden Frauen um ›ihren Karl‹ statt, der sich innerlich aber wohl schon entschieden hatte. Erst hier aber fand er die Kraft,

Emma seine Entscheidung mitzuteilen. Karl wollte Klara heiraten, und Emma sollte bis zur Scheidung in Bozen bleiben. Sie sollte dafür eine Jahresrente von 3000 Mark erhalten. So spaltete sich das Trio, und man ließ die sicherlich geschockte Emma allein in Südtirol zurück. Sie wurde später noch in die Auseinandersetzungen zwischen May und seinen Gegnern hineingezogen, ohne aber dabei eine entscheidende Rolle zu spielen, und verstarb 1917 in einer Nervenheilanstalt.

Im Jahr 1904 tauchte mit dem Journalisten Rudolf Lebius ein neuer May-Gegner auf, der May erst seine Unterstützung anbot – gegen gute Bezahlung. 10 000 Mark wollte Lebius dafür haben, daß er May publizistisch unter die Arme griff. Als May entrüstet ablehnte, wandte sich Lebius voller Verbissenheit gegen den Schriftsteller und arbeitete den konservativen Kreisen in die Hände, denen May durch seinen Einsatz für die Völkerverständigung und den Weltfrieden unliebsam geworden war. Karl May war ein berühmter Schriftsteller; sein Wort hatte Gewicht und wurde deshalb ernst genommen. Viele Vereine und Verbände fühlten sich in dieser Zeit der aufkeimenden Deutschtümelei und des wilhelminischen Chauvinismus durch den ›anderen‹ Karl May auf den Schlips getreten. Lebius, von dem berühmten Reporter Egon Erwin Kisch einmal als ›Vorhitler‹ bezeichnet, der sich immer für den am besten Zahlenden einsetze, machte sich zum Sprachrohr dieser Kreise, nachdem er aus der Sozialdemokratischen Partei ausgetreten war.

Nach und nach zog er sämtliche Vorstrafen Mays an das sensationsgeile Licht der Öffentlichkeit. Die Fama vom ›Räuberhauptmann Karl May‹ wurde wieder aufgewärmt, der falsche Doktortitel breitgetreten und May vorgeworfen, er habe sich fälschlicherweise als Katholik ausgegeben. Da May für einige katholische Zeitschriften schrieb, galt er der Öffentlichkeit gemeinhin als katholisch und wurde schließlich auch in Kürschners Literaturkalender unter dieser Konfession geführt. Tatsächlich hatte er einmal erwogen zu konvertieren. Nach der Orientreise, die ihn an ein überkonfessionelles Christentum glauben ließ, in das auch Aspekte anderer Religionen einflossen, war das für ihn kein Thema mehr. Durch seine neuen Glaubensansichten schuf sich May aber noch mehr Feinde in den streng katholischen Kreisen, die es gar nicht gerne sahen, wenn May Christen und Heiden auf eine Stufe stellte.

Die ständigen Auseinandersetzungen und Verleumdungen, denen sich May und seine Freunde ausgesetzt sahen, schädigten das Ansehen des Schriftstellers so sehr, daß sich viele Buchhandlungen auf dem Höhepunkt der ›Karl-May-Hetze‹ weigerten, Mays Werke zu verkaufen. Der alte May war nicht ganz unschuldig an dieser Entwicklung, denn anstatt den Vorwürfen seiner Feinde keine Beachtung zu schenken, wollte er unbedingt vor den Augen der Welt sein Recht bekommen, antwortete auf jede Anschuldigung und ging wegen jeder auch noch so kleinen Verleumdung vor Gericht. Mit dem Ergebnis, daß der Name May im Zusammenhang mit anrüchigen Geschehnissen nie aus den Schlagzeilen verschwand.

Sogar der Schrecken längst vergangener Zeiten tauchte wieder auf: Ein Strafprozeß mit Karl May auf der Anklagebank drohte. Seine Gegner hatten ihn wegen Meineides angezeigt. Eines Morgens im November 1907 drangen ein Untersuchungsrichter, ein Staatsanwalt und vier Polizisten in die ›Villa Shatterhand‹ ein und nahmen eine ausgedehnte Haussuchung vor, die den alten May sehr erregte und an den Rand eines Zusammenbruches brachte. Man beschlagnahmte eine Unmenge von Schriftstücken, darunter Manuskripte, Korrespondenz, Prozeßakten und die Urkunde über Mays Doktortitel, und belegte den Schriftsteller mit einer Briefsperre. Die insgeheim von Oskar Gerlach, dem Anwalt der May-Gegner, gelenkten und sehr rüde geführten Ermittlungen gegen May zogen sich über Monate hin, mußten aber im Januar 1909 eingestellt werden, da sich der Verdacht nicht erhärten ließ.

Karl May, die Menschheitsfrage

Diese Fehden beeinflußten Karl Mays späte Werke, in denen er den Kampf gegen seine Widersacher in gleichnishafter Weise weiterführte. Er schrieb Visionen von Frieden, Völkerversöhnung und Humanität. Wie hätte sein Alterswerk ohne die Querelen, in die er sich hineingezogen fühlte, ausgesehen? Da die diversen Prozesse ihn zeitlich und auch gesundheitlich stark beanspruchten, hätte er vielleicht mehr geschrieben – aber auch Besseres? Man kann darüber nur spekulieren und ansonsten zur Kenntnis nehmen, daß seine Schaffenskraft entweder trotz oder gerade wegen dieser Auseinandersetzungen bis ins hohe Alter nicht erlahmte.

Allerdings waren seine Spätwerke völlig anders angelegt als seine früheren Erzählungen, weshalb die Zahl seiner Leser kontinuierlich abnahm. Die bunte Abenteuerwelt von einst hatte tiefgreifenden Gedanken und deren symbolischer Darstellung Platz gemacht. Viele Leser waren nicht dazu bereit, ihrem Meister auf diesem steinigen Weg zu folgen.

So endete eine erneute Zusammenarbeit Mays mit dem *Deutschen Hausschatz* vorzeitig, als die Leser mit seinem großen Altersroman *Der Mir von Dschinnistan* (1907; zweibändige Buchausgabe 1909 unter dem Obertitel *Ardistan und Dschinnistan*) nicht einverstanden waren und May die Erzählung schließlich abbrechen mußte. Dieses seltsamste aller Abenteuer von Kara Ben Nemsi und Hadschi Halef Omar nannte sich zwar auch noch eine ›Reiseerzählung‹, hatte mit den Vorgängern aber nichts mehr gemeinsam. Ort der Handlung ist ein fiktiver Kontinent namens Sitara, auf dem es zwei große Länder gibt, das niedere, von Gewaltmenschen bewohnte Ardistan, und das von Edelmenschen bewohnte Hochland Dschinnistan. Der von May zum Menschheitsretter stilisierte Kara Ben Nemsi wird von Marah Durimeh, der Verkörperung der Menschheitsseele, ausgesandt, den Mir (= Herrscher) von Ardistan zum Edelmenschentum zu bekehren.

Schon ein Jahr zuvor hatte May die ablehnende Reaktion auf seine neuen Intentionen und Ausdrucksformen erfahren, als sein einziges vollendetes

Drama *Babel und Bibel. Arabische Fantasie in zwei Akten,* in das er viel Zeit und Mühe investierte und das ebenfalls dem Sitara-Stoffkreis zuzurechnen ist, von Fehsenfeld in einer Kleinstauflage von nur 1500 Exemplaren veröffentlicht wurde: die Bühnenwelt ignorierte das Werk völlig.

Der Schriftsteller wurde nicht müde zu betonen, daß jetzt erst sein eigentliches Schaffen beginne, daß alles zuvor Geschriebene Vorstudien gewesen seien, die den Leser zu Mays hohen Zielen hinführen sollten. ›Meine ›Reiseerzählungen‹ haben (. . .) bei den Arabern von der Wüste bis zum Dschebel Marah Durimeh und bei den Indianern vom Urwald bis zum Mount Winnetou aufzusteigen. Auf diesem Wege soll der Leser vom niedrigen Anima-Menschen bis zur Erkenntnis des Edelmenschentums gelangen. Zugleich soll er erfahren, wie die Anima sich auf diesem Wege in Seele und Geist verwandelt. Darum beginnen diese Erzählungen mit dem ersten Bande in der ›Wüste‹, d. i. im Nichts, in der völligen Unwissenheit über alles, was die Anima, die Seele und den Geist betrifft. Als mein Kara Ben Nemsi, das ›Ich‹, die Menschheitsfrage, in diese Wüste tritt und die Augen öffnet, ist das erste, was sich sehen läßt, ein sonderbarer, kleiner Kerl, der ihm auf einem großen Pferd entgegengeritten kommt, sich einen langen berühmten Namen beilegt und gar noch behauptet, daß er Hadschi sein, obgleich er schließlich zugeben muß, daß er noch niemals in einer der heiligen Städte des Islam war, wo man sich den Ehrentitel eines Hadschi erwirbt. Man sieht, daß ich ein echtes deutsches, also einheimisches psychologisches Rätsel in ein fremdes orientalisches Gewand kleide, um es interessanter machen und anschaulicher lösen zu können. Das ist es, was ich meine, wenn ich behaupte, daß alle diese Reiseerzählungen als Gleichnisse, also bildlich resp. symbolisch zu nehmen sind.‹ (*Mein Leben und Streben.*)

Zu Beginn seiner Schriftstellerkarriere hatte Karl May einen solch tiefsinnigen Bildungsweg aber keineswegs geplant. Daß auch seine frühen Geschichten gleichwohl gleichnishafte Züge tragen, liegt vielmehr daran, daß May beim Schreiben — mehr unterbewußt als bewußt — immer auch eigene Erlebnisse in seine Phantasien einfließen ließ. Von allen Seiten attackiert, versuchte er in dem Bemühen, seinen Werken wieder Reputation zu verschaffen, diesen im nachhinein eine tiefere Bedeutung zu geben.

1908 unternahm Karl May mit seiner Frau Klara eine Reise in die USA, um sich von den dauernden Prozessen und anderen Fehden zu erholen. Ein Besuch in der Reservation der Tuskarora-Indianer blieb sein engster Kontakt mit Winnetous Brüdern. Diese erste und einzige Reise in die Heimat Winnetous bildete den Hintergrund für den Roman *Winnetou IV* (1910; später als *Winnetous Erben*), und mit dem 33. Band seiner ›Gesammelten Reiseerzählungen‹ endet die zu Mays Lebzeiten herausgebrachte Werkausgabe. In dem Roman besucht der alte Old Shatterhand noch einmal das Land der roten Männer, die den verstorbenen Winnetou durch eine gigantische Statue ehren wollen. Aber das Denkmal stürzt ein, denn nicht das Äußere ist wichtig, sondern die Seele bestimmt den Menschen.

Im Dezember 1911 errang May einen großen Sieg in einer Gerichtsverhandlung gegen Lebius. Im März des folgenden Jahres hielt er mit überwältigendem Erfolg in Wien einen Vortrag mit dem Thema ›Empor ins Reich der Edelmenschen!‹. Unter den 3000 Zuhörern befand sich die Friedensnobelpreisträgerin Bertha von Suttner, die sich May seit seinem Roman *Und Friede auf Erden!* verbunden fühlte, aber — so wird zumindest von Historikern vermutet — auch ein junger Mann namens Adolf Hitler, der ein begeisterter May-Leser war.

Am 30. März 1912, seinem Hochzeitstag, starb der seit langem kränkelnde Schriftsteller in seinem Radebeuler Haus und wurde vier Tage später auf dem dortigen Friedhof beigesetzt. Seine Gruft wird von einem Relief geschmückt, auf dem Engel einen Erdenmenschen in Empfang nehmen; darunter steht zu lesen:

Sei uns gegrüßt! Wir, deine Erdentaten
erwarten dich hier am Himmelstor;
du bist die Ernte deiner eignen Saaten
und steigst mit uns nun zu dir selbst empor.

Klara May, die von ihrem Mann zu seiner Universalerbin gemacht worden war, pflegte das Andenken ihres zweiten Mannes bis zu ihrem Tod im Jahr 1944, allerdings auf eigenwillige Weise. In ihrem Bemühen, dem Namen Karl May dauernde Popularität zu sichern, unternahm sie alles, seine Werke dem jeweiligen Zeitgeist anzupassen. Daher versuchte sie auch, diese Bücher im Dritten Reich der Nazi-Ideologie entsprechend umändern zu lassen. Damit bewies sie, daß sie zwar eine bedingungslose Verehrerin ihres Mannes war, nicht aber jene Schwester im Geiste, die May in ihr — wie zuvor schon in Emma — irrtümlicherweise gesehen hatte.

Der rückläufige Absatz von Karl Mays Werken verkehrte sich bald ins Gegenteil. Jede neue Generation entdeckt ihre Liebe zu den Büchern des ›sächsischen Lügenboldes‹, wie er einmal genannt wurde. Die letzten Worte des Dichters, die er auf dem Totenbett sprach, fanden so ihre Bestätigung: ›Sieg... großer Sieg! Rosen... rosenrot...‹

KARL MAYS
WERKE

DURCHS WILDE TRAUMLAND

Vom Vielgereisten zum Seelenschilderer
Karl Mays schriftstellerische Entwicklung

Karl Mays Schaffen läßt sich grob – wenn auch mit vielen Überschneidungen – in vier Abschnitte gliedern.

Der erste Schaffensabschnitt, der bis ungefähr 1880 anzusetzen ist, umfaßt Mays erste schriftstellerische Versuche. Einiges entstand schon während seiner Haftzeit bzw. wurde in dieser Zeit von ihm entworfen. Viele Entwürfe, z. B. aus dem *Repertorium C. May*, blieben unverwirklicht. Das gilt auch für das im *Repertorium C. May* aufgeführte Exposé *Ange et Diable*, in dem May eine antireligiöse Weltsicht vertrat und Gott als vom Menschen geschaffenes Idealbild zeigen wollte. Sein später – u. a. durch den Einfluß des Katecheten Johannes Kochta – erstarkter Glaube an Gott ließ die Umsetzung des Exposés nicht mehr zu.

Im ersten Abschnitt seines Schaffens schreibt May überwiegend kleinere, nur der Unterhaltung dienende Erzählungen für den Zeitschriftenmarkt. Dieser ist sehr aufnahmefähig, da im Fahrwasser der *Gartenlaube* zahlreiche Unterhaltungsblätter florieren. Viele humoristische sowie in der erzgebirgischen Heimat angesiedelte Geschichten fallen in diese Zeit.

Aber auch exotische Schauplätze scheinen bereits auf. Unter dem – später nicht fortgesetzten – Reihentitel ›Aus der Mappe eines Vielgereisten‹ berichtet der Ich-Erzähler schon aus dem Wilden Westen. Er heißt allerdings noch nicht Old Shatterhand und ist physisch und psychisch noch nicht der spätere Musterheld; er reitet noch nicht den Wunderrappen Hatatia, sondern den Mustang Swallow; dieser ist jedoch auch schon ein Geschenk des Apachen Winnetou. Der Apache wird erst später zum edlen Häuptlingssohn; anfangs ist er ein Krieger in den mittleren Jahren, der auch schon mal in einen Blutrausch verfällt und die Skalps seiner Feinde nimmt. Da May später seine frühen Erzählungen in seine längeren Werke einarbeitet − mal mit viel, mal mit wenig Geschick −, erlebt auch der edle Winnetou der späteren Jahre manchmal einen Rückfall in seine ›wilde‹ Zeit. Neben dem Westen der Vereinigten Staaten und dem Orient klappert der Schriftsteller auch andere exotische Schauplätze ab, wie die Untertitel seiner Erzählungen belegen: ›Ein Abenteuer aus Südafrika‹, ›Ein Abenteuer aus dem südöstlichen Polynesien‹ oder ›Ein Abenteuer in China‹. Erst später, als auch seine ebenfalls beliebten Gegenstücke Winnetou und Handschi Halef Omar immer mehr an Profil gewinnen, findet das ›Ich‹ seine hauptsächliche Berufung im Wilden Westen und im Orient.

In seinen ersten längeren Romanen − *Der beiden Quitzows letzte Fahrten, Auf der See gefangen, Scepter und Hammer* und *Die Juweleninsel* − spielt der junge May noch recht unentschlossen mit den verschiedenen Sujets der Unterhaltungsliteratur. Ritter, Seeräuber, Detektive, adlige Offiziere, verruchte Mönche und Nonnen, aber auch Westleute und Indianer tummeln sich in immer neue Kapriolen schlagenden Handlungen in allen Ecken der Welt. Vieles, was der kleine Karl als Kegelbub an ›Schundromanen‹ las, kommt jetzt an die Oberfläche, so manches davon rettet sich ins spätere Werk hinüber.

Aber auch Aufsätze belehrender und erbauender Natur verfaßt May, der sich als Zeitungsredakteur bewähren will und seine Blätter füllen muß. So entstehen z. B. *Geographische Predigten* für das von ihm gegründete Blatt *Schacht und Hütte* (1875−76).

Der zweite Schaffensabschnitt, der die Jahre 1881−86 umfaßt, ist geprägt durch Karl Mays Tätigkeit als Verfasser umfangreicher Kolportageromane für den Dresdner Verleger H. G. Münchmeyer. Tausende von Seiten entstehen in diesen Jahren, ohne daß der Autor Zeit und Lust hat zum Korrekturlesen oder gar zur Lektüre der ausgelieferten Hefte. In kompliziert aufgebauten Geschichten, die sich häufig über mehrere Jahrzehnte und Kontinente erstrecken, schreibt sich May von den vielfältigen Eindrücken jener vor vielen Jahren verschlungenen ›Schundromane‹ frei, baut aus Flüchtigkeit viele Fehler und Ungereimtheiten in die Romane ein und verfällt auch stilistisch in alle für die Vielschreiberei typischen Schwächen. So finden sich manche literarische Unfeinheiten der Kolportageliteratur auch in Mays Werken, so zum Beispiel eine Vielzahl überflüssiger und aus Wiederholungen bestehenden Dialoge; schon Alexandre Dumas der Ältere hatte erkannt, daß man auf diese Weise rasch die Seiten füllen kann. Mitunter schreibt May deutlich unter seinem Niveau, aus dem einfachen Grund, weil er den Abgabeterminen hinterherhinkt; was nicht weiter Wunder nimmt bei wöchentlich erscheinenden Lieferungsromanen, von denen er mehrere gleichzeitig schreibt. Auch wird er nicht gut bezahlt, um Tantiemen gebracht, so daß erst die Masse den Gewinn bringt. Mit einer anspruchsvollen Frau verheiratet, muß der Schriftsteller bald erkennen, daß es im Land der Dichter und Denker nicht ausreicht, Autor zu sein, um Brot auf dem Tisch zu haben.

Daß May besser schreiben kann als in den Kolportageromanen, beweist er in den parallel erscheinenden Reiseerzählungen, für die er sich mehr Zeit nimmt, ohne dafür entsprechende Honorare zu erhalten. Aber irgendwie spürt May, daß hier sein eigentliches Talent und seine Berufung liegen, und läßt sich deshalb nicht völlig ins Räderwerk der Münchmeyerschen Kolportagefabrik einspannen.

Im dritten Schaffensabschnitt, den Jahren 1887–99, schreibt Karl May seine bekannten und bis heute beliebten großen Reiseerzählungen in ihrer klassischen Ausprägung, vielfach durch die Überarbeitung früherer Texte. Die fruchtbare Verbindung mit dem Freiburger Verleger Friedrich Ernst Fehsenfeld, der diese Erzählungen nach ihrem Zeitschriftabdruck oder sogar original als Bücher herausgibt, läßt May vollends zum Kultautor werden, zu einem der ersten Stars der deutschsprachigen Belletristik. May fabuliert seine Ängste und Sehnsüchte, Träume und Phantasien im exotischen Gewand aus und ist darum so erfolgreich: Der Lockreiz des Orients und des Wilden Westens verbindet sich mit der Eindringlichkeit und Anschaulichkeit des — seelisch — tatsächlich selbst Erlebten.

Manchmal nimmt der Schriftsteller aber auch Abstand von seinem ›Ich‹, ohne darum schlechter zu schreiben. Die für die Jugendzeitschrift *Der Gute Kamerad* entstandenen Romane sind oft besser strukturiert als die zuweilen ausschweifenden Reiseerzählungen und verzichten auf (zu) eindringliche religiöse Glaubensbekenntnisse und andere penetrante Belehrungen des ›Weltläufers‹ Old Shatterhand/Kara Ben Nemsi.

Der Erfolg seiner Reise- und Jugenderzählungen erleichtert May den Abschied von der Kolportage. Und sobald er sich mehr Zeit für seine Arbeiten nehmen kann, schreibt er auch besser.

Die große Orientreise in den Jahren 1899 und 1900 markiert den Übergang zu Karl Mays viertem Schaffensabschnitt, den Jahren 1900 bis 1912. Die tiefgreifende psychische Krise und die damit verbundene Wandlung seiner Persönlichkeit sowie seiner An- und Absichten läßt ihn nun anders schreiben, inhaltlich, aber auch stilistisch. Paradoxerweise knüpft er gleichwohl an die äußere Form seiner Reiseerzählungen an. Zum einen wohl, um seine Stammleser bei der Stange zu halten, zum anderen, weil er der Welt beweisen will, daß alles von vornherein so geplant war und er die Leser allmählich zu seinen hohen Zielen hinführen wollte. Dies soll im nachhinein sein gesamtes Leben und Streben rechtfertigen und ist wohl die letzte große Auswirkung der Minderwertigkeitskomplexe, die durch des Vaters überzogene Anforderungen und die Demütigungen der Straftäter- und Haftzeit entstanden.

Obwohl unleugbar ein Kind seiner Zeit, schrieb May auch vorher schon oft gegen den chauvinistischen Zeitgeist an. Nach seiner Orientreise entwickelt er sich zum literarischen enfant terrible des im Sturmschritt in den ersten Weltkrieg hineinmarschierenden wilhelminischen Deutschlands. Nicht länger bewährt sich der teutonische Recke hauptsächlich durch Bärentöter, Henrystutzen und Schmetterhand. Er erkennt zunehmend die menschliche Seele und ihren wahren Wert; daher treten äußere Aktionen immer mehr in den Hintergrund.

May spricht Wahrheiten aus, die niemand hören will, über den Weltfrieden, die Völkerverständigung und religiöse Toleranz, über die Ausrottung ›unzivilisierter‹ Völker und die Ausbeutung der dritten Welt: ›Über die Undankbarkeit des Abendlandes gegenüber dem Morgenland, dem es doch seine Kultur verdankt, machte ich mir allerlei schwere Gedanken. Das Wohl der Menschheit erheischt, daß zwischen beiden Friede sei, nicht länger Ausbeutung und Blutvergießen. Ich nahm mir vor, dies in meinen Büchern immerfort zu betonen.‹ (*Mein Leben und Streben.*)

Der früher so gefeierte und plötzlich unbequeme Autor wird angefeindet, verleumdet und verteufelt, und er steht fast häufiger vor dem Kadi, als daß er hinter seinem Schreibtisch sitzt. Das alles bleibt nicht ohne Einfluß auf sein Werk. Wenn er fortan symbolisch, d. h. verschlüsselt, schreibt, finden sich auch die – positiven wie negativen – Weggefährten in seinen Reiseerzählungen wieder.

Daneben schreibt May zunehmend nichtfiktive Texte, manchmal unter Pseudonym. Es sind dies in der Regel tendenziöse Streitschriften, mit denen er sich gegen die Angriffe auf sein Leben und sein Werk verteidigen will. So entsteht eine Reihe von Traktaten wie *Karl May und seine Gegner* (1899, Pseud.: Richard Plöhn), *Karl May als Erzieher* sowie *Die Wahrheit über Karl May oder Die Gegner Karl Mays in ihrem eigenen Lichte von einem dankbaren May-Leser* (1902, anonym), *Frau Pollmer, eine psychologische Studie* (1907), *Die Schund- und Giftliteratur und Karl May, ihr unerbittlicher Gegner* (1908, Pseud.: Oberlehrer Franz Langer), *Herr Rudolf Lebius, sein Syphilisblatt und sein Indianer* (1910) oder die umfangreiche Prozeßschrift *An die 4. Strafkammer des Königl. Landgerichtes III in Berlin* (1910–11). Auch Mays Selbstbiographie *Mein Leben und Streben* schlägt zum Teil in diese Kerbe. Die Streitereien und ihre literarischen Auswüchse nehmen viel Kraft und Zeit in Anspruch, die May vielleicht besser auf sein eigentliches Werk verwandt hätte.

Denn dieses, so sagt er im hohen Alter, solle jetzt erst entstehen, alle seine bisherigen Bücher seien bloße Vorstudien gewesen. Er will seine Reiseerzählungen abschließen mit den jeweils mehrbändigen Romanen *Marah Durimeh*, *Abu Kital* und *Winnetous Testament*, kommt aber nicht mehr dazu. Dann will er sich dem Drama zuwenden, um in dieser Gattung die Menschheitsfrage zu lösen. Aber sein erstes vollendetes Werk in dieser Richtung, *Babel und Bibel*, geht sang- und klanglos unter. Auch die Lyrik, der er sich zuwendet, ist nicht sein Metier.

Auch wenn er mit siebzig Jahren für damalige Verhältnisse relativ spät stirbt, hat sein Leben zur Verwirklichung all seiner Pläne bei weitem nicht ausgereicht.

Original und Veränderung
Im Dschungel der Textgeschichte

Karl May selbst überarbeitete seine Texte immer wieder und legte sie in neuen Varianten und unter neuen Titeln vor. Aus diesem Grund fällt es schwer, zu sagen, wie eine definitive Gesamtausgabe seiner Werke im Original auszusehen hätte.

Die sogenannten ›grünen Bände‹ des Bamberger Karl-May-Verlags, die ›Gesammelten Werke‹, erfüllen diesen Anspruch jedenfalls nicht, obwohl sie vom Verlag als ›Originalausgaben‹ bezeichnet werden. Die ersten 33 Bände folgen in Titeln und Inhalt noch relativ eng den ›Gesammelten Reiseerzählungen‹ Fehsenfelds, die Bände 35 bis 41 dagegen lehnen sich den Buchausgaben der für den *Guten Kameraden* geschriebenen Jugendromane an. Die anderen Bände stehen in Titelgebung und Zusammenstellung ziemlich losgelöst von Karl May dar.

Fast durchweg — wenige Ausgaben wie Band 71 bestätigen eher die Regel — sind die ›Gesammelten Werke‹ aber stark bearbeitet, was Sprache und Inhalt angeht. In dem Bestreben, dem Käufer und Leser ein geschlossenes Ganzes zu bieten und Karl May für alle Leserschichten verständlich zu machen, wurden sachliche Fehler Mays (z. B. bei geographischen Schilderungen oder fremdsprachlichen Zitaten) ausgebügelt, vom Autor häufig und gern benutzte Fremdworte durch deutsche Bezeichnungen ersetzt, aber auch ganze Handlungsteile bzw. handelnde Personen herausgenommen oder durch neue ersetzt. Nun sind behutsame Modernisierungen älterer Texte im Sinne einer für den nichtphilologischen Leser attraktiven Ausgabe im Literaturbetrieb nicht unüblich, aber wenn man allein in *Winnetou I* 11 000 (!) Veränderungen zählt, stimmt dies doch bedenklich.

Der Karl-May-Verlag, der auf den 1913 von Klara May und den Verlegern Friedrich Ernst Fehsenfeld und Dr. Euchar Albrecht Schmid gegründeten ›Verlag der Karl May-Stiftung Fehsenfeld & Co.‹ zurückgeht und letztlich von Schmid und später von seinen Söhnen dominiert wurde, beruft sich zur Legitimation auf Mays Witwe Klara, die erklärte: ›Die von Dr. Schmid und seinen Mitarbeitern vorgenommenen Bearbeitungen, die Karl May selber nicht mehr vornehmen konnte, haben als einzig gültige Ausgabe letzter Hand, also editio ne varietur zu gelten.‹ Fraglich an diesem Veränderungs-Freibrief bleibt aber, inwieweit der Autor selber diese Veränderungen überhaupt hätte vornehmen *wollen*.

Karl May zeigte sich gegenüber Änderungen von fremder Hand stets sehr allergisch und schrieb einmal: ›Und wagt es etwa jemand, auch nur eine Zeile meines Manuskriptes zu ändern oder sogenannte Verbesserungen anzubringen, so bekommt er keinen einzigen Buchstaben mehr von mir.‹ Und weiter: ›Jede redaktionelle Änderung zerschneidet den Faden zwischen mir und dem Leser, und wenn der hochweise Herr ihn auch wieder zusammenknüpft, es entsteht ein Knoten, den ich nicht dulden kann, weil er die direkte Wirkung hemmt und zerstört.‹

Für einen Großteil der ›Gesammelten Werke‹ gilt die Beurteilung als ›gelungene Leseausgabe‹, wie May-Kenner Walther Ilmer die Bände 60 bis 63 bezeichnete. Schade nur, daß man in Bamberg häufig über das Ziel hinausgeschossen ist. Zur wissenschaftlichen Arbeit ist diese Ausgabe weitgehend ungeeignet, ebenso zum Kennenlernen des originalen Karl May.

Zahlreiche Reprints der Ausgaben aus Mays Lebzeiten, mit denen sich besonders die Karl-May-Gesellschaft hervorgetan hat, dienen zumindest der wissenschaftlichen Erforschung des Mayschen Werkes. Für den ganz normalen Leser sind solche Ausgaben jedoch finanziell kaum attraktiv.

Nach dem Auslaufen der Urheberrechte an Karl Mays Werken Ende 1962 gab es viele May-Ausgaben anderer Verlage, die häufig enger am Urtext blieben als die ›Gesammelten Werke‹. Besonders die umfangreiche Ausgabe des in Berlin / Herrsching ansässigen Pawlak-Verlags, erst gebunden und später als Taschenbücher, machte in den achtziger Jahren von sich reden, legte sie doch einen guten Teil der Originaltexte Mays vor, teilweise – aus rechtlichen Gründen – unter neuen Titeln. Daß diese Ausgabe jedoch – wie die ›Gesammelten Werke‹ – auf genau 74 Bände angelegt war, kann nur als ein Schielen auf die Konkurrenz gewertet werden und wirkt letzthin unverständlich.

Ende der achtziger Jahre sorgte dann der Nördlinger Greno-Verlag für Aufsehen, als er eine auf 99 Bände angelegte ›Historisch-kritische Ausgabe‹ von Mays Originaltexten ankündigte und auch mit der Publikation begann. Herausgeber dieser Edition waren Hermann Wiedenroth und Hans Wollschläger. Darin sollten auch Mays Streitschriften, sein Nachlaß, sein Briefverkehr und andere Ergänzungen enthalten sein. Ergänzt werden sollte jeder Band bzw. mehrbändige Roman durch einen Editionsbericht mit sämtlichen Textvarianten aus Mays Lebzeiten. Nachdem einige Bände parallel als Hardcover und Taschenbuch erschienen waren, geriet der Greno-Verlag aber in finanzielle Schwierigkeiten.

Wiedenroth und Wollschläger jedoch konnten ihre ›Historisch-kritische Ausgabe‹ zum Züricher Haffmans-Verlag hinüberretten, der sie jetzt als Leinen-, als kartonierte und als Taschenbücher herausbringt; die Editionsberichte sollen aber nur noch in der (teuren) Leinenausgabe enthalten sein. Bei Abfassung dieses Textes liegen erst wenige Bände vor, so daß es hier keinen Sinn macht, auf die einzelnen Bücher einzugehen. Sollte dem Haffmans-Verlag sein ehrgeiziges Vorhaben gelingen – was ihm zu wünschen wäre –, wird dort in einigen Jahren die definitive Karl-May-Ausgabe für alle Leser vorliegen, die begierig sind, den originalen May zu lesen.

Wenn nachfolgend besonders auf die ›Gesammelten Werke‹ eingegangen wird, dann darum, weil es die am weitesten verbreitete May-Ausgabe ist, die bei den meisten Lesern mit dem Autor gleichgesetzt wird. Zusätzlich gibt es aus Bamberg einige Lizenzausgaben der erfolgreichsten Bücher, so als Taschenbuch im Wiener / Heidelberger Ueberreuter-Verlag, als kartonierte Kaufhaus-Ausgabe im Wiener Tosa-Verlag und als ›Jubiläums-Ausgabe‹ vom Karl-May-Verlag selbst.

Eine Karl-May-Bibliographie

Die folgende Bibliographie ist in drei Abschnitte gegliedert.

Abschnitt I listet Karl Mays belletristische Beiträge auf, die zu seinen Lebzeiten in Zeitschriften, in Sammelwerken und als Heft-Lieferungen erschienen sind. Um die Liste nicht zu umfangreich werden zu lassen, sind in der Regel nur die Erstveröffentlichungen genannt; Ausnahmen wurden bei solchen Erzählungen gemacht, die von May in stark bearbeiteter Fassung erneut veröffentlicht wurden. Auf die Aufnahme von Mays populärwissenschaftlichen, autobiographischen, streitschriftlichen, lyrischen und kompositorischen Arbeiten wurde ebenfalls aus Platz- und Übersichtsgründen verzichtet.

Abschnitt II bietet einen Überblick über alle Bücher Karl Mays, die zu seinen Lebzeiten erschienen sind. Lediglich die – häufig als Privatdruck erschienenen – Streitschriften sind nicht enthalten.

Abschnitt III listet die ›Gesammelten Werke‹ nach den Bandnummern auf, die sie auch innerhalb dieser Reihe tragen. Zusammenhängend aufgeführte Werke stehen auch in einem inhaltlichen Zusammenhang. Nach jedem Band bzw. bei zusammenhängenden Werken nach den betreffenden Bänden findet der Interessierte einen kurzen Kommentar zum Inhalt und zur Edition.

Um die Bearbeitungen und Umarbeitungen von Mays Werken deutlich zu machen, ist in Abschnitt I jeweils der Band oder die Bände der ›Gesammelten Werke‹ aufgeführt, in dem bzw. in denen sich die entsprechende(n) Arbeit(en) heute befinden. Sind mehrere Bände mit Schrägstrich (/) angeführt, so handelt es sich um verschiedene und verschieden stark bearbeitete Versionen ein und derselben Geschichte, wobei der zuerst angeführte Band die originalgetreuere Version enthält. In Abschnitt II finden sich Rückverweise auf die entsprechenden Titel in Abschnitt I oder Verweise auf die ›Gesammelten Werke‹ bei in Abschnitt I nicht enthaltenen Titeln.

Der weitergehend Interessierte findet umfangreiche Karl-May-Bibliographien in Christian Heermanns *Der Mann, der Old Shatterhand war*, in dem von Helmut Schmiedt herausgegebenen Band *Karl May*, in Hans Wollschlägers *Karl May – Grundriß eines gebrochenen Lebens* und besonders in Hainer Plauls *Illustrierter Karl-May-Bibliographie*. Besprechungen aller Werke Karl Mays bietet das von Gert Ueding herausgegebene *Karl-May-Handbuch*. (Genauere Angaben zu diesen Sekundärwerken finden sich in der Sekundärbibliographie am Schluß dieses Buches.)

Folgende Abkürzungen werden in der Bibliographie benutzt:

ANW   *Alte und neue Welt.* Illustriertes katholisches Familienblatt. Verlag Benziger u. Co., Einsiedlen u. a.

APZ   *Augsburger Postzeitung.* Unterhaltungsblatt Lueginsland. Verlag des Literarischen Instituts Haas u. Grabherr, Augsburg.

BA   *Das Buch für alle.* Illustrirte Familienzeitung zur Unterhaltung und Belehrung. Verlag von Hermann Schönlein, Stuttgart.

BC   *Belletristische Correspondenz.* Verlag von Velhagen u. Klasing, Bielefeld.

BE   *Der Beobachter an der Elbe.* Unterhaltungsblätter für Jedermann. Verlag von H. G. Münchmeyer, Dresden.

Bd.   Band.

Bde.   Bände.

Bdn.   Bänden.

BJ   *Das Buch der Jugend.* Ein Jahrbuch der Unterhaltung und Belehrung für unsere Knaben. K. Thienemann's Verlag/ Gebrüder Hoffmann, Stuttgart.

BMK   *Benziger's Marien-Kalender.* Verlag Benziger u. Co., Einsiedeln u. a.

BUW   *Bibliothek der Unterhaltung und des Wissens.* Verlag von Hermann Schönlein, Stuttgart.

DFB   *Deutsches Familienblatt.* Wochenschrift für alle Gebiete des öffentlichen Lebens. Druck von Johann L. Bondi u. Sohn, Wien.

DG   *Deutsche Gewerbeschau.* Central-Organ für die gewerblichen Vereine Deutschlands. Hg. von August Krebs, Mühlhausen (ab 1881: Wilhelm Hoffmann, Dresden).

DHS   *Deutscher Hausschatz in Wort und Bild.* Verlag von Fr. Pustet, Regensburg u. a.

DNF   *Deutsche Novellen-Flora.* Verlag Hermann Oeser, Neusalza.

DNU   *Das Neue Universum.* Die interessantesten Erfindungen und Entdeckungen auf allen Gebieten. Ein Jahrbuch für Haus und Familie besonders für die reifere Jugend. Verlag von W. Spemann, Stuttgart.

DW   *Deutscher Wanderer.* Illustrierte Unterhaltungs-Bibliothek für Familien aller Stände. Verlag von H. G. Münchmeyer, Dresden u. a.

EMK   *Eichsfelder Marien-Kalender für das katholische Volk.* Verlag F. W. Cordier, Heiligenstadt.

ESMK   *Einsiedler Marien-Kalender.* Verlag Eberle u. Rickenbach, Einsiedeln.

FAW   *Für alle Welt.* Illustriertes Hausblatt. (Parallel-Ausgabe unter dem Titel *All-Deutschland.*) Verlag Gölz u. Rühling, Stuttgart.

FH   *Feierstunden am häuslichen Heerde.* Belletristisches Unterhaltungsblatt für alle Stände. Verlag von H. G. Münchmeyer, Dresden.

FHK   *Feierstunden im häuslichen Kreise.* Zur Unterhaltung und Belehrung hg. unter Mitwirkung hervorragender Schriftsteller. Verlag von Heinrich Theissing, Köln.

GK   *Der Gute Kamerad*. Spemanns Illustrierte Knaben-Zeitung. Verlag Wilhelm Spemann, Stuttgart. (Ab 1890 als ›Illustrierte Knabenzeitung‹ in der Union Deutsche Verlagsgesellschaft, Stuttgart u. a.)

GRE   ›Karl May's Gesammelte Reiseerzählungen‹. Verlag von Friedrich Ernst Fehsenfeld, Freiburg i. Br.

GRR   ›Karl May's Gesammelte Reiseromane‹. Verlag wie vor.

GV   *Grazer Volksblatt*. Katholischer Presseverein, Graz.

GW   ›Karl May − Gesammelte Werke‹. Karl-May-Verlag, Bamberg.

GWB   Wie vor − Band.

HG   *Heimgarten*. Eine Monatsschrift. Hg. von P. K. Rosegger. Verlag von Leykan-Josefsthal, Graz.

Hg.   Herausgegeben.

ICZ   *Illustrierte Chronik der Zeit zur Unterhaltung und Belehrung*. Verlag von Hermann Schönlein, Stuttgart.

IW   *Illustrirte Welt*. Deutsches Familienbuch. Blätter aus Natur und Leben, Wissenschaft und Kunst. Deutsche Verlagsanstalt, Stuttgart u. a.

KMIW ›Karl May's Illustrierte Werke‹. Verlag von H. G. Münchmeyer, Dresden.

KMV   Karl-May-Verlag, Bamberg.

LHB   *Großer Volkskalender des Lahrer Hinkenden Boten*. Verlag Moritz Schauenburg, Lahr.

MHF   *Münchmeyer's illustrirter Haus- und Familienkalender/ Oeconomisch-medizinischer Haus- und Familienkalender*. Verlag von H. G. Münchmeyer, Dresden.

OB   *Omnibus*. Illustriertes Wochenblatt. Verlag von M. Rosenberg, Hamburg.

Pseud. Pseudonym.

RMB   *Rhein- und Moselbote*. Katholischer Generalanzeiger für Stadt und Land. Verlag Johannes Schuth, Coblenz.

RMK   *Regensburger Marien-Kalender*. Verlag von Fr. Pustet, Regensburg u. a.

TVK   *Trewendt's Volks-Kalender*. Verlag von Eduard Trewendt, Breslau.

U. a.   Und anderenorts.

ÜLM   *Ueber Land und Meer*. Deutsche Illustrirte Zeitung. Deutsche Verlags-Anstalt, Stuttgart u. a.

VFM   *Vom Fels zum Meer*. Spemann's Illustrirte Zeitschrift für das Deutsche Haus. Verlag von W. Spemann, Stuttgart.

Vgl.   Vergleiche.

WS   *Weltspiegel*. Illustrirte Zeitschrift zur Unterhaltung und Belehrung für Jedermann. (Parallel-Ausgabe unter dem Titel *Deutsche Boten*. Illustrirtes Wochenblatt.) Verlag Adolph Wolf, Dresden.

Z. T.   Zum Teil.

I. Beiträge zu Sammelwerken, Lieferungsromane und Zeitschriftenabdrucke

1875

1. *Die Fastnachtsnarren.* Humoreske (DFB, GWB 72)
2. *Der Gitano.* Ein Abenteuer unter den Carlisten (BE, GWB 38)
3. *Inn-nu-woh, Der Indianerhäuptling.* Aus der Mappe eines Vielgereisten, Nr. 1 (DFB, GWB 71)
4. *Old Firehand.* Aus der Mappe eines Vielgereisten, Nr. 2 (DFB, bis 1876, GWB 71)
5. *Die Rose von Ernstthal.* Eine Geschichte aus der Mitte des vorigen Jahrhunderts (DNF, GWB 43)
6. *Ein Stücklein vom alten Dessauer.* Humoreske (DFB, GWB 42)
7. *Wanda.* Novelle (BE, GWB 72)

1876

8. *Auf den Nußbäumen.* Humoreske (DFB, GWB 47)
9. *Ausgeräuchert.* Humoreske (ICZ, GWB 47)
10. *Der beiden Quitzows letzte Fahrten.* Historischer Roman aus der Jugendzeit des Hauses Hohenzollern (FH, bis 1877, GWB 69)
11. *Im Wollteufel.* Humoreske (FH, GWB 47)
12. *Leilet.* Novelle (Pseud.: M. Gisela, FH, GWB 71/1)
13. *Unter den Werbern.* Humoristische Episode aus dem Leben des alten Dessauer (DFB, GWB 42)

1877

14. *Der Dukatenhof.* Eine Erzählung aus dem Erzgebirge (BUW, GWB 44)
15. *Im Wasserständer.* (Publikationsorgan der Humoreske unbekannt, GWB 47)
16. *Der Kaiserbauer.* Eine erzgebirgische Dorfgeschichte (ICZ, GWB 43)
17. *Der ›Samiel‹.* Eine Erzählung aus dem Erzgebirge (BA, GWB 43)
18. *Die verhängnisvolle Neujahrsnacht.* Humoreske (TVK, GWB 47)

1878

19. *Ein Abenteuer auf Ceylon.* (FS, GWB 11)
20. *Der Africander.* Ein Abenteuer aus Südafrika (Pseud.: Emma Pollmer, FS, GWB 71/23)

49. *Der Pflaumendieb.* Humoristische Episode aus dem Leben des alten Dessauers (Pseud.: Karl Hohenthal, FAW, GWB 42)
50. *Scepter und Hammer.* Originalroman (FAW, bis 1880, GWB 45)
51. *Three carde monte.* Ein Bild aus den Vereinigten Staaten Nordamerikas (DHS, GWB 19)
52. *Die Universalerben.* Eine rachgierige Geschichte (FAW, GWB 47)
53. *Unter Würgern.* Abenteuer aus der Sahara (DHS, GWB 10)
54. *Der Waldkönig.* Eine Erzählung aus dem Erzgebirge (FAW, GWB 47)

1880

55. *Der Brodnik.* Reise-Erlebnisse in zwei Weltteilen (DHS, GWB 11)
56. *Deadly Dust.* Ein Abenteuer aus dem nordamerikanischen Westen (DHS, GWB 9)
57. *Ein Fürst des Schwindels.* Nach authentischen Quellen (Pseud.: Ernst von Linden, DHS, GWB 48)
58. *Die Juweleninsel.* Originalroman (FAW, bis 1882, GWB 46)
59. *Der Kiang-lu.* Ein Abenteuer in China (DHS, GWB 11)
60. *Der Scherenschleifer.* Originalhumoreske (FAW, GWB 42)
61. *Tui Fanua.* Ein Abenteuer auf den Samoa-Inseln (Pseud.: Prinz Muhamèl Latréaumont, FAW)

1881

62. *Ein Fürst-Marschall als Bäcker.* Humoristische Episode aus dem Leben des ›alten Dessauers‹ (DG, GWB 42)
63. *›Giölgeda padishanün‹.* Reise-Erinnerungen aus dem Türkenreiche (DHS, GWB 1–2)
64. *Reise-Abenteuer in Kurdistan.* (DHS, bis 1882, GWB 2)

1882

65. *Die Both Shatters.* Ein Abenteuer aus dem ›wilden Westen‹ (Pseud.: Karl Hohenthal, FAW, GWB 71/38)
66. *Christi Blut und Gerechtigkeit.* (VFM, GWB 10)
67. *Fürst und Leiermann.* Eine Episode aus dem Leben des ›alten Dessauers‹ (LHB, GWB 42)
68. *Im ›wilden Westen‹ Nordamerika's.* Reiseerlebnisse (FHK, bis 1883, GWB 9)
69. *In Damaskus und Baalbeck.* Reise-Erinnerung (DHS, bis 1883, GWB 3)
70. *Der Krumir.* Nach den Erlebnissen eines ›Weltläufers‹ (BC, GWB 10)

71. *Robert Surcouf.* Ein Seemannsbild (Pseud.: Ernst von Linden, DHS, GWB 38)
72. *Die Todes-Karavane.* Reise-Erinnerungen (DHS, GWB 3)
73. *Das Waldröschen oder Die Verfolgung rund um die Erde.* Großer Enthüllungsroman über die Geheimnisse der menschlichen Gesellschaft (Pseud.: Capitain Ramon Diaz de la Escosura, 109 Lieferungen bis 1884, Verlag von H. G. Münchmeyer, Dresden, GWB 51–55)

1883

74. *Der Amsenhändler.* Humoristische Episode aus dem Leben des alten Dessauers (MHF, GWB 42)
75. *Die Liebe des Ulanen.* Original-Roman aus der Zeit des deutsch-französischen Krieges (DW, bis 1885, GWB 56–59)
76. *Ein Oelbrand.* Erzählung aus dem fernen Westen (DNU, GWB 38/8)
77. *Pandur und Grenadier.* Eine heitere Episode aus ernster Zeit (DG, GWB 42)
78. *Saiwa tjalem.* (VFM, GWB 23)
79. *Stambul.* Reise-Erinnerungen (DHS, GWB 3)

1884

80. *Giölgeda padishanün – Der letzte Ritt.* Reise-Erinnerungen aus dem Türkenreiche (DHS, bis 1886, GWB 3–4)
81. *Der verlorene Sohn oder Der Fürst des Elends.* Vom Verfasser des ›Waldröschens‹. Roman aus der Criminal-Geschichte (101 Lieferungen bis 1886, Verlag von H. G. Münchmeyer, Dresden, GWB 64–65 & 74)

1885

82. *Deutsche Herzen, Deutsche Helden.* Vom Verfasser des ›Waldröschens‹ und ›der Fürst des Elends‹ (109 Lieferungen bis 1887, Verlag von H. G. Münchmeyer, Dresden, GWB 60–63)

1886

83. *Unter der Windhose.* Ein Erlebnis aus dem fernen Westen (BJ, GWB 19)
84. *Der Weg zum Glück.* Roman aus dem Leben Ludwigs des Zweiten (109 Lieferungen bis 1887, Verlag von H. G. Münchmeyer, Dresden, GWB 66–68 & 73)

1887

85. *Das Hamail* (anonym, GK, GWB 48)
86. *Ibn el 'amm* (Pseud.: P. van der Löwen, GK, GWB 71)
87. *Maghreb-el-aksa* (VFM, GWB 71)
88. *Ein Phi-Phob* (anonym, GK, GWB 48)
89. *Ein Prairiebrand* (anonym, GK)
90. *Der Sohn des Bärenjägers* (GK, GWB 36)

1888

91. *Durch das Land der Skipetaren.* Reise-Erinnerungen aus dem Türkenreiche (DHS, GWB 4−6)
92. *Der Geist der Llano estakata.* (GK, GWB 35)
93. *Kong-Kheou, Das Ehrenwort.* (GK, bis 1889, GWB 40)
94. *Der Scout.* Reiseerlebniß in Mexiko (DHS, bis 1889, GWB 8)

1889

95. *Im Mistake-Cannon* (anonym, IW, GWB 14)
96. *›Löffel begraben‹* (anonym, GK)
97. *Lopez Jordan − El Sendador, Theil I.* Reiseroman (DHS, bis 1890, GWB 12)
98. *Sklavenrache.* (anonym, GK, GWB 71)
99. *Die Sklavenkarawane.* (GK, bis 1890, GWB 41)
100. *Das Straußenreiten der Somal* (anonym, GK)
101. *›Villa Bärenfett‹* (Pseud.: Hobble-Frank, GK)
102. *Wasserrast auf dem Marsche.* (anonym, GK)

1890

103. *Am ›Kai-p'a‹* (anonym, IW, GWB 48)
104. *Die Rache des Mormonen.* Erzählung (Pseud.: D. Jam, IRN, GWB 48)
105. *Der Schatz der Inkas − El Sendador, Theil II.* Reiseroman (DHS, bis 1891, GWB 13)
106. *Der Schatz im Silbersee* (GK, bis 1891, GWB 36)
107. *Der Schlangenmensch.* Verrenkungsstudie (Pseud.: Hobble-Frank, GK)
108. *Zum erstenmal an Bord* (anonym, GK)

1896

131.   *Ein amerikanisches Doppelduell.* Reiseerinnerung (ESMK, GWB 23)
132.   *Freuden und Leiden eines Vielgelesenen.* (DHS, GWB 48)
133.   *Der Kys-Kaptschiji.* Reiseerlebnisse. Zweiter Teil (BMK, GWB 23)
134.   *Old Cursing-Dry.* Reiseerinnerung (RMK, GWB 23)
135.   *Der schwarze Mustang.* (GK, bis 1897, GWB 38)

1897

136.   *Im Reiche des silbernen Löwen.* Reiseerzählung (DHS, bis 1898, GWB 26–27)
137.   *Mutterliebe. I. Gefangen.* Reiseerinnerung (ESMK, GWB 48)
138.   *Scheba et Thar.* Reiseerzählung (RMK, GWB 26)

1898

139.   *Mutterliebe. II. Gerettet.* Reiseerinnerung (ESMK, GWB 48)
140.   *Die ›Umm ed Dschamahl‹.* Reiseerzählung (RMK, GWB 26)

1901

141.   *Et in terra pax.* Reise-Erzählung (In: *China. Schilderungen aus Leben und Geschichte, Krieg und Sieg. Ein Denkmal den Streitern der Weltpolitik.* Dritter Teil. Hg. von Josef Kürschner. Verlag von Hermann Zieger, Leipzig, GWB 30)

1902

142.   *Am Tode.* Reiseerzählung (RMB, GWB 28)

1907

143.   *Bei den Aussätzigen.* Reiseskizze (GV, GWB 48)
144.   *Der 'Mir von Dschinnistan.* Reiseerzählung (DHS, GWB 31–32)
145.   *Shamah.* Reiseerzählung aus dem Gelobten Lande (ER, bis 1908, GWB 48)

1908

146. *Abdahn Effendi.* Reiseerzählung (GV, GWB 48)

1909

147. *Merhameh.* Reiseerzählung (EMK, RE, GWB 48)
148. *Winnetou IV.* Reise-Erzählung (APZ, GWB 33)

II. Buchausgaben

1879

1.   *Auf hoher See gefangen.* Verlag von Morwitz & Co., Philadelphia (Heimat und Fremde, Bd. 50. S. I/22. Zs. mit einer Erzählung von Berlepsch. Von May nicht autorisierte Ausgabe.)
2.   *Im fernen Westen.* Zwei Erzählungen aus dem Indianerleben für die Jugend. Verlag von Franz Neugebauer, Stuttgart. (S. I/4. Zs. mit einer Erzählung von c. v. Wickede. Titel ab 1889: *Jenseits der Felsengebirge.*)
3.   *Der Waldläufer* von Gabriel Ferry. Für die Jugend bearbeitet von Carl May. Verlag von Franz Neugebauer, Stuttgart. (GWB 70.)

1884

4.   *Fürst und Leiermann.* Verlag Moritz Schauenburg, Lahr. (S. I/67)

1885

5.   *Die Wüstenräuber.* Erlebnisse einer Africa-Expedition durch die Sahara. Verlag von J. P. Bachem, Köln. (S. I/53. Zs. mit einem Roman von Cuno Bach.)

1888

6.   *Die drei Feldmarschalls.* Eine bisher unbekannte Episode aus dem Leben des ›alten Dessauer‹. Verlag von J. P. Bachem, Köln. (S. I/23. Zs. mit zwei Novellen von K. Schrattenthal und K. v. Lenhard.)

1890

7.   *Die Helden des Westens.* Bd. I. Union Deutsche Verlagsanstalt, Stuttgart u. a. (S. I/90, 91. Titel auf dem Buchdeckel: *Der Sohn des Bärenjägers.* Weitere Titel unter dem Obertitel *Die Helden des Westens* erschienen nicht.)

892

8.   *Der blau-rote Methusalem.* Union Deutsche Verlagsanstalt, Stuttgart u. a. (S. I/93)

9. *Durch Wüste und Harem.* GRR I. (S. I/63. Titel ab 1895: *Durch die Wüste.)*
10. *Durchs wilde Kurdistan.* GRR II. (S. I/63, 64.)
11. *Von Bagdad nach Stambul.* GRR III. (S. I/69, 72, 79, 80.)
12. *In den Schluchten des Balkan.* GRR IV. (S. I/80, 91.)
13. *Durch das Land der Skipetaren.* GRR V. (S. I/91.)
14. *Der Schut.* GRR VI. (S. I/91.)

1893

15. *Die Sklavenkarawane.* Union Deutsche Verlagsanstalt, Stuttgart u. a. (S. I/99.)
16. *Winnetou, der Rote Gentleman.* 1. Bd. GRR VII. (S. I/94. Titel ab 1904: *Winnetou.)*
17. *Winnetou, der Rote Gentleman.* 2. Bd. GRR VIII. (S. I/4, 94. Titel ab 1904: *Winnetou.)*
18. *Winnetou, der Rote Gentleman.* 3. Bd. GRR IX. (S. I/56, 73. Titel ab 1904: *Winnetou.)*
19. *Orangen und Datteln.* Reisefrüchte aus dem Oriente. GRR X. (S. I/53, 66, 70, 110, 112, 115, 117, 118.)
20. *Am stillen Ozean.* GRR XI. (S. I/43, 46, 55, 59.)

1894

21. *Der Schatz im Silbersee.* Union Deutsche Verlagsanstalt, Stuttgart u. a. (S. I/106.)
22. *Am Rio de la Plata.* GRR XII. (S. I/97, 105.)
23. *In den Cordilleren.* GRR XIII. (S. I/105.)
24. *Old Surehand.* 1. Bd. GRR XIV. (S. I/95, 120.)
25. *Der Karawanenwürger und andere Erzählungen.* Erlebnisse und Abenteuer zu Wasser und zu Lande. Verlag von H. Liebau, Berlin. (S. I/19, 20, 26, 32, 33, 35. Anonym.)
26. *Aus fernen Zonen.* Erzählungen für die Jugend. Verlag von H. Liebau, Berlin. (S. I/20, 26, 32. Anonym.)
27. *Die Rose von Kairwan.* Erzählung aus drei Erdtheilen. Verlag von Bernh. Wehberg, Osnabrück. (S. I/34, 42, 71.)

1895

28. *Das Vermächtnis des Inka.* Union Deutsche Verlagsanstalt, Stuttgart u. a. (S. I/114.)
29. *Old Surehand.* 2. Bd. GRR XV. (S. I/22, 38, 51, 73, 83.)

30.   *Im Lande des Mahdi.* 1. Bd. GRR XVI. (S. I/111.)
31.   *Im Lande des Mahdi.* 2. Bd. GRR XVII. (S. I/115.)
32.   *Im Lande des Mahdi.* 3. Bd. GRE XVIII. (S. I/115.)
33.   *Old Surehand.* 3. Bd. GRE XIX.
34.   *Satan und Ischariot.* 1. Bd. GRE XX. (S. I/121.)

35.   *Der Oelprinz.* Union Deutsche Verlagsanstalt, Stuttgart u. a. (S. I/123.)
36.   *Satan und Ischariot.* 2. Bd. GRE XXI. (S. I/121, 125.)
37.   *Satan und Ischariot.* 3. Bd. GRE XXII. (S. I/128.)
38.   *Auf fremden Pfaden.* GRE XXIII. (S. I/41, 78, 122, 124, 126, 127, 129, 131, 133, 134.)
39.   ›*Weihnacht!*‹ GRE XXIV. (GWB 24.)

40.   *Im Reiche des silbernen Löwen.* 1. Bd. GRE XVI. (S. I/136, 138, 140.)
41.   *Im Reiche des silbernen Löwen.* 2. Bd. GRE XVII. (S. I/136.)
42.   *Ernste Klänge. Heft I. Ave Maria − Vergiß mich nicht.* Verlag von Friedrich Ernst Fehsenfeld, Freiburg i. Br. (Weitere geplante Bände mit Texten und Kompositionen erschienen nicht.)

43.   *Der schwarze Mustang.* Union Deutsche Verlagsanstalt, Stuttgart u. a. (S. I/135.)
44.   *Am Jenseits.* GRE XXV. (GWB 25.)

45.   *Himmelsgedanken. Gedichte.* Verlag von Friedrich Ernst Fehsenfeld, Freiburg i. Br. (GWB 49.)
46.   *Im wilden Westen. Zwei Erzählungen für die reifere Jugend.* Verlag von A. Weichert, Berlin. (Wie II/25. Zs. mit einer

Erzählung von Kapitän Marryat; die den zweiten Teil des Buches bildenden May-Erzählungen sind mit einer wohl nicht von ihm stammenden Erzählung *Ein Kampf mit Piraten* verbunden. Spätere Titel [inhaltlich z. T. leicht verändert]: *Auf der Prairie [ab 1902], Sigismund Rüstig oder Der Schiffbruch der >Pacific<* (ab 1911).)

47.–49.   *Die Liebe des Ulanen.* 1.– 3. Bd. Verlag von H. G. Münchmeyer, Dresden. (S. I/75. Bis 1901.)

1901

50.   *Wanda.* Novelle. Verlag von H. G. Münchmeyer, Dresden. (s. I/7.)

51.–55   *Deutsche Herzen und Helden.* KMIW − Serie I. (S. I/82. bis 1902.)
— *Eine deutsche Sultana.* Bd. I
— *Die Königin der Wüste.* Bd. II.
— *Der Fürst der Bleichgesichter* − Teil 1. Bd. III.
— *Der Fürst der Bleichgesichter* − Teil 2. Bd. IV.
— *Der Engel der Verbannten.* Bd. V.

1902

56.   *Im Reiche des silbernen Löwen.* 3. Bd. GRE XXVIII. (s. I/142. GWB 28.)

57.   *Humoresken und Erzählungen.* Verlag von H. G. Münchmeyer, Dresden. (S. I/1, 2, 3, 4, 8, 13, 74.)

58.–63.   *Das Waldröschen oder Die Verfolgung rund um die Erde.* KMIW − Serie II. (S. I/73. Bis 1903.)
— *Die Tochter des Granden.* Bd. I.
— *Der Schatz der Mixtekas.* Bd. II.
— *Matavase, der Fürst des Felsens.* Bd. III.
— *Erkämpftes Glück* − Teil 1. Bd. IV.
— *Erkämpftes Glück* − Teil 2. Bd. V.
— *Erkämpftes Glück* − Teil 3. Bd. VI.

64.   *Abu-Seif.* Ein Reiseerlebnis. Wilhelm Billes Bokförlags Aktiebolag, Stockholm (Kleine Schülerbibliothek mit Anmerkungen, hg. von Hjalmar Hjorth u. Anna Lindhagen, Bd. IX. S. I/63.)

65.   *Das Geheimnis des Stollens.* Verlag von Otto Weber, Heilbronn (S. I/54.)

66.   *Im Reiche des silbernen Löwen.* Bd. 4. GRE XXIX. (GWB 29.)
67.   *Erzgebirgische Dorfgeschichten.* Karl Mays Erstlingswerke.
      Autorisierte Ausgabe. Bd. I. Belletristischer Verlag, Dres-
      den-Niedersedlitz. (S. I/14, 29, 36, 54. Weitere Bände der
      geplanten Serie erschienen nicht.)
68.–71. *Der Weg zum Glück.* KMIW – Serie III. (S. I/84. Bis 1904.)
      – *Die Murenleni.* Bd. I.
      – *Der Wurz'nsepp.* Bd. II.
      – *Der Geldprotz.* Bd. III.
      – *Der Krickelanton.* Bd. IV.

72.   *Und Friede auf Erden!* GRE XXX. (S. I/141.)
73.   *Sonnenstrahlen aus Karl Mays Volksromanen.* Verlag von
      H. G. Münchmeyer, Dresden. (Auszüge aus I/4, 72, 74, 81, 82,
      84.)
74.–78. *Der verlorene Sohn.* KMIW – Serie IV. (S. I/81. Bis 1905.)
      – *Sklaven des Elends.* Bd. I.
      – *Sklaven der Arbeit.* Bd. II.
      – *Sklaven der Schande.* Bd. III.
      – *Sklaven des Goldes.* Bd. IV.
      – *Sklaven der Ehre.* Bd. V.

79.–81. *Die Liebe des Ulanen.* KMIW – Serie V. (S. I/75. Bis 1906.)
      – *Die Herren von Königsau.* Bd. I.
      – *Napoleons letzte Liebe.* Bd. II.
      – *Der Kapitän der Kaisergarde.* Bd. III.
      – *Der Spion von Ortry.* Bd. IV.
      – *Durch Kampf zum Sieg.* Bd. V.

82.   *Babel und Bibel.* Arabische Fantasia in zwei Akten. Verlag von
      Friedrich Ernst Fehsenfeld. (GWB 49.)

1907

83.   *Erzgebirgische Dorfgeschichten.* (Wie II/67, aber im Verlag von Friedrich Ernst Fehsenfeld, Freiburg i. Br.)

1909

84.   *Ardistan und Dschinnistan.* 1. Bd. GRE XXXI. (S. I/144.)
85.   *Ardistan und Dschinnistan.* 2. Bd. GRE XXXII. (S. I/144.)
86.   *Abdahn Effendi.* Reiseerzählung. Neues literarisches Institut, Stuttgart. (S. I/146.)

1910

87.   *Mein Leben und Streben.* Selbstbiographie von Karl May. Bd. I. Verlag von Friedrich Ernst Fehsenfeld, Freiburg i. Br. (Den geplanten Band II hat Karl May nicht mehr geschrieben. GWB 34.)
88.   *Winnetou.* 4. Bd. GRE XXXIII. (S. I/148.)
89.   *Schamah.* Reiseerzählung. Neues literarisches Institut, Stuttgart. (S. I/145.)

Erscheinungsdatum unbekannt

90.   *Denkwürdige Abenteuer zu Wasser und zu Lande* von Karl May, E. Pollmer u. a. Verlag von Friedrich Hachfeld, Berlin (S. I/20, 21, 26, 32, 33, 35, Zs. mit einer anonymen u. einer Erzählung von Heinrich Walden. Wahrscheinlich erschienen zwischen 1895 u. 1902.)

III. Karl May — Gesammelte Werke
(Karl-May-Verlag, Bamberg)

(Der deutsche Weltreisende Kara Ben Nemsi und sein arabischer Diener Hadschi Halef Omar, der immer mehr zu seinem Freund avanciert, entdecken in der Wüste einen Toten und nehmen die Verfolgung der Mörder auf. Ihre Jagd führt sie in die heilige Stadt Mekka, zu den Teufelsanbetern, in die kurdischen Berge und in die Schluchten des Balkan. Halef lernt die liebreizende Hanneh kennen und heiratet sie. Unterwegs wächst die Schar ihrer Freunde, zu denen sich auch der schrullige Engländer Sir David Lindsay gesellt, aber auch die ihrer Feinde. Kara Ben Nemsi erhält das Wunderpferd Rih und den treuen Schäferhund Dojan geschenkt. Im Balkan wird der gefährliche Verbrecherführer Schut unschädlich gemacht. Ein Anhang in Band 6 schildert, wie Kara Ben Nemsi acht Jahre später seine alten Freunde besucht, darunter Hadschi Halef Omar und dessen kleinen Sohn Kara Ben Halef; bei der Auseinandersetzung verfeindeter Beduinenstämme wird Kara Ben Nemsis edler Hengst Rih erschossen.)

(In Band 7 kommt der junge deutsche Ich-Erzähler als Landvermesser der Eisenbahn erstmals in den Wilden Westen. Bald erhält er wegen seines gewaltigen Fausthiebes von seinen Gefährten, zu denen auch die Westmänner Sam Hawkens, Dick Stone und Will Parker [das ›Kleeblatt‹] gehören, den Kriegsnamen Old Shatterhand. Als einer der Landvermesser Klekih-petra, den weißen Lehrmeister der Apachen, erschießt, kommt es zu Auseinandersetzungen zwischen diesen und den Weißen, die sich mit den Kiowas verbünden. Old Shatterhand, der mit den Apachen sympathisiert, gewinnt den jungen Häuptlingssohn Winnetou zum Blutsbruder. Dessen Schwester Nscho-tschi verliebt sich in Old Shatterhand und will in St. Louis eine Schule der Weißen besuchen. Als man Gold für die Reise nach St. Louis holen will, werden Nscho-tschi und ihr Vater Inschu-tschuna von dem skrupellosen Santer erschossen. Old Shatterhand und Winnetou, der neue Häuptling der Apachen, verfolgen Santer, der sich zu den Kiowas flüchtet.

In Band 8 ist Old Shatterhand zunächst als Privatdetektiv tätig und lernt dann Old Firehand kennen, den berühmten Westmann, zu dessen Gunsten

Winnetou einst auf seine große Liebe Ribanna verzichtete. Winnetou, Shatterhand, Firehand und Sam Hawkens bringen den weißen Häuptling Parranoh zur Strecke, auch ein ehemaliger Verehrer Ribannas, der die Angebetete später ermordete. Als Winnetou und Shatterhand Santers Spur wiederfinden, entwischt dieser abermals.

In Band 9 hat Old Shatterhand diverse Auseinandersetzungen mit Banditen und Indianern auszutragen. Dann verfolgt er mit Winnetou eine Gruppe von Weißen und Ogellalah-Indianern, die die deutschen Siedler von Helldorf-Settlement verschleppt haben. Bei der Befreiungsaktion wird Winnetou erschossen. Shatterhand reitet zum Grab Inschu-tschunas, um Winnetous Testament zu lesen. Santer nimmt es ihm ab, um endlich das Gold der Apachen zu finden, stirbt aber durch eine Explosion – eine von Winnetou eingebaute Sicherung, die nur Old Shatterhand bemerken konnte.)

10. *Sand des Verderbens*
     – Die Gum
     – Christus oder Mohammed
     – Der Krumir
     – Der ›Sand des Verderbens‹
     – Der Raubzug der Baggara
(Fünf kleinere Abenteuer des Ich-Erzählers alias Kara Ben Nemsi im Orient, diesmal mit wechselnden Begleitern, aber ohne Hadschi Halef Omar.)

11. *Am Stillen Ozean*
     – Im Zeichen des Drachen
     – Die Piraten des Indischen Meeres
(Der Ich-Erzähler, der sich diesmal schlicht ›Charley‹ nennt, erlebt zahlreiche Abenteuer an für ihn eher ungewohnten Schauplätzen wie Polynesien, Ceylon, hauptsächlich jedoch in China. Zu seinen Begleitern gehören u. a. der Kapitän Frick Turnerstick [auch schon in Band 10 dabei] und der spleenige Engländer Sir John Raffley.)

12. *Am Rio de la Plata*
13. *In den Kordilleren*
(Diesmal schlägt sich Charley in verschiedenen Ländern Südamerikas wie Uruguay, Argentinien und Bolivien mit Revolutionären, Banditen und Indios herum, um die Ränkeschmiede des geheimnisvollen Sendadors zu durchkreuzen. Begleitet wird der Ich-Held u. a. von seinem alten Freund Frick Turnerstick.)

14. *Old Surehand I*
15. *Old Surehand II*
(Old Shatterhand und Winnetou treffen den geheimnisvollen Westmann Old Surehand und enthüllen seine wahre Identität. Er ist das Halbblut Leo Bender, dessen Bruder Fred als Apanatschka ein Häuptling der Comanchen ist.

Zeitlich schließt Band 14 an die Erzählung *Der Geist des Llano Estacado* [Band 35] an, dessen Held Bloody-Fox auch hier auftritt.)

16. *Menschenjäger*
17. *Der Mahdi*
18. *Im Sudan*
(Die mit dem Obertitel *Im Lande des Mahdi* versehene Romantrilogie schildert den Kampf Kara Ben Nemsis gegen Sklavenjäger und -händler im Sudan. In Band 17 begegnet Kara dem Mahdi, der später [nach den von Karl May geschilderten Ereignissen] einen Aufstand gegen die Engländer entfachte. Hadschi Halef Omar tritt nur in Band 18 auf. Karas treuer Begleiter ist diesmal der von ihm befreite Sklave Ben Nil.)

19. *Kapitän Kaiman*
    − *Kapitän Kaiman*
    − *Der Kanada-Bill*
    − *Das sprechende Leder*
    − *Der Pfahlmann*
(Vom KMV stark überarbeitete Fassung des ursprünglichen Bandes *Old Surehand II*, in dem Karl May frühe Erzählungen durch eine Rahmenhandlung mit seinen Reiseerzählungen verknüpfte. Der KMV reduzierte die Surehand-Trilogie auf zwei Bände. Er löste die Geschichte aus der Rahmenhandlung, ließ welche weg, fügte eine neue hinzu und nahm auch inhaltliche Änderungen vor. Alle Geschichten spielen im wildwestlichen Milieu. − *Kapitän Kaiman* ist eine überarbeitete Version von Mays frühem ›Criminalroman‹ *Schloß Wildauen / Auf See gefangen*, in dem auch Winnetou mitspielt. − In *Der Kanada-Bill* treten der junge Abraham Lincoln und Old Firehand auf.)

20. *Die Felsenburg*
21. *Krüger Bei*
22. *Satan und Ischariot*
(Old Shatterhand und Winnetou helfen in Mexiko deutschen Auswanderern, die zur Sklavenarbeit gezwungen werden, aber der Schurke Melton kann entkommen. Als Winnetou ihn im heimatlichen Dresden besucht, erfährt Old Shatterhand, daß Melton und sein ebenfalls verbrecherischer Bruder ihre Umtriebe in den Orient verlegt haben, um sich ein Millionenvermögen zu erschleichen. Shatterhand alias Kara Ben Nemsi reist mit dem Apachen nach Afrika, um den Plan der Meltons zu durchkreuzen. Dies gelingt aber erst nach ihrer Rückkehr in den Wilden Westen. − Diese unter dem Obertitel *Satan und Ischariot* erschienene Trilogie gehört zu den spannendsten und gleichzeitig unbekanntesten von Karl Mays größeren Reiseerzählungen, die einen besonderen Reiz durch die Auftritte Winnetous an den für ihn ungewohnten Schauplätzen Deutschland und Afrika gewinnt.)

23. *Auf fremden Pfaden*
   - *Der Talisman*
   - *Das Kafferngrab*
   - *Blutrache*
   - *Der Kutb*
   - *Der Händler von Serdescht*
   - *Maria oder Fatima*
   - *Der Flucher*
   - *Ein Blizzard*

(Kleinere Reiseerzählungen des Ich-Helden aus verschiedenen Weltteilen. *Der Talisman* spielt in Lappland und *Das Kafferngrab* in Südafrika, beides für Karl May eher ungewöhnliche Handlungsorte. *Der Flucher* und *Ein Blizzard* sind Abenteuer von Old Shatterhand und Winnetou. In den übrigen Geschichten reitet das Ich als Kara Ben Nemsi durch den Orient.)

24. *Weihnacht*
(Als Gymnasiast unternimmt der unschwer mit Karl May zu identifizierende Ich-Erzähler mit seinem Schulfreund Carpio eine Wanderung im böhmisch-sächsischen Grenzgebiet. Die beiden Freunde helfen der armen Familie Hiller, die nach Amerika auswandern will. Jahre später trifft das Ich, nun als Old Shatterhand bekannt, die Hillers und auch Carpio in Amerika wieder. Mit Winnetous Hilfe kann er die Hillers vor den Umtrieben von Banditen und Indianern bewahren. Als man in den verschneiten Bergen ein christliches Weihnachtsfest unterm Tannenbaum feiert, stirbt der lebensmüde Carpio in Shatterhands Armen.)

25. *Am Jenseits*
(Auf der Reise nach Mekka bekommen es Kara Ben Nemsi, der inzwischen zum Scheik der Haddedihn avancierte Hadschi Halef Omar, seine Frau Hanneh und sein Sohn Kara Ben Halef mit dem schurkischen Ghani zu tun. Dieser wird nicht zur Strecke gebracht, und auch Mekka bleibt unerreicht, weil Karl May die immer wieder angekündigte Fortsetzung *Im Jenseits* nicht verfaßte. *Am Jenseits* markiert den Übergang zum Spätwerk Mays, in dem die äußere Abenteuerhandlung immer unwichtiger wird und nur noch der Verdeutlichung innerer − seelischer − Fragen und biographischer Aussagen des Autors dient. − Eine Fortsetzung der Handlung bietet Band 50.)

26. *Der Löwe der Blutrache*
   - *To-kei-chun*
   - *Auferstehung*
   - *Himmelslicht*
   - *Es Ssabbi, der Verfluchte*
   - *Der Löwe der Blutrache*
   - *Ein Rätsel*

(Karl May kittete für die ursprünglichen Bände *Im Reiche des silbernen Löwen I* und *II* einige Erzählungen mehr schlecht als recht zusammen. Der KMV machte wieder einzelne Geschichten daraus und fügte neues Material [s. *Auferstehung*] hinzu. In *Tokei-chun* muß Old Shatterhand, der nach Winnetous Tod unterwegs zu den Apachen ist, einen Perser aus der Gewalt des Comanchen-Häuptlings To-kei-chun befreien. *Auferstehung* spielt am Amazonas und in den Kordilleren und schließt an die Bände 12 und 13 an. Die übrigen Erzählungen schildern Abenteuer von Kara Ben Nemsi und Hadschi Halef Omar.)

27.   *Bei den Trümmern von Babylon*
(Kara Ben Nemsi und Hadschi Halef Omar im Kampf gegen persische Schmuggler. Der vom KMV als einzelner Roman herausgegebene ursprüngliche Band *Im Reiche des silbernen Löwen II.*)

28.   *Im Reiche des silbernen Löwen*
29.   *Das versteinerte Gebet*
(Kara Ben Nemsi und Hadschi Halef Omar treffen auf ihrem Ritt durch das Reich des silbernen Löwen [= Persien] auf Lord Lindsay, von dem sie aber bald wieder Abschied nehmen. Halef droht am Typhus zu sterben, wird aber gerettet, nachdem Kara nach Halefs Frau Hanneh und seinem Sohn Kara Ben Halef geschickt hat. Die Freunde stehen dem Ustad bei, der den Dschamikun vorsteht, einer utopischen Gemeinschaft, die wegen ihrer andersartigen Lebensweise von verschiedenen Gruppen bedroht wird.

30.   *Und Friede auf Erden*
(Von Kairo bis nach China reist der Ich-Erzähler alias Karl May, der nur noch wenig mit dem alten Recken Kara Ben Nemsi gemeinsam hat. Sein Diener Sejjid Omar bekennt sich, vom Beispiel seines Herrn angeregt, zu christlichen Tugenden. Das Ich trifft auch Sir John Raffley wieder [s. Band 11.]; der einstmals spleenige Engländer hat zu menschlichen Tugenden gefunden. Immer wieder begegnet die sich vergrößernde Reisegruppe dem eifernden Missionar Waller, der ein bigottes und damit falsches Christentum vertritt und mit seinen Bekehrungsversuchen kläglich scheitert. Nach einer schweren physischen und psychischen Krankheit [in der sich Mays eigene Krise während seiner großen Orientreise widerspiegelt] kann Waller schließlich zur Nächstenliebe über Glaubens- und Rassenschranken hinweg bekehrt werden.)

31.   *Ardistan*
32.   *Der Mir von Dschinnistan*
(Kara Ben Nemsi und Hadschi Halef Omar bereisen im Auftrag Marah Durimehs den − fiktiven − Erdteil Sitara und bringen den Mir [= Herrscher] von Ardistan dazu, sich vom Gewalt- zum Edelmenschen zu wandeln, wie ihn auch der Mir von Dschinnistan verkörpert.)
33.   *Winnetous Erben*

(Von Karl May unter dem Titel *Winnetou IV* verfaßter Abschluß seiner Reiseerzählungen. – Durch eine Anzahl seltsamer Briefe angelockt, reist der alte Karl May alias Old Shatterhand mit seiner Frau noch einmal in den Wilden Westen, um einem geheimnisvollen Treffen aller wichtigen Indianer beizuwohnen. Er begegnet alten Feinden wie den Häuptlingen Tangua und To-kei-chun, aber auch alten Freunden wie Old Surehand und Apanatschka. Auch die beiden Söhne des Mörders Santer kreuzen seinen Weg. Sie bereuen die Untaten ihres Vaters und sterben, als eine gewaltige Winnetou-Statue einstürzt. Old Shatterhand ist froh über den Einsturz, spiegelte die Figur doch nur den äußeren Winnetou wider und nicht die inneren Werte des Edelsten aller Indianer. Shatterhand kann Freunde und Feinde von diesen Werten schließlich überzeugen, die im Winnetou-Clan weiterleben werden.)

34. ›Ich‹
   – *Meine Beichte* (Karl May)
   – *Mein Leben und Streben* (Karl May)
   – *Empor ins Reich der Edelmenschen* (Karl May)
   – *Karl Mays Tod und Nachlaß* (Dr. E. A. Schmid)
   – *Gestalt und Idee* (Dr. E. A. Schmid)
   – *Gerechtigkeit für Karl May!* (Ludwig Gurlitt)
   – *Spiegelbilder* (Ludwig Aub/Ludwig Klages/Richard Engel)
   – *Mensch und Menschliches*) Karl-Hans Strobl)
(Zusammenstellung von Texten zu Leben und Werk Karl Mays, deren wichtigster Mays beeindruckende Selbstbiographie *Mein Leben und Streben* ist.)

35. *Unter Geiern*
   – *Der Sohn des Bärenjägers*
   – *Der Geist der Llano Estacado*
(Zwei von Mays – nicht in der Ich-Form verfaßten – Jugenderzählungen. – In *Der Sohn des Bärenjägers* helfen Old Shatterhand und Winnetou Martin Baumann, dem Sohn des Bärenjägers, seinen Vater aus den Händen der Sioux zu befreien. *Der Geist des Llano Estacado* alias Bloody-Fox kann mit der Unterstützung von Shatterhand und Winnetou Banditen unschädlich machen, die Auswanderer zum Verschmachten in die Wüste locken und sie dann ausplündern.)

36. *Der Schatz im Silbersee*
(Old Shatterhand, Winnetou, Old Firehand und weitere Westleute verhindern, daß der ›Rote Cornel‹ Brinkley sich den sagenhaften ›Schatz im Silbersee‹ unter den Nagel reißen kann.)

37. *Der Ölprinz*
(Old Shatterhand und Winnetou stehen einem von Sam Hawkens, Dick Stone und Will Parker geführten Auswanderertreck bei, der zwischen die Fronten zweier Indianerstämme gerät und zum Spielball des ›Ölprinzen‹ Grinley wird, der Ölquellen verkauft, die es gar nicht gibt.)

38. *Halbblut*
   – *Halbblut*
   – *Joe Burkers, das Einaug*
   – *Der Gitano*
   – *An den Ufern der Dwina*
   – *Von Mursuk bis Kairwan*
   – *Der Kaperkapitän*
(Vom KMV vorgenommene Zusammenstellung von Erzählungen aus verschiedenen Schaffensperioden Karl Mays, deren umfangreichste die Jugenderzählung *Halbblut* ist, die May selbst *Der schwarze Mustang* nannte. Hier setzen Old Shatterhand und Winnetou dem Intrigenspiel eines verräterischen Halbbluts vor dem Hintergrund des Eisenbahnbaus ein Ende. – Bei *Joe Burkers, das Einaug* hat der KMV Mays im Wilden Westen spielende Ich-Erzählungen *Die Both Shatters* und *Ein Ölbrand* zu einer Geschichte verschmolzen und den Ich-Helden bzw. Old Shatterhand durch Old Firehand ersetzt; die Geschichte wird nun in der dritten Person erzählt. – *Der Gitano* ist eine der ersten Ich-Erzählungen Mays, die in Spanien spielt und deren Protagonist [noch] nicht mit dem späteren Ich-Helden identisch ist. – *An den Ufern der Dwina* ist eine frühe Kriminal- und Schicksalsgeschichte, die Karl May unter dem Titel *Nach Sibirien* veröffentlichte. – *Von Mursuk bis Kairwan*, eine Ich-Erzählung Kara Ben Nemsis, wurde von Karl May in verschiedenen Fassungen veröffentlicht, zuletzt [1894] unter dem Titel *Eine Befreiung*. – *Der Kaperkapitän* wurde von May unter dem Titel *Robert Surcouf* veröffentlicht und erzählt Abenteuer des historischen napoleonischen Korsaren Surcouf.)

39. *Das Vermächtnis des Inka*
(Südamerika-Abenteuer mit dem Helden ›Vater Jaguar‹ alias Karl Hammer und Haukarapora, dem letzten Nachfahren der Inkas, der durch einen Krieg das alte Inka-Reich neu errichten soll, sich aber für den Frieden entscheidet.)

40. *Der blaurote Methusalem*
(Vorwiegend humoristisch geschilderte Abenteuer einer Schar skurriler Gestalten, die in China einen deutschen Ölprinzen und eine chinesische Familie sowie einen Schatz suchen. Titelgebender Anführer der Expedition ist der ewige Student Degenfeld, der wegen seines für einen Studenten fortgeschrittenen Alters und seiner Schnapsnase ›der blaurote Methusalem‹ genannt wird. Zu seinen Begleitern gehört auch der aus einigen Ich-Erzählungen bekannte Kapitän Frick Turnerstick, der dauernd dem Irrtum unterliegt, perfekt Chinesisch zu sprechen.)

41. *Die Sklavenkarawane*
(Einmal ein Orientabenteuer ohne Kara Ben Nemsi. Diesmal sind die beiden gelehrten Brüder Emil und Joseph Schwarz die Helden, die von dem Vogelkundler Professor Pfotenhauer begleitet werden. Ähnlich wie in den Bänden 16–18 gilt es hier, den Sklavenhandel im Sudan zu bekämpfen.)

42. *Der alte Dessauer*
   – *Der Scherenschleifer*
   – *Ein Fürst-Marschall als Bäcker*
   – *Der Pflaumendieb*
   – *Fürst und Leiermann*
   – *Drei Feldmarschalls*
   – *Pandur und Grenadier*
   – *Seelenverkäufer*
(Sammlung von Humoresken, die sich um die historische Gestalt Leopolds I.
[1676–1747] ranken, einem Fürsten von Anhalt-Dessau, der preußischer
Feldmarschall und ein Freund Friedrich Wilhelms I. war. Im Volksmund
wurde er als ›der alte Dessauer‹ populär.)

43. *Aus dunklem Tann*
   – *Sonnenscheinchen*
   – *Des Kindes Ruf*
   – *Der Grenzmeister*
   – *Der Teufelsbauer*
   – *Der Bonapartenschuster*
   – *Der Giftheiner*
   – *Der Geldmarder*
   – *Die Rose von Ernstthal*
   – *Der Samiel*
(Sammlung von erzgebirgischen Dorfgeschichten.)

44. *Der Waldschwarze*
   – *Der Dukatenhof*
   – *Der Herrgottsengel*
   – *Der Waldschwarze*
   – *Das Geldmännle*
(Sammlung weiterer erzgebirgischer Dorfgeschichten.)

45. *Zepter und Hammer*

46. *Die Juweleninsel*
(Zwei frühe Romane Karl Mays im Kolportagestil, die sich um die beiden fiktiven Staaten Norland und Süderland ranken. In Bd. 45 müssen die Norlän-
der mit Umstürzlern und Invasoren aus Süderland fertig werden. Außerdem
gilt es, verschiedene Kindesvertauschungen zu entwirren, um den rechtmäßigen Thronfolger Norlands zu finden. Bd. 46 greift Personen und Schauplätze
aus Bd. 45 wieder auf, verlagert die Handlung um eine sagenhafte Juweleninsel aber teilweise an exotische Schauplätze wie Indien und den Wilden
Westen. In der Bearbeitung des KMV tritt auch Winnetous Vater Inschu-
Tschuna auf.)

47. *Professor Vitzliputzli*
   – *Professor Vitzliputzli*
   – *Wenn sich zwei Herzen scheiden*
   – *Der Glücksschimmel*
   – *Die Kriegskasse*
   – *Am Ernstthaler Stammtisch*
   – *Der Wollteufel*
   – *Der Fischerjakob und das Wasserfaß*
   – *Die falschen Exzellenzen*
   – *Die beiden Nachtwächter*
   – *Die verhexte Ziege*
   – *Die Erben wider Willen*
   – *Pankraz der Ehestifter*
   – *Wie dem Stadtrat Epperlein aus der Klemme geholfen wurde*

(Sammlung von Humoresken und in der Heimat angesiedelten historischen Erzählungen. Die ersten beiden Geschichten stammen aus Karl Mays ursprünglichem Manuskript für *Satan und Ischariot*, wurden aber von dem damaligen DH-Redakteur gestrichen und auch später nicht wieder in den Roman eingegliedert. Der Protagonist von *Der Glücksschimmel* ist der historische Feldmarschall Blücher [1742– 1819].)

48. *Das Zauberwasser*
   – *Das Zauberwasser*
   – *Phi-Phob, der Schutzgeist*
   – *Am ›Singenden Wasser‹*
   – *Schwarzauge*
   – *Das Hamail*
   – *Die Söhne des Upsaroka*
   – *Das Kurdenkreuz*
   – *Scheflakas Geheimnis*
   – *Eine Weihnachtsfeier in Damaskus*
   – *Old Shatterhand a. D.*
   – *Der Zauberteppich*
   – *Abdahn Effendi*
   – *Merhameh*
   – *Schamah*

(Sammlung von Geschichten, die an unterschiedlichen Schauplätzen angesiedelt sind und auch aus unterschiedlichen Schaffensperioden Karl Mays stammen. – Die Titelgeschichte rankt sich um den historischen, geheimnisvollen Grafen von Saint-Germain, der als Abenteurer und Alchimist von sich reden machte. – Die vier folgenden kleinen Erzählungen spielen an verschiedenen exotischen Schauplätzen. – *Old Shatterhand a. D.* hieß bei May *Freuden und Leiden eines Vielgelesenen* und ist eine humoristische Plauderei über die Nöte des Star-Autoren May. – *Die Söhne des Upsaroka*, früher *Mutterliebe* betitelt, ist ein Abenteuer mit Old Shatterhand und Winnetou. – *Der Zaubertep-*

pich ist ein zu Mays Lebzeiten nicht veröffentlichtes orientalisches Märchen, das in allegorischer Weise die Entstehung seines Romans *Und Friede auf Erden* beschreibt. − In die Nähe eben dieses Romans gehört auch die Erzählung *Schamah*, in der der Ich-Erzähler dem wahren Karl May sehr ähnelt und Religionskonflikte im Orient behandelt. − In allen übrigen Erzählungen gibt es ein Wiedersehen mit Kara Ben Nemsi und Hadschi Halef Omar.)

49. *Lichte Höhen*
   − *Himmelsgedanken* (Gedichte)
   − *Babel und Bibel* (Drama)
   − *Der Dichter über sein Werk* (zu Babel und Bibel)
   − *Wege zum Gipfel* (Fragmente)
   − *Betrachtung und Besinnung* (Briefe über Kunst)
   − *Erwachender Tag* (Frühe Gedichte)
   − *Von Allah zu Apollon* (Reisetagebuch 1900)
   − *Mahnung und Trost* (Sinnsprüche)
   − *Licht und Schatten* (Gedichte)
(Sammlung nichtbelletristischer Texte.)

50. *In Mekka*
(Dieses Buch stammt gar nicht von Karl May, sondern von Franz Kandolf [1886−1949], einem Mitarbeiter des KMV! Der Roman setzt die Handlung von Bd. 25 fort. Ganz im Stile der abenteuerlichen Reiseerzählungen vor dem Übergang Karl Mays zu seinem Spätwerk gehalten, wird erzählt, wie Kara Ben Nemsi und Hadschi Halef Omar doch noch nach Mekka gelangen und mit dem schurkischen Ghani abrechnen.)

51. *Schloß Rodriganda*
52. *Die Pyramide des Sonnengottes*
53. *Benito Juarez*
54. *Trapper Geierschnabel*
55. *Der sterbende Kaiser*
(KMV-Fassung des Kolportageromans *Das Waldröschen oder Die Verfolgung rund um die Erde* über die wilden Abenteuer von Dr. Sternau − dem ›Fürst des Felsens‹ − des ›Schwarzen Gerard‹, Lord Lindsays und anderen in Mexiko und anderswo. Auch historische Personen wie der mexikanische Präsident Benito Juarez [1806−72] und sein Gegenspieler Kaiser Maximilian [1832−67] treten auf.)

56. *Der Weg nach Waterloo*
57. *Das Geheimnis des Marabut*
58. *Der Spion von Ortry*
59. *Die Herren von Greifenklau*
(KMV-Fassung des Kolportageromans *Die Liebe des Ulanen* um deutsch-französische Händel, aber auch Liebesbande in der Zeit von 1814 bis 1871.

Nebenschauplatz des hauptsächlich in Mitteleuropa spielenden Romans ist Nordafrika. Einmal mehr gehören auch historische Personen, wie Napoleon I. [1769–1821] und Marschall Blücher, zu den Protagonisten.)

60. *Allah il Allah!*
(Vom KMV aus dem Gesamtzusammenhang gelöster Teil des Kolportageromans *Deutsche Herzen, Deutsche Helden*, der im Orient spielt. Die Bearbeiter Franz Kandolf und Dr. E.A. Schmidt modelten das mit der Haupthandlung nicht zusammenhängende Kapitel *Die Königin der Wüste* in eine Ich-Erzählung um und fügten ihr die bekannten Gestalten Kara Ben Nemsi, Hadschi Halef Omar, Sir David Lindsay und Krüger-Bei hinzu. Das Ganze ist nun ein ›Jugendabenteuer‹ Kara Ben Nemsis aus der Zeit der großen, in den Bänden 1–6 geschilderten Orientreise.)

61. *Der Derwisch*
62. *Im Tal des Todes*
63. *Zobeljäger und Kosak*
(KMV-Fassung des Restes von *Deutsche Herzen, Deutsche Helden*, wiederum von Kandolf und Schmid tiefgreifend bearbeitet. Zwar nicht in die Ich-Form umgeschrieben und auch nicht um Old Shatterhand/Kara Ben Nemsi ›bereichert‹, beteiligen sich in dieser Version doch viele aus den Reiseerzählungen bekannte Gestalten – wie Winnetou, Old Firehand, Sam Hawkens, Dick Stone, Will Parker und Sir David Lindsay – an der Zusammenführung einer vom Orient über Nordamerika bis nach Rußland verstreuten Familie.)

64. *Das Buschgespenst*
(Teil des Kolportageromans *Der verlorene Sohn oder Der Fürst des Elends* um die Auseinandersetzung eines zu Unrecht Verfolgten mit Schmugglern im böhmisch-sächsischen Grenzgebiet, vom KMV bearbeitet und in mehreren, in sich abgeschlossenen Bänden [vgl. Bände 65 und 74] herausgegeben.)

65. *Der Fremde aus Indien*
(Weiterer Teil des Kolportageromans *Der verlorene Sohn* [vergl. Bände 64 und 74].)
66. *Der Peitschenmüller*
67. *Der Silberbauer*
(Teil des Kolportageromans *Der Weg zum Glück* um Herz und Schmerz im Dunstkreis des Bayernkönigs Ludwig II. [1845–86], vom KMV stark bearbeitet und in mehreren, in sich abgeschlossenen Teilen [vgl. Bände 68 und 73] herausgebracht.)

68. *Der Wurzelsepp*
 – *Der Geldprotz*
 – *Der Samiel*
(Weitere Teile des Kolportageromans *Der Weg zum Glück*.)

69. *Ritter und Rebellen*
   − *Suteminn, der Einsame*
   − *Der Falkenmeister*
   − *Wildwasser*
(Vom KMV bearbeitete und in drei abgeschlossene Erzählungen zerteilte Fassung von Karl Mays erstem Roman *Der beiden Quitzows letzte Fahrten* um vorwiegend historische Ritter und Räuber, die zwischen 1411 und 1414 in der Mark Brandenburg ihr [Un-]Wesen treiben. May schrieb diese Auftragsarbeit als Fortsetzung zu Friedrich Axmanns Roman *Fürst und Junker*, beendete sie aber nicht; ein Dr. Goldmann schrieb den letzten Teil des Romans. Der KMV verwendete zwar nur die von May stammenden Teile, ließ aber die Erzählung *Suteminn, der Einsame* von Franz Kandolf zu Ende fabulieren.)

70. *Der Waldläufer*
(Hier war einmal Karl May selbst der Bearbeiter eines fremden Romans, als er Gabriel Ferrys unter Waldläufern, Comanchen und Apachen spielenden Roman *Le coureur des bois* − in sehr gelungener Weise − für die Jugend nacherzählte und dabei viele eigene Vorstellungen zum Tragen kommen ließ.)

71. *Old Firehand*
   − *Inn-nu-woh, der Indianerhäuptling*
   − *Old Firehand*
   − *Die Rose von Kahira*
   − *Ein Wüstenraub*
   − *Die ›Both Shatters‹*
   − *Die Gum*
   − *Aqua benedetta*
   − *Ein Selfmademan*
   − *Der Afrikaander*
   − *Die Rache des Ehri*
   − *Ibn el'amm*
   − *Sklavenrache*
   − *Maghreb-el-aksa*
   − *Die beiden Kulledschi*
(Kaum bearbeitete Versionen von Erzählungen, die sonst nur in stark bearbeiteter Form oder überhaupt nicht in die GW aufgenommen wurden. In denjenigen Erzählungen, die in der Ich-Form geschrieben sind, heißt der Held noch nicht Old Shatterhand bzw. Kara Ben Nemsi. Winnetou ist noch nicht so edel wie später. Überhaupt weht ein rauher Wind durch die Geschichten; so werden in *Old Firehand* der Titelheld sowie Sam Hawkens' Freunde Dick Stone und Will Parker dahingemetzelt.)

72. *Schacht und Hütte*
    − *Das Gewissen*
    − *Wanda*
    − *Die Fastnachtsnarren*
    − *Gesammelte Aufsätze*
    − *Geographische Predigten*
    − *Fundgrube* ›*Vater Abraham*‹
    − *Ein Fang*
(Sammlung von frühen Werken Karl Mays, auch essayistischer Natur [*Gesammelte Aufsätze* und *Geographische Predigten*]. Erst nach der Veröffentlichung stellte der KMV fest, daß der Text *Fundgrube* ›*Vater Abraham*‹ gar nicht von May stammt.)

73. *Der Habicht*
(Weiterer Teil des Kolportageromans *Der Weg zum Glück* [vgl. Bände 66−68].)

74. *Der verlorene Sohn*
(Weiterer Teil des gleichnamigen Kolportageromans [vgl. Bände 64 und 65].)

Winnetous Schwester, Hadschi Halefs Enkel
und Old Shatterhands Verwandte
Nachschöpfungen anderer Autoren

Wenn ein Autor oder eine Romanfigur besonders erfolgreich ist, giert das begeisterte Publikum nach mehr. So haben viele populäre Gestalten der (Unterhaltungs-)Literatur nach dem Tod ihres Schöpfers Fortsetzungen durch andere Autoren erfahren. Das bekannteste Beispiel hierfür ist Sir Arthur Conan Doyles Meisterdetektiv Sherlock Holmes. Doyle selbst schrieb vier Romane und 56 Kurzgeschichten um diese Figur; andere Autoren aus aller Welt fügten dem inzwischen Hunderte von Fortsetzungen hinzu, was durch den Wegfall des Urheberrechtschutzes im Jahr 1980 begünstigt wurde. In anderen Fällen wurden Fortsetzungen im Auftrag der Rechteinhaber geschrieben wie jüngst beim britischen Geheimagenten James Bond 007, dessen neue Romanabenteuer John Gardner und nicht mehr Ian Fleming schreibt.

Natürlich blieb auch Karl May von solchen Epigonen nicht verschont – was nicht so negativ gemeint ist, wie es sich anhört. Wenn eine Fortsetzung gut gemacht ist und den Ansprüchen gerecht wird, die von den Lesern auch an das Original gestellt werden, ist dagegen nichts einzuwenden. Letztlich ist es auch eine Bestätigung des Schriftstellers, dessen Werk weitergeführt wird, denn ohne seine Schaffenskraft wäre es niemals dazu gekommen.

Schon zu Karl Mays Lebzeiten versuchten Verlage und Autoren durch ähnliche Titel, Sujets und Ausstattung der Bücher von Mays Erfolg zu profitieren. So veröffentlichte ein Karl Held 1916 den Roman *Old Ironhand, der Trapper* und ein Wilhelm Matthießen 1933 das Buch *Nemsi Bey – Der deutsche Waffenschmied im Skipetarenland*. May selbst zeigte sich gegenüber solchen Unternehmungen stets allergisch und verbot seinem Verleger Fehsenfeld, eine Reihe mit Abenteuerromanen anderer Autoren in ähnlicher Ausstattung herauszubringen wie die ›Gesammelten Reiseerzählungen‹. Das zeigt May in einem etwas zwielichtigen Licht, denn er selbst ließ sich beim Schreiben seiner Werke von anderen Autoren häufig mehr als nur inspirieren, gab dies aber niemals offen zu, sondern vermied tunlichst die Erwähnung jener Bücher, aus denen er so manche Anregung für sein Schaffen bezog.

Neben Werken, die sich nur an May anlehnten, gab es mit der bereits erwähnten Fortsetzung zu Mays Reiseerzählung *Am Jenseits* die erste offizielle Fortführung von Mays Werken, die über die Bearbeitung der von ihm geschriebenen Texte hinausging. Als der katholische Geistliche Franz Kandolf, der zu den engsten Mitarbeitern des Karl-May-Verlags gehörte, das Buch 1924 schrieb, stützte er sich auf Quellen aus Karl Mays Bibliothek. Er ahmte Mays Stil so trefflich nach, daß der Karl-May-Verlag kürzlich anläßlich einer mit einem neuen Titelbild und einem umfangreichen Anhang ausgestatteten Neuausgabe des Buches stolz verkünden konnte, mit einer Auflage von

325 000 Bänden übertreffe *In Mekka* viele von Mays eigenen Büchern in den ›Gesammelten Werken‹.

Kandolf plante, weitere unverwirklichte Projekte Mays zu realisieren, so den Orientroman *Marah Durimeh* und *Winnetous Testament*, den Abschluß der nordamerikanischen Reiseerzählungen, in dem der Apache selbst als Erzähler fungieren sollte. Mit der Arbeit an *Marah Durimeh* hatte er bereits begonnen, als der 2. Weltkrieg dazwischenkam. Wenige Jahre später starb Kandolf, ohne daß weitere Fortsetzungen aus seiner Feder erschienen.

In den siebziger Jahren machte ein weiterer May-Epigone von sich reden, der wiederum den Orient als Schauplatz seiner Werke auserkor. Das ist kein Wunder, der 1913 geborene Edmund Theil kennt die Gegend aus eigener Anschauung. Im 2. Weltkrieg machte er den Afrika-Feldzug als Verbindungsoffizier mit und führte Generalfeldmarschall Rommels Kriegstagebuch. Später schrieb er Bücher über den Orient und den Krieg. Schon als kleiner Junge war er ein Bewunderer Karl Mays und lernte dessen Witwe Klara noch persönlich kennen, die ihn durch die ›Villa Shatterhand‹ führte.

Seine Vorlieben für May und für den Orient verband er, indem er von 1977—80 im Wiener Molden-Verlag den sechsbändigen Romanzyklus *Jagd auf die Raubkarawane* veröffentlichte (Einzeltitel: *Im Schatten der Pyramiden, Am See der Krokodile, Die Sänften des Todes, In der Oase des Orakels, Die Dünen der Vergeltung, Bei den Rittern der Wüste*). Darin schildert er in der Ich-Form, wie ein junger deutscher Kunststudent, der unschwer als der Autor zu identifizieren ist, 1932 in Kairo einen jungen Beduinen namens Sahdik Nassahr ben Kara ibn Halef Omar kennenlernt, welcher — wie es der Name schon verrät — ein Enkelsohn von Hadschi Halef Omar ist. Sahdik verfolgt eine Raubkarawane, die seine Schwester entführt hat. Der Ich-Erzähler, der bald den Namen ›Hami el-amlahk‹ erhält, schließt sich ihm an, und beide erleben zahlreiche Abenteuer in der Manier von Kara Ben Nemsi und seinem Hadschi (die beide auch in einer Traumsequenz auftreten). Sahdiks Schwester wird im sechsten Band befreit, aber der Oberschurke entkommt, weil Theil weitere sechs Bände mit dessen Verfolgung füllen wollte. Diese stehen aber bis heute noch aus. Lediglich eine Neuauflage der *Jagd auf die Raubkarawane* gab es 1986 im Münchner Schneider-Verlag, nachdem Molden Pleite gemacht hatte.

1989 erschien im Wiener Pollyschansky-Verlag der dreibändige Roman *Winnetou und Tapferes Herz*, den die Autorin Friederike Chudoba bereits zwanzig Jahre vorher geschrieben hatte, damals jedoch keinen Verleger fand. Sie schildert in der im May-Kosmos bewährten und beliebten Ich-Form das große Abenteuer einer jungen Frau, die eines Tages mit ihrem entfernten Verwandten Karl alias Old Shatterhand in den Wilden Westen reisen darf. Dort lernt sie, die bald von den Indianern den Namen ›Tapferes Herz‹ erhält, den edlen Winnetou kennen und lieben. Dieser über 1000 Seiten starke Roman ist mehr auf das Innenleben der Heldin gerichtet (deren Gedanken in Kursivschrift stets die äußere Handlung kommentieren) als auf spektakuläre Abenteuer. Da Winnetou bekanntlich nach seiner großen und verlorenen Liebe

Ribanna (vgl. Mays *Winnetou II*) nicht mehr gut auf Frauen zu sprechen ist, muß Tapferes Herz am Ende sterben.

Eine andere Autorin, die sich auch privatim ›Nscho Tschi‹ nennt und sich auf einen Apachen-Großvater beruft, begann in den achtziger Jahren mit der Veröffentlichung von im Eigenverlag (jetzt im Kölner Mescalero-Verlag) erscheinenden Romanen rund um Karl Mays Wildwest-Gestalten. Sie begann mit Teil 1 einer Serie mit dem Titel *Winnetous Schwester*, in der Nscho tschi in der Ich-Form ihre und Winnetous Jugendabenteuer erzählt. Es folgten Teil 2 und das Buch *Das Herz des Trappers* als erster Band einer Reihe um die frühen Abenteuer von Sam Hawkins (hier mit *i* geschrieben), Dick Stone und Will Parker.

Mehr in die Richtung einer Ergänzung der Werke Karl Mays, wie er sie selbst geschrieben hätte, zielt das Buch *Das letzte Rencontre*, das der Anglist Harald Mischnick 1988 veröffentlichte. Unzufrieden mit dem überstürzten und viele Fragen offenlassenden Schluß von Mays Kolportagewälzer *Deutsche Herzen, Deutsche Helden* schrieb Mischnick mit dem *Letzten Rencontre* ein neues Schlußkapitel. Finanziert wurde das ganze Unternehmen von Mischnicks Vater Wolfgang, dem bekannten Politiker.

Ein Kapitel für sich sind die Romane, die sich mit Karl Mays Leben befassen. Eng verwandt mit dem Genre der Biographie, nehmen sie sich doch manch künstlerische Freiheit, die zuweilen zu neuen, die nachweisbaren Fakten übersteigenden Einsichten führt. Sehr wenig an Fakten und um so mehr an seiner eigenen Phantasie orientierte sich jedoch F. J. Weiszt, der 1940 das Buch *Karl May − Der Roman seines Lebens* veröffentlichte. Das gilt so ähnlich auch für Albrecht P. Kanns 1979 erschienenes Buch *Karl May − So war sein Leben*, das eine frühe Amerikareise Mays inklusive Indianerabenteuer suggeriert.

Ernsthafter ging der langjährige (Ex-)DDR-Emigrant Erich Loest das Thema 1980 mit dem Buch *Swallow, mein wackerer Mustang* an, der sich im Untertitel ›Karl-May-Roman‹ nennt. Loest − wie May ein schriftstellernder Sachse mit Gefängniserfahrung (in der früheren DDR aus politischen Gründen) − schildert in dem umfangreichen Buch Mays Leben weitgehend den Tatsachen entsprechend und bietet durch die gewählte Romanform zugleich einen Einblick in die Seele seines Landsmannes.

Positiv zu bewerten ist auch Otto Kreiners 1989 veröffentlichter Roman *Der Schatten*, der sich im Untertitel als ›Phantasien über den Volksschriftsteller Karl May‹ ausgibt. Kreiner schildert sehr plastisch Kindheit und Jugend sowie die ›Sturm- und Drangzeit‹ Mays und veranschaulicht das Wechselspiel zwischen der Realität und den Phantasien Mays, die ihn zu seinen Straftaten veranlaßten.

Einflüsse Karl Mays sind auch in der sogenannten Hochliteratur vielfach zu finden, z. B. in den Werken Arno Schmidts und Hans Wollschlägers. Ob nun solch ein mittelbarer Einfluß, eine romanhafte Lebensschilderung oder eine Fortsetzung seiner Werke bzw. neue Bücher mit seinen Romangestalten − eines ist all diesen Unternehmungen gemeinsam: Sie belegen den außerordentlich starken Eindruck, den der Mensch und Schriftsteller Karl May auf die Nachwelt hinterlassen hat, und sind so letztlich eine Bestätigung seines Lebens und Wirkens.

DIE KARL-MAY-FILME

Auf den Trümmern des Paradieses
Die Todeskarawane
Die Teufelsanbeter / Bei den Teufelsanbetern

1920 / 21

Auf den Trümmern des Paradieses

Deutschland 1920. *Uraufführung:* 07. 10. 1920. *Regie:* Joseph Stein. *Drehbuch:* Marie Luise Droop nach dem Kapitel *Der Überfall* in dem Roman *Von Bagdad nach Stambul* von Karl May. *Kamera:* (Schwarzweiß) Joseph Rona. *Bauten und Dekoration:* Gustav Knauer. *Künstlerischer Beirat:* Hans Hoffmann. *Gesamtleitung:* Marie Luise Droop. *Produktion:* Ustad-Film Dr. Droop & Co. (Berlin). *Verleih:* Filmhaus Bruckmann & Co. *Länge:* (nach Zensur) 1952 m (6 Akte). *Darsteller:* Carl de Vogt (Kara ben Nemsi/Abdul Malik), Meinhart Maur (Hadschi Halef Omar/Saduk/Halef), Gustav Kirchberg (Hassan Ardschir Mirza/Hussein), Dora Gerson (Dschana), Cläry Lotto (Benda), Tronier Funder (Selim Agha), Erwin Báron (Omram/Jesid), Beate Herwigh (Hafsa), Friedrich Berger (Obeidullah), Anna von Pahlen (Marah Durimeh).

Inhalt

›An den Fluten des Tigris breiten sich jene unendlichen Steppen aus, auf denen einst das Paradies gelegen haben soll und auf denen zahllose verstreute Trümmerstätten von den riesigen Reichen der Vorzeit erzählen. Heute schweifen über diese Flächen räuberische, fanatische Beduinen, und in das Wirrsal ihrer wilden Kämpfe führt unser Film. Fehden und Jagden, Gefahr und Verrat, Flucht und Verfolgung wechseln in bunter Folge, bis dieses Chaos, das den genialen Abendländer Kara ben Nemsi umbrandet, durch seinen überlegenen Willen zu einer Lösung von dramatischer Wucht geführt wird.‹ (Prospekttext der Ustad-Film.)

Kara ben Nemsi wird in einer kurdischen Höhle vom Schlaf übermannt. Im Traum erscheint ihm Marah Durimeh, die Verkörperung der Menschheitsseele. Skelette und Totenschädel verstorbener Menschen häufen sich. Durch einen seltsamen Kristall sieht der Träumende Dinge, die vor mehr als tausend Jahren geschahen. –

Hussein, Enkelsohn des Propheten Muhammed, lagert mit seinen Leuten in der Nähe des Euphrats. Sie sind dem Dursttod nahe, kommen aber nicht an das Wasser heran, weil Husseins Widersacher Jesid mit seinen Kriegern den Weg versperrt. Jesids Großvater Abu Sufiân, Führer der Koreischiten, hatte einst Muhammed aus Mekka vertrieben, weil er als Verfechter des Heidentums und Patrizier Mekkas den Einfluß des Propheten fürchtete. Es entspannen sich langwierige Kämpfe, die Muhammed, der sich nach Medina zurückgezogen hatte, schließlich für sich entscheiden konnte, woraufhin er als gefeierter Sieger in Mekka einzog. Muhammeds Nachfolger wurde nicht sein Schwiegersohn Ali, denn die Koreischiten, die nicht gut auf Muhammed zu sprechen waren, wählten dessen Schwiegervater Abu Bekr, der wie Abu Sufiân zur Familie Ommeja gehörte. Als nach Omar und Othman, zwei weiteren Ommejaden, Ali doch noch die Nachfolge seines Schwiegervaters antrat, ermordeten die Ommejaden ihn durch Gift. Auch Alis Sohn Hassan erlitt diesen Tod, während Hassans Bruder Hussein von den Einwohnern Kufas zum Kalifen gewählt wurde. Als Hussein den Weg von Mekka nach Kufa antrat, stellte Abu Sufiâns Enkel Jesid sich ihm entgegen und zwang ihn zur Umkehr. Jesids Feldherr Obeidullah verfolgte Hussein und stellte ihn bei den Trümmern des einst mächtigen Babylons. –

Kara ben Nemsi erhält von Marah Durimeh den Auftrag, für Hussein zu streiten und sein Schicksal zu teilen. So wird er zum Krieger Abdul Malik. –

An den Ufern des Euphrats steht Husseins Lager. Aus den Trümmern der Bauwerke des untergegangenen Babylons, die die Landschaft prägen, hat man eine Verteidigungsmauer gebaut. Um seiner vom Durst geplagten Gemahlin Hafsa Linderung zu verschaffen, schneidet Hussein sich in die Adern und gibt ihr sein Blut zu trinken. Auch sein Sohn und seine Schwester sind dem Verschmachten nahe. Abdul Malik, Husseins bester Krieger, kann das Leid nicht mehr mitansehen und will zum Fluß durchbrechen, um Wasser zu holen.

Inzwischen läßt Jesid sich im Ommejadenlager von Dienern und Dienerinnen verwöhnen. Sein Feldherr Obeidullah erklärt ihm die augenblickliche Lage, woraufhin Jesid befiehlt, die Fatimiden am Morgen des kommenden Tages anzugreifen.

Abdul Malik hat den Euphrat erreicht und füllt die Schläuche mit dem kostbaren Wasser. Berittene Ommejaden jagen ihn, bis er erschöpft ist.‹ Der Mut des Fatimiden erweckt Bewunderung in dem kleinen, aber tapferen

Ommejadenkrieger Halef, der Abdul Malik unter seinen Schutz nimmt. Das Beschützeramt ist bei den Söhnen der Wüste heilig und unantastbar. Aber Jesid ist erbost. Seine Männer überwältigen Halef und Abdul Malik und treiben sie zum Lager der Fatimiden, wo sie beim bevorstehenden Angriff sterben sollen.

Da Abdul Malik nicht will, daß Hussein in die Hände des Feindes fällt, tauschen die beiden ihre Kleider. Als der Angriff der Ommejaden beginnt, wollen Bogenschützen Abdul Malik töten, treffen aber Hussein, der in Maliks Kleidung steckt. Dieser sucht das Frauenzelt auf, um bei seiner Gemahlin Hafsa zu sterben. Seine Schwester und sein Sohn fliehen. Beim Angriff auf das Frauenzelt stirbt auch Hafsa. Alle Verteidiger, bis auf Abdul Malik und Halef, müssen ihr Leben lassen. Als Jesid die Leiche Husseins schänden will, kann das in letzter Minute ein anderer Ommejadenführer verhindern. Von Zorn erfaßt, läßt Jesid Abdul Malek und Halef umbringen.

Kara ben Nemsi wird durch Hadschi Halef Omar aus seinem Traum gerissen, Omar erzählt ihm von einem Überfall, den sunnitische Kurden auf schiitische Perser verübt haben. Die beiden Freunde reiten zum Ort des Überfalls und schlagen sich auf die Seite der bedrängten Perser. Der Kampf ist hart, und Kara Ben Nemsi wird verwundet, aber die Kurden werden besiegt. Anführer der persischen Gruppe ist der Prinz Hassan Ardschir Mirza, der mit seiner Frau Dschana, seiner Schwester Benda und einigen Untergebenen auf der Flucht ist. Als der Prinz seinem Retter Kara ben Nemsi berichtet, wie er in diese mißliche Lage geraten ist, erkennen sie, daß Saduk, der stumme Diener des Prinzen, ein Verräter ist.

Saduk diente schon Hassan Ardschir Mirzas Vater, dem Prinzen Farman Farma. Im Auftrag seines Herrn weilte er im Palast des Prinzen Saad-ed-Dauleh und verliebte sich in dessen Tochter Dschana, die die Gemahlin Hassan Ardschir Mirzas werden sollte. Die Prinzen Farman Farma und Saad-ed-Dauleh beschlossen, ihm zur Strafe die Zunge abschneiden zu lassen. Um Saduks Leid etwas zu lindern, nahm Hassa Ardschir Mirza den fortan stummen Diener zu sich. Niemand ahnte, daß Saduk insgeheim auf Rache sann. Er verschuldete den Tod Farman Farmas, säte Zwietracht und entfachte den Haß des trauernden Sohnes auf den angesehenen Perser Muzafar. Hassan Ardschir Mirza rächte sich an dem fälschlicherweise beschuldigten Muzafar. Unmut über den Sohn des toten Farman Farma machte sich breit, so daß er, von den Gegnern verfolgt, seine Heimat verlassen mußte.

Auf Kara ben Nemsis Drängen hin bricht der Prinz mit seinem Gefolge auf, um nach Durchqueren der Wüste Bagdad zu erreichen, wo allerdings die Verfolger unter der Führung des persischen Offiziers Omram eher eintreffen werden. Kara und Halef begleiten Hassan Ardschir Mirza. ›Was wird die Zukunft bringen? Niemand weiß es, auch Kara ben Nemsi nicht, obschon er fest entschlossen ist, sein Leben für das Leben des neugewonnenen Freundes zu wagen.‹ (Prospekttext der Ustad-Film.)

Die Todeskarawane

Deutschland 1920. *Uraufführung:* 18. 11. 1920. *Regie:* Joseph Stein. *Drehbuch:* Erwin Báron, Marie Luise Droop nach dem Kapitel *Die Todeskarawane* in dem Roman *Von Bagdad nach Stambul* von Karl May. *Kamera:* (Schwarzweiß) Otto Stein. *Bauten und Dekorationen:* Gustav Knauer. *Künstlerischer Beirat:* Sascha Schneider. *Aufnahmeleitung:* Hans Hoffmann. *Gesamtleitung:* Marie Luise Droop. *Produktion:* Ustad-Film Dr. Droop & Co. (Berlin). *Verleih:* Filmhaus Bruckmann & Co. *Länge:* (nach Zensur) 1994 m (6 Akte).

Darsteller: Carl de Vogt (Kara ben Nemsi), Meinhart Maur (Hadschi Halef Omar/Saduk), Gustav Kirchberg (Hassan Ardschir Mirza), Dora Gerson (Dschana), Cläry Lotto (Benda), Erwin Báron (Omram), Maximilian Werrak (Selim Agha), Arthur Kraußneck (Tschaschefsky), Karl Huszar (Kepek), Erna Felsneck (Amina), Anna von Pahlen (Marah Durimeh), Béla Lugosi (Scheich).

Inhalt

Unter den schauerlichen Rätseln des Ostens ist ein besonders unheimliches, die Todeskarawane. Alljährlich bewegt sich eine endlose Schlange fanatischer Orientalen nach den heiligen Wallfahrtsorten der schiitischen Muhammedaner. Ungezählte Särge werden von frommen Anverwandten mitgeführt – aber bald bricht unter der glühenden Sonne ein Heer der furchtbarsten Seuchen aus. Der Weltreisende Karl May gerät auf seinen Wanderungen in den Bereich dieser Karawane – auch ihn und seinen treuen Diener überfällt die Pest; doch sie überwinden die furchtbare Krankheit und trotzen allen Ränken, Überfällen und Verfolgungen feindlicher Menschen. Vor diesem schauerlichen und doch durch Taten heldenhafter Freundestreue ergreifend gestalteten Hintergrund webt sich ein holdes Gespinst wundersamer Liebesträume um den Weltenfahrer und eine geheimnisvolle wunderschöne Perserin. (Prospekttext der Ustad-Film.)

Fortsetzung der Handlung von *Auf den Trümmern des Paradieses:* Marah Durimeh, die unsterbliche Menschheitsseele, zeigt Kara ben Nemsi die nahe Zukunft:

»Du wirst den Weg des Todes wandern und der Leiden
Und Deinem Herzen wird der Menschheit Seele sich entkleiden.«

Kara ben Nemsi und Hadschi Halef Omar begleiten den Prinzen Hassan Ardschir Mirza, der sich mit Weib, Schwester und Gefolgschaft auf der Flucht befindet. Das Ziel der Karawane heißt Bagdad, und der Weg dahin führt durch die gnadenlose Wüste. Kara ist wachsam, denn er weiß, daß die Verfolger unter der Führung des jungen, aber listigen Offiziers Omram überall auf sie lauern können. Außerdem behält er Hassans stummen Diener Saduk, den Halbbruder Omrams, im Auge, den er als Verräter erkannt hat. So gelangt man heil in Bagdad an.

Eines Tages bringt der polnische Archäologe Tschaschefsky Hassan Ardschir Mirza das Testament seines Vaters. Demzufolge soll dessen Leiche im
Wallfahrtsort Kerbela bestattet werden; seine Besitztümer sollen veräußert
und mit dem Erlös soll ein Haus Muhammeds gebaut werden. Hassan beauftragt den Verwalter Selim Agha, für den Verkauf der Besitztümer zu sorgen.
Omram erfährt von dem Testament und beschließt, Selim Agha den Erlös
gewaltsam abzunehmen. Auf Kara ben Nemsis Rat hin verläßt Hassan mit
seiner Gefolgschaft heimlich Bagdad, während der von Halef betrunken
gemachte Omram abgelenkt ist. Die Todeskarawane mit der Leiche des alten
Farman zieht nach Kerbela, aber Saduk verrät Omram ihr Ziel.

Omram und Saduk dringen in Tschaschefskys Haus ein, wo die Freunde
Rast machen. Saduk erdolcht Hassan hinterrücks, während Omram Hassans
von ihm begehrte Schwester Benda entführt. Hassans Freunde brechen in alle
Himmelsrichtungen auf, um Benda zu suchen. Kara Ben Nemsi folgt mit
Halef dem Zug der Toten nach Kerbela. Unterwegs spendet er einer von der
Pest befallenen Frau in ihrer letzten Stunde Trost und steckt sich und Halef
dabei selbst mit der Krankheit an. Trotzdem setzt er seine Suche fort und findet die Entführte schließlich in einer Höhle. Aber sie ist tot, gestorben durch
ihre eigene Hand, weil sie sich nicht der Leidenschaft Omrams hingeben
wollte. Dieser erkennt und bereut jetzt sein Unrecht und stößt den Dolch, der
Bendas Leben beendete, in seine eigene Brust.

Der kranke Kara bringt Bendas Leiche zurück in Tschaschefkys Haus, wo
er erst vom Tod Hassans erfährt. Dessen Mörder Saduk hat seine gerechte
Strafe ereilt, als Selim Agha ihn nach dem Mord an Hassan von einem Balkon
stürzte.

Der Weg des Todes, den Marah Durimeh, die Menschheitsseele, ihm gewiesen hat, ist beendet. Es strömen von allen Seiten Todeskarawanen nach Kerbela, und man sieht an der Spitze der Todeskarawane den Tod, der seine
Opfer nach Kerbela führt. Hassan Ardschmir Mirza und Benda werden mit
des Farman Leiche nach Kerbela gebracht, und ein gewaltiger Akkord des
Todes, dumpf, bang und schwer hallt durch die orientalische Nacht, und der
Zug wandert nach der Stätte, wo Hussein, der große Khalif, seinen Tod fand.

Kara ben Nemsi, der durch Marah Durimeh, die Menschheitsseele,
gestärkt, die Kraft zum Leben wiederfindet, bekämpft die gewaltige Macht
der Pest und des Todes. Die aufgehende Sonne bringt ihm die Gesundheit und
Lebensfreude wieder. Der Todeszug ist schon in weiter Ferne, als er mit
Lebensfreude und Wissensdrang der Zukunft entgegensteuert, die ihm Marah
Durimeh eingibt mit den Worten:

›Dem Lebenden gehört die Welt.‹

(Aus der Inhaltsangabe der Produktion.)

Die Teufelsanbeter

Deutschland 1920. *Uraufführung:*14. 01. 1921. *Regie:* Joseph Stein. *Drehbuch:* Marie Luise Droop nach dem Kapitel *Bei den Teufelsanbetern* in den Romanen *Durch die Wüste* und *Durchs wilde Kurdistan* von Karl May. *Gesamtleitung:* Marie Luise Droop. *Produktion:* Ustad-Film Dr. Droop & Co. (Berlin). *Verleih:* Filmhaus Bruckmann & Co. *Länge:* (nach Zensur) 1648 m (6 Akte).

Darsteller: Carl de Vogt (Kara ben Nemsi), Meinhart Maur (Hadschi Halef Omar), Béla Lugosi, Ilja Dubrowski, Gustav Kirchberg, Erwin Báron. *Späterer Titel: Bei den Teufelsanbetern.*

Inhalt

In den wilden, kaum erforschten Bergen des Kurdenlandes wohnt die geheimnisvolle Genossenschaft der Dschesidi, die von ihren Gegnern die Teufelsanbeter genannt werden. In diesen von finsteren Tannen beschatteten Bergen herrschen Rache und Haß und steter Kampf zwischen den zahllosen Rassen und Sekten. Seltsame Feste vereinigen die Inbrunst von Tausenden, gekrönt durch den dramatischen Opfertod eines ihrer heiligen Männer. Und doch fehlt auch in diesen von gewaltigen Leidenschaften erfüllten Bildern nicht der warme Humor und eine frohsinnige starke Versöhnlichkeit, die alles zu einem befreienden Ende führt. (Prospekttext der Ustadt-Film.)

Kara ben Nemsi und Hadschi Halef Omar kommen auf dem Weg nach Mosul in ein von Soldaten zerstörtes Jesididorf. Von der einzigen Überlebenden, einer alten Frau, erfahren sie die Geschichte ihres Volkes: Von der Sekte der Jesidi oder ›Teufelsanbeter‹ wird behauptet, daß sie das Böse in Gestalt eines Engelspfaues anbeten und daß sie bei ihren Festen einen frevelhaften Kult treiben. Sowohl Christen als auch Mohammedaner hassen sie deshalb. Der in Mosul herrschende Wali hat geschworen, die Jesidi zu vernichten, angeblich aus Glaubenseifer, aber in Wahrheit will er sich durch die Überfälle auf friedliche Jesididörfer bereichern. Kara ben Nemsi verspricht der Alten, ihre gefangenen Angehörigen zu retten.

Zu spät kommt jede Hilfe für Melike, die schöne Enkelin des Jesidiheiligen Pir Kamek. Sie hat in ihrer Gefängniszelle den Freitod gewählt, nachdem der Pascha ihr den Tod auf dem Scheiterhaufen und die Vernichtung ihres Volkes angekündigt hat. Der alte Pir Kamek muß den Sarg der Toten auf dem Rücken durch die Stadt tragen. Der Wali hat unter strengster Strafandrohung verboten, ihm dabei behilflich zu sein. Gleichwohl erfährt der Jesidi heilige Unterstützung durch den jungen Offizier Nassyr Bej, ausgerechnet des Walis eigener Neffe, der Melike heimlich geliebt hat.

Unterdessen macht Kara ben Nemsi dem Wali einen weiteren Strich durch die Rechnung, indem er die übrigen Gefangenen befreit, die auf Befehl des Paschas bis zum Hals in den heißen Wüstensand eingegraben wurden, auf

daß sie ihrem Götzendienst abschwören. In Mosul warnt Kara ben Nemsi den
Wali vor den Folgen seines schändlichen Verhaltens, doch dieser degradiert
den gefangenen Nassyr Bej und will ihn mit der Bastonade bestrafen. Ehe es
dazu kommt, verwüstet ein Samum, ein glühendheißer Wüstensturm, die
Stadt. Fast scheint es, als gelange der dabei verletzte Wali zur Einsicht, doch
da erfährt er, daß der Militäroberrichter von Anatolien unterwegs ist, um sein
Wilajet zu inspizieren. Der Pascha zieht mit seinen Regimentern aus, um
durch die Plünderung der Jesididörfer seine Flucht zu finanzieren.
Kara ben Nemsi und Halef eilen ihnen voraus, um die Jesidi zu warnen.
Nassyr Bej fällt bei der Abwehr der Soldaten. Der Wali dringt bis ins Heilig-
tum der Jesidi vor, Katakomben, in die zuvor Kara ben Nemsi und Pir Kamek
hinabgestiegen sind. Der Wali findet sein verdientes Schicksal, als ihn Pir
Kamek mit sich in die lodernde Tiefe des Opferaltars hinabzieht. In letzter
Minute entgehen die Jesidi der Rache der Soldaten, als der Kadi Askeri, der
Militäroberrichter, eintrifft und für den lange ersehnten Frieden sorgt.

Karl Mays schöne Spionin

Daß die ersten Karl-May-Verfilmungen aus dem Jahr 1920 datieren, dürfte für
manchen eine Überraschung sein. Noch überraschender ist dann das Faktum,
daß sie auf die Initiative einer Frau zurückgehen: Marie Luise Droop, geborene (1890) Fritsch, von ihren Freunden ›Lu‹ oder ›Marlu‹ genannt. Schon in
jungen Jahren eine begeisterte May-Leserin, bekannte sie später:»Winnetou
war meine erste Liebe.« Kurz vor ihrem 15. Geburtstag gründete sie einen
Karl-May-Bund, korrespondierte mit ihrem Lieblingsautor und besuchte ihn
1907 in dessen Radebeuler Villa. May war von seiner jungen Verehrerin, mit
der ihn fortan eine freundschaftliche Beziehung verband, so angetan, daß er
ihr 1909 seine im darauffolgenden Jahr erschienene Erzählung *Merhameh*
widmete. Daß Merhameh, die weibliche Titelfigur der gleichnamigen Erzählung, für die Barmherzigkeit steht, verdeutlicht mehr als viele Worte, was der
Schriftsteller von Marie Luise Fritsch, wie sie damals noch hieß, hielt. Und
Karl May hatte sich nicht getäuscht, entwickelte Marlu sich zu einer vehementen Verteidigerin des alten May gegen seine zahlreichen Feinde. Sie setzte
sich nicht nur in Zeitungsartikeln für ihn ein, sondern brachte durch persönliche Erkundigungen verschiedene Unternehmungen des hauptsächlichen
May-Gegners Rudolf Lebius zu Fall. Das brachte ihr in der Presse die Bezeichnung als ›Mays schöne Spionin‹ ein, für sie sicher ein Ehrentitel.
Durch ihr reges Engagement in Sachen Karl May lernte sie den Pädagogen
und Schriftsteller Dr. Adolf Droop (1882–1938) kennen, den sie 1912 heiratete. Droop war ebenfalls ein Verteidigers Mays und veröffentlichte 1909 das
Buch *Karl May – Eine Analyse seiner Reiseerzählungen*, dem er die persönliche Bekanntschaft des sächsischen Dichters verdankte. 1913 gründeten die

Droops die ›Karl-May-Vereinigung‹, deren Vorsitz Adolf Droop übernahm und die es sich zur Aufgabe machte, das Verständnis für Mays Bücher zu fördern und deren Verbannung aus den öffentlichen Bibliotheken entgegenzuwirken. Der Ausbruch des 1. Weltkriegs machte diese Aktivitäten zunichte, noch ehe sie richtig begonnen hatten, denn Adolf Droop wurde zum Militärdienst eingezogen.

Er und seine Frau hatten zuvor als Filmjournalisten gearbeitet. Marlu hatte auch schon ein Drehbuch verfaßt, *Ferdinand von Schill*, untertitelt als ›Kinodrama aus der Zeit der Freiheitskriege‹. Ende 1914 siedelte sie nach Kopenhagen über, wo sie als Dramaturgin und künstlerische Leiterin für Ole Olsen arbeitete, Gründer und Generaldirektor der Nordisk-Film. Ihre Arbeit war sehr erfolgreich, und sie wurde nach eigener Aussage auch zur Regie herangezogen und gab die Zeitschrift *Der Eisbär* heraus; selbiger ist — bis in unsere Tage — das Firmenzeichen der Nordisk. Marie Luise Droops größter Erfolg als Dramaturgin wurde der Zweiteiler *Die Lieblingsfrau des Maharadscha* (1917 und 1919), 1918 brachte sie auch einen Roman gleichen Inhalts heraus. Die überaus positive Resonanz des Publikums auf den exotischen Stoff bestärkte sie in ihrem Vorhaben, erstmals die Werke Karl Mays auf Zelluloid zu bannen.

Nach Kriegsende nahm dieser Plan konkrete Züge an und wurde 1920 mit der Gründung der Ustad-Film Dr. Droop & Co. Kommanditgesellschaft verwirklicht. Die zunächst auf fünf Jahre festgelegte Gesellschaft machte es sich zur Aufgabe, in jedem Geschäftsjahr fünf Karl-May-Stoffe zu verfilmen. Marlu sollte für Dramaturgie und Inszenierung zuständig sein, während ihr Mann seine sichere Stellung als beamteter Lehrer aufgab, um die ›Abteilung Planung, Presse und Propaganda‹ zu übernehmen. Wichtige Unterstützung fanden die Droops bei Karl Mays Witwe Klara, bei Dr. E. A. Schmidt, dem Leiter des damals in Radebeul ansässigen Karl-May-Verlags, und bei einigen weiteren May-Freunden, darunter der seinerzeit bekannte Maler und Bildhauer Prof. Sascha Schneider, der in Mays späteren Jahren seine Werke illustrierte und ihm ein enger Vertrauter wurde.

Die Mitarbeit dieser Leute (Sascha Schneider wird auch als ›künstlerischer Beirat‹ des May-Films *Die Todeskarawane* angeführt) belegt, daß es der Ustad-Film nicht lediglich um die Ausbeutung von Mays Namen ging, sondern daß man auf die von May besonders in seinen späteren Werken verfolgten Absichten, wie Friedensgedanke, Völkerverständigung und Wandlung zum Edelmenschen, eingehen wollte. Darauf deutet auch die Namenswahl ›Ustad‹ für die Filmfirma hin; der Ustad ist eine Figur aus Mays symbolischen Alterswerk *Im Reiche des silbernen Löwen III/IV*, die eine Verkörperung des menschlichen Ich-Ideals des Schriftstellers darstellt. Die sich — neben der abenteuerlichen Handlung — mit menschlichen Urkonflikten wie Religionswahn und Rassenhaß auseinandersetzenden Inhalte der drei realisierten May-Filme verdeutlichen diese Absicht.

Durchs wilde Brandenburg

Da man sich aber nicht nur auf Karl May festlegen wollte, kündigte die Ustad-Film für ihr erstes Produktionsjahr 1920/1921 ›5-Karl-May-Großfilme‹ und ›3-Marie-Luise-Droop-Prunkfilme‹ an. Letztere waren *Das Fest der schwarzen Tulpe* (›Eine Menschheitstragödie‹), *Der Schwarze Admiral* (›Eine Ballade von Sturm und Streit‹) und *Der Stern des Schwarzen Meeres* (›Ein orientalisches Heldenspiel‹). Der erste von der Ustad in die Kinos gebrachte Film war dann auch *Das Fest der Schwarzen Tulpe*, eine Revolutionsgeschichte nach Alexandre Dumas dem Älteren, dramatisiert und inszeniert von Lu Droop, nach seiner Premiere am 15. 9. 1920 ein überwältigender Erfolg.

Und dann kam auch schon Karl May mit der ersten Verfilmung *Auf den Trümmern des Paradieses* (›Ein Wandelbild aus fernen Zonen in 6 Akten‹), gefolgt von *Die Todeskarawane* (›Ein Filmbild von südlicher Sonne in 6 Akten‹) und *Die Teufelsanbeter/Bei den Teufelsanbetern* (›Ein Filmwerk aus der Welt des Orients in 6 Akten‹).

Man drehte nicht etwa ›on location‹, sondern sparte sich die weite und teure Reise in den — damals wie heute noch wilden — Orient dadurch, daß man bei Lübars in der Mark Brandenburg eine Gegend fand, die glatt als ›Welt des Orients‹ unter ›südlicher Sonne‹ durchging. Dort wurden Außenaufnahmen für sämtliche drei May-Filme gedreht.

Lu Droop schrieb die drei Drehbücher, für *Die Todeskarawane* nach einem Manuskript des in allen drei Filmen mitwirkenden Schauspielers Erwin Báron, während Joseph Stein die Regie übernahm. Fraglich ist aber, inwieweit Lu Droop in Anbetracht ihrer eigenen Regieambitionen und als geistige Urheberin der May-Verfilmungen da ein Wörtchen mitzureden hatte. Jedenfalls führt Richard Bojarski in seinem Buch *The Films of Bela Lugosi* Marie Luise Droop als Regisseurin der Filme *Die Todeskarawane* und die *Teufelsanbeter* an.

Die Hauptdarsteller der May-Stummfilme zählten damals zur ersten Darsteller-Garde, allen voran Carl de Vogt, der erste Kara ben Nemsi des Films, hochgewachsen und mit geraden, edlen Zügen ein beliebter Heldendarsteller. Vor seinem May-Engagement spielte er in einigen Filmen des berühmten Fritz Lang die männliche Hauptrolle, so in *Halbblut* (1919), dem ersten von Lang allein inszenierten Film, den er auch geschrieben und in ganzen fünf Tagen abgedreht hatte. Dieser Film hat nichts mit Karl May zu tun, obwohl Lang und seine damalige Frau Thea von Harbou zum Bekanntenkreis des Schriftstellers gehört hatten und Mays Jugenderzählung *Der schwarze Mustang* heute unter dem Titel *Halbblut* firmiert. Die Liebestragödie *Halbblut* wurde ein Erfolg, und so drehte Lang noch im selben Jahr mit de Vogt und sich selbst als Darsteller *Der Herr der Liebe*. Daraufhin setzte der Regisseur de Vogt in einem Abenteuer-Zweiteiler ein, was einer der Gründe für Ustad-Film gewesen sein mag, de Vogt den Mayschen Helden verkörpern zu lassen. Der außerordentlich erfolgreiche Fritz-Lang-Film heißt *Die Spinnen* – Teil 1: *Der Goldene See* (1919), Teil 2: *Das Brillantenschiff* (1920) – und zeigt de Vogt in der Rolle des amerikanischen Sportlers Kay Hoog, der die Welteroberungspläne einer Bande von Superverbrechern zunichte macht. Im Gegensatz zu vielen Stummfilm-Stars, denen es einfach an der Stimme mangelte, blieb de Vogt auch in den frühen Tonfilmjahren im Geschäft und drehte bekannte Filme wie 1936 Fährmann Maria. Auch nach dem 2. Weltkrieg tauchte sein Name in den Besetzungslisten auf, so 1957 in dem Schlagerfilm Die große Chance.

Meinhart Maur, der erste Hadschi Halef Omar der Leinwand, verließ, wie viele deutsche Künstler – darunter auch Fritz Lang –, während der Nazi-Herrschaft seine Heimat und drehte 1936 in Großbritannien unter der Regie von Alexander Korda den Film *Rembrandt* mit Charles Laughton in der Titelrolle; einer der drei Drehbuchautoren war der May-Verehrer Carl Zuckmayer, der die Stirn besaß, seine Tochter ›Winnetou‹ zu nennen. Auch Dora Gerson, verheiratet mit dem späteren Regisseur Veit Harlan und in den zwanziger Jahren eine bekannte Theaterschauspielerin in Berlin, die in *Auf den Trümmern des Paradieses* und *Die Todeskarawane* die Prinzgemahlin Dschana spielte, emigrierte.

Graf Dracula beißt sich durch

Ein anderer Emigrant, der in *Die Todeskarawane* und *Die Teufelsanbeter* mitspielte, verdient besondere Erwähnung, gilt er doch als einer der ganz Großen des klassischen Horrorfilms: Béla (den Akzent gab er spätestens in Amerika auf) Lugosi, der 1882 in der ungarischen Stadt Lugos (daher sein Künstlername) als Béla Ferenc Deszö Blaskó zur Welt kam und in seiner Heimat als Bühnenschauspieler bekannt wurde, der auch gelegentlich in Filmen auftrat. 1919 mußte er Ungarn aus politischen Gründen verlassen, weil er sich als Sekretär der Nationalen Schauspielergewerkschaft für die Räterepublik unter Béla Kun eingesetzt hatte. In wilder Flucht per Flugzeug ließen Lugosi und seine Frau das Land hinter und unter sich zurück und landeten zunächst in Wien, wo aber schon eine Menge anderer Schauspieler vergebens auf Rollenangebote warteten. Der Regisseur Mihály Kertész, der später als Michael Curtiz Hollywood-Ruhm erntete, riet dem Flüchtling, nach Berlin zu gehen, das eine junge, aufblühende Filmindustrie besaß.

Dort (wie später in Hollywood) prädestinierte ihn sein exotisches Aussehen für ebensolche Rollen. Zunächst spielte er in Richard Eichbergs Gruselstreifen *Sklaven fremden Willens* (1919) einen zwielichtigen Hypnotiseur. Nach der Groschenheftdetektiv-Verfilmung *Nat Pinkerton* (1920) wirkte er in dem Eichberg-Zweiteiler *Der Fluch der Menschheit* (1920), in F. W. Murnaus *Jekyll-und-Hyde*-Adaption *Der Januskopf* (1920) und in *Die Frau im Delphin* (1920) mit.

Exotische Typen sind natürlich für die Verfilmung von Karl Mays Orient-Werken immer zu gebrauchen. Verständlich also, daß sich die Ustad-Film die Mitwirkung Lugosis als finsteren Orientalen sicherte.

Zwischen seinen beiden May-Verpflichtungen fand der heimatlose Ungar noch Zeit, in der Verfilmung eines literarischen Vorgängers des Sachsen mitzuwirken: James Fenimore Cooper, der mit seinen fünf *Lederstrumpf*-Romanen Mays Bild vom Wilden Westen entscheidend mitgeprägt hat. Der Film *Lederstrumpf* (1920) unter Arthur Wellins Regie und mit Emil Mamelok in der Titelrolle bestand aus den beiden Teilen *Der Wildtöter und Chingachgook* sowie *Der letzte der Mohikaner*. Teilweise schreiben die Quellen Lugosi den Part des guten Indianers und Winnetou-Vorläufers Chingachgook zu, teilweise den des verräterischen Indianers Magua. In Anbetracht von Lugosis dämonisch-zwielichtiger Ausstrahlung ist letzteres als weitaus wahrscheinlicher anzunehmen.

Noch einmal spielte er einen Western-Schurken in *Johann Hopkins III.* (1920) und verabschiedete sich dann nach seiner Mitwirkung in *Der Tanz auf dem Vulkan* (1921), abermals ein Zweiteiler von Richard Eichberg, von Berlin, um über Triest in die USA zu gehen. Dort spielte er die (Titel-)Rolle seines Lebens in Bram Stokers *Dracula*, zunächst auf der Bühne, dann in Tod Brownings 1930 entstandener und 1931 uraufgeführter Filmversion, die Lugosi neben Boris Karloff zum Horrorfilm-Star der Universal-Studios machte. Doch irdischer Ruhm ist (oft schnell) vergänglich. Die letzten Jahre vor seinem Tod anno 1956 brachten Bela Lugosi nur noch drittklassige Chargenrollen in letztklassigen Filmen ein, in denen seine Bekanntheit als ›Filmmonster‹ ausgebeutet wurde. Titel wie *Old Mother Riley Meets the Vampire* und *Bela Lugosi Meets a Brooklyn Gorilla* (beide 1952) sprechen wohl für sich.

Ambitionen und Frustrationen

Im ersten Karl-May-Film *Auf den Trümmern des Paradieses* geraten die Abenteuer Kara ben Nemsis und Hadschi Halef Omars verhältnismäßig kurz, wogegen der Traumszene mit der Vorhandlung — in der zur Unterstreichung des symbolischen Charakters dieselben Darsteller auftreten wie in der Haupthandlung — viel Platz eingeräumt wird. Kara ben Nemsis langer Traum kommt in der dem Film zugrundeliegenden Erzählung nicht vor, gleichwohl die uralte, weise Marah Durimeh eine Gestalt aus Mays Werken ist. Der Film versteht es, beide Handlungen sinnvoll und glaubhaft zu verknüpfen, und weist dabei eine Tendenz zu Mays symbolischen Alterswerken auf. In dem Roman *Das versteinerte Gebet (Im Reiche des silbernen Löwen IV)* hat Kara Ben Nemsi (in den Büchern und späteren Filmen mit großen B) tatsächlich einen ausgedehnten Traum, in dem eine Höhle voller Skelette vorkommt. Marah Durimeh spielt in diesem Roman ebenfalls eine Rolle, wenn sie auch nicht persönlich in Erscheinung tritt; in dem Roman *Von Bagdad nach Stambul*, auf dem der Film basiert, kommt sie nicht vor. Man glaubte, sich die ausgedehnte Vorhandlung leisten zu können, weil die Erlebnisse Kara ben Nemsis mit dem verfolgten Prinzen Hassan Ardschir Mirza in diesem Film nicht ihr Ende fanden, sondern in *Die Todeskarawane* fortgesetzt wurden.

Die Haupthandlung von *Auf den Trümmern des Paradieses* entspricht, wie auch bei den beiden folgenden Filmen, in etwa der literarischen Vorlage, wenn auch Änderungen in großem Maße aufgrund der für die Filmbearbeitung notwendigen Stoff- und Personenreduzierung nicht zu vermeiden waren. Schließlich wurden jeweils nur Kapitel dicker Bücher verfilmt, die ihrerseits zu einem sechsbändigen Großroman (von *Durch die Wüste* bis zu *Der Schut*) gehören. Doch blieb der Geist der Vorlagen erhalten, zum Teil auch ein Verdienst der Kulissen und Kostüme, die überzeugend wirkten, obwohl man den Orient nach Deutschland verlegt hatte. Das bestätigten zeitgenössische Filmkritiken.:

›Es war vorauszusehen, daß die Filmindustrie sich die überaus lockende Aufgabe, die in allen Weltteilen bekannten Karl May'schen Erzählungen für den Film zu verwerten, nicht entgehen lassen würde. Der erste dieser von der großen Lesergemeinde Mays mit Spannung erwartete(n) Film(e) *Von Bagdad nach Stambul*, mit dem Untertitel *Auf den Trümmern des Paradieses*, wird gegenwärtig in den Tivoli-Lichtspielen auf der Neudorfstraße mit großem Erfolg aufgeführt. Die enormen szenischen Schwierigkeiten, die die Wiedergabe an Abenteuern reichen Handlung bietet, sind mit großem Geschick überwunden worden. Und da auch die Darstellung der mit glühender Phantasie ausgestatteten Erzählung völlig gerecht wird, werden die Zuschauer bald völlig in den Bann der fesselnden Erlebnisse gezogen, zu deren völligem Verständnis allerdings die Kenntnis des betreffenden May-Bandes erwünscht ist. Von großem Reiz ist auch der landschaftliche Rahmen, innerhalb dessen sich die einzelnen Szenen, besonders die Massenkämpfe der wilden Völkerstämme, abspielen.‹ (*Breslauer Neueste Nachrichten*, 4. 11. 1920.)

›Marie Luise Droop ist an eine dankbare Aufgabe herangegangen, als sie es unternahm, den May'schen Reise- und Abenteuerroman *Von Bagdad nach Stambul* für die Leinwand zu bearbeiten. Die vielen Abenteuer, die Kara Ben Nemsi alias Karl May bestehen muß und die jeder richtige Junge verschlungen, nicht gelesen, hat, bieten ja der Kinotechnik ein weites Feld für ihre Betätigung.

Der erste Teil, der den Titel *Auf den Trümmern des Paradieses* führt, entspricht allen Anforderungen an eine moderne Filmregie, zeigt naturgetreue Kostüme der wilden Kurden, romantisch-schöne Naturbilder und lebenswahre Kämpfe und Überfälle. Die Darstellung ist ausgezeichnet und man freut sich, den edlen Kara Ben Nemsi und seinen treuen Diener Hadschi Halef Omar im Bilde auferstanden zu sehen.‹ (*Breslauer Morgenzeitung*, 5. 11. 1920.)

›*Karl May im Film!* Recht interessante Darstellungen bietet in dieser und den kommenden Wochen das Tivoli-Theater in der Neudorfstraße seinen

Besuchern. Eine Reihe von Karl-May-Filmen zieht an den Zuschauern vorüber. Wer Karl May, den durch seine Reisebeschreibungen bekannten Schriftsteller, gelesen hat, wird sich leicht ein getreues Bild machen können von den abwechslungsreichen bunten Szenen, die auf der Leinwand an seinem Auge vorüberziehen. Der 1. Teil, *Auf den Trümmern des Paradieses*, zeigt uns trefflich das Leben im Orient, den Mann im Kampf, im Harem und von aller Welt abgeschlossene Frauen, Tücke und Verrat, Liebe und Aufopferung. Die Hauptdarsteller Gustav Kirchberg und Carl de Vogt sind ihrer Aufgabe durchaus gerecht geworden.‹ (*Schlesische Zeitung*, Breslau, 5. 11. 1920.)

Daß es trotz der positiven Kritiken bei nur drei May-Adaptionen der Ustad-Film blieb, hat verschiedene Ursachen. So hatten die an den Filmunternehmungen Beteiligten unterschiedliche künstlerische Ambitionen. Klara May wünschte, Lu Droop solle mehr Marah-Duriemeh-Menschheitsseele in die Drehbücher hineinschreiben, wogegen Lu und Dr. E. A. Schmid sich lieber auf die publikumswirksameren abteuerlichen Aspekte von Mays Erzählungen verlassen wollten.

Ärger gab es für Lu Droop auch mit dem Kaufmann Fritz Knevels, der als Direktor der Ustad-Film fungierte. Als sie ihr Drehbuch für *Die Todeskarawane*, von Dr. Schmid als ›durchaus Karl-May-gerecht‹ gelobt, fertiggestellt hatte, mußte sie feststellen, daß Knevels die Arbeiten zu dem Film bereits nach einem Manuskript von Erwin Báron begonnen hatte, das Lu lediglich überarbeiten durfte.

Zudem stellte sich heraus, daß die Ustad-Film sich mit der Finanzierung übernommen hatte. Keiner der drei May-Filme konnte sich an den Erfolg der ersten Ustad-Produktion *Das Fest der schwarzen Tulpe* anhängen. So fehlte das Geld, das man für die Realisierung weiterer Projekte benötigte. Vom kommerziellen Standpunkt aus erwies es sich als Fehler, *Auf den Trümmern des Paradieses* mit jener langen Traumhandlung auszustatten, die direkt nichts mit Karl May zu tun hatte. Das hielt manchen eingefleischten May-Leser vom Besuch der weiteren Ustad-Filme ab, die ironischerweise nicht an diesem Mangel litten. Auf der anderen Seite scheinen die Filme für die nicht so sehr in Sachen May Bewanderten nicht uneingeschränkt geeignet gewesen zu sein, wenn der Kritiker der *Breslauer Neuesten Nachrichten* schreibt, ›zu deren völligem Verständnis (sei) allerdings die Kenntnis des betreffenden May-Bandes erwünscht‹ (s. o.).

Künstlerische Frustrationen und finanzielle Defizite veranlaßten Lu Droop, ihren Ustad-Vertrag zu kündigen. Das gescheiterte Unternehmen hinterließ den Droops einen gewaltigen Schuldenberg, für den sie als Gesellschafter persönlich hafteten.

Der gestohlene Old Shatterhand

So blieben die letzten beiden für das Geschäftsjahr angekündigten May-Projekte der Ustad-Film unrealisiert. Darunter war ein weiterer Orient-Stoff, betitelt *Vom Stamme der Verfluchten* (›Exotisches Drama in 6 Akten‹), der auf Teilen von Mays Roman *Durch die Wüste* basierte. Die Ustad-Film kündigte ihn folgendermaßen an:

›Wir werden an das Meer der Pharaonen geführt. An seinen Fluten stehen zwei Männer, der Weltreisende Kara ben Nemsi und sein Diener, der Araber Hadschi Halef Omar. Bei der Fahrt über das Meer geraten sie nach aufregendem Kampf in die Hände des berüchtigten Piraten Abu Seïf, ›Vater des Säbels‹ oder ›Schwert der Wüste‹ genannt. Fesselnde Bilder folgen einander in atemberaubender Spannung: Ein Säbelduell zwischen Kara ben Nemsi und dem durch seine Fechtkunst berühmten Abu Seïf, eine nächtliche Befreiung, ein Wüstenritt, bei dem die Reisenden mit Hanneh, der schönen Tochter des Beduinenscheicks Malek, zusammentreffen, ihre Scheinehe mit Hadschi Halef, ein geheimer Ritt nach dem den Christen verbotenen Mekka, die Entdeckung des ›Ungläubigen‹ in der Moschee, seine kühne Flucht, der letzte Kampf mit dem Räuber im Felsengewirr der Wüste, und die Vereinigung des mutigen Hadschi Halef mit Hanneh.‹

Der fünfte May-Film sollte erstmals in die Welt des Wilden Westens führen, sollte *Old Shatterhand* (›Ein Gemälde aus dem Leben der wilden Berge in 6 Akten‹) heißen und Motive aus dem May-Roman ›*Weihnacht!*‹ verarbeiten. *Und so wurde er beworben:*

›*Wer hat in der Jugend nicht sich an den abenteuerlichen Kämpfen und Jagden der wilden Indianer berauscht und hätte nicht gern dabei mitgetan! Nun führt uns der Film in diese Welt lebensfrischen Heldentums. Eine Auswandererfamilie – aus hoher Stellung durch feindselig-gehässige Intrige hinabgerissen, arm und elend, sich mit letzter Kraft durch das verschneite Gebirge kämpfend. Dann ringt der Mann sich als Pelzjäger und Goldsucher wieder empor, immer von den Gefahren der Berge umlauert, von goldgierigen Genossen umdroht – doch aus allen Nöten durch die gütige Hand eines kühnen Westmanns befreit, des von allen gefürchteten Old Shatterhand.*‹

Da ›*Weihnacht!*‹ bereits an der Schwelle zu Mays Alterswerk steht, wäre *Old Shatterhand* wahrscheinlich die ambitionierteste Verfilmung seiner Amerika-Erzählungen geworden.

Nach dem Ende der Ustad-Film schrieb Dr. Adolf Droop ein Drehbuch, das ebenfalls *Old Shatterhand* hieß, aber verlorenging. Kurz darauf soll ein Film gleichen Titels in Prag aufgeführt worden sein, über den aber keine Daten vorliegen. Handelt es sich also um einen weiteren – unbekannten – Karl May-Film, vielleicht sogar um den ersten Filmauftritt des edlen Apachen Winnetou?

Adolf Droop gab nicht so schnell auf. Sein nächstes May-Projekt hieß *Winnetous Schwester*, blieb aber unverfilmt. Ebenso erging es seiner Idee,

Mays Südamerika-Stoffe mit dem damals sehr populären Sensationsdarsteller Harry Piel in Spanien zu verfilmen. Auch ein von 1920/21 stammendes May-Drehbuch von Lu Droop, *In der Gewalt der Schatten*, sah nie das flackernde Licht der Filmtheater.

1922 erkrankte Lu Droop infolge der Kriegs- und Inflationsjahre und wurde fast taub. Sie gab ihren Mann frei, was dieser auch annahm. Adolf Droop blieb dem Filmgeschäft weiterhin verbunden, arbeitete aber hauptberuflich wieder als Studienrat. Er heiratete noch zweimal, starb 1938 nach schwerer Krankheit jedoch in den Armen von Lu, die ihn bis zuletzt liebte.

Trotz ihrer Hörbehinderung war Lu bis in die Tonfilmzeit hinein erfolgreich als Drehbuchautorin tätig und führte Regie. Sie galt neben Thea von Harbou als eine der ganz Großen ihrer Zunft, und die Palette ihrer Themen reichte von leichter Unterhaltung, wie dem Drehbuch zu dem Heinz-Rühmann-Film *Drei blonde Jungens — ein blondes Mädel* (1933), bis zu ernsten Sozialdramen wie *Der Sittenrichter — § 218* (1929). Aber mit zunehmender Festigung der Nazi-Herrschaft kam ihr filmisches Schaffen zum Erliegen, da Goebbels einer Frau, die Juden unterstützte, nicht wohlgesinnt war.

Nach den entbehrungsreichen Jahren des Zweiten Weltkriegs schlug sie sich als Übersetzerin, Journalistin und Schriftstellerin durch und faßte langsam wieder Fuß. Sie wollte eine Karl-May-Biographie schreiben, erkrankte aber an Magenkrebs und verstarb 1959, bevor sie dieses letzte May-Projekt verwirklichen konnte.

In der deutschen Filmgeschichte hat Marie Luise Droop als eine ihrer Pioniere einen festen Platz. Karl May verdankt ihr ebensoviel wie sein Werk, dessen Potential für das neue Medium Film sie als erste erkannte. Leider sind ihre drei May-Filme heute verschollen. Sollten eines Tages doch noch Kopien in irgendeinem verstaubten Archiv entdeckt werden, wäre das für alle Karl-May- und Filmfreunde von unschätzbarem Wert.

Durch die Wüste

1935/36

Durch die Wüste

Deutschland 1935. *Uraufführung:* 20. 02. 1936. *Regie:* J. A. Hübler-Kahla. *Drehbuch:* Carl Junghans nach dem gleichnamigen Roman von Karl May. *Kamera:* (Schwarzweiß) Georg Muschner, Paul Rischke. *Kameraassistent:* Rudolf Bredschneider. *Musik:* Gottfried Huppertz. *Ton:* Joachim Thurban, Martin Müller. *Schnitt:* W. v. Bonhorst. *Bauten:* Gustav Knauer, A. Mügge. *Aufnahmeleitung:* Willi Morree, Erich Röhl. *Künstlerische Oberleitung:* Hans Beck-Gaden. *Produktion:* Lothar Stark-Film GmbH (Berlin). *Weltvertrieb:* Tobis-Cinema. *Verleih:* Syndikat-Film (Tobis-Gruppe); nach 1945 Knevels, Central/Titania, Jugendfilm. Länge: 88 Minuten.

Darsteller: Fred Raupach (Karl May gen. Kara Ben Nemsi), Heinz Evelt (Hadschi Halef Omar), Erich Haußmann (Abu Seif), Gretl Wawra (Hanneh), Aruth Wartan (Scheich Melek), Katharina Berger (Senitza), Herbert Gernot (Abu Seifs Diener), Franz Klebusch (Händler in Mekka), Bertold Reißig (Abu Seifs Begleiter).

Inhalt

Unterwegs nach der Heiligen Stadt, deren Betreten für Christen streng verboten ist, entdecken Karl May alias Kara Ben Nemsi und sein Diener Hadschi Halef Omar mitten in der Wüste einen Toten, ermordet von dem berüchtigten Räuber Abu Seif. Bei ihrem Versuch, den Ermordeten zu rächen, werden die beiden von Abu Seif in die großen Salzsümpfe gelockt und ihres Führers beraubt. Kara Ben Nemsi findet aber einen Ausweg aus der Falle.

Er verändert in der nächsten Stadt sein Aussehen und erwirbt sich durch seine medizinischen Kenntnisse den Ruf eines guten Arztes. Der reiche Ibrahim Mamur bittet ihn, seine schwerkranke Lieblingsfrau Senitza zu heilen. Kara erkennt in Ibrahim Mamur seinen Feind Abu Seif und erfährt, daß dieser Senitza ihrem Vater, dem Scheich Malek, geraubt hat. Kara befreit Senitza und bringt sie mit Halefs Hilfe unter abenteuerlichen Umständen zu ihrem Vater zurück.

Abu Seif überfällt Kara und Halef mitten auf dem Meer und läßt sie als Gefangene an Bord einer Dauh bringen. Sie befreien sich während eines Schiffsbrandes und schwimmen ans Land. Dort erwartet sie in der Wüste der Dursttod, denn Abu Seif sprengt das einzige Wasserloch im Umkreis in die Luft, um der Nachstellung der ihm feindlich gesinnten Ateibeh zu entgehen. Senitza, die Tochter des Ateibeh-Scheiks Malek, revanchiert sich bei Kara Ben

Nemsi für ihre Befreiung, indem sie ihn und Halef vor dem Verdursten rettet. Malek bedankt sich für die Errettung Senitzas, indem er Kara Ben Nemsi den Wunderhengst Rih schenkt. Da Abu Seif die Ateibeh vom Heiligen Brunnen ausgeschlossen hat, will Senitzas Schwester Hanneh das Wasser holen und den Stamm damit von dem Fluch befreien. Halef begleitet Hanneh und bekommt diese als Belohnung für seinen Mut von Malek zum Weib versprochen.

Nachts reitet Kara Ben Nemsi ihnen heimlich hinterher, weil ihn die geheimnisvolle Heilige Stadt lockt. Senitza, die ihn umstimmen will, begleitet ihn schließlich sogar. In der für ihn als Christen verbotenen Heiligen Stadt wird er von Abu Seif erkannt und von den aufgebrachten Moslems gejagt. Auf dem windschnellen Rih kann Kara entkommen, während Senitza die Verfolger ablenkt. Abu Seif, der Kara auf den Fersen geblieben ist, wird von diesem in einem Felsental gestellt, nach einem Zweikampf überwältigt und gefesselt ins Lager der Ateibeh gebracht. Auch Halef und Hanneh kehren mit dem Heiligen Wasser zurück, und Halef erhält seine liebliche Belohnung.

Während die Ateibeh über Abu Seif zu Gericht sitzen, wird ihr Lager von dessen Männern überfallen. Abu Seif kann entkommen, wird aber von Kara Ben Nemsi verfolgt, der ihm den Weg abschneidet und ihn in die Sümpfe drängt, wo der Schurke sein verdientes Ende findet. Kara und Halef brechen auf zu neuen Abenteuern.

Auf den Spuren Karl Mays

Durch die Wüste aus dem Jahre 1935 ist der erste Karl-May-Tonfilm und versucht mehr als sämtliche seiner Nachfolger, der literarischen Vorlage gerecht zu werden. Darin ähnelt er seinen stummen Vorgängern.

Wurden jene aber noch gänzlich in Deutschland gedreht, so bemühte sich die Lothar-Stark-Film GmbH für *Durch die Wüste* um Originalschauplätze. Das Filmteam reiste für die Außenaufnahmen nach Ägypten und drehte viele Szenen in der Wüste bei den Pyramiden von Giseh.

Für die Stimmigkeit der eindrucksvollen Bauten und Dekorationen sorgte neben A. Mügge der Architekt Gustav Knauer, der bereits für seine Mitwirkung an den May-Produktionen der Ustad-Film mit Kritikerlob bedacht worden war.

Dieses Streben nach Originaltreue ist um so bemerkens- und lobenswerter, als auch Karl May beim Schreiben seiner Erzählungen so verfuhr. Zwar besuchte er deren Schauplätze erst im Alter, doch ging seiner Schriftstellerei in der Regel ein umfangreiches und möglichst genaues Quellenstudium voraus. Reisebeschreibungen, geographische und völkerkundliche Abhandlungen sowie Fremdsprachenbücher halfen ihm bei der Schilderung stets plastisch wirkender Landschaften und ihrer Bevölkerung, deren für den Leser greifbare Lebendigkeit einer der wesentlichen Gründe für den großen und andauernden Erfolg von Mays Reiseerzählungen ist. So wurde der Autor von der in Konstantinopel herausgegebenen *Orientalischen Korrespondenz* als ›einer der größten Orientkenner der Gegenwart und dabei ein von Gott begnadeter Erzähler‹ gelobt. Und Hans Erich Tzschirner-Bey, Forscher, Gouverneur von Akaba im 1. Weltkrieg und Verfasser des Buches *Streifzüge um den Persischen Golf*, bestätigte im Jahre 1911, ›daß Herr May sich mit einem eisernen, genial zu nennenden Fleiß und einer beispiellosen Energie derartige Kenntnisse von Ländern, die er beschrieb, angeeignet hat, daß jeder, der sie in der Tat bereiste, vor einem Rätsel steht, wenn er hört, daß Herr May diese Länder nicht persönlich kenne.‹

Ebenso erfreut wie über diese lobenden Worte wäre Karl May wahrscheinlich über das Drehbuch zu *Durch die Wüste* von Carl Junghans gewesen. Dieser löste die schwierige Aufgabe, ein paar hundert Romanseiten in knapp neunzig Minuten Film umzusetzen, mit Bravour. Viele Figuren der Romanhandlung mußten weggelassen oder im Film komprimiert werden; zum Beispiel taucht Amschah, bei May Hannehs Schwester, im Film nicht auf, weil ihre Rolle mit der von Senitza vereinigt wurde. Ähnlich verhält es sich mit Abu Seif alias Ibrahim Mamaur; im Roman sind es tatsächlich zwei verschiedene Personen (und der eine heißt dort Abrahim-Mamur). So geschickt wie bei der Personalreduzierung ging Junghans auch bei der Straffung der Handlung vor, die in der Vorlage sehr episodenhaft angelegt ist. Das kommt bei Karl May häufig vor und ist darin begründet, daß er bei Niederschrift seiner Bücher sehr oft mehrere zuvor verstreut erschienene Erzählungen zusammenfaßte. Dem Drehbuchautor gelang es, einen durchgehenden Spannungsbogen herauszufiltern, ohne daß etwas Wesentliches verlorenging. Lediglich auf die am Ende des Romans beginnende und in dem Buch *Durchs wilde Kurdistan* fortgeführte Teufelsanbeter-Handlung, die als Vorlage für einen der drei stummen May-Filme diente, wurde verzichtet. Das war ohne weiteres möglich, da sie mit den im Film geschilderten Ereignissen in keinem direkten Zusammenhang steht.

Inszeniert wurde *Durch die Wüste* von Johann Alexander Hübler-Kahla, der sich in den frühen Tonfilmjahren durch eine Reihe von Filmen profiliert hatte, in denen so bekannte Darsteller wie Brigitte Horney, Victor de Kowa, Hans Moser und Olga Tschechowa auftraten. Er behandelte den May-Stoff als ein trotz des schwarzweißen Bildes buntes Abenteuer mit exotischen Schauwerten, in dem sich eine aufregende Begebenheit an die andere reiht, und hält sich damit in dem von Karl May gesteckten Rahmen. Überhaupt ist sein Film kein ›ziemlich hausbackene(r), phantasiearme(r) und erfolglose(r) Vorkriegsversuch, Karl May zu vermarkten‹, wie uns das *Lexikon des Internationalen Films* glauben machen will, sondern ein fesselndes Abenteuer voller naivem Charme, das bei seinen seltenen Wiederaufführungen auch das heutige Publikum zu unterhalten vermag. Vor allem aber erfreut er die Herzen der May-Leser unter den Filmfreunden, da er sich seines Werks in vorbildlicher, selten erreichter Weise angenommen hat.

Dazu trägt auch der Kara-Ben-Nemsi-Darsteller Fred Raupach bei, der – anders als sein stummer Vorgänger Carl de Vogt eher der Typ des glatten Helden – Karl May ähnlich sah. Wer als Kind die Postkarten gesammelt und bewundert hatte, auf denen sich May im Old-Shatterhand- und Kara-Ben Nemsi-Dreß ablichten ließ, konnte 1936 durch Raupachs Verkörperung der Rolle erleben, wie diese Bilder lebendig wurden. Der 1908 geborene Schauspieler war als Jugendlicher Held am Stadttheater Halle/Saale aufgefallen und hatte in *Durch die Wüste* seinen einzigen Filmauftritt. Er fiel 1942 als Soldat.

Auch die übrigen Darsteller zählten nicht zu den großen Filmstars, boten aber durchweg überzeugende Leistungen – soweit das halt möglich ist, wenn unsereins sich als Muselman verkleidet.

Erstes und letztes Abenteuer

Die Lothar-Stark-Film hoffte, mit dem liebevoll gestalteten und dem Original verpflichteten Film Karl Mays schriftstellerischen Erfolg auf der Leinwand zu wiederholen und damit in Serie zu gehen. Bewußt wählte sie den ersten Band aus Mays Gesammelten Werken als Vorlage aus und kündigte auch die Verfilmung als ›erstes Abenteuer‹ an. Daß Mays erstes Abenteuer im Vorkriegs-Tonfilm auch gleichzeitig sein letztes war, liegt nicht in der Qualität der Produktion begründet, sondern in den zeitgeschichtlichen Umständen.

Man sollte meinen, daß die von May beschriebenen Erlebnisse zumeist deutscher Recken in fernen Ländern und ihre Siege über das Böse genau das Richtige für den Nationalsozialismus gewesen sind, zumal dieser auf krampfhafter Suche nach der passenden Unterhaltungsliteratur für das Volk war. Auch daß May ein Edelmenschentum propagiert, paßt auf den ersten Blick in das Bild nationalsozialistischen Denkens. Jedoch ist dieses bei May nicht auf die germanische Rasse beschränkt, sondern völkerübergreifend, was mit der braunen Rassenideologie nicht in Einklang zu bringen war. Gleiches gilt für den von May in späteren Jahren verstärkt vertretenen Völkerfrieden und für die in seinen Werken in großem Maß vorhandenen religiösen Motive.

Das alles führte dazu, daß May als Autor im Dritten Reich nicht unumstritten war. Ein Verbot seiner Bücher war trotzdem nicht zu befürchten, denn der Führer höchstpersönlich las sie mit Genuß. Als May am 22. März 1912 auf Einladung des ›Akademischen Verbandes für Literatur und Musik‹ in Wien seinen letzten öffentlichen Vortrag über das Thema ›Empor ins Reich der Edelmenschen‹ hielt, war Adolf Hitler einer der 2000 begeisterten Zuhörer.

Später soll sich Hitler folgendermaßen geäußert haben: »Wissen Sie, ich halte von dem Karl May sehr viel. Was haben die Schulmeister ihn doch angegriffen, statt zu erkennen, wie viele positive Werte seine Bücher enthalten. Ein echter Jugendschriftsteller, wie jeder andere Schriftsteller – May schreibt ja auch für den Erwachsenen −, muß eine reiche Phantasie besitzen, anständige Gesinnung vermitteln und zeigen, was Lebenstüchtigkeit bedeutet. Vor allem aber muß er Humor haben. Und den besitzt Karl May in ebenso hohem Maße wie die Gabe der plastischen Anschaulichkeit.«

Es wird sogar kolportiert, Hitler habe May seinen Offizieren als Lektüre zur Schulung ihrer strategischen Fähigkeiten empfohlen.

Das schützte den Film *Durch die Wüste* aber nicht davor, von der zeitgenössischen Kritik als unheroisch getadelt zu werden, ließ er doch den damals so beliebten Hurra-Patriotismus vermissen. Besonders Fred Raupach, der aus Kara Ben Nemsi keinen polternden Hoppla-jetzt-komm-ich-Deutschen machte, sondern ihn vielmehr mit Bedacht spielte, bekam die Presseschelte zu spüren, wogegen seine Darsteller-Kollegen durchaus mit Lob bedacht wurden. So schrieb der Mannheimer *Hakenkreuzbanner* 1936: »Karl May wußte sehr wohl, warum er gerade in der Charakterisierung dieser Figur etwas übertrieb. Raupach aber unterließ dies. Er übertrieb eher die Bescheidenheit des Helden . . .‹

Genaues ist nicht bekannt, aber es darf vermutet werden, daß der Film bei den zuständigen Behörden ein gehöriges Mißfallen erregte, denn für viele Beteiligte war ihre Karriere im deutschen Film nach *Durch die Wüste* abrupt beendet. Das zeigt auch Fred Raupachs Soldatentod; normalerweise erhielten Schauspieler eine Freistellung von der Front.

Hanns Beck-Garden, künstlerischer Leiter des Projekts und in den Jahren zuvor als Filmregisseur und -darsteller tätig, ist nach dem May-Film nicht mehr als Filmschaffender aufgetreten. Das gilt auch für den Komponisten Gottfried Huppertz sowie für die Kameraleute Georg Muschner und Paul Rischke, die sämtliche Filme J. A. Hübler-Kahlas auf Zelluloid bannten und nach *Durch die Wüste* nur noch bei dem Hans-Deppe-Film *Meiseken/Die Erbschleicher* (1937) in Erscheinung traten.

Regisseur Hübler-Kahla selbst wurde nach 1936 nicht mehr mit Filmprojekten betraut. Erst 1947 tauchte er mit dem österreichischen Hans-Moser-Film *Die Welt dreht sich verkehrt* wieder auf und drehte bis 1955 fünf weitere Filme aus dem Lustspiel- und Heimatmilieu.

Dem Drehbuchautor Carl Junghans erging es nicht viel anders, obwohl er sich 1929 als Regisseur und Autor des in der Tschechoslowakei entstandenen Stummfilms *So ist das Leben* eine große künstlerische Reputation erworben hatte. Als Regisseur schuf er noch die Filme *Fliegende Schatten* (1936), mit Flieger-As Ernst Udet in Afrika gedreht, *Jugend der Welt* (1936) über die Winterolympiade in Garmisch-Partenkirchen und *Altes Herz geht auf die Reise* (1937) nach Hans Fallada. Der Fallada-Film brach ihm politisch das Genick, weil er ihn eigenmächtig nach einer eigenen Drehbuchversion entgegen der Nazi-Ideologie inszenierte. Die Ufa traute sich nicht, den Film der Zensurstelle vorzulegen, und ließ ihn in ihren Archiven verschwinden. Junghans verließ Deutschland und drehte in den USA unter dem Titel *Monuments of the Past* zwei Filme über die Indianer.

Fast wäre Karl May bei den Nazis doch noch zu Filmruhm gelangt. Die

Wien-Film plante 1944, den Regisseur Maximilian W. Kimmich mit der Inszenierung des May-Films *Die ewigen Jagdgründe* zu betrauen. Der Film sollte mit großem Aufwand für 5,5 Millionen in Farbe gedreht werden. Hans Albers hatte bereits einen Vertrag für die Hauptrolle des Old Shatterhand unterschrieben, für die er 50 000 Reichsmark erhalten sollte. Produktionschef der Wien-Film war der bekannte Regisseur Karl Hartl, unter dessen Regie Albers in den erfolgreichen Filmen *F. P. 1 antwortet nicht* (1932), *Gold* (1934) und *Der Mann, der Sherlock Holmes war* (1937) gespielt hatte. Noch im April 1945 war das Projekt im Gespräch. Vermutlich sind die Wirren des Kriegsendes daran schuld, daß es nicht mehr realisiert wurde und *Durch die Wüste* für lange Zeit der einzige Ausflug der Mayschen Helden in den Tonfilm blieb.

Die Sklavenkarawane
Der Löwe von Babylon

1958/59

Die Sklavenkarawane

Deutschland/Spanien 1958. *Uraufführung:* 12. 12. 1958. *Regie:* Georg Marischka, Ramón Torrado. *Drehbuch:* Georg Marischka, Kurt Heuser nach den Romanen *Durch die Wüste* und *Die Sklavenkarawane* von Karl May. *Kamera:* (Eastmancolor) Alfredo Fraile. *Musik:* Ulrich Sommerlatte. *Ton:* Ramón López. *Schnitt:* Claus von Boro. *Bauten:* Teddy Villalba. *Kostüme:* Persi Hermanos. *Maske:* Ricardo Vázquez. *Aufnahmeleitung:* Enrique Rivas, Luis Giménez. *Produktionsleitung:* Theo Zöhner. *Produktionsassistent:* Karl Heinz Mannchen. *Herstellungsleitung:* Helmut Withrich. *Künstlerische Leitung:* Ramón Torrado. *Produktion:* DCF H. Neubert KG (München), Saiz-Fernandez (Madrid). *Verleih:* Bavaria; später Transit. *Länge:* 99 Minuten; später gekürzt auf 98 Minuten.

Darsteller: Viktor Staal (Kara Ben Nemsi), Georg Thomalla (Hadschi Halef Omar), Theo Lingen (Sir David Lindsay), Mara Cruz (Senitza), Fernando Sancho (Prof. Ignaz Pfotenhauer), Rafael Luis Calvo (Murad Ibrahim), José Guardiola (Abu el Mot), Julio Nunez (Hamid), Antonio Casas (Mudir von Faschodah), Angel Alvarez (Bimbaschi). *Spanischer Titel: Caravana de esclavos.*

Inhalt

Kara Ben Nemsi und sein Diener Hadschi Halef Omar ziehen mit einer Karawane durch das Gebiet des oberen Nils. Ihr Ziel heißt Faschodah, wo Kara sich mit einem Freund verabredet hat, dem Münchner Gelehrten Prof. Ignaz

Pfotenhauer. Man trifft sich jedoch schon in einer Oase, wo Kara außerdem den spleenigen Engländer Sir David Lindsay kennenlernt, der in der Gegend nach seltenen Steinen sucht.

In der Nacht wird die Karawane von dem gefürchteten Sklavenjäger Abu el Mot überfallen. Zwar hat Kara Ben Nemsi das vorausgesehen, aber eine Tolpatschigkeit Halefs verhindert die erfolgreiche Abwehr des Angriffs. Kara und Halef können als einzige entkommen und machen sich auf den qualvollen Fußmarsch durch die Wüste bis an das Ufer des Nils, wo sie ein Boot nach Faschodah chartern, um beim dortigen Mudir Hilfe für Abu el Mots Gefangene zu erlangen.

Kara Ben Nemsis Ruhm als Arzt führt ihn in das Haus des reichen Murad Ibrahim, um dessen kranke Frau zu heilen. Murad Ibrahim entpuppt sich als Verbündeter Abu el Mots, und das Mädchen Senitza ist seine Gefangene. Kara befreit Senitza, und sie fliehen per Schiff. Der Sklave Hamid, Angehöriger von Murads Dienerschaft, schließt sich ihnen an, weil er Senitza liebt.

Als Kara Ben Nemsi in Faschodah feststellen muß, daß der Mudir ebenso streng wie eigensinnig ist, beschließt er, die Gefangenen auf eigene Faust zu befreien. Er bricht mit Halef, Hamid und Senitza zur Seriba auf, dem Sklavenlager Abu el Mots. Dort befreit er Pfotenhauer und Lindsay, deren eigener Fluchtversuch fehlgeschlagen ist. Sie kehren zu Karas Boot zurück, das inzwischen jedoch von den Sklavenjägern überfallen wurde, wobei Hamid und Senitza in deren Hände gerieten. Da ein Überfall Abu el Mots auf das Negerdorf Omballa vereitelt werden muß, teilen sich die Freunde auf: Kara und der Neger Lobo wollen die Bewohner Omballas benachrichtigen, während Halef mit den anderen auf dem Boot den längeren Flußweg nimmt.

Gezwungen, auf ein angreifendes Rhinozeros zu schießen, wird Kara von den Sklavenjägern entdeckt und gefangengenommen. Aber Lobo kann entkommen und die Leute von Omballa vor dem drohenden Überfall warnen. Sie besetzen die Höhen um das Dorf, so daß Abu el Mot und seine Männer in eine Falle laufen. Als zudem der Mudir von Faschodah mit seinen Truppen auftaucht, erkennt Abu el Mot den Ernst der Lage. Er will seinen freien Abzug mit der Drohung erzwingen, andernfalls Kara Ben Nemsi auf qualvolle Weise töten. Doch unter seinen Leuten kommt es zur Meuterei, sie werden von den Truppen des Mudirs überwältigt. Abu el Mot flieht, wird aber von Kara verfolgt, der während des Getümmels von Halef befreit wurde. Zwischen den Felshöhlen kämpfen Kara und der Schurke auf Leben und Tod, bis letzterer in den Abgrund stürzt. Omballa ist gerettet, und auch Hamid und Senitza können endlich ihr gemeinsames Glück genießen. Kara Ben Nemsi und Halef reiten einmal mehr neuen Abenteuern entgegen.

Der Löwe von Babylon

Deutschland/Spanien 1959. *Uraufführung:* 20. 10. 1959. *Regie:* Ramón Torrado, Johannes Kai. *Dialogregie:* Claus von Boro. *Drehbuch:* Johannes Kai nach den Büchern *Der Löwe der Blutrache* und *Bei den Trümmern von Babylon* von Karl May. *Kamera:* (Agfacolor) Ricardo Torres. *Musik:* Ulrich Sommerlatte. *Schnitt:* Claus von Boro. *Bauten:* Roman Calatayud, Paloma P. Cubero. *Produktionsleitung:* Theo Zöhner. *Herstellungsleitung:* Helmut Withrich. *Produktion:* DCF H. Neubert KG (München), Saiz-Fernandez/Aquila (Madrid). *Verleih:* Bavaria; später Transit. *Länge:* 98 Minuten.

Darsteller: Georg Thomalla (Hadschi Halef Omar), Helmuth Schneider (Kara Ben Nemsi), Theo Lingen (Sir David Lindsay), Fernando Sancho (Prof. Ignaz Pfotenhauer), Rafael Luis Calvo (Säfir), Mara Cruz (Säfa), Pilar Cansino (Irida), Pedro Giménez (Ikbal), Barta Barry (Pädär), José Manuel Martin (Aftab), Xan D'as Bolas (Abdullah), Francisco Montalvo (Osman Pascha), Antonio Casas-Arenzana (Dosorza), José Sepulveda (Sandschaki von Hille), Amelia Ortas (Hanneh). *Spanischer Titel: Las ruinas de Babilonia.*

Inhalt

Als der deutsche Reiseschriftsteller Kara Ben Nemsi auf einer weiteren Reise durch den Orient zum Stamm der Haddedihn kommt, stellt er fest, daß sein ›Beschützer‹ Hadschi Halef Omar nicht nur zum Scheich avanciert ist, sondern auch zum Ehemann und Vater eines Sohnes. Kara will sich in Bagdad mit Sir David Lindsay und Prof. Ignaz Pfotenhauer treffen. Halef beschließt, ihn zu begleiten, erhält er dadurch doch die Gelegenheit, für einige Zeit der erdrückenden Fürsorge seiner geliebten Hanneh zu entrinnen. Auf einem Floß fahren sie den Tigris hinab. Als ihnen abends am Ufer verdächtige Gestalten begegnen, beginnt für die beiden Freunde ein neues Abenteuer.

Ihr Gegenspieler ist der Säfir, Oberhaupt einer großen Schmugglerorganisation, der in einem prunkvollen Palast in der Stadt Hille am Euphrat residiert. Der Pädär, Anführer der persischen Schmuggler, schickt ihm Waffen für den Sudan, als Leichentransporte getarnt. Weitere Angehörige der Organisationen, deren Erkennungszeichen ein bestimmter Ring ist, sind des Säfirs Vertrauter Aftab, der Spion Abdullah und auch der Sandschaki (Gouverneur) von Hille. Im Haus des Säfirs leben die Geschwister Ikbal und Säfa, die sich für seine Kinder halten. Ihr wahrer Vater ist der Polizeihauptmann Dosorza, dessen Frau vor siebzehn Jahren von den Leuten des Säfirs getötet wurde und der auch seine Kinder für tot hält.

Ikbal soll im Auftrag seines angeblichen Vaters die Karawane eines reichen Kaufmanns aus Täbris in eine Falle locken. Die Karawane wird in der Nähe des Birs Nimrud überfallen, einer großen Tempelruine aus der Zeit des alten Babylon, in der die Schmuggler ihre Ware verstecken. Ikbal, der sich unterwegs in Irida verliebt hat, die schöne Tochter des Kaufmanns, und mit ihr fliehen will, wird von seinen Exkumpanen gestellt und eingekerkert. Gleiches widerfährt dem Vogelkundler Pfotenhauer, der mit der Karawane gereist war. Aber Kara Ben Nemsi und Halef sind den Schmugglern bereits auf den Fersen. Sie verschaffen sich deren Erkennungsringe und übernehmen am Paß des roten Löwen einen vermeintlichen Leichentransport. Bei dem Versuch, ihre Beute an die Polizei zu übergeben, werden sie unglücklicherweise für die Schmuggler gehalten. Der mächtige Säfir hat bei dem falschen Verdacht seine Hände im Spiel. Zwischen ihm auf der einen sowie Kara und Halef auf der anderen Seite entbrennt ein unerbittlicher Kampf, der zur Gefangennahme der Freunde durch die Schmuggler führt. Dank Karas Gewitztheit gelingt ihnen die Flucht, und sie können den Säfir immer mehr in die Enge treiben. Als die Schmuggler, ihres Versteckes nicht mehr sicher, den Birs Nimrud räumen wollen, werden die Tempelanlagen von den Polizeitruppen des Osman Pascha umstellt. Inzwischen sind auch Säfa und Sir David Lindsay Gefangene des Säfirs, und der ungeschickte Halef wird von ihm abermals gefaßt. Kara Ben Nemsi dringt allein in den Kerker ein, befreit die dort Schmachtenden und rechnet schließlich mit dem Säfir ab.

Während Dosorza mit seinen totgeglaubten Kindern und der Schwiegertochter in spe Irida vereint wird, zieht es Kara Ben Nemsi und Halef zu neuen Abenteuern.

Kara Ben Nemsi und Hadschi Halef Omar: Zwei begeisterte Karl-May-Leser

Auch in den Zeiten, in denen keine Karl-May-Filme gedreht wurden, blieb der Schriftsteller bei den Produktionsfirmen im Gespräch. Kurz nach dem Zweiten Weltkrieg wurde eine Verfilmung von Mays China-Roman *Und Friede auf Erden* geplant, keiner von den bunten Abenteuerschmökern, mit denen der Name Karl May gemeinhin verbunden wird, sondern ein ganz den Gedanken an Völkerverständigung und Weltfrieden verpflichtetes Werk, das May anläßlich des Boxeraufstands als Gegenentwurf zum allgemeinen Hurra-Patriotismus verfaßte. Die Deutschen hatten wohl zu der Zeit mit ihrem eigenen Frieden und der Versöhnung mit dem im Krieg bekämpften Völkern genug zu tun, so daß der Film im Planungsstadium steckenblieb. Ebenso erging es in den sechziger Jahren der geplanten Verfilmung von Mays anderem China-Roman *Der blaurote Methusalem*, in der O. W. Fischer die Hauptrolle spielen sollte. Auch der zu Beginn der fünfziger Jahre entstandene Plan, Mays Orientwerke erneut zu verfilmen, gelangte nicht zur Ausführung.

Dazu kam es erst gegen Ende der fünfziger Jahre durch die Zusammenarbeit des Münchner Filmproduzenten Heinz Ewert mit dem Drehbuchautor Erich

Kröhnke, der in einem Exposé schrieb, Karl May sei ›für die deutsche Filmindustrie ein ungehobener Schatz. Dabei bietet er sich wie kein anderer zur Herstellung einer für lange Zeit laufenden Serie – ähnlich den Ganghofer-Filmen – ganz von selbst an.‹ Als daraufhin die Filme *Die Sklavenkarawane* und *Der Löwe von Babylon* gedreht wurden, geschah dies jedoch ohne die Mitwirkung von Ewert und Kröhnke.

Der Hinweis auf die Ganghofer-Filme und damit auf die Heimatfilme allgemein ist nicht zufällig. *Schwarzwaldmädel* (1950) und *Grün ist die Heide* (1951), zwei sehr erfolgreiche Remakes des Regisseurs Hans Deppe, lösten eine Welle von Heimatfilmen aus (die aber erst viel später so genannt wurden). Sowohl die Heimatfilme als auch die zur gleichen Zeit anlaufenden Arztfilme, von denen die Zuschauer in Scharen in die Kinos gelockt wurden, hatten gegen Ende der fünfziger Jahre ihren Höhepunkt überschritten. Übersättigt mit Herz, Schmerz, hohen Bergen und Heidekraut, gierte das Publikum nun nach etwas Aufregenderem. Dafür hatten bislang nur die Militär- und Kriegsfilme gesorgt, pulvergeschwärzte Gegenstücke der sauberen Arzt- und Heimatgeschichten, die in Deutschland aber ebenfalls allmählich ausliefen. Jetzt waren Kriminalfilme à la Edgar Wallace und Dr. Mabuse angesagt – und das Abenteuer in exotischen Gefilden. Was den letzten Punkt angeht, ist erwähnenswert, daß zeitgleich mit den neuen Karl-May-Filmen – nämlich 1958 – der aus Amerika heimgekehrte Fritz Lang für den Berliner Produzenten Artur Brauner die bereits zweimal verfilmten Indienschinken *Der Tiger von Eschnapur* und *Das indische Grabmal* neu inszenierte. Die Filme wurden zu Kassenerfolgen im In- und Ausland, wenn auch Fritz Lang selbst künstlerisch gar nicht mit ihnen zufrieden war und sie später als ›Der Tiger von Dextropur‹ und ›Das kindische Grabmal‹ bezeichnete.

Aufregende Abenteuer an exotischen Schauplätzen – dafür war Karl May natürlich genau das Richtige. So dachten auch die Münchener DCF H. Neubert KG und ihr Regisseur Georg Marischka, als sie die Idee von Ewert und Kröhnke aufgriffen und sich an die Verfilmung der *Sklavenkarawane* machten. In der Madrider Saiz-Fernandez fand man einen ausländischen Produktionspartner, in dessen spanischer Heimat das exotische Abenteuer glaubwürdig in Szene gesetzt werden konnte.

Das Drehbuch von Regisseur Marischka und Kurt Heuser vermengte einigermaßen geschickt Elemente der May-Romane *Durch die Wüste* (die Senitza-Episode) und *Die Sklavenkarawane* zu einer recht spannenden Fabel, die man so bei May nicht findet. In seinem Roman *Die Sklavenkarawane* treten Kara Ben Nemsi und Hadschi Halef Omar gar nicht in Erscheinung. Die Heldentaten dort werden vielmehr von zwei deutschen Gelehrten vollbracht, den Brüdern Emil und Joseph Schwarz, die man für die Verfilmung eliminierte. Das ist verständlich, sind doch Kara Ben Nemsi und Halef weitaus bekanntere May-Helden, die dem Film eine größere Anziehungskraft garantierten.

Mit der Besetzung von Viktor Staal und Georg Thomalla für diese Rollen wählte man – gewiß zufällig – zwei Darsteller, die zugleich begeisterte May-Leser waren.

So bekannte Viktor Staal einige Jahre zuvor: »Ob Sie es glauben oder nicht! Ich lese zum dritten Male Karl May. Wie man auf Karl May kommt, werden Sie selber auch noch wissen.«

Und Georg Thomalla sagte: »Vielleicht klingt es anmaßend, wenn ich behaupte, daß ich niemals, auch nicht als Kind, ›Schund‹ gelesen habe. Aber es ist die reine Wahrheit. Mit Karl May begann's − oder will den jemand als Schund bezeichnen, dann möge er sich bei mir melden!«

Der Verpflichtung dieser beiden Schauspieler liegt eine geschickte Kalkulation der Produzenten zugrunde, die zusätzlich zu den Freunden des Abenteuerfilms noch die Lustspiel- und Melodram-Begeisterten für ihren Film gewinnen wollten. Thomalla war einer der Komik-Stars jener Tage (und ist als solcher auch heute noch bekannt) in Filmen wie dem 1952 von J. A. Hübler-Kahla (!) inszenierten Militärschwank *Mikosch rückt ein.*

Der blonde Staal dagegen, schon zu Ufa-Zeiten ein Top-Star mit einer Gage von 60 000 Reichsmark pro Rolle bei vier Filmen im Jahr, sollte Kara Ben Nemsis Abenteuer auch für die schmachtenden Herzen der Damenwelt interessant machen. In seinen Filmen hatte er fast alle berühmten Schauspielerinnen betört, darunter Lilian Harvey, Zara Leander, Marika Rökk und Luise Ulrich. Seine Kollegin Hansi Knotek wurde auch im wirklichen Leben seine Frau.

Georg Thomalla war nicht der einzige, der mit seinen − manchmal etwas überzogenen − Späßen für humorvolle Einlagen sorgte, die auch in Karl Mays Erzählungen eine wichtige Rolle spielen. Seinen ersten Filmauftritt erhielt Sir David Lindsay, der schrullige Altertumsforscher aus Old England, gespielt von Theo Lingen. Während die Lindsay-Figur aus dem Roman *Durch die Wüste* stammt, entnahm man Mays *Sklavenkarawane* den nicht minder schrulligen Vogelkundler Prof. Ignaz Pfotenhauer, den man sich nach der Lektüre von Mays Roman jedoch bei weitem nicht so rundlich vorstellt, wie ihn Fernando Sancho verkörpert, eher so dürr wie Theo Lingens Lindsay.

Die gehäufte Portion Komik wurde dann auch von der Kritik moniert: ›Bunt und jugendtümlich, aber mehr Lustspiel als Abenteuerfilm, so daß die nostalgische Erinnerung an eine spannende Jugendlektüre sich kaum bestätigt.‹ (Lexikon des Internationalen Films.)

An den Kinokassen ging die Rechnung der Produzenten jedoch auf: *Die Sklavenkarawane*, von Ramón Torrado gleichzeitig in einer spanischen Version inszeniert, spielte genug Geld ein, um als kommerzieller Erfolg zu gelten. Zudem erhielt der Film von der Filmbewertungsstelle das Prädikat ›wertvoll‹, was Vergünstigungen bei der Vergnügungssteuer bedeutete. Gründe genug für die Produzenten, der *Sklavenkarawane* eine Fortsetzung folgen zu lassen: *Der Löwe von Babylon* (1959).

Halef wird zum Faxenmacher

Der Löwe von Babylon basiert wiederum auf zwei May-Bänden: *Der Löwe der Blutrache* und *Bei den Trümmern von Babylon*, die Folgen eins und zwei des vierteiligen Großromans *Im Reiche des silbernen Löwen* (womit Persien gemeint ist). Anders als bei der Verfilmung der *Sklavenkarawane* stehen die beiden Vorlagen hier in einem Zusammenhang. Dieser ist allerdings nur lose, da Karl May für den ersten Band des *Silberlöwen* eine Vielzahl von kleineren Erzählungen mit vergleichsweise wenig Geschick aneinanderfügte, so daß der Karl-May-Verlag in seiner *Der Löwe der Blutrache* betitelten Ausgabe keine Mühe hatte, sie wieder zu trennen und heute als Sammlung von Einzelerzählungen zu verkaufen.

Das Drehbuch von Johannes Kai, der eigentlich Hans Wiedmann heißt und Georg Marischka als Regisseur ablöste, entnahm die Anfangsepisode bei den Haddedihn und ein paar weitere Szenen dem ersten Band, während der Hauptteil der Filmhandlung aus dem heute *Bei den Trümmern von Babylon* genannten Roman stammt.

Die Inszenierung der spanischen Fassung wurde erneut von Ramón Torrado besorgt.

Einen wichtigen Wechsel gab es in der Person des Heldendarstellers: Statt Viktor Staal spielte nun Helmuth Schneider den ›Reiseschriftsteller‹ Kara Ben Nemsi. Ein Grund dafür wird das relativ hohe Alter Staals gewesen sein, der (Jahrgang 1907) mit seinen über fünfzig Jahren für die lange laufende Serie von May-Filmen, welche die Produzenten planten, nicht mehr so ganz geeignet erschien. Tatsächlich zog sich Staal 1963 nach fünfzig Filmen aus dem Geschäft zurück, um in einem Reihenhaus in Stockdorf bei München mit seiner Frau das Pensionärsleben zu genießen. Er starb 1982 an Leukämie im letzten Stadium.

Helmuth Schneider, der höchstens zur zweiten Schauspieler-Garnitur zählte, war ein schlechter Ersatz. Sein Name besaß bei weitem nicht den Klang eines Viktor Staal und tauchte deshalb nur an zweiter Stelle der Besetzungsliste von *Der Löwe von Babylon* auf. An erster Stelle stand der bekanntere Georg Thomalla, wieder als Hadschi Halef Omar.

Dies zog inhaltliche Konsequenzen nach sich, indem Halef zur Hauptfigur des Films wurde und dieser noch mehr ins Komische abglitt als sein Vorgänger. Thomalla mag ein May-Verehrer gewesen sein und war mit den nur sieben Barthaaren am Kinn so maskiert, wie Karl May seinen Halef beschrieb, aber er übertrieb die Clownerien in diesem Film und ›gebärdete sich als ein vom Regisseur völlig verlassener Faxenmacher‹ (Hansotto Hatzig, *Die Karl-May-Filme* (IV).) Das zeigt sich schon zu Anfang des Streifens, wenn Halef als Pantoffelheld unter seinem resoluten Weib Hanneh leidet. Karl May hat Hanneh ganz im Gegenteil als sensible Person gezeichnet, die sich Gedanken über die Stellung der Frau in der islamischen Welt macht. Doch davon taucht im Film nichts auf.

Um die Kontinuität zu seinem Vorgänger zu wahren, präsentiert uns *Der Löwe von Babylon* wieder Theo Lingen als David Lindsay und Fernando Sancho als Prof. Pfotenhauer, obwohl beide Figuren in den zugrundeliegenden May-Büchern nicht in Erscheinung treten. Lediglich im dritten Band des *Silberlöwen* spielt Lindsay eine sehr kleine Rolle.

Man sieht, *Der Löwe von Babylon* setzte das Schwergewicht auf komische Akzente. Ein Karl-May-Film ›in eher possenhafter Darstellung‹ (*Lexikon des Internationalen Films*) sagte dem Publikum nicht zu, und der geschäftliche Erfolg der *Sklavenkarawane* wiederholte sich nicht. Auch das Prädikat der Filmbewertungsstelle blieb diesmal aus. Das war alles andere als ein Ansporn für die Produzenten, in Sachen Karl May weiterzumachen.

Hinzu kamen allgemeine Schwierigkeiten in der Filmwirtschaft. Die Münchener Bavaria, die als Verleiher hinter den beiden ersten May-Farbfilmen stand, hatte bedeutende finanzielle Einbußen hinnehmen müssen, woran eine mangelnde Investitionsbereitschaft und Fehlkalkulationen ebenso schuld waren wie das in Deutschland noch junge Fernsehen, das den Filmtheatern ernsthaft Konkurrenz machte. 1959 zählten die deutschen Kinos fast 100 Millionen Besucher weniger als im Jahr davor. Die Bavaria zog daraus die Konsequenz, ins Fernsehgeschäft einzusteigen, und wandelte sich in die ›Bavaria Atelier GmbH‹ um, die im Mehrheitsbesitz von WDR und SDR stand. Infolgedessen fand bei der Bavaria eine Filmproduktion kaum mehr statt.

Das brachte die Karl-May-Filme endgültig zu Fall, verschlangen sie doch durch die ausländischen Drehorte und die aufwendigen Action- und Massenszenen hohe Summen an Produktionskosten. Zum drittenmal war damit der Versuch, Karl May auf der Leinwand in Serie gehen zu lassen, gescheitert. Das trug dem Schriftsteller in der Filmbranche das Stigma ein, unverfilmbar zu sein, was im Klartext heißt: Mit May war kein Geld zu machen.

Der Schatz im Silbersee

1962

Der Schatz im Silbersee

BRD/Jugoslawien/Frankreich 1962. *Uraufführung:* 12. 12. 1962. *Regie:* Harald Reinl. *Dialog-Regie:* Charles Wakefield. *Drehbuch:* Harald G. Petersson nach dem gleichnamigen Roman von Karl May. *Kamera:* (Eastmancolor, Cinemascope) Ernst W. Kalinke. *Musik:* Martin Böttcher. *Ton:* Erich Molnar. *Schnitt:* Hermann Haller. *Bauten:* Duschko Jericevic. *Kostüme:* Irms Pauli. *Aufnahmeleitung:* Erwin Dräger. *Produktionsleitung:* Stipe Gurdulic. *Herstellungsleitung:* Erwin Gitt, Zvonko Kovàcic. *Gesamtleitung:* Horst Wendlandt. *Produktion:* Rialto-Film Preben Philipsen (Berlin), Jadran-Film (Zagreb), S. N. C.-Film (Paris). *Verleih:* Constantin. *Länge:* 111 Minuten; später gekürzt auf 106 Minuten.

Darsteller: Lex Barker (Old Shatterhand), Pierre Brice (Winnetou), Herbert Lom (Cornel Brinkley), Götz George (Fred Engel), Karin Dor (Ellen Patterson), Ralf Wolter (Sam Hawkens), Mirko Boman (Gunstick Uncle), Eddi Arent (Lord Castlepool), Jan Sid (Patterson), Marianne Hoppe (Mrs. Butler), Jozo Kovacivic, Slobodan Dimitrijevic, Miliroj Stojanovic, Branko Spoljar, Velimir Hitil, Antun Nalis.

Ausländische Originaltitel: Blago u srebrnom Jezeru (Jugoslawien), *Le trésor du lac d'argent* (Frankreich).

Inhalt

›Nun sehen wir sie endlich von Angesicht zu Angesicht, die schon fast legendären Blutsbrüder Old Shatterhand und Winnetou! Den weißen Mann, der über das große Wasser kam, um im Wilden Westen eine neue Heimat zu finden und Heldentaten zu verrichten, die ihm unsterblichen Ruhm einbringen sollten. Und den letzten Häuptling der Apachen, der bedingungslos sein Leben einsetzt, wenn es gilt, dem Recht zum Siege zu verhelfen, den aber bereits die Tragik seiner sich im Todeskampf noch einmal aufbäumenden Rasse überschattet. Mit ihnen durchqueren wir die Höhen und Tiefen des gewaltigen Felsengebirges. Mit ihnen reiten wir über die endlosen Weiten der amerikanischen Prärien. Mit ihnen erleben wir das große Abenteuer eines gnadenlosen Kampfes um den Besitz märchenhafter Reichtümer.‹ (Anfangstext aus dem Film *Der Schatz im Silbersee.*)

In der Postkutsche von Salt Lake City nach Tulsa sitzen nur zwei Passagiere: Cornel Brinkley und Erik Engel. Letzterer ahnt nicht, daß sein Mitreisender der berüchtigte Anführer einer Bande von Tramps ist. Der Cornel hat durch einen Spion herausgefunden, daß Engel im Besitz einer Karte ist, die den Weg zum Silbersee beschreibt, wo ein sagenhafter Schatz verborgen sein soll. Die Tramps überfallen die Kutsche, wobei der Kutscher, sein Beifahrer und Engel ermordet werden. Brinkley nimmt Engel die Kartenhälfte ab, die er bei sich trug. Als die jetzt führerlose Kutsche in Tulsa eintrifft und der junge Fred Engel die Leiche seines Vaters sieht, schwört er: »Ich werde deine Mörder finden!«

Unterdessen erreichen zwei einsame Reiter den Ort des Überfalls: Old Shatterhand und Winnetou. Anhand der vorgefundenen Spuren rekonstruieren sie das Geschehen. Dabei finden sie die Leichen des Kutschpersonals und Erik Engels Reisetasche. Winnetou macht sich an die Verfolgung der Tramps, während sein weißer Bruder mit der Reisetasche auf dem Packpferd nach Tulsa reitet. Dort wird er von Fred Engel als Mörder seines Vaters verdächtigt, aber Sam Hawkens, der kauzige Westmann mit dem verfilzten Toupet, klärt die Lage, indem er den Verdächtigen als den berühmten Jäger Old Shatterhand identifiziert.

Winnetou, derweil ins Lager der Tramps eingedrungen und von diesen entdeckt, kann im Handgemenge entkommen und warnt die Schurken: ›Das sagt euch Winnetou, der Häuptling der Apachen: Wer es wagt, den Frieden zu brechen, der beschworen ist, stirbt!‹

Im Saloon von Tulsa erzählt Fred Engel Old Shatterhand, Sam Hawkens und dem stets in Reimen sprechenden Westmann Gunstick Uncle von der Schatzkarte. Erik Engel bekam sie von einem alten Indianer vor dessen Tod. Die zweite Kartenhälfte bewahrt ein Freund Engels auf, der Ingenieur Patterson, der sich gegenwärtig auf Butlers Farm aufhält. Fred bietet Old Shatterhand Geld, falls er ihm hilft, die Mörder seines Vaters zu stellen. Der berühmte Westmann lehnt ab; er wird die Mörder um der Gerechtigkeit willen jagen.

Der Wundermedizinverkäufer Hartley, ein Spion der Tramps, hat das Gespräch belauscht und berichtet es im Banditenlager dem Cornel. Brinkley beschließt einen Überfall auf Butlers Farm, um auch die zweite Kartenhälfte in seinen Besitz zu bringen. Da Winnetou noch immer das Lager ausspäht, bekommt er den Plan mit.

Old Shatterhand, Sam Hawkins, Gunstick Uncle und Fred Engel treffen nur knapp vor den Tramps auf der bewehrten Farm ein, wo ein Angriff der Banditen blutig abgeschlagen wird. Ingenieur Patterson und seine schöne Tochter Ellen werden von den Tramps gefangengenommen, als sie von einem Ausritt zur Farm zurückkehren. Ein unterirdischer Gang ermöglicht es Old Shatterhand und Fred Engel, die beiden zu befreien. Daraufhin rüsten sich die Banditen zu einem neuen Angriff, was Gunstick Uncle folgendermaßen kommentiert:

›Sobald die Schufte näherkommen,
werden sie aufs Korn genommen,
nach der Reihe anvisiert
und zur Hölle expediert.‹

Aber so einfach ist es nicht, und die Angreifer scheinen die Überhand zu gewinnen, bis Winnetou mit dem befreundeten Stamm der Osagen anreitet und sie vertreibt. Fred Engel reitet dem Cornel hinterher und kann ihm in einem Messerduell die Kartenhälfte seines Vaters entreißen.

Man besitzt jetzt die gesamte Karte und kennt den Weg zum Silbersee. Old Shatterhand, Winnetou, Sam Hawkens, Gunstick Uncle, Fred, Patterson und seine Tochter brechen dorthin auf. Unterwegs schließt sich ihnen der Schmetterlingssammler ›Harold James Agnus Lord of Castlepool‹ an, der schon seit geraumer Zeit durch die Gegend stolpert.

Die Gruppe kommt in ein niedergebranntes Utah-Dorf, das von den Tramps überfallen wurde, während die Krieger zur Jagd waren. Diese kehren justament zurück und greifen in ihrem Zorn die Unschuldigen an. Ellen Patterson ist von der Gruppe getrennt worden und wird von ein paar Indianern verfolgt. Weiße tauchen auf und töten die Verfolger. Es sind Tramps, die Ellen zum zweitenmal gefangennehmen. Die angreifenden Utahs werden von Old Shatterhand, Winnetou und ihren Freunden zurückgeschlagen und vertrieben. Die Freunde verfolgen die Tramps und finden einen Zettel an einem Baum: ›Bringt den Plan nach El Doro, oder Miss Ellen Patterson wird sterben!‹

Fred reitet zum Banditentreffpunkt El Doro, wo Ellen festgehalten wird, um sie gegen den Schatz einzutauschen. Die Karte sei vernichtet, aber er habe den Plan im Kopf. Cornel Brinkley geht darauf ein und läßt Fred zu Ellen sperren. Er erklärt ihr, daß es seine Aufgabe ist, die Tramps aufzuhalten, damit Old Shatterhand und die anderen eher am Silbersee ankommen und den Verbrechern eine Falle stellen können. Winnetou ist Fred gefolgt und beobachtet das Treiben in El Doro.

Old Shatterhands Gruppe wird nachts von den Utahs überfallen. Um ein Blutvergießen zu vermeiden, willigt Shatterhand ein, den Utahs in ihr Lager zu folgen und sich dem Urteil des Altenrats zu fügen. Dieser beschließt einen Zweikampf mit Tomahawk und Messer zwischen dem Westmann und dem Utah-Häuptling Großer Wolf. Shatterhand schickt seinen Gegner mit seinem berühmten Jagdhieb ins Reich der Träume. Er uns seine Freunde sind frei und verlassen das Indianerlager, aber sie haben kostbare Zeit verloren.

Sie treffen auf Winnetou, der berichtet, daß Großer Wolf noch immer ohne Besinnung ist und daß der Utah-Häuptling Rollender Donner sich mit einigen Kriegern aufgemacht hat, um Rache an Old Shatterhand zu nehmen. Der Häuptling der Apachen lockt die Utahs in den Geistercanyon, eine enge Schlucht, deren oberer Ausgang von Sam Hawkens, Gunstick Uncle, Patterson und Lord Castlepool besetzt ist, während Old Shatterhand mit seinem fünfundzwanzigschüssigen Henrystutzen, dem ›Zaubergewehr‹, im Rücken der roten Krieger steht. Rollender Donner schießt auf Winnetou, wird aber durch eine Kugel niedergestreckt, die der große Wolf abgefeuert hat. Großer Wolf verspricht, Shatterhand und Winnetou in ihrem Kampf gegen die Tramps beizustehen.

Diese erreichen mit ihren Gefangenen als erste den Silbersee. Brinkley

Von links nach rechts: Götz George als Fred Engel, Adi Appelt, Pierre Brice als Winnetou und Rolf Wolter als Sam Hawkens in *Der Schatz am Silbersee.*

zwingt Fred zu verraten, daß der Schatz in einer Höhle am gegenüberliegenden Ufer sein muß. Der Cornel läßt Bäume fällen und ein Floß bauen, auf dem er mit Hartley und zwei weiteren Kumpanen zu der bewußten Grotte übersetzt. Falls sie nach drei Stunden nicht zurückgekehrt sind, sollen die anderen Fred aufhängen und mit Ellen machen, was sie wollen.

In der Höhle tritt den vier Tramps der Große Bär entgegen, ein alter, blinder Indianer, der den Schatz behütet. Die Eindringlinge schlagen ihn nieder und stoßen auf einen gewaltigen Goldschatz. Hartley setzt den Cornel außer Gefecht und streitet sich mit dem beiden anderen um das Gold. Brinkley kommt rasch wieder zu sich und erschießt die drei. Er betrachtet sich den Schatz, der jetzt ihm gehören soll. Da zieht der sterbende Große Bär an einer Kette, die eine alte Sicherheitsvorrichtung in Gang setzt, welche den Indianerschatz vor fremdem Zugriff bewahren soll. Das Gold stürzt in die Tiefe und reißt den habgierigen Cornel mit sich. Unaufhaltsam versinkt Brinkley im Morast. Schließlich ragt nur noch eine Hand heraus, die ein goldenes Gefäß hochhält.

Als drei Stunden vergangen sind, wollen die Tramps Fred hängen und legen ihm schon die Schlinge um den Hals. Da zerreißt ein Schuß das Seil in letzter Sekunde. Der Schütze ist Old Shatterhand, der mit seinen Freunden und den Utahs angreift und die Tramps überwältigt. Auch Lord Castlepool ist glück-

131

lich, denn auf der Schulter eines gefangenen Gegners entdeckt er den lange gesuchten Schmetterling ›Papilio Polinestor Parinda‹. Shatterhand und Winnetou fahren mit einem Kanu zur Grotte, wo sie entdecken, was sich ereignet hat. Dann heißt es Abschied nehmen. Weiße und Utahs trennen sich in Freundschaft. Die beiden Blutsbrüder reiten allein weiter. Auf einer Anhöhe wenden sie noch einmal ihre prächtigen Rappen. Grüßend hebt Old Shatterhand die Hand und Winnetou seine Silberbüchse. Dann verschwinden die berühmten Helden zwischen den Klüften des Felsengebirges.

Furchtbare Angst und ein Fahrrad mit Gangschaltung

Zu Beginn der sechziger Jahre steckte die bundesdeutsche Filmindustrie in einer Krise, die schon im vorangegangenen Jahrzehnt begonnen hatte. Das Publikum gab sich lieber dem relativ neuen Fernsehen hin oder schaute sich ausländische Filme an. Die Kinobesucherzahlen in der BRD gingen von 1959 auf 1960 um 9,1 % zurück. Die Ufa, die schon 21 Millionen Mark Schulden hatte, machte 1959 einen Verlust von weiteren 5,4 Millionen Mark. Um bei der Produktion Geld zu sparen, führten Produzenten und Verleiher 1960 einen Gagenstopp ein: Kein Schauspieler sollte mehr als 100 000 Mark für einen Film bekommen. Doch viele Stars weigerten sich schlichtweg, dafür zu drehen, und erhielten entweder ein zusätzliches Honorar oder wurden an den Einspielergebnissen der Filme beteiligt. Der Gagenstopp hatte sich als nicht durchsetzbar erwiesen. 1961 mußte die Ufa sich notgedrungen mit der Filmhansa zusammenschließen. Viele Produktionsfirmen und Verleihe hörten in diesem Jahr auf zu existieren. Es fiel dem deutschen Film immer schwerer, sein Publikum vor die große Leinwand zu locken. Doch es gab zumindest einen Mann im Filmgeschäft, der ein Gespür für Publikumserfolge besaß: Horst Wendlandt.

Wendlandt hatte sich schon mit der deutschen Edgar-Wallace-Filmserie einen Namen gemacht, die 1959 mit *Der Frosch mit der Maske* startete. Die ersten Wallace-Filme wurden zwar mit deutschen Darstellern für den deutschen Markt gedreht, aber in Dänemark von dem Dänen Preben Philipsen produziert, dem Gründer der Rialto-Film und des Constantin-Verleihs. Horst Wendlandt arbeitete zu der Zeit noch für Artur Brauner, seinen späteren Konkurrenten in Sachen May und Wallace. Als die Rialto-Film nach Berlin umzog, übernahm Wendlandt die deutsche Leitung und führte die Wallace-Serie zu einem unvergleichlichen Erfolg – und das in einer Zeit der allgemeinen Rezession auf dem bundesdeutschen Filmmarkt. In der ersten Hälfte der sechziger Jahre brachte Wendlandt jährlich zwischen drei und fünf Filme nach Romanen des britischen Kriminalschriftstellers heraus. ›Die Filme nahmen für sich ein durch ihren launigen Umgang mit dem Thriller- und Horrormaterial des Subgenres; das Ganze wurde mit dem selbstironischen Stolz dessen serviert, dem es gelungen ist, in seinem preußischen Schrebergarten Bananen zu züchten, die man auch tatsächlich zu sich nehmen kann, ohne daß es einem schlecht wird‹ (Robert Fischer / Joe Hembus, *Der Neue Deutsche Film*). Als 1972 der letzte Wallace-Film der Rialto über die Leinwand flimmerte, war es die Nummer zweiunddreißig.

Auf die Idee, die im Wilden Westen Nordamerikas spielenden Erzählungen Karl Mays auf die Leinwand zu bringen, ist Horst Wendlandt, selbst kein May-Leser, nicht von allein gekommen. Die Legende berichtet, daß er durch seinen damals elfjährigen Sohn Mathias bei der Gartenarbeit gefragt wurde, warum er nicht einmal die schönen Indianerbücher von Karl May verfilme. Der Gedanke packte den Produzenten und ließ ihn nicht mehr los. Er schenkte seinem Sohn dafür ein Fahrrad mit Gangschaltung — womit er sich relativ billig aus der Affäre gezogen hat, wenn man bedenkt, was ihm die Karl-May-Filme einbringen sollten.

Doch zunächst erklärten ihn alle für verrückt, die von dem Plan hörten. Zwar verstand Wendlandt einiges vom Filmgeschäft, hatte er es doch von der Pike auf gelernt, nachdem er 1939 als Siebzehnjähriger bei der Tobis-Filmkunst als Lehrling angefangen hatte; es folgten die Positionen des Geschäftsführers bei der Carl-Froelich-Film von 1948 bis 1952 und des Produktionsleiters bei Artur Brauners CCC von 1952 bis 1960. Sein Erfolg mit Edgar Wallace bei der Rialto bestätigte das. Aber die Idee, Karl May ins Kino zu bringen, was bereits dreimal gescheitert war, und dann auch noch als Western made in Germany, stempelte ihn schlagartig zum von allen milde belächelten Spinner, den man im Geiste schon den Konkurs anmelden sah. Auch Wendlandt bekannte später: »Ich hatte damals furchtbare Angst, daß das alles schiefläuft.«

Eine ›verrückte Idee‹ wird realisiert

Da die bundesdeutsche Filmproduktion jener Zeit sehr stark von den Verleihern abhängig war, galt es für Horst Wendlandt zunächst, Waldfried Barthel, den Chef der Constantin-Film, von seiner ›verrückten Idee‹ zu überzeugen. Wie das geschah, beschreibt Manfred Barthel in seinem Buch *So war es wirklich*:

›Schauplatz: Barthels Büro im ersten Stock.
Personen: er und Horst Wendlandt.
Wendlandt ist mit einer verwegenen Idee gekommen. Er will einen Western nach einem Karl-May-Roman drehen.
Barthel: ›Gute Idee! Was kann das kosten?‹
Wendlandt: ›Zwei Millionen sicher.‹

Pause. Denn zwei Millionen DM Herstellungskosten bedeuten, daß beim Verleih 3,4 Millionen DM eingehen mußten, damit wenigstens die Herstellungskosten abgedeckt werden konnten (Filmförderung war 1962 in Deutschland ein Fremdwort).

Barthel steht auf, geht zum Fenster, schaut auf die Straße, klopft mit dem rechten Zeige- und Mittelfinger an die Scheibe. Kein deutscher Film der letzten Saison hatte 3,4 Millionen DM Verleih-Einnahme gebracht! Eigentlich unverantwortlich, solches Risiko einzugehen.

Plötzlich dreht sich Barthel um: ›Einverstanden.‹ Handschlag − *Der Schatz im Silbersee* wurde realisiert.‹

Der Produktionsetat belief sich letztendlich nicht auf zwei, sondern auf 3,5 Millionen DM. Aber solche nachträglichen Steigerungen sind in der Filmbranche eher die Regel als die Ausnahme.

Ganz so verrückt, wie es allen schien, war Wendlandts Idee jedoch nicht. Bevor er daran ging, sie in die Tat umzusetzen, hatte er das Risiko wohl überlegt. Sein Optimismus stützte sich darauf, daß man zum erstenmal daran ging, einen von Karl Mays Winnetou-Romanen zu verfilmen (jenen obskuren *Old Shatterhand* nicht mitgerechnet, der in den zwanziger Jahren in Prag aufgeführt worden sein soll). Die zwar im Endeffekt immer gescheiterten May-Filme stützten sich sämtlich auf Orient-Erzählungen, die in der Gunst der May-Leser nicht so hoch standen wie die Abenteuer von Old Shatterhand und Winnetou. Um sich zusätzlich abzusichern, wählte Wendlandt den May-Titel aus, der den größten Bekanntheitsgrad besaß. Das war *Der Schatz im Silbersee*, das meistverbreitete Werk aus der Feder Karl Mays mit einer Auflage, die zu Beginn der Dreharbeiten bei 1 200 000 Exemplaren lag (in Worten: eine Million zweihunderttausend!).

Eine finanzielle Erleichterung im May-Filmgeschäft versprach der Umstand, daß 1962, fünfzig Jahre nach dem Tod des Autors, der Urheberrechtsschutz an seinen Werken erlosch.

Auch die Idee, einen deutschen Western zu drehen, war so absurd nicht. Schließlich hatte man bereits in der Stummfilmzeit deutsche Western produziert, etwa den zweiteiligen *Lederstrumpf* mit Béla Lugosi. In der Tonfilmzeit folgten 1936 *Der Kaiser von Kalifornien* von und mit Luis Trenker und 1939 Herbert Selpins *Wasser für Canitoga* mit Hans Albers. Nach dem Krieg tauchte Albers 1953 als Westernheld wieder in Rudolf Jungerts *Jonny rettet Nebrador* auf. Freddy Quinn sang sich 1959 in *Freddy unter fremden Sternen* durchs wilde Kanada, übrigens der erfolgreichste deutsche Film der Spielzeit 1959/60 in den bundesdeutschen Kinos. Kanada gab auch die Kulisse ab für den österreichischen ›Heimatfilm‹ *Ruf der Wildgänse* (1961) mit Ewald Balser, Brigitte Horney und Heidemarie Hatheyer. Der deutsche Nachkriegsfilm nutzte das Wildwest-Ambiente als stimmungsvolle Kulisse für Heiteres, Melodramatisches und Schlagergeträller. An Karl May war es nun, Deutschlands Wilden Westen mit der rauhen Luft handfesten Abenteuers zu erfüllen.

Was frühere Produzenten von der Idee abgeschreckt haben mag, Mays Winnetou-Erzählungen zu verfilmen, wird der Gedanke gewesen sein, mit einem großen Filmteam die ebenso weite wie kostspielige Reise in die USA zu unternehmen, um an den tatsächlichen Schauplätzen der Geschichten zu drehen. Schließlich war das Publikum durch eine Flut von Hollywood-Western in seiner Vorstellung vom Wilden Westen eindeutig vorgeprägt. Auch hätte man schwerlich amerikanische Produktionspartner gefunden, da Mays Werke in den Vereinigten Staaten nicht sehr verbreitet sind.

Horst Wendlandt fand eine viel naheliegendere Lösung, indem er sich mit jugoslawischen und französischen Partnern zusammentat. Im europäischen Ausland genoß und genießt Karl May eine fast ebenso große Popularität wie in Deutschland.

Jugoslawien erwies sich als Glücksgriff. Dort entdeckte man romantische Schauplätze wie die Plitwitzer Seen, die Kulisse für den Silbersee, die mehr als akzeptable Gegenstücke zu den beeindruckenden Landschaftsbeschreibungen in Mays Büchern waren. Die jugoslawischen Felsengebirge boten die Möglichkeit zur Darstellung eines glaubhaften Wilden Westens und zugleich eine erfrischende Abwechslung von den gewohnten Hollywood-Stereotypen.

Für die Reitszenen entdeckte man einen ehemaligen Privatflughafen nahe bei Opatija, auf dessen Betonpiste der Kamerawagen erschütterungsfrei fahren konnte, während Bleichgesichter und Rothäute auf dem Rasen nebenherritten.

Da konnte man sich schon mal den Luxus erlauben, die Westernstadt Tulsa extra für den *Schatz im Silbersee* zu bauen.

Die Innenaufnahmen fanden dann aber in Berlin statt, wo Artur Brauners gutbestückte CCC-Studios angemietet wurden.

Old Shatterhand — Der Held, der aus dem Dschungel kam

Die Finanzierung in Deutschland und mit den ausländischen Produktionspartnern war gesichert, in Jugoslawien ein geeigneter und kostengünstiger Wilder Westen gefunden, doch war das noch längst nicht alles, um den Erfolg des Projekts zu garantieren. Wendlandt wußte: *Der Schatz im Silbersee* steht und fällt mit seinen Helden Old Shatterhand und Winnetou — besser gesagt mit den Schauspielern, die Mays berühmtes Blutsbrüderpaar verkörpern.

Zunächst mußte ein geeigneter Old Shatterhand gefunden werden. Sein orientalisches Pendant Kara Ben Nemsi war bisher stets von deutschen Schauspielern dargestellt worden, die zumindest in den Fällen Fred Raupach und Helmuth Schneider von Kritik und Publikum abgelehnt wurden. Wendlandt ging den umgekehrten Weg und besetzte die Rolle des urdeutschen Recken Old Shatterhand mit einem Amerikaner: Lex Barker. Dieser brachte die Ausstrahlung des Weltläufers mit, die Old Shatterhand auch in Mays Erzählungen hat.

Lex Barker stammte aus einer angesehenen Bankiersfamilie und wurde als Alexander Crichlow Barker jr. am 8. Mai 1919 in der im amerikanischen Bundesstaat New York liegenden Stadt Rye geboren. Nach einer Internatsausbildung an der Philips-Exeter Academy nahm er an der Universität von Princeton ein Ingenieurstudium auf. Dort hielt es ihn nicht lange. Nachdem er schon während seiner Internatszeit eine Schauspielschule besucht hatte, beschloß er nun, nach zwei Jahren Universität, eine Karriere als Schauspieler zu beginnen. Aber trotz einiger Theaterrollen wartete er vergeblich auf den großen Durchbruch.

1941 trat er in die US-Infanterie ein, kam in Nordafrika und auf Sizilien zum Einsatz, zog sich eine schwere Verwundung zu und wurde 1945 als einer der jüngsten Majore aus der Armee entlassen.

Wieder versuchte er sich als Schauspieler und erhielt tatsächlich noch im selben Jahr nach erfolgreichen Probeaufnahmen einen Einjahresvertrag von der 20th Century Fox. Ebenfalls noch 1945 durfte er in dem Film *Doll Face* eine kleine Nebenrolle spielen. Zehn weitere Filme unterschiedlicher Genres folgten, aber der ersehnte Erfolg schien ihm abermals versagt. Er war mit seinen 1,93 Metern zu groß, um die dritte oder vierte Hauptrolle neben den Filmstars der ersten Garde zu spielen, konnte aber selbst nicht an erster Stelle der Besetzungslisten stehen, weil er noch keinen bekannten Namen besaß.

Aber 1948 kam der Zufall Lex Barker zur Hilfe. Sol Lesser, der für die RKO die Tarzan-Filme produzierte, hatte sich mit seinem Star Johnny Weissmüller zerstritten, weil dieser an den Einnahmen künftiger Tarzan-Filme beteiligt werden wollte. So etwas hören Filmproduzenten niemals gern. Auch war der einst so athletische Weissmüller mit den Jahren etwas rundlich um die nur von einem Lendenschurz bedeckten Hüften geworden. Da Lesser nicht mit sich reden ließ, nahm Weissmüller nach sechzehn Jahren und zwölf Tarzan-Filmen Abschied von Edgar Rice Burroughs' Dschungelhelden. Aber er blieb dem Urwald als Dschungel-Jim im Kino und im Fernsehen treu.

Sol Lesser, der jedes Jahr ein neues Dschungel-Epos in die Kinos brachte, mußte sich schleunigst nach einem neuen Tarzan umsehen, der imstande war, sich gegen den legendären Johnny Weissmüller zu behaupten. Regisseur Lee Sholem war schon am Verzweifeln, als nach Monaten des erfolglosen Suchens Lex Barker bei ihm auftauchte, der sowohl den notwendigen Körperbau als auch das erforderliche schauspielerische Können besaß. Sholem engagierte ihn nach einem kurzen Telefonat mit Sol Lesser sofort für die Hauptrolle in *Tarzan's Magic Fountain* (Tarzan und das blaue Tal, 1948). Da man so clever war, Elmo Lincoln, den allerersten Stummfilm-Tarzan, für die Nebenrolle eines Fischers anzuheuern, errang der Film die nötige Popularität, und der neue Tarzan setzte sich beim Publikum durch.

Lex Barker drehte noch vier weitere Tarzan-Filme, wurde der Rolle aber allmählich überdrüssig. Besonders störte ihn der geringe Sprachschatz des Dschungelhelden. Nachdem er bei Lesser für den vierten Film *Tarzan's Savage Fury* (Tarzan, der Verteidiger des Urwalds, 1951) erfolgreich mehr Dialog eingefordert hatte, der Film jedoch kein gutes Einspielergebnis erzielte, sagte Lesser über Tarzan/Barker: »Er hat sich fast totgequatscht.« Und er strich Barkers Dialog für den folgenden Film *Tarzan an the She-Devil* (Tarzan bricht die Ketten, 1953) rigoros zusammen. Das machte Barker keinen Spaß mehr, wollte er sich schauspielerisch doch gern mehr entfalten. Er kündigte seinen Urwaldjob bei Lesser, versprach aber, hin und wieder gern den Lendenschurz überzustreifen. Daran wiederum war Lesser nicht gelegen, der seiner Tarzan-Serie und damit der Titelfigur Kontinuität verleihen wollte. Er suchte sich einen neuen Heldendarsteller ohne schauspielerische Ambitionen. Den fand er in dem ehemaligen Nahkampfausbilder und Bademeister Gordon Werschkull, der für seinen ersten Filmeinsatz noch rasch in Gordon Scott umgetauft wurde.

Lex Barker spielte anschließend in vielen Abenteuerfilmen, Western und Krimis, vorwiegend solchen der zweiten Garnitur. Zwei Western aus dem Jahr 1957 sind besonders erwähnenswert: In *War Drums* (Häuptling der Apachen/Rebell der roten Berge) übernahm er die Hauptrolle des historischen Apachen-Häuptlings Mangas Coloradas, der im Film an der Seite seines weißen Freundes Luke Fargo (Ben Johnson) die Jagdgründe der Apachen gegen bleichgesichtige Landräuber verteidigen muß. Dazu schreibt Joe Hembus in seinem *Western-Lexikon:* ›Lex Barker in der Rolle von Pierre Brice mit Ben Johnson als Shatterhand-Figur.‹ Kurz darauf spielte Lex Barker in der Cooper-Verfilmung *The Deerslayer* (Lederstrumpf) den literarischen Shatterhand-Vorläufer Natty Bumppo. Gekleidet in einen braunen Jagdrock, ein langes Messer an der Hüfte, die Büchse in der Rechten, sieht er darin fast genauso aus wie später als Old Shatterhand.

Nachdem er 1953 bereits zwei Abenteuerfilme in Italien gedreht hatte, siedelte Lex Barker 1958 für längere Zeit nach Cinecitta über, um dort und in Spanien in Filmen wie *Il figlio del corsaro rosso* (Die Vergeltung des roten Korsaren, 1958), *Il cavaliere dai cento volti* (Die Rache des roten Ritters, 1960), *Robin Hood e i pirati* (Robin Hood und die Piraten, 1960) und *Il segreto dello sparviero nero* (Der schwarze Brigant, 1961) allerlei Abenteuerliches zu vollbringen. Das war ein Weg, den viele Hollywood-Schauspieler einschlugen, die in ihrer Heimat nicht so recht zum Zuge kamen, so auch Barkers Tarzan-Nachfolger Gordon Scott.

Lex Barker trat aber auch in einem Film auf, der künstlerisch viel Beachtung fand. So vor allem in Frederico Fellinis *La dolce vita* (Das süße Leben, 1958/59), in dem Barker den Freund von Anita Ekberg spielte.

In Rom lernte er bei einer Party von James Mason Artur Brauner kennen, der ihn nach Deutschland holte. Den Grund nennt Brauner in seiner Autobiographie *Mich gibt's nur einmal:* ›Barker war der Typ eines Filmschauspielers, wie er in Deutschland selten vorkommt. Er war männlich und doch sensibel, Liebhaber und Rauhbein zugleich, hatte Bizeps, aber auch Hirn, war ein Draufgänger und doch kein Dummkopf. (. . .) Barker war, wie die meisten amerikanischen Filmschauspieler, ein außerordentlich disziplinierter Arbeiter. Starallüren kannte er nicht. Er kam pünktlich zum Drehort, konnte seinen

Text, war stets konzentriert, stritt nicht mit dem Regisseur und malte nicht im Drehbuch herum. In diesem Sinne also beste Hollywoodschule.‹

Barker spielte für Brauner den FBI-Agenten Joe Como in den beiden 1961 entstandenen Gruselkrimis *Im Stahlnetz des Dr. Mabuse* und *Die unsichtbaren Krallen des Dr. Mabuse*. Brauner wollte seine Serie um den Superverbrecher Dr. Mabuse damit auch für den internationalen Markt interessant machen. Dann übernahm Barker die Titelrolle in der von Rudolf Jugert inszenierten Medizinschnulze *Frauenarzt Dr. Sibelius* (1962), mit der Brauner die abebbende Arztfilmwelle noch einmal aufzupeppeln hoffte.

Lex Barker kam in Deutschland gut an, und so engagierte ihn Horst Wendlandt als Old Shatterhand für den *Schatz im Silbersee*. Eine Rolle, die Barker zumindest im deutschsprachigen Raum unsterblichen Filmruhm einbringen sollte. Dazu wäre er fast nicht gekommen, denn Barker war zunächst nicht begeistert von dem Gedanken, schon wieder in einem Western aufzutreten, hatte er Hollywood doch gerade erst den Rücken gekehrt. Aber seine damalige und dritte Frau, die Schweizerin Irene Labhart, die er 1959 heiratete und die schon 1962 verstarb, wußte die Bedeutung der Rolle und die Beliebtheit Karl Mays in Deutschland besser einzuschätzen und überredete ihn, Wendlandts Angebot anzunehmen.

Barker war genau der Richtige für diese Rolle. Er ritt, schoß und kämpfte sich in die Herzen der Kinogänger, bewahrte er sich doch jenes Maß an edelmütiger Zurückhaltung, das Karl May seinem Helden mit auf den Weg gegeben hatte.

Winnetou war Fallschirmjäger

Blieb also noch die Besetzung des Winnetou. Dafür faßte Horst Wendlandt Heinz-Ingo Hilgers, den Winnetou der Bad Segeberger Karl-May-Festspiele, Horst Buchholz, Christopher Lee und Gustavo Rojo ins Auge. Hilgers konnte auf das Angebot nicht eingehen, weil es ihm die Segeberger unterschlugen (darüber später mehr). Buchholz, der bereits in *The Magnificent Seven* (Die glorreichen Sieben, 1960) Western-Erfahrung gesammelt hatte, wollte nicht. Mit dem Briten Lee, der auch in einigen Filmen aus Wendlandts Wallace-Serie auftrat, machte man Probeaufnahmen. Nach Bela Lugosi war er der zweite berühmte Dracula-Darsteller, der mit Karl May in Berührung kam. Aber für ihn konnte man sich ebensowenig entscheiden wie für Gustavo Rojo, der es später noch öfter mit Karl May zu tun bekam. Im Juli 1962 entdeckte Wendlandt seinen Winnetou endlich auf den Berliner Filmfestspielen in der Gestalt des 1,81 Meter großen, grünäugigen Franzosen Pierre Brice, der sich als Idealbesetzung und Publikumsliebling erweisen sollte.

Brice, im Zivilleben ein Baron namens Pierre Louis le Bris, wurde am 6. Februar 1929 in der französischen Hafenstadt Brest geboren und sollte nach dem Wunsch seiner Eltern Architekt werden. Aber nach bestandenem Abitur ging der abenteuerlustige Sprößling eines ehemaligen Marineoffiziers selbst zur Marine und kämpfte anschließend als Fallschirmjäger in Algerien und Indochina.

Im Rahmen der Truppenbetreuung beschäftigte er sich mit der Schauspielerei und nahm 1952, nach Beendigung seines Militärdienstes, Schauspielunterricht. Weil er danach keine Rollenangebote bekam, verdingte er sich als Tänzer und Fotomodell, bis er 1954 eine Minirolle in dem Eddie-Constantine-Film *Ça va barder* (Harte Fäuste – heißes Blut) erhielt. Nach weiteren Kleinstauftritten spielte er 1958 seine erste tragende Rolle in dem Melodram *Le miroir a deux faces* (Der Tag und die Nacht), was er der Hauptdarstellerin Michèle Morgan verdankte.

In den folgenden Jahren trat Pierre Brice in Claude Chabrols *Les cousins* (Schrei, wenn du kannst, 1958), in Marcel Carnés *Les tricheurs* (Die sich selbst betrügen, 1958) und in Damiano Damianis Regiedebut *Il rossetto* (Unschuld im Kreuzverhör, 1959) auf. Die meisten seiner Filme, Abenteuerstreifen, Krimis und Melodramen, waren jedoch nicht ganz so anspruchsvoll. Obwohl er in Italien, wo auch Lex Barker zu der Zeit arbeitete, eine gewisse Beliebtheit errang, schafft er den ganz großen Durchbruch nicht.

Der kam erst mit der Winnetou-Rolle, über die Pierre Brice später sagte: »Als mir Anfang der sechziger Jahre der Berliner Produzent Horst Wendlandt die Rolle anbot, wußte ich weder, wer Winnetou war, noch hatte ich jemals etwas von Karl May gehört oder gelesen. Doch dann kaufte ich mir zwei Karl-May-Bände und war begeistert. Winnetou – das war meine Rolle!«

So fühlten und dachten auch die Kinobesucher, die seinen edlen tapferen, meist etwas melancholischen Apachen-Häuptling zum Idol erhoben.

Ein Jurist verfilmt Karl May

Ein gesicherter Produktionsetat, treffliche Schauspieler sowie Schauplätze ergeben noch keinen Film. Horst Wendlandt benötigte einen Regisseur, der es verstand, das Karl-May-Western-Flair auf die Leinwand zu übertragen. Den fand er in Harald Reinl, einem promovierten Juristen.

Der 1908 geborene zähe, kleine Mann aus Bad Ischl war ein begeisterter Bergsteiger und Skiläufer, als ihn Leni Riefenstahl 1930 als Skifahrer für den Film *Stürme über dem Montblanc* entdeckte, in dem sie die Hauptrolle spielte. Regie führte der berühmte Naturfilmer Dr. Arnold Fanck. Reinl begeisterte sich für die Filmerei und lernte fortan unter Fanck und Riefenstahl das Metier. Bis 1945 blieb er Leni Riefenstahls Regieassistent.

Mit seinem Regiedebut im Jahr 1949, der Verfilmung von Adalbert Stifters Novelle *Bergkristall*, begann die Heimatfilmwelle des deutschen Nachkriegsfilms, noch vor den bereits erwähnten Hans-Deppe-Filmen. Bei den Naturfilmern Fanck und Riefenstahl hatte es Reinl gelernt, Schauspieler vor einer eindrucksvollen Kulisse in Szene zu setzen. Deshalb war er ein idealer Regisseur für Heimatfilme, von denen er weitere inszenierte wie *Der Herrgottschnitzer von Ammergau* (1952), *Rosen-Resli* (1953/54), *Die Fischerin vom Bodensee* (1956), *Johannisnacht* (1956), *Die Zwillinge vom Zillertal* (1957) und *Almenrausch und Edelweiß* (1957). Mit *Rosen-Resli* nach Johanna Spyri verschaffte er Christine Kaufmann ihre erste Rolle als Kinder-Star.

Auch andere Genres beherrschte er perfekt, z. B. das Melodram. In dem 1955 von Reinl inszenierten Filmmelodram *Ein Herz schlägt für Erika* spielte übrigens Helmuth Schneider mit, der Kara Ben Nemsi aus *Der Löwe von Babylon*. Daß er sich auf gut inszenierte Action verstand, bewies Reinl mit seinen Kriegsfilmen *Die grünen Teufel von Monte Casino* und *U 47 − Kapitänleutnant Prien* (beide 1958).

Den Krimi-Boom der sechziger Jahre hob Reinl ebenfalls mit aus der Taufe, als er 1959 mit *Der Frosch mit der Maske* den ersten Edgar-Wallace-Film der langlebigen Rialto-Serie inszenierte. Mit weiteren Wallace-Filmen wie *Die Bande des Schreckens* (1960) und *Der Fälscher von London* (1961) schuf er das Muster, in dem sich die späteren Regisseure der Wallace-Reihe bewegten. Für den Rialto-Konkurrenten Artur Brauner drehte Reinl 1961 die beiden Mabuse-Filme, mit denen Lex Barker seinen Einstand in Deutschland gab.

Brauner über Reinl: »Es gab keinen, der mehr vom Medium Film und seinen Wirkungsmöglichkeiten verstanden hätte. Und er hat immer an das Geld seines Produzenten gedacht − größte Effekte mit geringstem Aufwand!«

Die elitäre deutsche Filmkritik hat Reinl nie gemocht. Dafür schätzten ihn die Ausländer, die längst erkannt haben, daß nicht nur das wertvoll ist, was möglichst wenigen gefällt. Die französische Kritikerzeitschrift *Cahiers du Cinema* schrieb: ›Man sollte sich jedes Jahr mindestens einmal einen Harald-Reinl-Film ansehen.‹

Beim deutschen Publikum kamen Reinls Filme dafür um so mehr an (was beweist, daß entweder die Kinobesucher oder die Kritiker in Deutschland nichts vom Film verstehen). Jede seiner Arbeiten hatte bisher ihr Geld eingespielt. Das war auch in Horst Wendlandts Augen eine Empfehlung. Zudem spielt beim Western wie beim Heimatfilm die Landschaft eine große Rolle (nicht umsonst wird der Western oft als der amerikanische Heimatfilm bezeichnet). Da es niemand so verstand wie Reinl, die Landschaft optisch eindrucksvoll und doch unaufdringlich in eine Filmhandlung zu integrieren, wählte Wendlandt den Doktor der Rechtswissenschaften als Regisseur für den *Schatz im Silbersee* aus.

Wendlandt bewies bei dieser Wahl, ebenso wie bei den Hauptdarstellern, eine glückliche Hand. Reinl schaffte die schwierige Ballance zwischen rauhem Western-Flair und Karl-May-Romantik, zwischen Action und Sentimentalität, zwischen Realistik und Pathos. Er ironisierte May nicht und trieb keine formalen Spielereien mit dem Sujet, sondern brachte jenes handfeste und zugleich märchenhafte Abenteuer auf die Leinwand, das sich die Zuschauer von einer Karl-May-Verfilmung erhofften.

Der Schatz im Silbersee geriet unter seinen Fittichen nicht nur zu einer künstlerischen, sondern auch zu einer logistischen Bravourleistung. Zu dem Amerikaner Barker und dem Franzosen Brice gesellten sich deutsche und jugoslawische Darsteller zuzüglich 3000 Komparsen, was die sprachliche Verständigung am Set nicht gerade vereinfachte. 2500 Pferde galoppierten durch die malerische Landschaft, während sich Weiße und Rote mit 1500 Schuß Munition und 500 Pfeilbögen bekriegten. Aber Harald Reinl erwies sich als der richtige Mann und bekam alles unter einen Hut. Später meinte ein amerikanischer Filmproduzent, nachdem er drei Reinl-Filme gesehen hatte, der Mann wäre in den USA ein gefragter Western-Regisseur geworden.

Karl May hat in seinem Leben viel zu erdulden gehabt, woran Recht und Gesetz nicht ganz unschuldig waren. Daß ausgerechnet ein Jurist Karl May durch die *Silbersee*-Verfilmung neue Popularität sicherte, erscheint wie eine späte Wiedergutmachung.

Kein Platz für Old Firehand

Wie schon bei früheren May-Filmen bestand auch beim *Schatz im Silbersee* das Problem, Karl Mays dickleibiges Buch auf normale Spielfilmlänge zu reduzieren. Horst Wendlandt fand auch dafür den richtigen Mann, als er dem Drehbuch-Routinier Harald G. Petersson von seinem Projekt berichtete. Petersson: »Er erzählte mir davon, und ich war sofort Feuer und Flamme. Ich habe alle May-Bände gelesen. Winnetou war der Held meiner Jugend.«

Als May-Kenner bürgte Petersson dafür, daß trotz der erforderlichen Kürzungen und Straffungen das May-Typische erhalten blieb. Den Streichungen fielen eine Menge Figuren aus Mays Vorlage zum Opfer. Petersson: »Man muß sie auch auf die wenigen publikumswirksamen, auf die beliebtesten beschränken, wie Old Shatterhand, Winnetou, Sam Hawkens und den jeweiligen, dramaturgisch nötigen Schurken.« Das Kuriose beim *Schatz im Silbersee* ist, daß Sam Hawkens zwar zu den beliebtesten May-Figuren gehört, aber in der Romanvorlage gerade nicht auftaucht. Mays Wildwesterzählungen strotzen meistens nur so von kauzigen Scouts und Trappern, so auch *Der Schatz im Silbersee*. Da sind der Hobble-Frank und die Tante Droll (übrigens ein Mann), der Lange Davy und der Dicke Jemmy, der Gunstick Uncle und der Humply Bill. Nur Gunstick Uncle sowie Lord Castlepool konnten sich in den Film hinüberretten. Sam Hawkens wurde von Petersson hineingeschrieben, verlor dabei aber seine beiden Gefährten Dick Stone und Will Parker, mit denen er bei Karl May stets im Trio auftritt, weshalb man sie auch das ›Kleeblatt‹ nennt.

Ein Trio bilden in Mays Vorlage auch die Haupthelden, denn da ist Old Firehand noch mit von der Partie, der Old Shatterhand und Winnetou sogar etwas in den Hintergrund drängt. Doch Firehand fiel im Film ebenso weg wie das ganze Anfangskapitel des Romans, das auf dem Arkansas-Dampfer ›Dogfish‹ spielt und den aufregenden Ausbruch eines schwarzen Panthers schildert. Im Film wurde aus dem mächtigen Schaufelraddampfer eine simple Postkutsche, wohl auch, weil's billiger kam. Weiterhin fehlt im Film der Teil des Romans, der den Überfall der Tramps auf einen Geldtransport der Eisenbahn schildert, was dank des beherzten Eingreifens von Old Firehand und Winnetou scheitert. Trotz dieser Kürzungen und Änderungen hat Petersson Karl May nicht verraten, sondern das Wesentliche seiner Erzählung wie auch den Geist auf die Leinwand übertragen.

So ist es nicht zuletzt Peterssons Verdienst, wenn die eingefleischten Western-Fans mit der Hollywood-Version des Wilden Westens im Hinterkopf von den Karl-May-Filmen ebenso angetan waren wie die Verehrer des sächsischen Dichters, die auf der Leinwand genug wiederfanden, was ihrer Erinnerung an die May-Lektüre entgegenkam. Der Drehbuchautor fand den goldenen Mittelweg zwischen realistischer Milieuschilderung und romantisch verklärter Legendenbildung, der für die folgenden Winnetou-Filme richtungsweisend war.

Dazu Petersson: »Natürlich habe ich sehr viel amerikanische Literatur, die ich mit auswerte. Denn das Bild, das May von seinem Wilden Westen, den er die ›dark and bloody grounds‹ nannte, gibt, ist doch etwas zu sehr idealisiert. Wir müssen also, ohne May zu verfälschen, dem an amerikanischen Western geschulten Publikum ein äußerlich stimmendes Bild vermitteln, das Milieu aufpolieren. Allein die Hauptfiguren würden zum Beispiel lächerlich wirken, würde man sie so kleiden, wie sie bei May geschildert sind. Aber ansonsten war Karl May erstaunlich genau. Die Indianersprachen, die er verwendet, sind richtig. Ich arbeite nach demselben Buch, nach dem May arbeitete. Es gibt nur eines. Es erschien 1870 und beinhaltet englische Übersetzungen von Ausdrücken aus zwölf — damals noch lebenden — Indianersprachen und Dialekten.«

Wozu anzumerken ist, daß die meisten Hollywood-Western das Bild des Wilden Westens genauso verklären und verzerren wie Karl May, nur eben auf ihre Weise. ›Bei dieser Gelegenheit möchte die Fachpresse einmal festgestellt wissen, daß es nicht lächerlicher ist, wenn die Europäer Western drehen, als wenn Hollywood umgekehrt europäisches Kulturgut beackert‹ (Joe Hembus — bei anderer Gelegenheit — in seinem *Western-Lexikon*).

Die Mühe, die man sich gab, um die eingefleischten May-Freunde nicht zu verprellen, zeigt sich bei Old Shatterhand. Anfangs reitet er mit blondem Vollbart über die Leinwand — so, wie Karl May ihn häufig beschrieb. Im Saloon von Tulsa fällt die Manneszierde dann dem Rasiermesser zum Opfer. Das war nötig, damit ›Sexy-Lexy‹, wie der fünfmal verheiratete Schauspieler von der Presse genannt wurde, bei den weiblichen Zuschauern genügend Frühlingsgefühle hervorrufen konnte. Der Hut, den Old Shatterhand bei Karl May trägt, hängt anfangs auch an seinem Sattel, aber Lex Barker setzt ihn in seiner ganzen Shatterhand-Karriere nicht einmal auf.

Bei Pierre Brice als Winnetou waren keine solch einschneidenden Manipulationen nötig. Zwar ist sein Haar nicht ganz so lang, wie Karl May es dem Edelindianer andichtete, und auch nicht zu einem ›helmartigen Schopf‹ gebunden, doch ansonsten sieht er so aus, wie man sich den Apachenhäuptling bei der May-Lektüre vorstellt.

Helden und Schurken

Nicht ungewürdigt bleiben darf die Leistung der Schauspieler, die an der Seite von Lex Barker und Pierre Brice Karl Mays abenteuerlichen Phantasien Leben einhauchten.

Da ist zunächst Herbert Lom als abgrundtief schurkischer Cornel Brinkley, dämonisch und stets an der Grenze zum Wahnsinn, der ihn angesichts des Schatzes im Silbersee endgültig übermannt. Sein Untergang mit dem Schatz als offenbar unausweichliches Schicksal ist nicht nur typisch für die May-Filme, sondern auch für ihre literarischen Vorlagen. Selten bringen die Helden selbst und eigenhändig die Bösen zur Strecke. Der Tod des Oberschurken ist meistens eine Art von Gottesstrafe, die er durch sein frevelhaftes Tun selbst auf sich geladen hat. Old Shatterhand, Winnetou und viele Heldengestalten Mays sind gleichsam Sendboten der göttlichen Macht, die das Schicksal nur in die richtigen Bahnen lenken. Cornel Brinkley ist ein Schurke, dem der Zuschauer sein elendiges Ende von Herzen gönnt, hat er doch zuvor seine Bösartigkeit sogar im Umgang mit den eigenen Leuten zur Schau gestellt, als er einen seiner Männer, der ihm widerspricht, kaltblütig niederschießt. In einer ähnlichen Szene peitscht er etwas später einen Tramp wutentbrannt aus. Mit dem Mann ist nicht zu spaßen! Der stets etwas verschlagen wirkende Herbert Lom, eine gute Wahl für diesen Part, hatte sich vornehmlich mit der Darstellung von dunklen, geheimnisvollen Typen einen Namen gemacht. In *Mysterious Island* (Die geheimnisvolle Insel, 1960) spielte er Jules Vernes Kapitän Nemo und in *The Phantom of the Opera* (Das Rätsel der unheimlichen Maske, 1961) Gaston Leroux' titelgebendes Phantom. Unter Harald Reinls Regie war er 1966 in der Neuverfilmung des Nibelungenstoffes als Hunnenkönig Etzel zu sehen. Sein komödiantisches Talent bewies er als vom Pech verfolgter Chefinspektor Dreyfuß in der von Blake Edwards inszenierten Filmserie um den trotteligen Inspektor Clouseau.

Ein wichtiger Bestandteil der May-Filme wie auch der literarischen Vorlagen sind die bereits erwähnten kauzigen Typen, die immer wieder für eine Auflockerung des Spannungsbogens zu sorgen haben. Eddi Arent, als weltfremder und leicht verrückter Lord Castlepool auf Schmetterlingsjagd im Wilden Westen, hatte sich bereits als komische Nummer in den Edgar-Wallace-Filmen in die Herzen des Kinopublikums gespielt. Sein Lord Castlepool kehrte noch zweimal auf die Leinwand zurück. Mirko Boman (manchmal auch ›Baumann‹ geschrieben) als reimender Gunstick Uncle, der seinen

Namen seiner extremen Hagerkeit verdankt, war ein sonderlicher Typ so recht nach dem Herzen Karl Mays: mit einer offensichtlichen (Reim-) Macke behaftet, aber wenn's drauf ankommt, doch ein echter Westmann. Trotzdem spielte der Gunstick Uncle nur noch in einem weiteren May-Film mit.

Große Beliebtheit errang Sam Hawkens durch die Darstellung Ralf Wolters, der neben Lex Barker und Pierre Brice zum dritten Star der Karl-May-Filmwelle in den sechziger Jahren avancierte. Mit elf May-Filmen – davon sechs als Sam Hawkens – war er genauso oft dabei wie Brice und nur einmal weniger als Barker. Ralf Wolter wurde 1926 in Berlin geboren und war damit sogar ein paar Jahre jünger als Barkers Shatterhand->Greenhorn<, dessen Lehrmeister der alte Sam doch eigentlich ist. Nach der Bühnenarbeit bei verschiedenen Berliner Kabaretts erhielt Wolter seine erste Filmrolle in dem kabarettistischen Lustspiel *Die Frauen des Herrn S.* (1951). Das war für ihn der Startschuß zu einer Karriere als beliebter Filmkomiker, der auch häufig im Fernsehen zu sehen war. Fernsehzuschauer der frühen Jahre erinnern sich sicher noch an die Detektivserie *Ein Fall für Titus Bunge*, in der Ralf Wolter die Titelrolle spielte.

Eine Besonderheit der Karl-May-Filme ist, daß neben den >Haupthelden< (hier: Old Shatterhand und Winnetou) regelmäßig ein junger Liebhaber mitspielt, da erstere als überdimensionale Rettergestalten für so etwas Irdisches wie die Liebe (als partnerschaftliche Beziehung zwischen Mann und Frau) nicht geschaffen sind. Ausnahmen bilden die ersten beiden Teile der Winnetou-Trilogie, in denen aber die Liebe für unsere Helden jedesmal einen tragischen Verlauf nimmt. Ihre Bestimmung ist es, einsam durch die Prärien und Felsengebirge zu streifen und mit der menschlichen Gesellschaft nur dann in Kontakt zu kommen, wenn es nötig ist, dort für Recht und Ordnung zu sorgen.

Die Liebhaberrolle des Fred Engel, in Mays Roman noch ein Knabe, übernahm der junge Götz George, später als *Tatort*-Kommissar Schimanski eine Kultfigur. Der Abkömmling der berühmten Theater- und Filmschauspieler Heinrich George und Berta Drews hatte 1953 mit dem Hans-Deppe-Film *Wenn der weiße Flieder wieder blüht* sein Kinodebüt gefeiert. Zwar spielte er darin nur eine kleine Rolle an der Seite Romy Schneiders, aber von da an war er im Filmgeschäft gefragt. Bis 1962 folgten elf weitere Filme verschiedener Genres und unterschiedlichen Anspruchs, in denen er zeigen durfte, daß er mehr war als nur der Sohn berühmter Eltern. 1960 wurde er mit dem Filmband in Silber und 1961 mit dem Preis der Deutschen Filmkritik ausgezeichnet. Auch im *Schatz im Silbersee* spielt er den vom Haß auf die Mörder seines Vaters getriebenen jungen Rächer mit großer Intensität, die ihn aber keinen Augenblick unsympathisch wirken läßt. Seiner differenzierten Darstellung ist es zu verdanken, wenn die oft an den Karl-May-Filmen geübte Kritik, psychologisch eindimensional zu sein, zumindest nicht ganz ins Schwarze trifft. Die Rolle des Fred Engel brachte Götz George einen kräftigen Popularitätsschub und den Bambi als beliebtester Schauspieler ein. (Diesen Preis erhielt im selben Jahr auch seine spätere Frau Loni von Friedl.)

Fred Engels romantische Interessen gelten der aparten Ellen Patterson, gespielt von der nicht minder aparten Karin Dor. Die 1936 in Wiesbaden als Kätherose Derr geborene Schauspielerin erhielt 1953 in Harald Reinls *Rosen-Resli* ihre erste Sprechrolle und heiratete den Regisseur im Dezember 1954. Sie wirkte in vielen Filmen ihres Mannes mit, von dem sie 1967 geschieden wurde. Darunter waren viele Wallace-Filme und andere Krimis, was ihr den Titel ›Miss Krimi‹ eintrug. Die schönste Frau im deutschen Film der sechziger Jahre kehrte, wie auch Götz George, noch zweimal in Karl Mays Wilden Westen zurück.

Bei der Aufzählung des Personals nicht fehlen darf Marianne Hoppe in der kleinen, aber feinen Rolle der resoluten Mrs. Butler, Chefin von Butler's Farm, die als gestandene Pioniersfrau auf ihre mütterlich-rauhe Art für Zucht und Ordnung unter den Westmännern sorgt. Der unermüdlich Reime hervorsprudelnde Gunstick Uncle wird in seinem Redeschwall von ihr glatt unterbrochen, was schon eine Kunst ist.

Karl May für die Ohren

›An dem Erfolg des Filmes ist zur Hälfte die Musik beteiligt.‹ So urteilte ein Kritiker nach der Uraufführung von *Der Schatz im Silbersee*, und er tat recht daran.

Ihr Komponist ist der 1927 in Berlin geborene Martin Böttcher. Im 2. Weltkrieg als Jagdflieger ausgebildet und schließlich als Fallschirmjäger eingesetzt, wollte er auch nach dem Krieg mit dem Fliegen seine Brötchen verdienen. Aber deutsche Piloten waren damals weder beliebt noch gesucht. Da erwies es sich als Glücksfall, daß Böttcher in der Kriegsgefangenschaft das Gitarrespielen gelernt hatte. Noch 1945 erhielt er einen Job als Gitarrist beim NDR-Unterhaltungsorchester, wo er neben einem Bassisten spielte, der später als James Last Weltruhm erlangte. Ab 1946 schrieb Böttcher kleine Arrangements, bis er 1952 vom NDR Abschied nahm, um sich ganz dem Arrangieren und Komponieren zu widmen. Seine Arbeit als Filmmusiker startete er im selben Jahr mit der Musik zu einem Dokumentarstreifen. 1955 komponierte er zum erstenmal die Musik für einen großen Kinofilm und war von da an ein gefragter Mann.

Man kann sich keine bessere musikalische Untermalung der Winnetou-Filme vorstellen als Martin Böttchers mit dem Attribut ›romantisch‹ nur unzureichend charakterisierte Kompositionen. Wie später bei der Musik, die Ennio Morricone zu Sergio Leones klassischen Italo-Western komponierte, gingen Filmhandlung und Musik bei den Winnetou-Filmen eine gelungene Symbiose ein. (Wobei Ennio Morricone es wohl leichter hatte, schrieb er teilweise doch erst die Musik, nach der Sergio Leone dann die einzelnen Einstellungen drehte; also eine Art ›umgekehrtes Verfahren‹.) Böttchers zuweilen als

›hypertroph‹ bezeichneten Klänge bedürfen des Filmes nicht, um im Kopf des Hörers die jeweilige Szene entstehen zu lassen.

Insgesamt elf Karl-May-Filme und die Fernsehserie *Kara Ben Nemsi Effendi* tragen Martin Böttchers musikalischen Stempel. Auch bei den jährlich stattfindenden Karl-May-Festspielen in der Sauerlandstadt Elspe dienen seine Kompositionen als musikalische Untermalung des Geschehens. Viele seiner Kompositionen hielten sich wochenlang an den Spitzen der Hitparaden, für Instrumentalstücke ein immenser Erfolg. Die ›Old-Shatterhand-Melodie‹, Titelthema von *Der Schatz im Silbersee*, führte die Charts siebzehn Wochen an und wurde hunderttausendmal verkauft. Alles in allem gingen mehr als 500 000 Alben mit Böttchers May-Musik über den Ladentisch.

Martin Böttcher vertonte rund siebzig Kinofilme, achtzig Fernsehstücke und -serien, fünfzig Industriefilme, leitete das SFB-Tanzorchester mit Paul Kuhn am Klavier (der mit dem Glas Bier) und schrieb Chansons für bekannte Künstlerinnen wie Françoise Hardy, Peggy March und Romy Schneider. Aber auch die Karl-May-Stars Lex Barker und Pierre Brice ließen sich unter seiner Federführung dazu hinreißen, Proben ihrer zweifelhaften Sangeskunst von sich zu geben.

Ein ›Reiterfilm‹ wird zum Sensationserfolg

Zu Beginn der sechziger Jahre ging es dem bundesdeutschen Film immer schlechter. Die Jahresproduktion hatte sich von 98 Spielfilmen im Jahr 1960 auf 79 Filme im Jahr 1961 auf 64 Filme im Jahr 1962 reduziert und war weiter im Sinken begriffen. Der Marktanteil deutscher Produktionen sank von 47,3 % im Jahr 1960 über 32.1 % im Jahr 1961 auf 28,5 % im Jahr 1962. 1961 wurde festgestellt, daß die Zahl der Kinobesucher in den letzten vier Jahren um 27 % gesunken war. Im Januar 1962 brach die Ufa-Filmhansa zusammen; Produktion und Verleih wurden eingestellt. Daraufhin gab es in Deutschland nur noch drei Großverleihe: Bavaria, Constantin und Gloria. 1963 konnte sich auch die Bavaria nicht mehr halten und schloß sich mit der amerikanischen Columbia zur Columbia-Bavaria zusammen.

Auch künstlerisch brach der deutsche Film ein. 1961 wurde bei der Verleihung der Bundesfilmpreise kein einziger Spielfilm ausgezeichnet; das war noch nie dagewesen. Auch die Preise für Regie und Drehbuch wurden nicht vergeben. Die Leitung der Filmfestspiele von Venedig wies im selben Jahr sämtliche fünf deutschen Beiträge zurück.

Angesichts einer solchen Lage mußte es wie ein Akt des Wahnsinns erscheinen, dreieinhalb Millionen Mark in den ›unverfilmbaren‹ Karl May zu investieren. Kurz vor der Premiere von *Der Schatz im Silbersee* galt Horst Wendlandt in der Branche als toter Mann.

Noch einmal Manfred Barthel in seinem Buch *So war es wirklich* über die Uraufführung: ›Horst Wendlandt hatte mein ganzes Mitgefühl, als er am Nachmittag des 14. Dezember 1962 in meinem Büro im dritten Stock des Gloria-Hauses (der Film war bei der Konkurrenz) auf und ab lief und immer wieder über den Stachus zum Mathäser-Filmpalast schaute, der damals noch 1187 Sitzplätze hatte und wo sich in diesen zwei Stunden erweisen mußte, ob der Film ›ankommen‹ würde. Er kam überragend an. Spätestens als der Kamera-Kran zurückfuhr und den Bildausschnitt so vergrößerte, daß die Zuschauer die heranpreschenden Apachen (es sind nicht die Apachen, sondern die Osagen; Anm. d. Verf.) mit ihrem jungen, edlen Häuptling Winnetou sahen, die in letzter Minute Old Shatterhand und den hart bedrängten Weißen in Butlers Farm zu Hilfe kamen, spätestens da hatten Wendlandt und Reinl die jungen wie die alten Karl-May-Leser für ihren Film gewonnen.

Nie wieder, bei keinem James-Bond-Film oder anderen Großproduktionen, habe ich eine solche Begeisterung im Mathäser-Filmtheater erlebt wie beim ersten Karl-May-Film. Nur der Verleihchef der Gloria meinte nach der Premiere: ›Wer will denn so einen Reiterfilm sehen?‹ Aber da ging es wohl weniger ums Reiten als mehr um die Trauben, die zu hoch hingen.‹

Mit dem *Schatz im Silbersee* wurde Karl May zum Retter des deutschen Films, jedenfalls für einige Jahre. Es schlug ›die größte Stunde des bundesrepublikanischen Films in seiner meist nicht verstandenen und nicht vorhandenen Qualität als Showbusineß, die fruchtbare Vermählung des meistgeliebten Subgenres der deutschen Trivialliteratur mit dem international populärsten Filmgenre. (. . .) Mit dem *Schatz im Silbersee* gelang der erste kontinentale Film der Nachkriegszeit, der den amerikanischen Western nicht imitierte, sondern dem einschlägigen nationalen Gedankengut, im vorliegenden Fall der romantischen Karl-May-Vision des Westens adaptierte‹ (Joe Hembus, *Western-Lexikon*).

Es wurde der erfolgreichste deutsche Film der Spielzeit 1962/63 in deutschen Kinos, ausgezeichnet mit der Goldenen Leinwand (für drei Millionen erreichte Zuschauer) und dem Bambi. Die Filmbewertungsstelle vergab das Prädikat ›wertvoll‹ und halbierte damit die Vergnügungssteuer. Darüber hinaus entwickelte sich *Der Schatz im Silbersee* durch Aufführungen in sechzig Ländern zum Exportschlager. Und — selten genug bei reinen Unterhaltungsfilmen — auch die Kritiker zeigten sich begeistert.

›Heio, Bleichgesichter, *das* ist Karl May, das ist er!‹

Da funkelt die Silberbüchse und donnert der Bärentöter. Das, was da farbig über die Cinema-Scope-Leinwand braust, ist ein knallharter Western am Ufer des Silbersees.

Ja, so sieht Karl May heute aus: die alten Zöpfe sind dem Skalpmesser des Drehbuchautors Harald G. Petersson zum Opfer gefallen, Shatterhands Fliegenbart und Wasserstiefel auch. Die ›Alte Schmetterhand‹ ist ein sympathischer Recke ohne Kraftmeierei: Lex Barker bändigt die Rolle des deutschen ›Überhelden‹.

Aber nicht nur der Name des amerikanischen Superstars macht den Film für uns ebenso wie für den Weltmarkt attraktiv. Alles – Darstellung, Kamera, Regie – hat internationales Format.

Das ist ein Karl May ohne Kinkerlitzchen. Da wird gekämpft und gebrandschatzt wie im allerbesten Abenteuerfilm. Das ist einfach Klasse, wie *Der Schatz im Silbersee*, Mays gängigster Band mit der 1 200 000-Auflage, in Jugoslawien gedreht wurde.

Eine Flasche Feuerwasser auf das Können des Regisseurs Dr. Harald Reinl, und eine zweite gleich hinterher auf Götz Georges Wohl: als Fred Engel catcht und schießt er sich durch Cornel Brinkley's (ganz toll Herbert Lom) Bande, daß es eine Freude ist.

Bleichgesichter, wenn Ihr euch eine Freude machen wollt: fahrt mit zum Silbersee. Es wird Euch nicht gereuen. Howgh, ich habe gesprochen!‹ (döm, *Hannoversche Rundschau* vom 15. 12. 1962).

Sogar im amerikanischen Mutterland des Western wurde *Treasure of the Silver Lake* gelobt, so im *Monthly Film Bulletin*: ›Ein frischer kontinentaler Western; die Schauplätze sind attraktiv, und der Film ist erfreulich anzusehen. Und wie schön, daß es zur Abwechslung einmal nicht die US-Kavallerie, sondern die Indianer sind, die zur Rettung in letzter Sekunde angaloppiert kommen‹ (zit. nach Joe Hembus, *Western-Lexikon*).

Erfolg auf der ganzen Linie also. Mühen, Schweiß und Angstzustände waren nicht vergebens gewesen. Horst Wendlandt hatte sich als ›Wunderkind‹ der deutschen Filmindustrie bestätigt und Harald Reinl seine Erfolgsserie fortgesetzt.

Mit prophetischem Blick urteilte der Kritiker der *Düsseldorfer Nachrichten* vom 27. 02. 1963: ›Ganz zum Schluß, nachdem der Schatz im Silbersee nebst sämtlichen Schurken in die ewigen Jagdgründe abgewandert ist, reiten Old Shatterhand und Winnetou neuen Abenteuern entgegen; dieser Film wird sicher mehr als eine Fortsetzung haben.‹

Winnetou I

1963

Winnetou I

BRD/Jugoslawien/Frankreich/Italien 1963. *Uraufführung:* 11. 12. 1963. *Regie:* Harald Reinl. *Regieassistenz:* Charles Wakefield. *Regie 2. Stab:* Stip Delic. *Drehbuch:* Harald G. Petersson nach dem gleichnamigen Roman von Karl May. *Kamera:* (Eastmancolor, Cinemascope) Ernst W. Kalinke. *Kamera 2. Stab:* Milorad Marovic. *Musik:* Martin Böttcher. *Ton:* Fedor Jeler. *Schnitt:* Hermann Haller. *Bauten:* Vladimir Tadej. *Kostüme* Irms Pauli. *Pyrotechnik:* Erwin Lange. *Aufnahmeleitung:* Frank Goslar, Dusko Ercegovic. *Produktionslleitung:* Josip Lulic. *Produktionsassistenz:* Leif Feilberg. *Herstellungsleitung:* Erwin Gitt. *Gesamtleitung:* Horst Wendlandt. *Produktion:* Rialto-Film Preben Philipsen (Berlin), Jadran-Film (Zagreb), S. N. C.-Film (Paris), Atlantis-Film (Rom). *Verleih:* Constantin. *Länge:* 101 Minuten; später gekürzt auf 93 Minuten.

Darsteller: Lex Barker (Old Shatterhand), Pierre Brice (Winnetou), Mario Adorf (Frederic Santer), Marie Versini (Nscho-tschi), Ralf Wolter (Sam Hawkens), Walter Barnes (Bill Jones), Mavid Popovic (Intschu-tschuna), Dunja Rajter (Belle), Chris Howland (Jefferson Tufftuff), Branco Spoljar (Bancroft), Hrvoje Svob (Klekihpetra), Tomislav Erac (Tangua), Husein Cokic, Demeter Bitenc, Niksa Stefanini, Vlado Krstulvic, Ilija Ivecic, Teddy Sotosek.

Ausländische Originaltitel: Vinetu I (Jugoslawien), *La revolte des indiens Apaches* (Frankreich), *La valle dei Lunghi coltelli* (Italien).

Inhalt

›Sie kannten ihn alle: Winnetou, den edlen Häuptling vom Stamme der Mescaleros-Apachen. Sein Name lebte in jedem Zelt, in jeder Blockhütte, an jedem Lagerfeuer. Er war der Freund und Beschützer aller Hilflosen, aber ein unerbittlicher Gegner aller Ungerechten. Wie ein Märchen klingt heute, was vor einem Jahrhundert noch Wirklichkeit war – bittere, harte Wirklichkeit. Das letzte, verzweifelte Aufbäumen der roten Völker gegen die weißen Eroberer. Immer weiter drangen die Pioniere nach Westen vor. Abenteurer, Desperados und Banditen folgten ihren Spuren. Die Mescaleros-Apachen waren den Weißen freundlich gesinnt, und trotzdem war ihr Schicksal besiegelt. Denn sie besaßen, was die Weißen am höchsten schätzten: Land und Gold!‹ (Anfangstext aus dem Film *Winnetou I.*)

Winnetou, der junge Häuptlingssohn der Mescaleros, schickt den halbwüchsigen Krieger Schwarzer Adler mit einem Beutel Gold zu seinem Vater Intschu-tschuna, dem Häuptling der Mescaleros. Doch Schwarzer Adler wird von Frederic Santer abgefangen, nachdem dieser gerade, nur so zum Spaß, ein paar Büffel abgeschlachtet hat. Santer, der sich mit den Kiowas, Feinden der Apachen, verbündet hat, will von dem jungen Krieger erfahren, wo das Gold der Apachen zu finden ist. Schwarzer Adler weigert sich und wird von einem Begleiter Santers erschossen. Als Kiowa-Häuptling Tangua von Santer Gewehre und Feuerwasser verlangt, macht Santer ihn auf einen Treck aufmerksam, der von einem ›Greenhorn‹ angeführt werde, ›ein Deutscher, der gerade aus dem Osten gekommen ist‹.

Dieser Treck, angeführt von dem deutschen Ingenieur und dem zwielichtigen Bullock, bringt Nachschub für den Bau der Eisenbahn. Ihm schließen sich die Scouts Sam Hawkens, Dick Stone und Will Parker an, die ebenfalls für die Eisenbahn arbeiten. Als Tangua mit den Kiowas den Treck überfällt, erweist sich das deutsche Greenhorn als umsichtiger und mutiger Retter in der Not. Er koppelt einen Munitionswagen ab und sprengt ihn samt einigen Kiowas in die Luft. Damit ist der Angriff abgeschlagen.

Im Camp der Eisenbahner entdeckt der Deutsche, daß die Strecke, die er selbst vermessen hat, mitten durch das Gebiet der Apachen geführt wird, obwohl darum ein Bogen geschlagen werden sollte. Dafür verantwortlich ist der korrupte Bauleiter Bancroft, der gemeinsame Sache mit Santer macht. Sie wollen sich den durch die Streckenbegradigung erwirtschafteten Profit in die eigenen Taschen stecken. Der Deutsche reitet in das Städtchen Roswell, um mit Bancroft zu sprechen. Santers Männer, die sich ihm in den Weg stellen, räumt er mit ein paar gewaltigen Fausthieben beiseite. Sam Hawkens gibt ihm deshalb den Kriegsnamen Old Shatterhand.

Die Eisenbahner reiten mit Bancroft zurück in ihr Camp, wo unerwartet Winnetou und Klekih-petra erscheinen, um den Abbruch der Bauarbeiten zu erreichen. Klekih-petra, der ›weiße Vater‹ der Apachen, ist ein Deutscher, der vor vielen Jahren auswanderte und zum hochgeachteten Lehrmeister der Mescaleros wurde. Santer und seine Leute galoppieren ins Lager, töten Klekih-petra und verschleppen Winnetou, um ihn den Kiowas zu übergeben. Auch Bancroft nehmen sie mit. Die letzten Worte Klekih-petras, als Old Shatterhand den Sterbenden in den Armen hält, sind: »Rettet Winnetou . . . werdet Freunde!«

Old Shatterhand schleicht nachts ins Lager der Kiowas und befreit Winnetou von seinen Fesseln, ohne daß dieser ihn erkennt. Zum Beweis seiner Tat nimmt er ein Amulett des Apachen an sich.

Santers Treiben soll Einhalt geboten werden. Unter Old Shatterhands Führung greifen die Eisenbahner Roswell an, wo sich Santers Bande im Saloon verschanzt hat. Old Shatterhand läßt nachts Gleise an den Saloon legen und am nächsten Tag eine Lokomotive in voller Fahr hineindampfen. Aber Santer, sein Spion Bullock und ein paar Banditen können durch einen unterirdischen Gang entkommen. Old Shatterhand kann sich nicht darum kümmern, denn schon reiten die Mescaleros, angeführt von Intschu-tschuna und Winnetou, unter wildem Kriegsgeheul auf Roswell zu, um den Tod Klekih-petras zu rächen. Nur Old Shatterhand, Sam Hawkens, Dick Stone und Will Parker überleben den Kampf und werden als Gefangene in den Pueblo der Apachen gebracht. Old Shatterhand, von Winnetou durch einen Messerstich in den Hals schwer verwundet, soll nach seiner Genesung mit den anderen am Marterpfahl sterben. Gesund gepflegt wird er von Nscho-tschi (= Schöner Tag), der Schwester Winnetous, die sich in ihn verliebt.

Am Martertag wird Old Shatterhand die Chance zu einem Gottesurteil gewährt, da die Schuld der Gefangenen nicht feststeht. Er besiegt Intschu-tschuna im Zweikampf und schont das Leben des Häuptlings, womit er die Freiheit für sich und seine Freunde erringt. Nscho-tschi hat inzwischen in Roswell Old Shatterhands Jacke mit Winnetous Amulett gefunden − der Beweis dafür, daß Old Shatterhand ihren Bruder gerettet hat. Old Shatterhand und Winnetou werden Blutsbrüder. Nscho-tschi will, um Old Shatterhand zu gefallen, in St. Louis eine Schule der Weißen besuchen. Nachdem man sich von Sam Hawkens, Stone und Parker getrennt hat, brechen Old Shatterhand, Intschu-tschuna, Winnetou und Nscho-tschi mit einigen Apachen gen Osten auf. Der Häuptling und seine Kinder trennen sich von den anderen, um im geheimen Versteck am Nugget-tsil Gold für die Reise zu holen. Darauf hat Santer nur gewartet, der seit geraumer Zeit in der Gegend herumschleicht. Er greift mit seinen Männern an. Sie töten Intschu-tschuna und Nscho-tschi. Aber als Old Shatterhand mit den Apachen auftaucht, sterben die Banditen einer nach dem anderen − und schließlich auch Santer.

Winnetou: »Für uns leuchtet der Schöne Tag nicht mehr. Anabi, der Gott des Todes, hat seine schwarzen Schwingen über Nscho-tschi gebreitet. − Sie hat dich geliebt.«

Old Shatterhand: »Ich habe sie auch geliebt. Ich werde sie nie vergessen.«

Winnetou: »Wir beide sind nun allein, mein Bruder.«

Einsam reiten Old Shatterhand und Winnetou in den Sonnenuntergang − nach Westen.

Jugoslawisches Abenteuer

Der überwältigende Erfolg von *Der Schatz im Silbersee* war das Startsignal für ein Unternehmen, an dem sich die deutsche Filmindustrie seit der Stummfilmzeit die Zähne ausgebissen hatte, nämlich Karl May auf der Leinwand in Serie gehen zu lassen. Jetzt aber war Horst Wendlandt nicht mehr aufzuhalten. Nachdem es ihm schon gelungen war, Edgar Wallace gleichsam am Fließband in − erst schwarzweiße und später bunte − Bilder umzuwandeln, gab Karl May weiteren Stoff für immer wiederkehrende Abenteuer ab. Hatte das Publikum erst einmal die Helden in sein Herz geschlossen, konnte man bei jedem neuen Film mit relativ großer Sicherheit auf einen erneuten Erfolg setzen. So erwies sich, gerade im Action- und Abenteuergenre, der Serienfilm als Kinoretter der sechziger Jahre. International bewiesen das die James-Bond-Filme, die, wie die May-Serie, 1962 begannen. Im Fahrwasser des britischen Star-Agenten 007 mit der Lizenz zum Töten tummelten sich alsbald auch in Deutschland Krimihelden wie die Heftromanrecken Kommissar X und Jerry Cotton, ›eine Art Old Shatterhand der Großstadt‹ (Manfred Barthel, *So war es wirklich*), in Filmserien stets gleicher Machart.

Horst Wendlandt wählte für seinen zweiten Karl-May-Film einen Stoff aus, der dem *Schatz im Silbersee* in puncto Beliebtheit fast gleichkommt: den ersten Teil von Mays Winnetou-Trilogie, der schildert, wie der (im Film nicht mehr ganz so) junge Old Shatterhand und der Häuptlingssohn Winnetou sich kennenlernen und schließlich zu Blutsbrüdern werden.

Seltsamerweise wollte Wendlandt die Regie aber nicht wieder Harald Reinl anvertrauen, sondern Alfred Vohrer, vielleicht weil dieser die Wallace-Krimis am effektvollsten zu inszenieren wußte. Fast alle Top-Filme jener Serie, wie *Der Hexer, Der Zinker* oder *Die toten Augen von London*, entstanden unter Vohrers Regie. Harald Reinl, der sich einen nicht unerheblichen Teil des Erfolgs von *Der Schatz im Silbersee* zuschreiben durfte, war darüber verständlicherweise nicht sehr erfreut. Die Fachpresse stand hinter ihm und protestierte lautstark, so daß Reinl letztlich doch den Zuschlag erhielt.

Um eine Wiederholung des Erfolgs zu sichern, blieb der Stab des ersten Winnetou-Films fast unverändert. Auch das Heldentrio Lex Barker/Old Shatterhand, Pierre Brice/Winnetou und Ralf Wolter/Sam Hawkens kehrte zurück. Und wieder ging es für die Dreharbeiten in die romantische Wildnis Jugoslawiens, die Karl Mays Version vom Wilden Westen so sehr entgegenkommt. Nicht nur landschaftlich hatte Jugoslawien einiges zu bieten. Es war ein filmerprobtes Land und trotzdem preisgünstig. Jugoslawiens Statisten gaben akzeptable Rothäute ab, und seine großartigen Reiter waren für jeden Western und Abenteuerfilm ein Gewinn. Gerüchten zufolge schob die jugoslawische Armee die Auflösung ihrer Kavallerie hinaus, um sie bei Filmaufnahmen kräftig Devisen scheffeln zu lassen.

Was es in Jugoslawien nicht gab, wußte man sich geschickt zu beschaffen, so die Büffel, die Santer am Beginn des Films abknallt. Dafür fügte man Szenen aus Richard Brooks' Western *The Last Hunt* (Die letzt Jagd/Satan im Sattel, 1955) in den Film ein.

Die drei Monate währenden Dreharbeiten an der Adria glichen wieder einem mittleren Feldzug. Eine Kolonne von dreißig Fahrzeugen zog von den Standquartieren an der Küste hinauf in die Berge, um die Abenteuer von Old Shatterhand und Winnetou möglichst wirklichkeitsnah abzulichten. Sie transportierten einen Stamm von 120 Personen (Stab und Darsteller) zu den entlegenen Drehorten. Hinzu kamen 5000 Komparsen, 150 Pferde und fünfzig Kaskadeure, wie die Stuntmen in den nicht-anglo-amerikanischen Ländern genannt werden. Dafür stand ein Budget von vier Millionen DM zur Verfügung.

Unberechenbar zeigte sich das jugoslawische Wetter. Zumeist von großer

Hitze geprägt, störten überraschend einsetzende Stürme die Dreharbeiten. Gerade hatte man die Westernstadt Roswell aufgebaut, da wurde sie von einem Wirbelsturm auch schon wieder eingerissen.

Damit es auf der Leinwand richtig schön knallig wurde, engagierte Horst Wendlandt den Pyrotechniker Erwin Lange, der von Filmen wie *The Vikings* (Die Wikinger, 1958) und *Kleopatra* (1962) Hollywood-Erfahrung mitbrachte. Lange kam gut ausgerüstet an den Set mit 25 000 Platzpatronen, fünfhundert elektrischen Zündern für die Schußeinschläge, fünfzig Kilogramm Sprengstoff, zweihundert Knall- und Rauchpatronen, fünfzig Kilogramm Ölnebelpulver, fünfundzwanzig Kilogramm schwarzen Rauchpulvers, zwei Ballons voll flüssigen Nebels und drei Säcke voller Korkstücke, die bei Explosionen durch die Luft wirbeln. Nicht immer ging alles glatt. Bei den Aufnahmen zu der Szene, in der Old Shatterhand den Angriff der Kiowas auf den Wagentreck durch die Explosion eines Munitions- und Pulverwagens beendet, gab es fünfzehn Leichtverletzte, die der Produktionsarzt behandeln mußte.

Auch die eindrucksvolle Szene, in der eine Lokomotive in den von Santers Leuten besetzten Saloon rast, soll einem Unfall zu verdanken sein. Die alte Dampflok, die man aus einem Museum geholt und unter großen Mühen an den Drehort geschafft hatte, fuhr, weil ein Heizer seine Sache zu gut machte, über den vorherbestimmten Haltepunkt hinweg und mitten hinein in den Saloon. Dieser ging nach dem bereits erwähnten Wirbelsturm damit ein zweites Mal zu Bruch. Einer anderen Version zufolge überredete Kameramann Kalinke den Lokführer heimlich zu der halsbrecherischen Fahrt.

Ein Denkmal für die rote Rasse

Wenn in *Winnetou I* die Blutsbrüderschaft zwischen einem Apachen-Häuptling und einem Weißen geschildert wird, ist das nicht aus der Luft gegriffen. Vielmehr findet sich ein historisches Gegenstück in dem berühmten Cochise, Häuptling der Chiricahua-Apachen, der sich mit dem Weißen Thomas T. Jeffords anfreundete. Jeffords setzte sich, wie Old Shatterhand, für die Rechte der Apachen ein und wurde ihr Indianeragent. Delmar Daves verfilmte diese Geschichte 1950 unter dem Titel *Broken Arrow* (Der gebrochene Pfeil) nach einem Roman von Elliott Arnold. Nach vielen Jahren, in denen Indianer in Western nur als Stereotypen zur Konflikterzeugung gedient hatten, wurden sie endlich als Menschen mit einem tragischen Schicksal gezeigt. Nscho-tschi hat in *Broken Arrow* ein — fiktives — Ebenbild in dem Apachen-Mädchen Sonseeahray, das Tom Jeffords heiratet, aber von Weißen erschossen wird.

Winnetou hat literarisch mehrere Vorbilder, so den Marikopa-Häuptling El Sol in Thomas Mayne Reids Roman *Die Skalpjäger* und den Komantschenhäuptling Rayon Brûlant in Gabriel Ferrys Roman *Der Waldläufer*. Als Karl

May den *Waldläufer* für eine deutsche Ausgabe bearbeitete, taufte er Rayon Brûlant um in Falkenauge (so wird auch Coopers Lederstrumpf in *Der letzte der Mohikaner* genannt) und verpaßte ihm eine Silberbüchse. Das literarische Urbild der Freundschaft zwischen einem Weißen und einem Indianer, Coopers Lederstrumpf Natty Bumppo und der Mohikaner-Häuptling Chingachgook, wurde bereits mehrfach erwähnt.

Karl May schuf seinen Winnetou, wie wir ihn heute kennen, nicht auf einmal. Der edle Apache ist das Ergebnis eines schriftstellerischen Reifeprozesses. Ursprünglich hieß er Inn-nu-woh und war ein Sioux-Häuptling; das war in der 1875 erschienenen Erzählung *Inn-nu-woh*. Winnetou, der Apache, taucht erstmals in der im selben Jahr erschienenen Erzählung *Old Firehand* auf, ist aber nicht so jung und edel, wie er später von Karl May beschrieben wird. Dieser erste Winnetou hat bereits ein paar Jährchen auf dem Buckel und nimmt auch schon mal den Skalp eines Feindes. 1878 wandelte sich Inn-nuwoh in einer Neufassung der ersten Erzählung in Winnetou um.

Seine endgültige Gestalt nahm der Häuptling der Apachen an, als Karl May den Roman *Winnetou I* für die Buchausgabe von 1893 schrieb. In der Einleitung zu diesem Buch schildert May sein mit der Winnetou-Figur verfolgtes Anliegen:

›Ja, die rote Nation liegt im Sterben! Vom Feuerlande bis weit über die nordamerikanischen Seen hinauf liegt der riesige Patient ausgestreckt, niedergeworfen von einem unerbittlichen Schicksale, welches kein Erbarmen kennt. Er hat sich mit allen Kräften gegen dasselbe gesträubt, doch vergeblich; seine Kräfte sind mehr und mehr geschwunden ...

Da steigen viele Fragen auf, vor allem die: Was hätte diese Rasse leisten können, wenn man ihr Zeit und Raum gegönnt hätte, ihre inneren und äußeren Kräfte und Begabungen zu entwickeln? Welche eigenartigen Kulturformen werden der Menschheit durch den Untergang dieser Nation verloren gehen? Dieser Sterbende ließ sich nicht assimilieren, weil er ein Charakter war; mußte er deshalb getötet, kann er nicht gerettet werden? Gestattet man dem Bison, damit er nicht aussterbe, ein Asyl da oben im Nationalpark von Montana und Wyoming, warum nicht auch dem einstigen, rechtmäßigen Herrn des Landes einen Platz, an dem er sicher wohnen und geistig wachsen kann?

Aber was nützen solche Fragen angesichts des Todes, der nicht mehr abzuwenden ist! Was können Vorwürfe helfen, wo überhaupt nicht mehr zu helfen ist! Ich kann nur klagen, aber nichts ändern; ich kann nur trauern, doch keinen Toten ins Leben zurückrufen. Ich? Ja, ich! Habe ich doch die Roten kennen gelernt während einer ganzen Reihe von vielen Jahren und unter ihnen einen, der hell, hoch und herrlich in meinem Herzen, in meinen Gedanken wohnt. Er, der beste, treueste und opferwilligste aller meiner Freunde, war ein echter Typus der Rasse, welcher er entstammte, und ganz so, wie sie untergeht, ist auch er untergegangen, ausgelöscht aus dem Leben durch die mörderische Kugel eines Feindes. Ich habe ihn geliebt wie keinen zweiten Menschen und liebe noch heut die hinsterbende Nation, deren edelster Sohn er gewesen ist. (...) er ist dahingegangen, indem er, wie immer, ein Retter seiner Freunde war; aber er soll nur körperlich gestorben sein und hier in diesen Blättern fortleben, wie er in meiner Seele lebt, er *Winnetou, der große Häuptling der Apachen.* Ihm will ich hier das wohlverdiente Denkmal setzen, und wenn der Leser, welcher es mit seinem geistigen Auge schaut, dann ein gerechtes Urteil fällt über das Volk, dessen treues Einzelbild der Häuptling war, so bin ich reich belohnt.‹

Winnetou als Idol der Jugend

Wenn Winnetou der Leinwand dem Bild entsprach, das sich Millionen von Lesern nach ihrer May-Lektüre von dem edlen Apachen-Häuptling gemacht hatten, ist das im wesentlichen das Verdienst von Pierre Brice. In *Der Schatz im Silbersee* stand die Figur noch im Schatten von Lex Barkers Old Shatterhand, der als internationaler Star naturgemäß in den Vordergrund gestellt wurde. Winnetou durfte sich als sein eher einsilbiger (was sich für einen schweigsamen Indianer an sich auch geziemt) Späher und Fährtensuchen betätigen.

Hatte Pierre Brice schon in seinem ersten Winnetou-Film auf die Zuschauer großen Eindruck gemacht, die ihm innerhalb von drei Monaten 6000 Fanbriefe schickten, so wurde er mit *Winnetou I* vollends zum Superstar. Diesmal hatte er neben Lex Barker einen gleichwertigen Part und spielte den ernsten, tragisch angehauchten Häuptlingssohn mit großer Überzeugung. Besonders die Jugend erkor ihn zu ihrem Idol, was sich bei der jährlich von der Teenager-Zeitschrift *Bravo* durchgeführten Otto-Wahl zeigte. Pierre Brice strich bis 1977 neun goldene Ottos ein, dazu einen aus Silber und einen aus Bronze. Außerdem bekam er einen silbernen (1965) und einen goldenen Bambi (1966) verliehen.

Vergleichsweise bescheiden nimmt sich da die Ausbeute Lex Barkers mit nur einem bronzenen Otto (1964) und einem silbernen Bambi (1967) des Hauses Burda aus. Dabei war er nicht weniger populär als Pierre Brice, aber besonders die holde Weiblichkeit war von der edlen Schönheit des Franzosen fasziniert und gab ihr bei Abstimmungen den Vorzug vor der herben Männlichkeit des Amerikaners. Zwar war Lex Barker in den USA und im europäischen Ausland schon in den fünfziger Jahren ein (besonders durch seine Tarzan-Filme) bekannter und gefragter Schauspieler, aber zum absoluten Spitzenstar (zumindest in Europa) stieg er erst als Old Shatterhand auf.

Besondere Zuschauergunst errang auch die 1940 in Paris geborene Schauspielerin Marie Versini, die als Winnetous zartfühlende Schwester Nschotschi das Herz Old Shatterhands sowie die Herzen zahlreicher männlicher Kinobesucher eroberte. Die hübsche Französin hatte mit sechzehn Jahren ihr Theaterdebüt gegeben, mit siebzehn war sie das jüngste Mitglied der Comédie Française gewesen. Seit 1957 in internationalen Filmen eingesetzt, wurde sie

1962 für Deutschland von dem Regisseur Rolf Thiele entdeckt, in dessen Filmsatire *Das schwarz-weiß-rote Himmelbett* sie spielte, was sie auch im wirklichen Leben war — ein Mädchen aus Frankreich. Ihr — von Karl May vorgeschriebener — Filmtod in *Winnetou I* löste eine Flut von Protesten aus. Mit Erfolg, trat doch Marie Versini in vier weiteren May-Filmen auf, davon einmal als Nscho-tschi. Ihr Publikumserfolg drückte sich in fünf goldenen Ottos, einem bronzenen Otto und einem silbernen Bambi (1966) aus.

Santer, der Mörder Nscho-tschis und ihres Vaters Intschu-tschuna, ist wohl eine der bestgehaßten Gestalten der deutschen Literatur. In Karl Mays erstem Winnetou-Band tritt er erst gegen Ende des Buches in Erscheinung, wird über drei Bände hinweg von Old Shatterhand und Winnetou gejagt und fällt erst in *Winnetou III* der Rache des Apachen zum Opfer, nachdem dieser selbst schon gefallen ist. Da die Filmdamaturgie einen durchgehenden Schurken sowie dessen Vernichtung erforderte, baute Drehbuchautor Harald G. Petersson Santers Rolle in der Verfilmung von *Winnetou I* aus und ließ ihn am Ende sterben. Wieder gelang es Petersson, Kürzungen und Änderungen der Vorlage so geschickt vorzunehmen, daß ihr Geist und auch ihre wesentliche Handlungslinie erhalten blieben.

Mario Adorf als Frederic Santer war ein würdiger Nachfolger von Herbert Loms Cornel Brinkley aus *Der Schatz im Silbersee*. Nie wieder in den folgenden Karl-May-Filmen waren die Oberschurken so gut besetzt wie in den ersten beiden Winnetou-Epen. Die Münchner *Süddeutsche Zeitung* schrieb am 13. 12. 1963 über den Film-Santer: ›Adorf verkörperte ihn so blutvoll, als hätte er sein ganzes Leben lang nichts anderes getan als geprügelt, geritten und geschossen.‹ Der 1930 in Zürich als Sohn eines italienischen Vaters und einer deutschen Mutter geborene Adorf hatte 1954 einen ersten Filmauftritt in Paul Mays *08/15*. Bald folgten bedeutendere Rollen in Filmen wie *Nachts wenn der Teufel kam* (1957), inszeniert vom späteren Karl-May-Regisseur Robert Siodmak, und Rolf Thieles *Das Mädchen Rosemarie* (1958). *Winnetou I* war für Adorf eine wichtige Sprosse auf der Leiter zu einer internationalen Filmkarriere.

Auch für die Jugoslawin Dunja Rajter, die Santers üppige Freundin Belle spielt, bedeutete dieser Film eine wichtige Station in ihrer Karriere, wurde sie damit doch in Deutschland bekannt, wo man sie später als Sängerin feierte.

Nur halbwegs gelungen sind in *Winnetou I* die komischen Einlagen. Die gelungene Hälfte geht auf das Konto von Ralf Wolter als Sam Hawkens, dem diesmal sogar seine beiden Gefährten Dick Stone und Will Parker zur Seite stehen. Aufgesetzt, weil nicht in die Handlung integriert, wirken dagegen die Albernheiten von ›Mister Pumpernickel‹ Chris Howland, der als Jefferson Tufftuff von der *Oxford Times* in den Westen gekommen ist, um Indianer zu fotografieren. Diese sind aber gerade immer in irgendwelche kriegerischen Aktionen verwickelt und haben keine Zeit für eine Foto-Session. Das Ganze ist eine zerdehnte Anspielung auf Howlands Fernsehreihe *Vorsicht, Kamera!* Ursprünglich sollte Howland als Agent von Cooks Reisebüro den Indianern Pauschalreisen anbieten. Holzhammer-Humor könnte man so etwas nennen.

Ein Jungbrunnen für Western-Fans

Der Erfolg von *Der Schatz im Silbersee*, der — außerhalb des Wettbewerbs — sogar auf den Moskauer Filmfestspielen gelaufen war, setzte sich genau ein Jahr später mit *Winnetou I* fort. Horst Wendlandts zweites May-Abenteuer entwickelte sich zum erfolgreichsten deutschen Kinofilm der Spielzeit 1963/64, erhielt das Prädikat ›wertvoll‹, die Goldene Leinwand und den Bambi.

Und wieder war der Erfolg ein internationaler. Der Western-Experte Allan Eyles schrieb in der englischen Zeitschrift *Films and Filming*: ›Wir mußten auf die Deutschen warten, um endlich wieder einen gradlinigen Western zu bekommen, ungeschmälert durch kleine Budgets, mit der Betonung entschieden auf Action und nicht auf psychologischen Untertönen. In dieser Produktion gibt es keine halben Sachen und mein Enthusiasmus für den Film ist nicht halbherzig. Man badet in einem wahren Jungbrunnen. In einer weniger selbstgefälligen und pedantischen Weise hat der Film eine De-Mille-Grandeur. Während verschiedene Handlungsfäden abgespult werden, folgt Höhepunkt auf Höhepunkt. (. . .) Irgendwie hält einen der Film immer fest in seinem Griff, und die Szene, in der der Bösewicht wirklich und tatsächlich an einer Hand an einer Felsklippe über einem Abgrund hängt, während unten die Indianer ihre Lanzen aufrichten, damit er darauffallen kann, bildet ein denkwürdiges Finale. *Winnetou* ist offensichtlich von Leuten gemacht, die den Western lieben, und hinter dem mühelosen Eindruck, den das Ganze macht, verbergen sich wahrscheinlich unendlich viel Mühen und Sorgfalt. Die Inszenierung ist immer darauf bedacht, alles übersichtlich darzustellen, und Schwenks verbinden of verschiedene Gruppen von Leuten, wodurch man sehen kann, daß alles so in Szene gesetzt ist, wie man es sieht, und nicht aus Aufnahmen zusammengesetzt, die an verschiedenen Plätzen und zu verschiedenen Zeiten gedreht wurden. Der Film ist nicht nur wirklich aufregend, sondern erweckt auch den legendären Westen in seiner natürlichen großartigen Umwelt (wahrscheinlich Jugoslawien) und in Dekorationen, die genau richtig wirken, obwohl sie von der Hollywood-Norm erfrischend abweichen, zu neuem Leben. Es waltet auch Respekt vor traditionellen Werten: Der Leichnam eines alten Kriegers (Klekih-petra; Anm. d. Verf.) wird zeremoniell auf die Trauer-Plattform gehoben, die Gefallenen einer Schlacht im Dunkel der Nacht geborgen, am Schluß der Ritt in die untergehende Sonne. Die Darsteller wirken echt, besonders Pierre Brice, der an Rock Hudson in seinen *Taza, Son of Cochise*-Tagen erinnert, und der zerzauste alte Witzbold Sam Hawkens. Ohne Scherz — dies ist vom Anfang bis zum Ende eine reine Freude. Jeder, der jemals an einem Western Spaß hatte, sollte sich pronto aufmachen, um sich den Film anzusehen‹ (zit. nach Joe Hembus, *Western-Lexikon*).

Ebenfalls in *Films and Filming* äußerte sich Robin Bean zu den Winnetou-Filmen: ›Ironischerweise scheinen die Deutschen im Augenblick den Western besser im Griff zu haben als die Amerikaner. Während Hollywood sich mit dem Western etwas schwertut und sich in das Humorige und in die Aussage rettet, pflegen die Deutschen das glamouröse Western-Image unserer Jugendtage und machen Filme, in denen die Bösewichte wirklich Bösewichte und die Helden wirklich Super-Männer sind. Ich frage mich, ob die Amerikaner mit bayerischer Folklore ebensoviel Erfolg hätten‹ (zit. nach Hembus, ebd.).

Old Shatterhand

1963/64

Old Shatterhand

BRD/Italien/Frankreich/Jugoslawien 1963. *Uraufführung:* 30. 04. 1964. *Regie:* Hugo Fregonese. *Regieassistenz:* Herta Friedl, Stevo Petrovic. *Regie 2. Stab:* John Hoffmann. *Drehbuch:* Ladislas Fodor, Robert A. Stemmle, Hugo Fregonese, James W. ›Jim‹ Burke, Geoffrey Homes, Leopold Lahola nach Motiven aus den Erzählungen *Im Tal des Todes, Joe Burkers, das Einaug* und *Der Kanad-Bill* von Karl May. *Kamera:* (Eastmancolor, Superpanorama) Siegfried Hold. *Musik:* Riz Ortolani. *Schnitt:* Alfred Srp. *Bauten:* Otto Pischinger. *Kostüme:* Irms Pauli. *Pyrotechnik:* Erwin Lange. *Aufnahmeleitung:* Manfred Korytowski, Manfred Dölle, Beli Radoicic. *Produktionsleitung:* Georg M. Reuther, Peter Sobajic. *Herstellungsleitung:* Heinz Willeg. *Gesamtleitung:* Artur Brauner. *Produktion:* CCC-Film-Produktion-GmbH (Berlin), Serena-Film (Rom), Critérion-Film (Paris), Avala-Film (Belgrad). *Verleih:* Constantin; später Tobis. *Länge:* 121 Minuten; später gekürzt auf 96 Minuten.

Darsteller: Lex Barker (Old Shatterhand), Pierre Brice (Winnetou), Daliah Lavi (Paloma), Guy Madison (Captain Bradley), Ralf Wolter (Sam Hawkens), Gustavo Rojo (Corporal Bush), Rik Battaglia (Dixon), Kitti Mattern (Rosemary), Alain Tissier (Tujunga), Charles Fawcett (General Taylor), Nikolai Popovic (Sheriff Brandon), Mirko Ellis (Joe Burker), Leonardo ›Burschi‹/›Tom‹ Putzgruber (Tom Kampenberg), Bill Ramsey (Timpe), Mirko Boman (Dick Stone), Vojkan Pavlovic (Will Parker), Alexander Duric (Großer Bär), Mavid Popovic (Lata Nalgut), Gojko Mitic (Apachen-Krieger), Jim Burke.

Ausländische Originaltitel: La battaglia di Fort Apache (Italien), *Les cavaliers rouges* (Frankreich), *Old Seterhand* (Jugoslawien).

Inhalt

Bei einem Überfall auf die Northern Ranch werden der holländische Siedler Raimund Kampenberg und seine Frau ermordet. Zwei tote Apachen sollen den Verdacht auf Winnetous Stamm lenken. Die wahren Übeltäter sind jedoch weiße Banditen, die mit den durch Brandy gefügig gemachten Comanchen gemeinsame Sache machen. Die Banditenführer Dixon und Joe Burker handeln nach den Anweisungen eines geheimnisvollen Maskierten, der sich als Captain Bradley von der US-Kavallerie entpuppt. Ziel der Verschwörung ist es, den sich anbahnenden Friedensvertrag zwischen den Apachen und Weißen zu verhindern, um sich das Land der Indianer unter den Nagel zu reißen.

Old Shatterhand, der nach langer Abwesenheit in den Westen zurückkehrt, kommt gerade rechtzeitig, um Winnetous Adoptivsohn Tujunga aus den Händen von drei Banditen zu retten. Der Westmann reitet weiter zu einer kleinen Station am Blauen Wasser, wo die schöne Halbindianerin Paloma, die Weiße Taube, in Abgeschiedenheit lebt. Er will sie zu ihrem Onkel nach Sacramento bringen. In der Station trifft er den kleinen Tom Kampenberg, der die Ermordung seiner Eltern miterlebt hat und bezeugen kann, daß es Weiße und Comanchen waren.

Old Shatterhand bricht mit Paloma und Tom nach Sacramento auf und begegnet unterwegs den Westmännern mit Sam Hawkens, Dick Stone und Will Parker, die sich als Scouts für einen Treck verdingt haben. Die Gruppe um Old Shatterhand schließt sich dem Wagenzug unter Führung von Captain Bradley an. Bei einem Überfall, durch den die Papiere mit den Besitzansprüchen der Siedler verlorengehen, findet man wiederum zwei tote Apachen, aber Old Shatterhand entdeckt Hinweise auf die Täterschaft der Comanchen.

Als der Treck die Stadt Golden Hill erreicht, läßt Old Shatterhand Paloma und Tom bei der Saloonwirtin Rosemary zurück. Er reitet weiter zu den Apachen und steht seinem Blutsbruder Winnetou bei, der mit ein paar Banditen aneinandergeraten ist. Bei einer Zusammenkunft von Weißen und Apachen kann Old Shatterhand General Taylor, den Kommandanten von Fort Grant, von der Unschuld der Apachen an den Überfällen überzeugen. Der General bricht nach Santa Fé auf, um den Friedensvertrag unterzeichnen zu lassen.

In Golden Hill ermordet Joe Burker den kleinen Tom mit einem Schuß in den Rücken. Auch Old Shatterhand soll beseitigt werden und wird zu diesem Zweck in eine Falle auf Burkers Ranch gelockt. Aber durch das Eingreifen von Sam Hawkens und Paloma schlägt der Anschlag fehl. Joe Burker wird gefangengenommen und unterschreibt im Dorf der Apachen ein Geständnis. Winnetou läßt Burker frei, woraufhin dieser von Corporal Bush umgebracht wird, einem Helfershelfer Captain Bradleys.

Da Old Shatterhand keine Zeit hat, nach Sacramento zu reiten, bringt Tujunga Paloma zurück zum Blauen Wasser. Dort wird der junge Krieger von einer Soldatenpatrouille gefangengenommen und nach Fort Grant gebracht, das inzwischen von Bradley befehligt wird. Old Shatterhand dringt nachts mit Hilfe von Sam Hawkens in das Fort ein, um Tujunga, auf den der Strick wartet, zu befreien, wird aber erwischt und ebenfalls eingesperrt.

Jetzt gräbt Winnetou das Kriegsbeil aus und greift mit seinen Kriegern Fort Grant an. Auf den Palisaden an einen Pfahl gebunden, muß Old Shatterhand hilflos mitansehen, wie die Apachen unter Gewehrsalven und Kanonenfeuer fallen. Erst Tujunga bringt die Wende, der bei einem Ausbruchsversuch das Pulvermagazin in die Luft jagt, wobei auch er sein Leben verliert.

Als der von Dick Stone und Will Parker alarmierte General Taylor zurückkehrt, ist Fort Grant nur noch ein rauchender Trümmerhaufen. Der General läßt Captain Bradley entwaffnen und arrestieren. Old Shatterhand, Winnetou und die Apachen verlassen mit dem Leichnam Tujungas das Fort.

Zweikampf der Produzenten

Es gab einen Mann in Deutschland, den der Erfolg von Horst Wendlandts Winnetou-Filmen mächtig wurmen mußte. Das war der Chef der CCC-Film, der Berliner Produzent Artur ›Atze‹ Brauner, der ja Lex Barker für den deutschen Markt entdeckt hatte. Brauner besitzt im Filmgeschäft den Ruf des ›Trittbrettfahrers‹ und ›ewigen Stoff-Epigonen‹, da er sich an erfolgreiche Filme gern mit ähnlichen Produktionen ranhängt.

Schon bei Horst Wendlandts Edgar-Wallace-Erfolgen hatte Brauner schnell reagiert und begann ab 1962 mit einer Serie von Filmen, die mehr oder minder auf Stoffen des Wallace-Sohnes Bryan Edgar basierten und den ›echten‹ Wallace-Filmen in Titelgebung, Handlung und Atmosphäre sehr stark ähnelten. Wenn man dann statt des ›Bryan‹ nur ein mattes ›B.‹ auf die Filmplakate druckte, dafür das ›Edgar Wallace‹ herausstellte, konnte beim Publikum leicht der Eindruck entstehen, es mit einem Film der beliebten Rialto-Serie zu tun zu haben, was die Kassen kräftig klingeln ließ. Das sahen auch die Juristen so, an welche die Rialto-Film sich wendete. Wegen bewußter Irreführung des Publikums wurde Brauner dazu verdonnert, Bryan Edgar Wallaces vollen Namen auf die Plakate zu schreiben, und auch das nur in einer der Bedeutung angemessenen Größe. Der dritte Film der Brauner-Serie, *Der Würger von Schloß Blackmoor* (1963), entstand übrigens in der Regie von Harald Reinl und unter Mitwirkung von Karin Dor und Carl de Vogt.

Brauner versuchte 1963 einen weiteren Einbruch in Wendlandts Wallace-Monopol, indem er unter dem Titel *Der Fluch der gelben Schlange* einen Originalroman von Edgar Wallace verfilmen ließ. Dafür verpflichtete er mit Joachim Fuchsberger und Eddi Arent Schauspieler, die inzwischen zu einer Art Markenzeichen der Wallace-Filme geworden waren. Wendlandt und der Constantin-Verleih reagierten daraufhin mit der Exklusivverpflichtung der Wallace-Schauspieler für ihre eigenen Produktionen.

Brauner unternahm noch weitere Anstrengungen, um Wendlandt auf dem Krimi-Sektor das Wasser abzugraben, was ihm aber nicht gelang. Nachdem Fritz Lang für Brauner den *Tiger von Eschnapur* und *Das indische Grabmal* zum drittenmal verfilmt hatte, überredete der Produzent ihn, seine alten Filme um den Meisterverbrecher Dr. Mabuse wiederaufleben zu lassen. So entstand Fritz Langs letzte Regiearbeit *Die tausend Augen des Dr. Mabuse* (1960). Die Inszenierung weiterer Mabuse-Filme lehnte Lang ab, was Brauner nicht davon abhielt, dem Superschurken eine ganze Filmserie zu widmen, war hier doch ein Stoff gefunden, der, ähnlich den Wallace-Filmen, Krimihandlung und phantastische Elemente miteinander verband. Harald Reinl nahm anstelle von Lang im Regiestuhl Platz und ließ Lex Barker einmal an der Seite von Daliah Lavi und einmal an der von Karin Dor agieren. Diese beiden Filme bewahrten noch etwas vom Geist Fritz Langs. Doch dann ging es abwärts mit den Mabuse-Filmen, die durch technischen Schnickschnack und Geheimagenten-Krimskrams immer mehr Anleihen bei den James-Bond-Filmen machten.

Old Shatterhand-Regisseur Hugo Fregonese schloß den Reigen 1964 mit *Die Todesstrahlen des Dr. Mabuse* ab, dem sechsten und bei weitem schlechtesten Film der Serie.

Brauner plante eine weitere Filmserie über den Meisterdetektiv Sherlock Holmes und verpflichtete für die Hauptrolle den ›Beinahe-Winnetou‹ Christopher Lee. Aber diese Serie kam über ihren Pilotfilm *Sherlock Holmes und das Halsband des Todes* (1962) gar nicht erst hinaus.

Wie bei den Krimis wollte Brauner auch in Sachen Karl May partizipieren. Und ein Winnetou-Film, schien das doch den Erfolg zu garantieren, sollte es sein. Das war leichter geplant als in die Tat umgesetzt, denn Wendlandt hatte sich in seinen Verträgen die Rechte an den Verfilmungen von Karl Mays Amerika-Romanen vorbehalten. Aber Brauner schlüpfte durch eine Vertragslücke, indem er keinen Roman Mays verfilmte, sondern seine Geschichte lediglich lose an einige bei May vorkommende Motive anlehnte.

Wie der pfiffige Atze Brauner an den zugkräftigen Filmtitel kam, erzählt Manfred Barthel in *So war es wirklich:* ›Als ich einmal gesprächsweise Brauner gegenüber äußerte, daß der Karl-May-Verlag eine unverzeihliche Unterlassungssünde begangen habe, als er in den Gesammelten Werken nicht einem Roman den Titel ›Old Shatterhand‹ gegeben habe, bot Brauner wenige Wochen später das Filmprojekt *Old Shatterhand* an.‹ Kurzzeitig war auch der Titel *Old Shatterhands größtes Abenteuer* im Gespräch.

Daliah Lavi macht sich frei

Mit Lex Barker, Pierre Brice und Ralf Wolter konnte Brauner das aus den Wendlandt-Filmen bekannte Helden-Trio verpflichten, eine für den Erfolg seines Projektes nicht unwichtige Maßnahme. Zwei weitere May-Veteranen waren mit Mirko Boman und Mavid Popovic vertreten, diesmal jedoch in nur untergeordneten Rollen. Boman, der Gunstick Uncle aus *Der Schatz im Silbersee*, spielte Sam Hawkens' Begleiter Dick Stone. Popovic, der als Winnetous Vater Intschutschuna in *Winnetou I* gerade erst den ewigen Jagdgründen seine Aufwartung gemacht hatte, war als Indianer Lata Nalgut nur einer von vielen.

Für die Rolle der Paloma, die aus Karl Mays Roman *Im Tal des Todes* stammt, wurde die damals einundzwanzigjährige Israelin Daliah Lavi (›Junge Löwin‹) engagiert, die mit dem deutschen Abenteuerfilm *Brennender Sand* (1959/60) bekannt geworden war. Obwohl sie in den ersten zwei Dritteln von *Old Shatterhand* häufig zu sehen ist, trägt ihre Rolle nicht so recht (ihre Gefühle für den Titelhelden bleiben unerwidert), und es entsteht der Eindruck, sie wurde nur engagiert, um ihre dekorative Figur in möglichst enge Kostüme zu zwängen. Nicht immer allerdings, denn als sie einmal bei den Fällen am Blauen Wasser badet, springt sie im Evakostüm in das kühle Naß — eine für einen Karl-May-Film einmalige Szene.

Lex Barker (Old Shatterhand) in voller Aktion. Szenenfoto aus *Old Shatterhand*.

Nicht von Karl May stammt die Idee mit Winnetous Adoptivsohn Tujunga, gespielt von dem Chansonsänger Alain Tissier, wie sein ›Adoptivvater‹ Pierre Brice französischer Abstammung und Exfallschirmjäger. Im Filmgeschäft konnte er nicht so richtig Fuß fassen und wandte sich nach ein paar weiteren Leinwandauftritten wieder den Chansons zu, mit denen er in seiner Heimat einigermaßen bekannt wurde. Die Intention der Drehbuchautoren war wohl, mit Tujungas Opfertod einen ähnlich sentimentalen Effekt zu erzielen, wie er am Ende von *Winnetou I* durch die Ermordung von Intschu-tschuna und Nscho-tschi erreicht wird. Doch das schlug fehl, denn irgendwie wächst Tujunga dem Zuschauer nicht so recht ans Herz, und so ist Winnetou am Schluß des Films der einzige, der um ihn trauert.

Als zusätzliche komische Nummer neben Sam Hawkens wurde der Pianist Timpe in die Handlung eingebaut, gespielt von dem Sänger Bill Ramsey (›Pigalle‹, ›Die Zuckerpuppe von der Bauchtanzgruppe‹). Der Name Timpe stammt aus Karl Mays Erzählung *Der schwarze Mustang*, heute bekannt als *Halbblut*, mehr aber auch nicht. Wie Chris Howlands Auftritte in *Winnetou I* wirken auch die Szenen mit Bill Ramsey wenig gelungen und ohne Bezug zum Inhalt des Films. Einen richtig großen Auftritt hat er noch nicht einmal, sondern er klimpert sich immer so neben der Handlung her.

Wieder einmal gut besetzt und gespielt war die Rolle des Oberschurken

Captain Bradley, dem sogar der Ansatz eines psychologischen Unterbaus für seine Schandtaten verliehen wurde: Er hat durch die Indianer seine Familie verloren. Verkörpert wurde er von dem 1922 in Mexiko geborenen Guy Madison, der in Hollywood Hauptrollen in vielen B-Filmen gespielt hat, darunter auch einige Western. Als sein Stern dort zu sinken begann, kaufte er sich 1960 ein Flugticket nach Rom, um fortan einer der zahlreichen Hollywood-Emigranten zu sein, die Cinecittas Abenteuerfilme in den sechziger Jahren bevölkerten. Zwar gab es für diese Leute genügend Hauptrollen, aber meistens in Mantel-und-Degen- oder Muskel-und-Sandalen-Spektakeln niedrigsten Niveaus. Lex Barker, der sich nach dem Verlassen Hollywoods mit den Karl-May-Filmen in Europa seinen eigentlichen Star-Ruhm erwarb, bildet damit eher die Ausnahme als die Regel. Guy Madison bewies in *Old Shatterhand*, daß die Bösewichter oft die dankbareren Rollen sind, und erhielt von allen Darstellern das meiste Kritikerlob. Das empfahl ihn ein paar Jahre später für einen weiteren Karl-May-Film – sogar in der Heldenrolle.

Zwei weitere Schurkendarsteller, die mit *Old Shatterhand* ihren Karl-May-Einstand feierten, sollten in der Folgezeit zur Stammbesetzung der May-Filme gehören, wenn ihre Rollen in *Old Shatterhand* auch nicht allzu groß sind. Der Italiener Rik Battaglia, hier als Banditenführer Dixon zu sehen, taucht in den Besetzungslisten von acht May-Epen auf, zumeist als abgefeimter Bösewicht.

Nicht ganz so viele May-Filme, nämlich fünf, gehen auf das Konto von Gustavo Rojo, der in *Old Shatterhand* Bradleys Gefolgsmann Corporal Bush verkörpert. Eine Beziehung zu Deutschland wurde ihm schon in die Wiege gelegt, kam der Sohn eines portugiesischen Diplomaten und seiner schriftstellernden, südamerikanischen Frau doch 1927 auf dem Dampfer ›Krefeld‹ zur Welt. 1959 heiratete er in Hollywood die deutsche Schauspielerin Erika Remberg und ging mit ihr nach Deutschland, wo er aus Mangel an Filmangeboten viel Theater spielte. Im Gegensatz zu Rik Battaglia war Rojo in seinen folgenden May-Filmen stets auf der Seite der Guten zu sehen. Er spielte sogar zweimal den Winnetou, jedoch nicht im Film, sondern auf der Bühne, und zwar in der Berliner Deutschlandhalle in den Stücken *Winnetou* (1966) und *Der Schatz im Silbersee* (1968). Die Inszenierung besorgte Wolfgang Schleif, der im Filmgeschäft mit leichten Stoffen wie Immenhof- und Freddy-Filmen hervorgetreten ist. Den Old Shatterhand an Rojos Seite spielte der 1990 verstorbene Sänger Bruce Low, und im *Silbersee*-Stück hatte der spätere ›Seewolf‹ Raimund Harmstorf einen kleinen Part als Indianer Kleiner Bär.

Eine kleine Rolle als Apachen-Krieger in *Old Shatterhand* hatte der Jugoslawe Gojko Mitic, für den es der Beginn einer großen Karriere als Film-Indianer werden sollte. Nach etwas größeren Indianerrollen in zwei weiteren Karl-May-Filmen, *Winnetou II* und *Unter Geiern*, ging Mitic in die DDR und spielte – immer als Rothaut – die Hauptrollen in den DEFA-Indianerfilmen, die seit Mitte der sechziger Jahre entstanden. Dadurch erlangte er in der DDR eine ähnliche Popularität wie Pierre Brice in der BRD, wenn Mitic – im Unterschied zu Brice – auch verschiedene Charaktere verkörperte, historische Gestalten wie den Shawnee Tecumseh oder den Mimbreno-Apachen Ulzana, aber auch Coopers Chingachgook. Die sich bewußt ›Indianerfilme‹ nennenden DEFA-Produktionen thematisieren allesamt die Ausrottung der roten Rasse und ›sind Filme von einer Agitations-Romantik, wie man sie auch bei unserem Karl May findet (der ja auch schon ein großer Yankee-Hasser war)‹ (Joe Hembus, *Western-Lexikon*).

Winnetou trägt Kriegsbemalung

Wie Horst Wendlandt suchte sich auch Artur Brauner Produktionspartner in Italien, Frankreich und vor allen Dingen in Jugoslawien, wo von Ende September bis Mitte Dezember 1963 die Außenaufnahmen gedreht wurden.

Die Regie übertrug Brauner dem 1908 geborenen Argentinier Hugo Fregonese, der nach einigen Filmen in seiner Heimat 1945 nach Hollywood ging und dort auch ein halbes Dutzend Western inszenierte. Einer davon, *Apache Drums* (Trommeln des Todes, 1950), schildert einen Aufstand der Mescalero-Apachen und weist damit eine thematische Verwandschaft zu *Old Shatterhand* auf. Fregoneses bekanntester Film ist das in Mexiko spielende und auch dort gedrehte Abenteuer-Melodram *Blowing Wild* (Wilde Glut, 1953) mit Gary Cooper, Barbara Standwyck und Anthony Quinn.

Um die Wendlandt-Produktionen zu übertreffen, gab Brauner seinem Film ein Budget von sechs Millionen DM und machte ihn damit zum teuersten aller deutschen Western, was auch heute noch gilt. Das schlug sich sogar in der Filmmusik nieder, für die Brauner nicht den May-erprobten Martin Böttcher anheuerte, sondern den bekannten – und teureren – Italiener Riz Ortolani. Ortolanis Musik ist noch pompöser als die von Böttcher, aber ebenso auf die Erzeugung einer romantisch-sentimentalen Stimmung angelegt.

Der für seine extreme Sparsamkeit berühmt-berüchtigte Brauner äußerte sich in seiner Autobiographie folgendermaßen über seine Großproduktionen: »Und was die aufwendigen Filme betrifft, die ich produziert habe, so finde ich im nachhinein, daß sie viel *zu* aufwendig waren. Filme wie *Old Shatterhand*, *Menschen im Hotel*, *Mädchen in Uniform*, die ihre zwei, drei vier Millionen gekostet haben, hätte man getrost in kleinerem Rahmen herstellen sollen, an ihrem Erfolg oder Nicht-Erfolg hätte das wenig geändert. (...) Aber nein, damals mußte es eben 6000 Pferde sein, mit denen die Statisten herumtrabten und den Staub aufwirbelten, und nicht 3000. Als wenn ein paar tausend Gäule mehr oder weniger einen Unterschied gemacht hätten...«

Bei *Old Shatterhand* waren es fünfhundert Reiter-Komparsen, die über die jugoslawische Prärie sprengten, um die Aktionen von Apachen, Comanchen, Banditen und US-Kavallerie eindrucksvoll in Szene zu setzen. Dazu kamen vierzehn Planwagen mit insgesamt 84 Zugpferden für den Siedlertreck. Sechshundert Indianerausstattungen und vierhundert Kavallerieuniformen gehörten zur Ausstattung sowie dreihundert Revolver, die man extra für diesen Film in einer Mailänder Waffenfabrik herstellen ließ.

Auch bei den Bauten ging alles noch gewaltiger zu als bei den vorangegangenen Winnetou-Filmen. Bei Popovopolje baute man das Fort Grant mit den beeindruckenden Ausmaßen von 140 mal 40 Metern auf. Dafür wurde für 140 000 Mark eigens eine Straße ins Tal von Popovopolje gebaut, auf der 164 Lastwagen, darunter schwere Sechstonner, das benötigte Holz von Rijeka herbeischaffen konnten. Bei Trebinje entstand die Westernstadt Golden Hill auf einer ebenfalls beeindruckenden Länge von 180 Metern. Palomas Station sowie das Dorf der Apachen erbaute man an den romantischen Krka-Wasserfällen bei Skradin, wo bereits Szenen für *Winnetou I* gedreht worden waren. Auch für spätere Karl-May-Filme kehrte man häufig zu den Krka-Fällen zurück, die heute noch ein beliebtes Ausflugsziel für Touristen sind. Artur Brauner handelte bei *Old Shatterhand* eindeutig nach dem Grundsatz: Man muß klotzen, nicht kleckern!

Natürlich ging nicht immer alles reibungslos vonstatten. Hauptdarsteller und Stab mußten täglich 140 Kilometer fahren, um die Strecke vom Hotel zum Drehort und zurück zu bewältigen. Dabei stieß Lex Barker mit einem Lastwagen zusammen, und Pyrotechniker Lange beförderte eine Kuh in die ewigen Weidegründe. Daliah Lavis Auto wurde das Opfer eines Steinschlags, in den sie unterwegs geriet. Brenzlig wurde es auch bei den Aufnahmen für das große Finale, bei dem Winnetous Krieger Fort Grant angreifen und niederbrennen. Als das Feuer gelöscht werden sollte, schlugen die Flammen nur noch höher, denn jugoslawische Komparsen hatten sich mit drei Kübeln voller Benzin an der Löschaktion beteiligt. Einer Konfrontation mit dem jugoslawischen Geheimdienst konnte man gerade noch entgehen. Die Walkie-talkies, mit denen der Stab ausgerüstet war, waren ursprünglich auf die Geheimdienstfrequenz eingestellt. Als Produktionsleiter Reuther dies bemerkte, ließ er die Wellenlänge rasch ändern.

Der immense Aufwand und das hohe Budget erforderten, daß *Old Shatterhand* von vornherein den internationalen Markt anpeilte. Deshalb holte sich Brauner seinen Regisseur auch aus Hollywood. Das aber ging zu Lasten der typischen Karl-May-Atmosphäre, die den *Schatz im Silbersee* und *Winnetou I* ausgezeichnet hatte. Stärker als alle anderen Winnetou-Filme zeigte sich *Old Shatterhand* vom amerikanischen Western beeinflußt. Winnetou und seine Apachen gaben sich in keinem anderen Film so kriegerisch wie hier (und wie man es von Hollywood-Indianern gewohnt ist). So ist *Old Shatterhand* der einzige May-Film, in dem der Häuptling der Apachen mit voller Kriegsbemalung herumreitet. Auch beschäftigt die Saloonwirtin Rosemary ein paar offenherzig gekleidete Animiermädchen, wie man sie häufig in amerikanischen Filmen sieht, was auf eine Idee Lex Barkers zurückgeht. Dazu der Schauspieler:»In Karl Mays ersten Werken tauchen zur Genüge Frauen auf, die dem ›Ich‹ durchaus nicht gleichgültig sind. Als Karl May später heiratete, wurde das für ihn schwierig. Solche Probleme, die an sich nichts mit dem Kern der Werke zu tun haben, brauchen uns heute wirklich

Old Shatterhand (Lex Barker) und die Halbindianerin Paoma (Daliah Lavi)
kümmern sich um den verwaisten Jungen.

nicht mehr zu bekümmern.« Gleichwohl gibt sich Old Shatterhand im Film unnahbar.

Das Pompöse, mit dem Brauner seinen Film herausstellen wollte, war schließlich sein entscheidendes Manko. Drehbuch und Regie zeigten sich der Aufgabe nicht gewachsen. Die Geschichte, von — inklusive Regisseur Fregonese — sechs Drehbuchautoren aus diversen ›Motiven‹ von Karl May zusammengestoppelt, wird umständlich und unklar erzählt, wobei sich die vielen Schauplätze und auftretenden Figuren gegenseitig im Weg stehen. Der Zuschauer vermißt die klare Handlungsführung Harald G. Peterssons. Besonders der Paloma-Handlung ist anzumerken, daß sie nur dazu dient, Daliah Lavi eine Rolle zu verschaffen. Erst holt Old Shatterhand sie aus ihrer Station heraus, dann wird sie wieder zurückgebracht; rein in die Kartoffeln, raus aus den Kartoffeln! Auch der Zweikampf zwischen Winnetou und dem stets besoffenen Comanchen-Häuptling Großer Bär wirkt aufgesetzt und ist nur vorhanden, weil solch ein zünftiges Duell halt in einen Winnetou-Film gehört. Der Kampf, der für den Comanchen-Häuptling tödlich endet, ist für die weitere Handlung des Films völlig unerheblich.

Da ist es kein Wunder, daß Regisseur Hugo Fregonese den Film nie richtig in den Griff bekommt. Die einzelnen Szenen, auch die Massenaufgebote, sind kompetent inszeniert, aber es ist nicht gelungen, ein einheitliches Ganzes daraus zu machen.

Trotz alledem heimste *Old Shatterhand* eine Goldene Leinwand ein und wurde — hinter *Winnetou I* — zum zweiterfolgreichsten deutschen Film der Spielzeit 1963/64 in deutschen Kinos. Das verdankte er hauptsächlich Lex Barker und Pierre Brice in ihren gewohnten Rollen sowie der Musik Riz Ortolanis, wodurch trotz der fehlenden Märchenhaftigkeit, die Horst Wendlandts Filme auszeichnete, den Zuschauern noch genug May-Anklänge geboten wurden, um sie in die Filmtheater zu locken.

1965 entwickelte sich *Old Shatterhand* zum Medienskandal, denn er gelangte nicht, wie andere May-Filme, in die Wiederaufführung, sondern wurde als erster May-Streifen der sechziger Jahre an die Fernsehkonkurrenz verkauft. Nach vehementen Protesten der Kinobesitzer hielt die ARD den Film vorerst zurück und wollte ihn schließlich im Sommer 1969 ausstrahlen. Wieder kam es zu Protesten, diesmal vom Hauptverband der deutschen Filmtheater, so daß die Fernsehzuschauer erst im Herbst 1970 in den Genuß ihres allerersten Winnetou-Films kamen. (Die beiden Kara-Ben-Nemsi-Streifen aus den fünfziger Jahren hatte die ARD bereits 1965 im Zuge der Mayschen Kinoerfolge gesendet.)

Der Schut

1964

Der Schut

BRD/Frankreich/Italien/Jugoslawien 1964. *Uraufführung:* 20. 08. 1964. *Regie:* Robert Siodmak. *Regieassistenz:* Stevo Petrovic. *Drehbuch:* Georg Marischka nach den Romanen *In den Schluchten des Balkan, Durch das Land der Skipetaren* und *Der Schut* von Karl May. *Kamera:* Eastmancolor, Ultracope) Alexander Sekulovic. *Kamera 2. Stab:* Siegfried Hold. *Musik:* Martin Böttcher. *Schnitt:* Ursula Kahlbaum. *Bauten:* Ivkov Dragoljub. *Kostüme:* Irms Pauli. *Aufnahmeleitung:* Miodrag Stankovic, Stephan Stoinaoff. *Produktionsleitung:* Manfred Korytowski. *Herstellungsleitung:* Heinz Willeg, Dr. Götz Dieter Wulf. *Gesamtleitung:* Artur Brauner. *Produktion:* CCC-Film (Berlin), Critérion-Film (Paris), Serena-Film (Rom), Avala-Film (Belgrad). *Verleih:* Gloria. *Länge:* 118 Minuten; später gekürzt auf 106 Minuten. *Darsteller:* Lex Barker (Kara Ben Nemsi), Ralf Wolter (Hadschi Halef Omar), Rik Battaglia (Kara Nirwan, der Schut), Marie Versini (Tschita), Marianne Hold (Annette Galingré), Friedrich von Ledebur (Mürbarek), Dusan Janicijevic (Omar Ben Dadek), Dieter Borsche (Sir David Lindsay), Chris Howland (Archibald, sein Diener), Eva Balas (Nebatja), Renato Baldini (Barud), Jusa Janicijevic (Manach), Nikolai Popovic (Suef), J. Vrhovec (Osko), Olga Brajevic (Madame Pouillet), Zica Denic (1. Aladschy), D. Perkovic (2. Aladschy), Alessandra Panaro (Schuta, Frau des Schut), Maria Gracia Francia, Pierre Fromont.
Ausländische Originaltitel: Au pays des Skipetars (Frankreich), *Una carabina per Schut* (Italien), *Sut* (Jugoslawien).

Inhalt

Der Teppichhändler Kara Nirwan aus Rugowa sucht Sir David Lindsay auf dessen Jacht auf und berichtet ihm von der Entführung des Kaufmanns Galingré durch die Männer des berüchtigten, die ganze Gegend terrorisierenden Schut, dessen wahre Identität niemand kennt. Galingré ist ein Freund von Kara Ben Nemsi, welcher wiederum mit Lindsay befreundet ist. Kara bricht mit Hadschi Halef Omar auf, um Galingré zu befreien. Lindsay jedoch ist verhindert, da er zur Eröffnung des Suezkanals erwartet wird.

Kara und Halef kommen zu einem einsamen Gehöft, das von der Bande des Schut überfallen und niedergebrannt wurde. Der schwerverletzte Bauer Osko berichtet, daß sein Bruder von den Banditen erschlagen und seine Tochter Tschita von ihnen entführt wurde.

Omar Ben Sadek, Tschitas Verlobter, schließt sich Kara und Halef bei der Verfolgung der Mordbrenner an.

Tschita kann aus dem Felsenverlies, in dem auch Galingré gefangengehalten wird, fliehen und trifft auf Kara Nirwan, der sie mitnimmt. In Nirwans Haus erfährt sie von dessen Frau, die um ihre Position fürchtet, daß ihr Retter in Wahrheit der gefürchtete Schut ist. Tschita gelingt mit Hilfe der Schuta abermals die Flucht.

Unterdessen sind Kara Ben Nemsi und seine Begleiter einer Falle der Banditen entgangen, die eine Hängebrücke angeschnitten hatten. Zum Glück für die Freunde hat Karas edler Hengst Rih die Gefahr gewittert. In Ostromdscha berichten sie Galingrés Frau Annette von dem Schicksal ihres Mannes. Die tapfere Frau beschließt, mit ihnen zu reiten. In Ostromdscha enttarnt Kara auch den ›Heiligen‹ Mübarek, der die einfachen Menschen der Umgegend durch seine scheinbare Allwissenheit beeindruckt. In der Verkleidung des Bettlers Busra sammelt der zur Organisation des Schut gehörende Mübarek seine Informationen.

Da die Eröffnung des Suez-Kanals verschoben wurde, machen auch Sir David Lindsay und sein Diener Archibald, genannt ›Archie‹, die Gegend unsicher. Sie besuchen Kara Nirwan, weil Lindsay sich eine Sammlung von orientalischen Teppichen zuzulegen gedenkt. Eine Falltür in Nirwans Haus läßt auch sie zu Gefangenen des Schut werden, aber mittels einer List gelingt ihnen die Flucht. Sie begegnen Kara Ben Nemsi und seinen Gefährten, die aus mehreren Kämpfen mit den Männern des Schut siegreich hervorgegangen sind.

Durch einen Verrat gerät Kara Ben Nemsi doch noch in die Hände seines Feindes, der ihn hinter einem Wagen zu Tode schleifen will. Aber der Ferman, der Paß des Großwesirs, den Halef in letzter Sekunde nach verzweifeltem Suchen wiederfindet, überzeugt die erst unwillige Polizei davon, daß sie gegen Kara Nirwan ausrücken muß, dessen Bande mit vereinten Kräften besiegt wird. Omar Ben Dadek und Tschita sowie Galingré und seine Frau sind endlich glücklich vereint. Kara Ben Nemsi jagt auf dem windschnellen Rih den Schut, der mit seinem Pferd beim Sprung über eine Felsklippe in den Tod stürzt. Die letzte Kugel des Schurken trifft den edlen Rih, der in den Armen seines trauernden Herrn verendet. Kara Ben Nemsi verabschiedet sich von Halef, um in seine Heimat zurückzukehren.

Old Schmetterhand im Orient

Nach dem Publikumserfolg von *Old Shatterhand* wollte Artur Brauner verständlicherweise weitere Karl-May-Filme produzieren. Das war aber nicht so einfach, denn Konkurrent Horst Wendlandt hatte auf den *Shatterhand*-Film ähnlich reagiert wie auf Brauners Störfeuer in Sachen Edgar Wallace: Er nahm Lex Barker und Pierre Brice als Old Shatterhand und Winnetou unter

Lex Barker als Kara Ben Nemsi in *Der Schut.*

Exklusivvertrag. Brauner sah ein, daß eine Neubesetzung der Heldenrollen wenig Sinn machte, denn das Publikum identifizierte sie inzwischen mit Barker und Brice. Also tat Brauner das, was auch alle May-Filmproduzenten vor 1962 getan hatten: Er griff auf einen Orient-Stoff zurück. Um die Kontinuität zu den Winnetou-Filmen zu wahren, besetzte er, was ein genialer Schachzug war, das Gespann Kara Ben Nemsi und Hadschif Halef Omar mit Lex Barker und Ralf Wolter. Im Fall von Kara Ben Nemsi ist das sogar durch die Vorlage legitimiert, denn auch bei Karl May sind Kara und Old Shatterhand ja ein und dieselbe Person. So erklärt Halef denn auch zu Beginn des Film, die Indianer jenseits des großen Wassers hätten Kara Ben Nemsi den Ehrentitel Old Schmetterhand gegeben. ›Schmetterhand‹ statt ›Shatterhand‹ hieß es wahrscheinlich, damit Wendlandt keine Rechtsansprüche geltend machen konnte (Juristen können kleinlich sein).

Der Schut wirkt im Gesamteindruck gelungener als *Old Shatterhand,* was daran liegt, daß Brauner diesmal eine bessere Mannschaft zusammengetrommelt hatte. Martin Böttcher komponierte statt Riz Ortolani die im üblichen Stil romantische Filmmusik, die sich wenig von seinen Winnetou-Kompositionen unterschied und gerade deshalb so gut ankam.

Mit Georg Marischka verpflichtete Brauner den ›deutschen‹ Regisseur der *Sklavenkarawane* als Autor des Drehbuchs, das inhaltlich wesentlich geschlossener wirkt als bei *Old Shatterhand.* Diesmal hatte sich ja auch nicht gleich ein halbes Dutzend Leute am Drehbuch versucht. Marischka hat die Schut-Episode aus den Bänden vier bis sechs der Gesammelten Werke Karl Mays in gelungener Weise umgesetzt, so daß *Der Schut* zu den werkgetreuesten May-Verfilmungen der sechziger Jahre zählt. Hansotto Hatzig merkt in diesem Zusammenhang an, ›von 19 Rollen war schließlich nur eine frei erfunden: die ›Tschita‹ der Marie Versini‹ (*Karl-May-Handbuch*).

Shatterhand-Regisseur Hugo Fregonese wurde durch einen Mann ersetzt, der ebenfalls Hollywood-Erfahrung aufweisen konnte und seinem Vorgänger zudem in künstlerischer Hinsicht haushoch überlegen war: Robert Siodmak. Er hatte seine ersten Leinwandmeriten im deutschen Stumm- und frühen Tonfilm errungen. Gemeinsam mit Billy Wilder und Edgar G. Ulmer inszenierte er 1929 die berühmte Sozialreportage *Menschen am Sonntag,* in der nur Laiendarsteller auftraten. Fred Zinnemann schrieb das Szenarium nach einer Reportage von Roberts Bruder Kurt Siodmark. Wie das Dritte Reich mit seinen Künstlern umging, verdeutlicht die Tatsache, daß alle in diesem Zusammenhang namentlich Genannten später in die USA emigrierten.

Robert Siodmak inszenierte in Deutschland noch das Melodram *Abschied* (1930) mit Brigitte Horney, das Kriminalmelodram *Voruntersuchung* (1931) mit Albert Bassermann und Gustav Fröhlich sowie die Komödie *Quick* (1932) mit Lilian Harvey und Hans Albers. Nach einem Zwischenspiel in Frankreich steuerte er in den vierziger Jahren wichtige Beiträge zu Hollywoods schwarzer Serie bei, darunter die Klassiker *The Spiral Staircase* (Die Wendeltreppe, 1945), und *The Dark Mirror* (Der schwarze Spiegel, 1946). Daß er auch ein

Rolf Wolter und Lex Barker in *Der Schut.*

Meister des ›bunten‹ Abenteuerfilms war, bewies er mit dem berühmten Burt-Lancaster-Film *The Crimson Pirate* (Der rote Korsar, 1952).

1955 verfilmte er für Artur Brauner in Deutschland Gerhard Hauptmanns Stück *Die Ratten* mit großer Starbesetzung. Maria Schell, Curd Jürgens, Heidemarie Hatheyer, Gustav Knuth und Ilse Steppat ernteten unter seiner Regie Beifall von Publikum wie Kritik. Das brachte Siodmak weitere ambitionierte Filmprojekte in Deutschland ein: *Nachts, wenn der Teufel kam* (1957), in dem der junge Mario Adorf sich profilieren durfte; *Dorothea Angermann* mit Ruth Leuwerik, wiederum nach einem Stück von Hauptmann; und schließlich *Mein Schulfreund* (1960) mit Heinz Rühmann, zu dem Johannes Mario Simmel das Drehbuch nach seinem eigenen Bühnenstück schrieb. *Nachts, wenn der Teufel kam*, eine Auseinandersetzung mit der Nazi-Zeit, erhielt zehn Bundesfilmpreise und wurde als erster deutscher Nachkriegsfilm für den Oscar nominiert.

Das Ansinnen Artur Brauners, für ihn einen May-Film zu drehen, fand Siodmak so merkwürdig nicht, bekannte er doch: ›Es war mir ein ehrliches Bedürfnis, endlich einen Film nach einem Karl-May-Roman zu drehen.‹ Und sicher war künstlerische Koketterie im Spiel, wenn er später sagte: ›Ich bin auf alle meine Filme, die ich nach dem Kriege, nach meiner Rückkehr aus Amerika, gemacht habe, nicht stolz. Bis auf zwei: *Die Ratten* und *Nachts, wenn der Teufel kam.*‹

Sprachsalat im Skipetarenland

Das Budget von *Der Schut* war nicht ganz so hoch wie bei *Old Shatterhand*, mit vier Millionen DM aber immer noch recht beachtlich für die damalige Zeit (besonders für eine Brauner-Produktion). Offensichtlich gedachte Brauner nicht, in Sachen Karl May seinem Rivalen Wendlandt Terrain zu überlassen, Exklusivverträge hin oder her. 600 Komparsen, 100 Pferde und ein Bär werden von der Produktionsstatistik aufgelistet. Dazu kommt die im Hafen von Petrovac aufgenommene Jacht von Marschall Tito, die im Film als die von Sir David Lindsay herhalten muß.

Lindsay und sein Diener Archie stellen einen weiteren − mißlungenen − Versuch dar, Karl Mays Humor für die Leinwand zu adaptieren. Zu grobschlächtig wirken hier die Verulkungen vorgeblich typisch britischer Manierismen (Lindsays Teestunde richtet sich nicht nach Orts-, sondern nach englischer Zeit, gemessen nach einer Uhr, die der Herzog von Wellington schon bei Waterloo sein eigen nannte), woran vor allem der näselnde Chris Howland einmal mehr die Schuld trägt. Im Gegensatz zu diesem Faxenmacher ist Dieter Borsche ein großartiger Schauspieler und eigentlich vom Typ her auch kein schlechter Sir David Lindsay, aber Drehbuch und Regie lassen auch ihn zu sehr outrieren. Von den drei Komikern des Films ist Ralf Wolter als Hadschi Halef Omar noch am ehesten zu genießen, wenn er auch besser in die Rolle des Sam Hawkens paßte.

Marie Versini, die als Nscho-tschi in *Winnetou I* den Filmtod gestorben war, durfte in *Der Schut* zur Freude des Publikums in die May-Filmwelt zurückkehren. Sicher hoffte Brauner, daß sich diese Freude in klingender Münze für ihn auszahlte. Rik Battaglia, der in *Old Shatterhand* nur eine untergeordnete Schurkenrolle gespielt hatte, durfte jetzt endlich zeigen, was er konnte, und gab den böslichen Schut so richtig schön hassenswert abgefeimt. Seine Verpflichtung in künftigen May-Filmen war damit gesichert.

Erneut zog man für die Außenaufnahmen nach Jugoslawien, in die Gegend rund um Titograd. Diesmal mußte man die Landschaft jedoch nicht als Wilden Westen verkaufen, sondern man drehte ganz im Gegenteil sogar da, wo die Geschichte spielt − im Land der Skipetaren.

Robert Siodmak über die Dreharbeiten: ›Mein ganzes Leben habe ich mir die Berge von unten angesehen. Jetzt, beim *Schut*, hat es mich endlich erwischt. Ich wurde rauf und runter gehetzt im Land der Skipetaren, dem alten Monte Negro, was bekanntlich Schwarze Berge heißt. Die Pfade waren oft so schmal, daß nur ein Maultier Platz hatte. Auch die Landessprache war ein Kapitel für sich. Die Skipetaren sprechen eine Mischung aus illyrischen, albanischen, serbischen, türkischen und arabischen Elementen. Ich beherrsche zwar selbst vier Sprachen, das reichte aber bei diesem Film nicht aus, bei dem außer deutsch noch italienisch, englisch, französisch und serbokroatisch gesprochen wurde. Beim Turmbau von Babel kann es keinen verwirrenderen Sprachensalat gegeben haben.‹

Da das Drehbuch nicht allen vorlag, mußte Siodmak sich am Set abmühen, um den Nebendarstellern ihre Rollen zu erklären. Einem Italiener, der einen Banditen spielte und auf Kara Ben Nemsi schießen sollte, befahl der Regisseur: ›Schieß!‹ Darauf der Italiener: ›Auf was?‹ Siodmak: ›Auf Kara Ben Nemsi.‹ Antwort: ›Wer ist das?‹

Siodmak weiter: ›Noch unmöglicher war es, Frauen für die Statistenrollen zu bekommen. Da der größte Teil der Bevölkerung an den Originalschauplätzen des Karl-May-Romans mohammedanisch ist, herrschen hier noch völlig patriarchalische Sitten. Als ich einmal harmlos eine verschleierte Frau fotografieren wollte, war ihr Mann nur schwer davon zu überzeugen, daß er große Unannehmlichkeiten haben würde, wenn er mich umbrächte. Es ist nämlich noch so wie in den unseligen Zeiten des Schut, daß die Mädchen dort mit zwölf Jahren verheiratet werden, aber erst mit 35, wenn sie schon wie Matronen wirken, allein auf die Straße gehen dürfen. Immer wieder dasselbe Bild: Ein Mann zu Pferde und zu Fuß seine Frau, die hinterherläuft. Es gibt eine Geschichte über Imkoff – das ist eine Figur so ähnlich wie Luke oder Tünnes –, den ein Freund im Gebirge trifft, als Imkoff *hinter* dem Pferd hergeht, auf dem seine Frau sitzt. Der Freund wundert sich. ›Ach‹, sagt Imkoff, ›weißt du, es gibt noch so viele Minen hier vom Kriege.‹«

Trotz all dieser Widrigkeiten (und vielleicht sogar wegen ihnen) gelang Siodmak ein romantischer Abenteuerfilm im Geiste Karl Mays, der den rauhen Charme des Skipetarenlandes adäquat wiedergibt. Das Kinopublikum mochte das spannende Balkan-Abenteuer und machte es zum dritterfolgreichsten Film der Spielzeit 1964/65, wofür es auch eine Goldene Leinwand gab. Wendlandt zu schlagen war Brauner allerdings nicht gelungen, denn die Plätze eins und zwei belegten Wendlandts May-Produktionen *Winnetou II* und *Unter Geiern*. Diese Hitliste beweist, welch hohen Stellenwert die Karl-May-Filme in den sechziger Jahren bei den deutschen Kinogängern besaßen.

Winnetou II

1964

Winnetou II

BRD/Jugoslavien Italien/Frankreich 1964. *Uraufführung:* 17. 09. 1964. *Regie:* Harald Reinl. *Regieassistenz:* Charles Wakefield, Slavko Andres. *Regie 2. Stab:* Stipe Delic. *Drehbuch:* Harald G. Petersson nach dem gleichnamigen Roman von Karl May. *Kamera:* (Eastmancolor, Cinemascope) Ernst W. Kalinke. *Musik:* Martin Böttcher. *Schnitt:* Hermann Haller. *Bauten:* Vladimir Tadej. *Kostüme:* Irms Pauli. *Pyrotechnik:* Erwin Lange. *Aufnahmeleitung:* Eberhard Junkersdorf. *Produktionsleitung:* Wolfgang Kühnlenz. *Herstellungsleitung:* Erwin Gitt, Stipe Gurdulic. *Gesamtleitung:* Horst Wendlandt. *Produktion:* Rialto-Film Preben Philipsen (Berlin), Jadran-Film (Zagreb), Atlantis-Film (Rom), S.N.C.-Film (Paris). *Verleih:* Constantin. *Länge:* 94 Minuten.

Darsteller: Lex Barker (Old Shatterhand), Pierre Brice (Winnetou), Anthony Steel (Bud Forrester), Karin Dor (Ribanna), Eddi Arent (Lord Castlepool), Klaus Kinski (Luke), Mario Girotti (Leutnant Robert Merril), Renato Baldini (Oberst J. F. Merril), Marie Noelle (Susan Merril), Mirko Boman (Gunstick Uncle), Gojko Mitic (Unterhäuptling der Assiniboins), Rikard Brzeska.

Ausländische Originaltitel: Vinetu II (Jugoslawien), *Giorni di fuoco* (Italien), *Le trésor des montagnes bleues* (Frankreich).

Inhalt

Der Tod seines Vaters wurde zum Wendepunkt in Winnetous Leben. Er war jetzt Häuptling und trug die Verantwortung für alle Apachen, die in den weiten Jagdgründen zwischen Texas und New Mexico lebten. Das rücksichtslose Vordringen der weißen Eroberer drohte einen neuen Indianerkrieg mit allen seinen Schrecknissen zu entfesseln. Der junge Apachen-Häuptling sah seine Lebensaufgabe darin, dieses Unheil, das den Untergang aller Indianerstämme bedeuten konnte, zu verhindern. (Anfangstext aus dem Film *Winnetou II*). Winnetou, der alle Indianerstämme des Mittelwestens zu einer Friedenskonferenz versammeln will, rettet auf dem Weg zu den Assiniboins die schöne Häuptlingtochter Ribanna vor einem Grizzlybären und verliebt sich in sie. Als Dank für die Lebensrettung seiner Tochter erfüllt Häuptling Tah-schatunga Winnetou den Wunsch, drei gefangene Kavalleristen, die bereits am

Eddie Arent als Lord Castlepool und Ralf Wolter als Sam Hawkens

Der Schatz am Silbersee

Auf der Suche nach dem Mörder seines Vaters trifft Fred Engel (Götz George) auf Old Shatterhand (Lex Barker), den er irrtümlich für einen Banditen hält

Karl-May-Festspiele in Bad Segeberg

Pierre Brice und Ralf Wolter

Eine Indianerfamilie besiedelt ein ›Apachen-Rerservat‹
bei den Karl-May-Festspielen in Bad Segeberg.
Es war die Familie ›Bird‹, die zu den wenigen noch
lebenden Indianern vom Stamm der Mandan aus
Minnesota gehört.

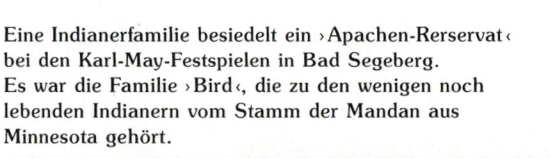

1986 trat Pierre Brice
zum letzten Mal bei den
Karl-May-Festspielen
im sauerländischen
Elspe auf.

Nach umfangreichen Restaurationsarbeiten wurde das Indianer-Museum
der Karl-May-Stiftung am 9.2.1985 in Dresden-Radebeul der Öffentlichkeit zugäng-
lich gemacht. (Oben: ein Teil des Arbeitszimmers von Karl May,
unten: Perlwebereien mit Geistertanz-Mokassins)

Marterpfahl stehen, freizulassen. Unter ihnen ist Leutnant Robert Merril, Sohn von Oberst J. F. Merril, dem Kommandanten von Fort Niobrara. Auf dem Rückweg zum Fort werden die drei Soldaten Zeugen, wie weiße Banditen unter der Führung eines gewissen Luke ein Dorf der Ponka-Indianer dem Erdboden gleichmachen. Die Schurken wollen die unbequemen Mitwisser töten, werden aber von den beiden überraschend auftauchenden Westmännern Old Shatterhand und Gunstick Uncle in die Flucht geschlagen:

Wenn Gunstick Uncles Schüsse krachen,
gibt's für Banditen nichts zu lachen.
Drum sind sie schleunigst ausgerissen,
denn ihre Lage war bescheiden.

Der reimende Westmann bringt die Kavalleristen zum Fort, während Old Shatterhand auf seinen alten Bekannten Lord Castlepool trifft, der den Wilden Westen mit seinem Pferd Herakles auf der Suche nach Abenteuern durchstreift. Jetzt, wo er Old Shatterhand getroffen hat, braucht er auf diese nicht mehr lange zu warten. Die beiden reiten nach dem Ölbohrcamp New Venango, zu dem die Spuren der Banditen führen. Das Camp gehört dem zwielichtigen Bud Forrester, der hinter dem Überfall auf das Ponka-Dorf steckt. Er will die Indianer aus der Gegend vertreiben, um ungehindert überall nach Öl bohren zu können. Old Shatterhand und Castlepool werden auf seinen Befehl hin festgesetzt, können aber mit Winnetous Hilfe entkommen, als nächtens ein Ponka-Häuptling, der das Massaker an seinen Stamm überlebt hat, New Venango in Brand setzt.

Bei der Konferenz in Fort Niobrara drohen Winnetous Friedenspläne zu scheitern, als sich die anderen Häuptlinge für den Krieg entscheiden wollen. Da reißt Leutnant Merril das Ruder herum, indem er Tah-scha-tunga bittet, ihm Ribanna zur Frau zu geben. Schweren Herzens nehmen Winnetou und Ribanna Abschied voneinander. Robert Merril, der auf Anraten seines Vaters den Dienst quittiert, und die Häuptlingstochter heiraten.

Um Zwietracht zwischen Weiß und Rot zu säen, überfällt Forrester mit seinen Leuten einen Wagentreck und schiebt die Schuld den Assiniboins zu. Der Bandit Luke gibt sich in Fort Niobrara als einziger Überlebender des Massakers aus. Robert Merril nimmt ihn gefangen und bringt ihn zu den Assiniboins. Daraufhin brechen die roten Krieger zur Jagd auf Forrester auf. Merril und Ribanna führen derweil die Frauen, Kinder und alten Männer des Stammes in ein geheimes Höhlensystem, um sie vor Überfällen zu schützen.

Luke entkommt den Assiniboins und verrät Forrester die Lage des Höhlensystems. Von Assinoboins und Kavallerie gejagt, stürmen die Banditen die Höhlen und nehmen Ribanna und Robert Merril als Geiseln. Winnetou dringt mit einigen Kriegern der Assiniboins unter Wasser in die Höhlen ein und befreit Ribanna und Robert. Im anschließenden Kampf werden die Banditen aufgerieben. Zuletzt töten die Assiniboins Forrester. Old Shatterhand und Winnetou brechen zu neuen Abenteuern auf.

Brandwunden, Bären und eine Bora

Nach dem überragenden Erfolg von *Winnetou I* war es fast selbstverständlich, daß Horst Wendlandt auch die beiden folgenden Teile der Winnetou-Trilogie verfilmen würde. Nur neun Monate später gelangte *Winnetou II* in die Kinos und schaffte es mühelos, in puncto Qualität und Erfolg an seinen Vorgänger anzuknüpfen. Dafür sorgte die bewährte Wendlandt-Crew, die aus den ersten beiden May-Filmen des Produzenten übernommen wurde, der sich diesmal hütete, den Regisseur auszutauschen. Und so durfte Harald Reinl ein weiteres Mal unter Beweis stellen, daß er es auf einzigartige Weise verstand, Abenteuer und Romantik vor einer einzigartigen Kulisse und unter Einbeziehung derselben in Szene zu setzen. Diese Kulisse bildeten wiederum die reizvollen Schauplätze Jugoslawiens, wo am 18. Mai 1964 die knapp drei Monate währenden Außenaufnahmen begannen. Daran schlossen sich zweiwöchige Atelieraufnahmen in den Berliner CCC-Studios an. Mit einem Anteil von ungefähr neunzig Prozent überwogen die Außenaufnahmen aber auch diesmal wieder deutlich.

Mit einem Etat von vier Millionen DM leistete man sich einen Drehstab von 160 Mann, zu dessen Beförderung sich ein Konvoi von dreißig Autos und einem Omnibus über die schlecht oder gar nicht ausgebauten jugoslawischen Straßen wälzte. 3000 Liter Benzin, Benzol und Dieselöl wurden verbraucht, aber nicht für den Fuhrpark, sondern für die Brandkatastrophe von New Venango. Bauten für 250 000 DM wurden errichtet, darunter das Ölcamp New Venango, das Fort Niobrara und das Dorf der Assiniboins. Man verlegte zehn Kilometer Kabel, verpulverte 25 000 Schuß Munition, verschoß 400 Indianerpfeile und ließ 2000 Pferde über die jugoslawische Prärie galoppieren. Die angeschafften und angefertigten Waffen kosteten insgesamt 80 000 DM. Weitere 100 000 DM gab man für die Kostüme aus, darunter 200 Indianerausrüstungen, sechzig Uniformen der US-Kavallerie, 158 Perücken und 44 Badehosen. Letztere sind im Film allerdings nicht zu sehen und dürften der Freizeitgestaltung der Filmcrew gedient haben. 3500 jugoslawische Komparsen spielten für die Filmkameras Wildwest.

Ständig waren ein Tierarzt und ein praktischer Arzt am Set anwesend, und das tat auch not. Der Sturz von einem scheuenden Pferd bescherte Karin Dor einen Krankenhausaufenthalt mit Beckenriß und Gehirnerschütterung. Fortan übernahm ein Stuntman im Kleid einer indianischen Squaw ihre gefährlichen Reitszenen. Auch Old Shatterhand hatte diesmal Pech mit den Pferden. Lex Barker bestieg nämlich den falschen Gaul, ein speziell geschultes Kaskadeurpferd, das ihn rasch wieder abwarf. Resultat war eine Platzwunde am Kopf. Glücklich dagegen Pierre Brice, der sich nur den Finger zwischen zwei Holzbalken quetschte.

Auch die Komparserie blieb nicht verschont. Eine schwere Unterarmverletzung erlitt ein Komparse, den eine aus fünf Zentimeter Entfernung abgeschossene Platzpatrone erwischte. Fünf seiner Kollegen zogen sich trotz ihrer

Die Häuptlingstochter Ribanna (Karin Dor) entsagt ihrer Liebe
zu Winnetou und besiegelt durch ihre Heirat mit Leutnant Merril den Friedensbund
zwischen Weiß und Rot in *Winnetou II.*

Schutzkleidung aus Asbest Brandverletzungen zu, als Pyrotechniker Erwin Lange New Venango in Flammen aufgehen ließ.

Solche Mißgeschicke gehörten bei den Dreharbeiten zu einem Karl-May-Abenteuer einfach dazu. Ebenso wie die Zerstörung ganzer Szenerien, verursacht durch Stürme, schwere Regenfälle und eine mit 140 Stundenkilometern dahinfegende Bora, ein an der dalmatinischen Küste häufig auftretender heftiger Fallwind.

Die Pferde von Lex Barker und Karin Dor waren nicht die einzigen Tiere, die den Filmleuten Probleme machten, wie Pierre Brice einmal erzählte: Eigens für die ersten Szenen des Films reisten die drei echten Grizzlys Mundy, Peter und Peggy mit ihrem Dompteur aus Hamburg an. Ausgewählt wurde schließlich die neun Jahre alte, zwei Meter dreißig große und 800 Kilogramm schwere Grizzly-Dame Peggy. Schon wochenlang trug der Dompteur ein Indianerkostüm, damit die Bärin an diese Kleidungsart gewöhnt war. Und doch gab es erhebliche Schwierigkeiten: Laut Drehbuch sollte ich heftig mit einem wütenden Grizzly kämpfen, aber Peggy zeigte sich ständig von ihrer gemütlichen und sanften Seite. Es kostete uns alle viel Mühe, und für Peggy gab es pfundweise Himbeersaft mit Zucker, bis die Szene möglichst realistisch im Kasten war.

Noch ein anderes Tier bereitete uns Kopfzerbrechen: mein Rappe Iltschi. Iltschi I, welcher alle nötigen Tricks beherrschte, war inzwischen in den Pferdehimmel Manitous eingegangen. Mein neuer Rappe sah zwar genauso schön und edel aus, hatte aber nicht die Spezialausbildung wie sein Vorgänger. Der einzig auffindbare Hengst mit ähnlicher Schulung war ein Schimmel! Horst Wendlandt ließ nun extra eine Spezialfarbe einfliegen, mit deren Hilfe aus dem Schimmel ein perfektes Double für Iltschi II werden sollte. Nach dem ersten Regenfall aber verwandelte sich mein eingefärbter ›Rappe‹ in ein olivgrünes Fabelwesen! Neu geschwärzt mußte er nun während der Drehzeit vor jeglichem Wassertropfen sorgsam geschützt werden.‹

Besonders erwähnenswert unter den vielen Schauplätzen sind die geheimen Höhlen der Assiniboins, in Wahrheit die Adelsberger Grotten bei Postojna, wo ungefähr eine Woche gedreht wurde. Die ausgefallene Schönheit der Tropfsteinhöhlen, die *Winnetou II* erstmals in einem Farbfilm zeigte, vermag auch heute den Zuschauer noch zu faszinieren. Weniger fasziniert war Harald Reinl von der feuchtkalten Zugluft in diesem ›Rheumakeller‹.

Winnetous große Liebe und Terence Hill

Harald Petersson bewies mit *Winnetou II* zum drittenmal, daß er, quasi als schreibendes Gegenstück zu Harald Reinl, der ideale Mann für die Umsetzung von Karl Mays Phantasien in Drehbuchform war. Im Gegensatz zu *Winnetou I*, den May eigens für die Buchausgabe schrieb, setzte der sächsische Schriftsteller *Winnetou II* aus vorher schon erschienenen Erzählungen zusammen, so daß das Buch eher eine lose verbundene Aneinanderreihung mehrerer Episoden als ein konsistenter Roman ist. Einem anderen als Petersson hätte es leicht mißglücken können, dem Film einen durchgehenden Spannungsbogen zu verleihen, wie es auch deren Drehbuchautor und dem Regisseur von *Old Shatterhand* erging. Petersson jedoch filterte geschickt einige Personen und Motive aus der Vorlage heraus und setzte sie, wie die Teile eines Puzzles, zu einer neuen Form mit einer inhaltlich klaren Linie zusammen. Zwar folgt das Endprodukt nur noch sehr bedingt Mays Handlungspfaden, aber er weist, wie seine Vorgänger *Der Schatz im Silbersee* und *Winnetou I*, viel von Mays märchenhaft-mystischer Atmosphäre auf.

Viele bekannte Gestalten aus Mays Roman fehlen im Film, darunter das ›Kleeblatt‹ Sam Hawkens, Dick Stone und Will Parker, der geheimnisvolle Westmann Old Death, der schurkische weiße Indianerhäuptling Parranoh alias Tim Finnetey, der nicht minder schurkische Santer (der ja bereits in *Winnetou I* den Filmtod gestorben war) und – wieder einmal – Old Firehand. Dafür setzten dem Film zwei Figuren seine komischen Glanzlichter auf, die zwar auch Mays Phantasie entstammen, jedoch in seinem Roman *Winnetou II* keinen Auftritt haben: Lord Castlepool und der Gunstick Uncle alias Eddi Arent und Mirko Boman gaben sich nach *Der Schatz im Silbersee* zum zweitenmal die Ehre mit recht gelungenen komödiantischen Einlagen. Leider ritt der Gunstick Uncle nach *Winnetou II* durch keinen weiteren May-Film.

Petersson verlieh Winnetou in diesem Film menschlichere Züge, indem er ihn seine große Liebe Ribanna an den Kavallerieleutnant Merril verlieren läßt. Im Roman wird die Ribanna-Episode in einer Rückholblende und etwas anders erzählt: Old Shatterhand erfährt von Old Firehands Sohn Harry (der im Film ebenfalls fehlt), daß Winnetou und sein weißer Freund Old Firehand vor vielen Jahren in Ribanna, die Rose von Quicourt, verliebt gewesen sind. Winnetou verzichtete zugunsten des weißen Jägers, dem Ribanna ihr Herz geschenkt hatte. Harry ist der Sohn von Old Firehand und Ribanna, die später mit ihrem Stamm von Tim Finnetey hingemetzelt wurde, der die schöne Häuptlingstochter ebenfalls begehrt hatte. Jahre später wollen Winnetou und Old Firehand Rache an Finnetey nehmen, der als Parranoh den Stamm der Poncas anführt.

Statt Finnetey/Parranoh gedachte Petersson dem Ölprinzen Bud Forrester die Hauptschurkenrolle zu, der in Mays Roman nur einen unbedeutsamen Auftritt hat, dort als Emery Forester. Auch in Peterssons Drehbuch muß sein Vorname zunächst Emery gelautet haben, denn im Film steht auf einem Schild in New Venango: ›E. Forrester‹. Gespielt wurde er von dem Briten Anthony Steel, der damit seine erste Schurkenrolle spielte. Ein Anzeichen dafür, daß seine Tage als Mann für die Hauptrolle gezählt waren. Einer der ganz großen Stars war er ohnehin nie gewesen, und häufiger hatte er mehr durch seine Affären als durch seine Filme auf sich aufmerksam gemacht. Er war mit dem ›schwedischen Eisberg‹ Anita Ekberg verheiratet gewesen und hatte kurz vor seinem May-Engagement die damalige Miss Austria geehelicht. Die Rolle des Forrester spielte er routiniert, aber längst nicht mit soviel Verve wie seine ›schurkischen‹ Vorgänger Herbert Lom und Mario Adorf.

Petersson strich Old Firehand, da er sich, wie bei *Der Schatz im Silbersee*, mit Winnetou und Old Shatterhand als Haupthelden begnügen wollte. Dafür schenkte er dem auch bei Karl May vorkommenden Oberst Merril (May schreibt ihn mit zwei L) einen Sohn, der von einem damals noch nicht sehr bekannten Schauspieler namens Mario Girotti verkörpert wurde. Keine zehn Jahre später sollte er unter seinem Künstlernamen Terence Hill ein gefeierter Star werden. ›An meine Karl-May-Zeit in Deutschland denke ich trotz des Stresses gerne zurück‹, sagte Girotti/Hill später, nachdem er in immerhin vier Winnetou-Filmen mitgewirkt hatte.

Der am 29. 03. 1939 in Venedig geborene Schauspieler hat eine besondere Beziehung zu Deutschland: ›Dieses Land hat immer schon eine ungeheure Faszination auf mich ausgeübt. Schließlich kam meine Mutter aus Sachsen und zog später nach Venedig, wo sie meinen Vater kennenlernte.‹ Girotti spricht fast akzentfrei deutsch und liest in seiner Freizeit Hermann Hesse und Thomas Mann im Original.

Die Karl-May-Filme waren eine wichtige Sprosse auf seiner Leiter zum Starruhm. Ersten Kontakt zum Film hatte er 1951 bekommen, als der Regisseur Dino Risi ein paar Schüler als Komparsen für einen neuen Streifen engagierte, darunter den zwölfjährigen Mario. Der Wunsch, zum Film zu gehen, war damit bei dem Jungen geweckt. Noch als Oberschüler nahm er Schauspielunterricht und konnte ab 1957 mit zunächst kleinen, dann aber langsam wichtiger werdenden Filmrollen aufwarten. Künstlerisch erfolgreiche Filme, in denen er zu sehen war, waren *The Roman Spring of Mrs. Stone* (Der römische Frühling der Mrs. Stone, 1961) mit Vivian Leigh und Warren Beatty und *Il gattopardo* (Der Leopard, 1962), den er unter Luchino Viscontis Regie mit den Weltstars Burt Lancaster, Claudia Cardinale und Alain Delon drehte. Im selben Jahr bewies er in dem Piratenfilm *Il dominatore dei sette mari* (Pirat der Königin) an der Seite von Rod Taylor, daß er auch in Abenteuerfilmen eine gute Figur machte.

Das stets nach neuen Talenten Ausschau haltende Auge Horst Wendlandts fiel auf ihn, und so bekam er die recht bedeutende Rolle des Leutnants Merril in *Winnetou II*. Girotti ritt anschließend durch die May-Filme *Unter Geiern, Der Ölprinz* und *Old Surehand*, und die *Bravo* kam zu dem Urteil: ›Ein junger, recht talentierter Mann mit gutem Aussehen, der es aber nie zu großen Erfolgen bringen wird.‹ Ein Fehlurteil, und zwar ein grobes, wie es sich ab den späten sechziger Jahren erwies, als Girotti unter dem Pseudonym Terence Hill

Mario Girotti, hier als Leutnant Merill in *Winnetou II*, erlangte später
als Terence Hill Weltruhm.

zunächst in harten Italo-Western wie *Preparati la bara* (Django und die Bande
der Gehenkten, 1968) und dann zunehmend in den Prügelfilmen mit Bud
Spencer (*Zwei Fäuste für ein Halleluljah*) volle Kinokassen garantierte.

In *Winnetou II* beschränkte sich Girotti schauspielerisch auf das, was das
Drehbuch von ihm verlangte, nämlich die schöne Karin Dor anzuhimmeln.

Von den weiteren Darstellern verdient Klaus Kinski besondere Erwähnung,
damals als halb oder gänzlich irrer Mordbube ein Standardcharakter in den
Edgar-Wallace-Filmen. In *Winnetou II* spielte er den Bösewicht Luke, Bud For-
resters rechte Hand, der ein ganzes Ponca-Dorf mit Wonne niederbrennen
läßt, mit der gewohnten Brutalität. Eklats vom Rande der Dreharbeiten,
ansonsten Kinskis Markenzeichen, sind seltsamerweise nicht überliefert.

›Wir dürfen ja qualitäts- und quantitätsmäßig nicht gleichbleiben, sondern
wir müssen uns steigern‹, sagte Horst Wendlandt zu den vielen Actionszenen
und spektakulären Bildern in *Winnetou II*. Sein Konzept ging auf. Lex Barker
und Pierre Brice in ihren jetzt schon gewohnten Rollen begeisterten zwar nicht
unbedingt die Filmkritik, dafür aber das Publikum. Der mit dem Prädikat
›wertvoll‹ versehene Streifen avancierte zum kassenstärksten deutschsprachigen Film der Spielzeit 1964/65 und wurde mit der Goldenen Leinwand wie
auch mit dem Bambi ausgezeichnet.

Unter Geiern

1964

Unter Geiern

BRD/Frankreich/Italien/Jugoslawien 1964. *Uraufführung:* 08. 12. 1964. *Regie:* Alfred Vohrer. *Regieassistenz:* Stipe Delic. *Drehbuch:* Eberhard Keindorff, Johanna Sibelius nach dem gleichnamigen Buch von Karl May. *Kamera:* (Eastmancolor, Cinemascope) Karl Löb. *Kameraführung:* Rudolf Sandiner. *Kameraassistenz:* Kresco Grcevic. *Musik:* Martin Böttcher. *Ton:* Mato Barbalic. *Schnitt:* Hermann Haller. *Bauten:* Vladimir Tadej. *Kostüme:* Irms Pauli. *Pyrotechnik:* Erwin Lange. *Produktionsleitung:* Wolfgang Kühnlenz. *Herstellungsleitung:* Erwin Gitt, Stipe Gurdulic. *Gesamtleitung:* Horst Wendlandt. *Produktion:* Rialto-Film Preben Philipsen (Berlin), S. N. C.-Film (Paris), Atlantis-Film (Rom), Jadran-Film (Zagreb). *Verleih:* Constantin. *Länge:* 101 Minuten, später gekürzt auf 97 Minuten.

Darsteller: Stewart Granger (Old Surehand), Pierre Brice (Winnetou), Elke Sommer (Annie Helmers), Götz George (Martin Baumann), Walter Barnes (›Bärenjäger‹ Baumann), Sieghardt Rupp (George Preston), Mihail Baloh (›Stealing-Fox‹ Weller alias Tobias Barton), Paddy Fox (Old Wabble), Renato Baldini (Leader), Mario Gerotti (Baker jr.), Gojko Mitic (Wokadeh), Dunja Rajter (Betsy), Louis Velle (Gordon), Voja Miric (Stewart), Stole Arandjelovic (Milton), Djordje Nenadovic (Miller), Gordona Cosic (Wokadehs Schwester), Dusan Bulajic (Bloomfield), Ilja Ivezic, Davor Antolic, Boris Dvornik, Mirko Kraljev.

Ausländische Originaltitel: Parmi les vautours (Frankreich), *La dove scende il sole* (Italien), *Medju jastrebovima* (Jugoslawien).

Inhalt

Während der Bärenjäger Baumann, sein Sohn Martin und Winnetou den Grauen Bären jagen, wird Baumanns Ranch von der berüchtigten Geier-Bande überfallen. Martins Mutter und seine kleine Schwester finden dabei einen grausamen Tod. Die Banditen lenken den Verdacht auf die Schoschonen und töten deren Häuptling, der mit seinem Sohn Wokadeh ihr Treiben beobachtet hatte. Vom Schmerz überwältigt, beleidigt der Bärenjäger den toten Häuptling und zieht sich damit den Racheschwur Wokadehs zu. Baumann glaubt Winnetou nicht, der von der Unschuld der Schoschonen an dem Massaker überzeugt ist: ›Winnetou wird den Mörder finden, dann werdet ihr sehen, welche Farbe er hat: rot oder weiß!‹

Winnetous Freund und Lehrmeister, der berühmte Westmann Old Surehand, und sein etwas debiler Begleiter Old Wabble bringen die junge Annie

184

Helmers nach Baumanns Ranch. Sie ist unterwegs nach Arizona, um ihrem dort weilenden Vater einen hübschen Batzen Gold zu überbringen. Der Bandit ›Stealing-Fox‹ Weller, der sich in der Verkleidung des Mormonenpredigers Tobias Barton auf Baumanns Ranch aufhält, überbringt dem Banditenführer George Preston die Kunde von der wohlhabenden Miss Helmers. Die Geier entführen Annie von der Ranch und bringen sie in ihr Versteck. Martin Baumann, der Gefallen an der jungen Frau gefunden hat, befreit sie mit der unerwarteten Unterstützung Winnetous.

Der Bärenjäger fällt in die Hände der Schoschonen, kann aber unter erheblichen Schwierigkeiten von Old Surehand und Winnetou losgeeist werden. Jetzt gilt es, die Geier aufzuhalten, die wieder einmal einen ganzen Wagenzug mit Auswanderern in die wüste Einöde des Llano Estacado locken wollen, um ihn dort auszurauben. Zu diesem Zweck haben die Banditen ihre Männer, darunter den falschen Mormonenprediger, in den Treck eingeschleust. Zunächst treffen Martin Baumann und Annie auf die Auswanderer, dann Old Surehand und schließlich der Bärenjäger, Old Wabble und ein paar Begleiter. Trotzdem gerät der Wagenzug in arge Bedrängnis, als er von den Geiern angegriffen wird. Das Blatt wendet sich erst, als Winnetou und Wokadeh mit den Schoschonen eingreifen und die Geier überwältigen. Als letzter Bandit stirbt Weller, der wahre Mörder von Martha Baumann und ihrer Tochter.

Die Toten sind gesühnt; der Frieden zwischen Rot und Weiß ist wiederhergestellt. Winnetou verabschiedet sich von Old Surehand, der den Treck nach Arizona führen will. Die Baumanns kehren auf ihre Ranch zurück und nehmen Annie mit, weil dort eine Frau gebraucht wird.

Karl May wird vermarktet

Die Karl-May-Filme avancieren zum Medienereignis der sechziger Jahre, das nicht auf die große Leinwand beschränkt blieb. Das, was man heutzutage als Merchandising bezeichnet, nahm auch schon auf Winnetous Spuren seinen Lauf. Die Regenbogenpresse sorgte dafür, daß die Dreharbeiten zu jedem neuen May-Film samt ihren großen und kleinen Begleiterscheinungen nebst dem Privatleben der beliebten Hauptdarsteller rasch zum Gegenstand allgemeinen Interesses wurden, natürlich zur Freude der für Publicity stets empfänglichen Filmproduzenten. Der Bamberger Karl-May-Verlag freute sich über die in ungeahnte Höhen kletternden Umsatzzahlen, die Karl Mays Bücher verzeichneten. Die Soundtracks zu *Der Schatz im Silbersee* und *Winnetou I* erzielten große Verkaufserfolge; dies waren übrigens die ersten deutschen Filme, zu denen der komplette Soundtrack auf Tonträgern erschien.

Auch die Spielwarenhersteller hängten sich schnell an den neuen Trend an und brachten Würfel-, Karten- und Puzzlespiele mit Motiven aus den May-Filmen heraus. Es gab kleine Figuren, die nach den May-Helden gestaltet waren, und einen Bausatz von Winnetous Silberbüchse im Maßstab 1:1. Motive aus den Filmen fand man auch auf Sammelbildern, die man in passende Alben kleben konnte, auf Postkarten und auf Mal- und Zeichenblöcken, die heute noch im Handel erhältlich sind. May-Begeisterte konnten die Handlung der Filme in gekürzter Version als Super-8-Heimkinofilme, als Dia- und als Stereobild-Serien (3 D) nacherleben.

Mehrere Verlage veröffentlichten Comic-Versionen der Mayschen Werke in unterschiedlicher Qualität. Nach den Filmen gestaltete Comic-Strips erschienen in diversen Zeitschriften. Große Beliebtheit bei den jungen May-Fans erreichten die auf Schallplatten (später vor allem auf Musikkassetten) herausgebrachten May-Hörspiele verschiedener Anbieter.

Diese May-Vermarktung war kein ureigenes Syndrom der sechziger Jahre. Schon vor und nach dem Zweiten Weltkrieg hatte es so etwas gegeben. Ja, Karl May selbst hatte es zu seinen Lebzeiten verstanden, aus seiner und der Popularität seiner Figuren Kapital zu schlagen, indem er sich nicht nur in Zivil, sondern auch als Old Shatterhand und Kara Ben Nemsi verkleidet fotografieren ließ, um die Aufnahmen als Postkarten zu vertreiben. Neu waren in den sechziger Jahren vor allem die Ausmaße der Vermarktung.

Bei all diesem Rummel wollte Horst Wendlandt, der die May-Renaissance mit dem *Schatz im Silbersee* initiiert hatte, sich natürlich ein möglichst großes Stück vom Kuchen sichern. Darum schickte er nach *Winnetou II* noch 1964 einen weiteren Winnetou-Film ins Rennen: *Unter Geiern,* der ursprünglich *Winnetou und der Bärenjäger* heißen sollten.

Ein neuer Held und alte Bekannte

Dabei stand Wendlandt allerdings vor einem großen Problem: Einer seiner beiden großen May-Stars war für diesen Film nicht verfügbar. Die Rede ist von Lex Barker, der zu den Dreharbeiten von *Unter Geiern* nicht abkömmlich war, weil er zu der Zeit für Artur Brauners drittes May-Projekt vor der Kamera stand, dem Zweiteiler *Der Schatz der Azteken/Die Pyramide des Sonnengottes.*

Davon ließ sich Wendlandt im Rausch des Erfolges aber nicht aufhalten. Kurzerhand ersetzte er Old Shatterhand durch einen anderen Westmann Karl Mays: Old Surehand. Offenbar störte es ihn nicht, daß Surehand in dem diesem Film zugrundeliegenden Buch gar nicht auftaucht.

Blieb noch das Problem zu lösen, wer den neuen Helden verkörpern sollte. Die Wahl fiel schließlich auf den Hollywood-Star Stewart Granger, der für seinen ersten May-Einsatz eine Gage von 75 000 Dollar einstrich. So viel hatte vor ihm kein anderer Darsteller in einem May-Film bekommen. Wäre Grangers Stern in Hollywood zu dieser Zeit nicht schon im Sinken begriffen gewesen, hätte Wendlandt den Star schwerlich bezahlen können.

Granger, 1913 als Sohn eines Schotten und einer französisch-italienisch-englischen Frau in London geboren, heißt eigentlich James Stewart, änderte seinen Namen aber, um nicht mit der gleichnamigen Hollywood-Legende verwechselt zu werden. Grangers Vater verrichtete als Oberst der britischen Armee seinen Dienst in Indien. Der Sohn trat zunächst in die Fußstapfen des Vaters und schloß sich als Lance Corporal der britischen Armee an, die er als Leutnant der Infanterie wieder verließ.

1935 stand er zum erstenmal auf der Bühne und drei Jahre später für den Streifen *So This Is London* zum erstenmal vor der Filmkamera. Starruhm erreichte er in den fünfziger Jahren, als Hollywood ihn rief und er für sechs Jahre sogar amerikanischer Staatsbürger wurde. Immer wieder Granger, der auch privat gerne reitet, fechtet und schießt, in Abenteuerfilmen eingesetzt, so in *Caesar and Cleopatra* (Caesar und Cleopatra, 1946), *King Solomon's Mines* (König Solomons Diamanten, 1950), *The Prisoner of Zenda* (Der Gefangene von Zenda, 1952), *Scaramouche* (Scaramoche, der galante Marquis, 1952), *Beau Brummel* (Beau Brummel — Rebell und Verführer, 1955) und Fritz Langs *Moonfleet* (Schloß im Schatten, 1955).

Auch Western gehörten zu Grangers Rollenrepertoire und ließen ihn somit in Horst Wendlandts Augen zum idealen Karl-May-Star werden. In dem wegen seiner hervorragenden Büffeljagdsequenzen oft — und auch mehrmals für die Winnetou-Filme — ausgeschlachteten Western *The Last Hunt* gab er eine eindrucksvolle Vorstellung an der Seite Robert Taylors ab, und in *North to Alaska* (Land der tausend Abenteuer, 1960) war er der Partner von John Wayne. Weitere Western mit ihm sind *The Wild North* (Gefährten des Grauens, 1951) und *Gun Glory* (Schlucht des Verderbens, 1957). Zu der Zeit auch privat stolzer Besitzer einer Western-Ranch, reiste er mit zwei großen Koffern voller Kostüme, Waffen und Patronengurte zu den May-Dreharbeiten an.

Kurz vor seiner Verpflichtung als Old Surehand hatte Granger mit einem anderen May-Helden vor der Kamera gestanden. 1963 drehte er mit ›Kara Ben Nemsi‹ Helmuth Schneider den amerikanischen Kriegsfilm *The Secret Invasion* (Geheimauftrag Dubrovnik). Und noch ein Zusammentreffen: Regisseur Roger Corman drehte diesen Film über ein britisches Kommandounternehmen im 2. Weltkrieg an seinen Originalschauplätzen in Jugoslawien.

So manchem May-Fan gefiel Grangers Darstellung des Old Surehand nicht, da er weder Mays Anlage der Figur entsprach noch dem Bild, das man von Lex Barkers Old Shatterhand gewohnt war. War Barkers Shatterhand ein durch und durch edler Held von schweigsamer Zurückhaltung und damit das perfekte Pendant zu Pierre Brices Winnetou, so gab sich Granger eher witzig-redselig. Stets einen lockeren Spruch auf den Lippen, erlaubt er sich sogar mal einen Scherz über seinen Freund Winnetou. Das wäre Barker nie eingefallen. Grangers ironisches Spiel stieß aber bei Regisseur Alfred Vohrer, der sich mit seinem Star glänzend verstand, auf große Gegenliebe.

Da Wendlandt nun einen Winnetou-Film nach dem anderen drehte, war ein Wechsel auf dem Regiestuhl zur Entlastung Harald Reinls unabdingbar. So brachte der Produzent Alfred Vohrer ins Spiel, dem er ursprünglich schon

Winnetou I anvertrauen wollte. Vohrer war schon 1949 bei dem Puppentrickfilm *Immer wieder Glück* als Co-Regisseur in Erscheinung getreten und hatte sich seit Ende der fünfziger Jahre als routinierter Regisseur von Unterhaltungsfilmen einen Namen gemacht. *Unter Geiern* wurde unter seinen Händen zu einem gelungenen Film voller Spannung und Humor, wenn er auch nicht ganz an die märchenhafte Grandeur von Reinls Winnetou-Filmen heranreicht.

Wendlandt hatte auch neue Drehbuchautoren ins Rennen geschickt, das Ehepaar Eberhard Keindorff und Johanna Sibelius. Sie schmolzen Elemente aus den beiden Erzählungen *Der Sohn des Bärenjägers* und *Der Geist des Llano Estakado*, die das Buch *Unter Geiern* enthält, zu einer durchgehenden Filmhandlung zusammen. Daß dabei viele Elemente aus Mays Vorlagen eliminiert wurden, war wieder einmal unvermeidlich. Doch muß man sagen, daß jede Erzählung für sich mehr als genug Stoff für einen abendfüllenden Film abgegeben hätte, so daß der hier vorgenommene Verschmelzungsprozeß unnötig gewesen ist. Als das Buch 1890 unter dem ursprünglichen Titel *Die Helden des Westens* erschien, hatte Karl Mays Verleger auch schon angeregt, die beiden Erzählungen inhaltlich miteinander zu verbinden, doch der Autor war diesem Vorschlag nicht gefolgt. Tatsächlich liegt eine solche Verbindung nahe, bestehen doch in beiden Erzählungen Überschneidungen bei dem auftretenden Personal.

Dieses Personal fiel zu einem guten Teil den Änderungen der Drehbuchautoren zum Opfer. Die bei May auftretenden Westmänner Bloody Fox, Hobble Frank, der Lange Davy und der Dicke Jemmy sowie die beiden Snuffels sucht man im Film vergebens. An ihre Stelle setzten Keindorff und Sibelius den etwas beschränkten Old Wabble, gespielt von dem jugoslawischen Schauspieler Milan Srdoc, den man wegen seines für Westeuropäer unaussprechlichen Namens auf den Filmplakaten und im Titelvorspann in Paddy Fox umtaufte.

Die Figur des Old Wabble taucht bei Karl May nicht in *Unter Geiern* auf, sondern in dem mehrbändigen Roman *Old Surehand*. Mit dem debilen Narren aus dem Film, der nicht einmal einen Revolver richtig halten, geschweige denn einen einzigen Treffer damit landen kann, hat Mays Charakter keine Gemeinsamkeiten. Bei May ist Old Wabble der über neunzig Jahre alte ›King of the Cowboys‹, der erst auf der Seite der Guten kämpft und dann die Fronten wechselt, schlußendlich aber seine Sünden bereut. May schuf mit dieser Figur einen seiner ernsthaftesten und vielschichtigsten Charaktere, aus dem die Drehbuchautoren eine der plattesten Figuren machten, die je in einem May-Film zu sehen war. Sie lassen Old Wabble in jedes erdenkliche Fettnäpfchen treten, so daß Old Surehand ständig damit beschäftigt ist, ihn vor den Folgen seiner Torheiten zu bewahren. Zwar schildert auch May die zahlreichen komischen Westleute, die in seinen Werken auftreten, als den Haupthelden Winnetou und den ›Oldies‹ Shatterhand, Surehand und Firehand unterlegen, doch sind Mays Gestalten bei all ihrer Kauzigkeit und äußeren Merkwürdigkeit immer auch fähige Westleute, die vor keiner Gefahr davonlaufen. Der Old Wabble des Films dagegen ist ein rechter, häufig vor Angst schlotternder Waschlappen, der in den ›dark and bloody grounds‹, wie May den Wilden Westen nannte, keine fünf Minuten überlebt hätte.

Winnetou (Pierre Brice) und seine Freunde Old Shatterhand (Stewart Granger, Mitte) und Anni (Elke Sommer) sind von der Unschuld der Indianer überzeugt. Es gelingt ihnen, die wahren Schuldigen an den Siedler-Überfällen zu entlarven.

Zwar verstanden es die Drehbuchautoren recht geschickt, aus Mays Erzählungen eine durchgehende Filmhandlung zu stricken, doch hätten sie aus den Vorlagen noch mehr Honig saugen können. So hätte man zum Beispiel die Figur des Bloody Fox, der als geheimnisvoller ›Geist des Llano Estakado‹ die Wüste durchstreift, sehr filmwirksam darstellen können − wenn sie denn im Film vorgekommen wäre.

Eine komplette Erfindung der Drehbuchautoren ist die Figur der Annie Helmers, gespielt von der damals vierundzwanzigjährigen Elke Sommer, deren bürgerlicher Familienname Schletz lautet. Die Pfarrerstochter aus Erlangen und gelernte Dolmetscherin war von Artur Brauner entdeckt und zum Star aufgebaut worden und stand bei ihm unter Exklusivvertrag. Horst Wendlandt durfte sie für einen Film ausleihen, weil er Brauner erlaubt hatte, Pierre Brice als Winnetou in *Old Shatterhand* einzusetzen. Daran sieht man, daß die Konkurrenz zwischen den beiden Produzenten niemals dazu führte, geschäftliche Interessen zu vernachlässigen. So wird verständlich, daß Wendlandt für seine Innenaufnahmen immer wieder Brauners gut bestückte CCC-Studios in Berlin anmietete.

Elke Sommer war längst zum Weltstar aufgestiegen und auch in Hollywood gefragt. Um den an sich schon angelaufenen Vertrag mit Brauner zu erfüllen, spielte sie in *Unter Geiern* für eine Gage von ›nur‹ 40 000 DM. Zuvor hatte sie in Hollywood bereits eine Gage von 75 0000 Dollar erhalten, und ihr nächster US-Film war mit 135 000 Dollar dotiert.

Neben Elke Sommer wirkte eine weitere junge Schauspielerin mit, die Jugoslawin Gordana Cosic als Schwester des jungen Häuptlings Wokadeh. Jedoch fiel ihre Rolle in der deutschen Endfassung der Schere zum Opfer.

Wokadeh wurde von Gojko Mitic in seinem dritten May-Film verkörpert; danach kehrte er dem westdeutschen Western den Rücken zu und versuchte sein Glück im ostdeutschen ›Indianerfilm‹. Weitere alte Bekannte unter den Darstellern waren der Amerikaner Walter Barnes, der schon in *Winnetou I* mitgewirkt hatte, Mario Girotti in der Nebenrolle des Auswanderers Baker jr., Dunja Rajter mal wieder als Banditenbraut und Götz George, der nach dem *Schatz im Silbersee* hier zum zweitenmal in einem May-Film die Rolle des jugendlichen Liebhabers (mit Elke Sommer als Partnerin) übernahm.

Ursprünglich sollte der Sohn des Bärenjägers von dem Amerikaner Robert Fuller gespielt werden, der als Star der Westernserie *Am Fuß der blauen Berge* beim Fernsehpublikum sehr beliebt war. Als Fuller absagte, sprang George ein. Horst Wendlandt machte dabei keinen schlechten Tausch, denn der dynamische Götz George gab dem Film eine Menge Pep. Er verzichtete auf ein Double bei den gefährlichen Szenen und führte höchstpersönlich eine Menge akrobatischer Einlagen vor. Alfred Vohrer dürfte bei der Verpflichtung Georges seine Hand im Spiel gehabt haben, denn die beiden hatten ein Jahr zuvor gemeinsam den Krimi *Wartezimmer zum Jenseits* gedreht, zu dem Keindorff und Sibelius das Drehbuch und Martin Böttcher die Musik beigesteuert hatten, und für den Schnitt war May-Veteran Hermann Haller verantwortlich gewesen; dieses Zusammentreffen ist weniger verwunderlich, wenn man weiß, daß *Wartezimmer zum Jenseits* ebenfalls eine Rialto-Produktion ist. George stand vor *Unter Geiern* auch schon gemeinsam mit Elke Sommer vor der Kamera, und zwar 1962 in *Das Mädchen und der Staatsanwalt*.

Sieghardt Rupp, der Anfang der siebziger Jahre als Zollfander Kressin aus den *Tatort*-Krimis beim Fernsehpublikum bekannt wurde, lieferte als George Preston die bis dahin schwächste Schurkendarstellung in einem Winnetou-Film ab. Selbst mit seinem unrasierten Räubergesicht und trotz wilder Drohgebärden blieb dieser Oberbösewicht merkwürdig blaß. Rupp und George waren gute Freunde und hatten 1961 zusammen den Film *Der Teufel spielt Balalaika* gemacht, bei dem Leopold Lahola Regie führte und neben Johannes Kai mitverantwortlich für das Drehbuch war. Wir erinnern uns: Kai ist der Drehbuchautor und Co-Regisseur des May-Films *Der Löwe von Babylon*, und Lahola wirkte am Drehbuch von *Old Shatterhand* mit und sollte diesen Film ursprünglich auch inszenieren. 1965 drehten George und Rupp in Spanien den Western *Sie nannten ihn Gringo* unter der Regie von Roy Rowland.

Letzterer hat den Stewart-Granger-Western *Gun Glory* inszeniert und sollte es bald auch noch mit Karl May zu tun bekommen.

Erwähnenswert unter den Darstellern ist noch der Jugoslawe Mihail Baloh als falscher Mormonenprediger Tobias Barton (bei May heißt er Burton), den Baloh hübsch heuchlerisch porträtiert. Baloh wurde später als Titelfigur der Fernsehserie *Omer Pascha* bekannt.

Ein Schock für Stewart Granger?

Wie bei den May-Filmen schon gewohnt, gerieten auch die Dreharbeiten zu *Unter Geiern* wieder zu einem großen Abenteuer, so daß Alfred Vohrer gewiß keine Mühe hatte, die ihm zur Verfügung stehenden drei Millionen Mark auszugeben.

Viel Ärger gab es mit der Bärenjagd zu Beginn des Films. Laut Drehbuch sollten Winnetou, der Bärenjäger und sein Sohn Meister Petz mit Hilfe von Jagdhunden erlegen. Herstellungsleiter Erwin Gitt fand seinen Bären nebst den Hunden in dem jugoslawischen Dorf Gospic, wo man einen als Jungtier im Wald gefundenen Bären im Käfig hielt. Gitt verpflichtete den Bären und den örtlichen Jäger samt dessen Dalmatinischen Hirtenhunden für die Aufnahmen. Diese Hunde stehen in dem Ruf, ebenso intelligent wie scharf zu sein, und der Jäger versicherte dies ausdrücklich: ›Werden Hunde diesen Bären glatt zerfetzen.‹ Nach der ersten Attacke bewiesen die Hunde dann ihre Intelligenz und hielten sich vornehm zurück, nachdem einer von ihnen einen saftigen Hieb von Meister Petz kassiert hatte. Der Jäger rückte am nächsten Tag mit neuen Hunden an und versprach: ›Wird nix ibrig bleiben von Bär.‹ Aber auch diesmal verloren die Hunde nach dem ersten Angriff ihre Lust, und auch der Bär zeigte sich ob der müden Show gelangweilt. Der erboste Jäger wollte ihn mit einem Steinwurf anstacheln und hatte damit mehr Erfolg als gewünscht: Der Bär machte nun Jagd auf ihn, und der gehetzte Jäger schickte ihn im allerletzten Moment mit einem gezielten Schuß in die ewigen Jagdgründe. Gitt und seine Leute mußten sich mit sehr unvollständigen Aufnahmen zufriedengeben. Wer den Film nur aus dem deutschen Fernsehen kennt, wird in seiner Erinnerung vergeblich nach diesen Szenen kramen, denn die um etwa zehn Minuten gekürzte ZDF-Fassung spart die Bärenhatz aus.

Wieder einmal führten lange Anfahrtswege zu den abgelegenen jugoslawischen Drehorten und miserable Straßen zu einigen Unfällen, die zumeist glimpflich abliefen. Einmal brachten die Kaskadeure die am Mali-Alan-Paß benötigten Pferde in einem achteinhalbstündigen Gewaltritt zum Drehort im Velebit-Gebirge, weil der Transport per Auto auf der steilen Strecke einen vollen Tag länger gedauert hätte.

Wie schon bei *Winnetou II* wurden die Dreharbeiten von einer Bora durcheinandergewirbelt, die ein Indianerlager dem Erdboden gleichmachte und Elke Sommers Wohnwagen vom Boden hob und völlig zerschmetterte. Zum Glück befand sich zu diesem Zeitpunkt weder die junge Schauspielerin noch ihr Verlobter Joe Jyams, der sie zu den Aufnahmen begleitet hatte, in dem Gefährt. Elke zeigte sich auch sonst nicht zimperlich, tat sie es doch Götz George nach und führte einen gewagten Sprung von einem Dach aufs Pferd selbst aus, nachdem sie ihr dafür vorgesehenes männliches Double gesehen hatte.

Für den Siedlertreck in *Unter Geiern* wurden zwanzig Planwagen gebaut, von denen jeder 3500 DM kostete. ›Und wenn der Film abgedreht ist, sind die Wagen futsch‹, äußerte sich Erwin Gitt über den Materialverschleiß bei einer Western-Produktion. Auch ritt Winnetou nicht stets im selben Kostüm durch seine Abenteuer, sondern verbrauchte im Schnitt zwei Ausfertigungen pro Film. Und seine Silberbüchse hielt, wie auch Old Shatterhands Henrystutzen, nur drei Filme lang. Um den Materialverbrauch in Grenzen zu halten, wurden nach einem ›Dreh‹ mit Statisten oft wahre Razzien unter diesen veranstaltet, da sie nur zu gern einige Souvenirs mitnahmen. Wild war der Westen!

Wieder zahlten sich alle Mühen für Horst Wendlandt aus. *Unter Geiern* wurde nach *Winnetou II* der zweiterfolgreichste deutschprachige Film der Spielzeit 1964/65 und erhielt anläßlich der Erstaufführung des Films *Old Surehand* die Goldene Leinwand.

Robin Bean schrieb in *Films and Filming:* ›Der große deutsche Western der letzten Zeit war Alfred Vohrers *Unter Geiern,* in dem Pierre Brice wieder den edlen Indianer spielt, aber diesmal ohne den soliden Lex Barker. Statt dessen haben wir jetzt Stewart Granger als Old Surehand. Für jemanden, der so wie Stewart im amerikanischen Western verwurzelt ist, muß es ein ziemlicher Schock gewesen sein, zu sehen, wie die Deutschen sich den Westen vorstellen. Als ›Western‹ mag der Film den wahren Enthusiasten die Haare zu Berge stehen lassen, aber als gutgelaunte und handfeste Unterhaltung ist das ein großer Spaß. Stewart hat eine sympathische Entspanntheit, wenn er die Indianer-Killer aufs Korn nimmt und die Indianer ausmanövriert, die hinter seinem Skalp her sind. Er hat ein belustigendes Glitzern in den Augen, wenn er mit kaum angedeuteten Bewegungen und Gesten die teutonischen Westerner mit all ihrem Brüllen und Armefuchteln und ihren wilden Blicken an die Wand spielt (man braucht kein Wort Deutsch zu können, um den Film zu verstehen). Seine Leistung ist in der Tat meisterhaft. Ansonsten gibt es eine Menge Explosionen und ein paar gewaltige Brände Feuersbrünste, egal aus welchem Anlaß, sind ein gewichtiger Bestandteil der deutschen Western; sie helfen auch, die Cinemascope-Leinwand zu füllen), aber erstaunlich wenig von der Gewalttätigkeit, die Vohrer sonst in seine Filme einbringt. Martin Böttcher hat eine einnehmende Musik beigesteuert, die dem Film seinen einzigen wirklichen Western-Flair gibt‹ (zit. nach Joe Hembus, *Western-Lexikon).*

Der Schatz der Azteken
Die Pyramide des Sonnengottes

1964/65

Der Schatz der Azteken

BRD/Italien/Frankreich/Jugoslawien 1964/65. *Uraufführung:* 04. 03. 1965. *Regie:* Robert Siodmak. *Regieassistenz:* Stevo Petrovic. *Drehbuch:* Ladislas Fodor, R. A. Stemmle, Georg Marischka nach dem Roman *Schloß Rodriganda* von Karl May. *Kamera:* Eastmancolor, (Ultrascope) Siegfried Hold. *Kameraassistenz:* Richard Reuben Rimmel. *Musik:* Erwin Halletz. *Ton:* Erhard Schulze, Max Galinski: *Schnitt:* Walter Wischniewsky. *Bauten:* Otto Pischinger, Herta Hareiter-Pischinger, Veljko Despotovic. *Kostüme:* Edith Almoslino. *Maske:* Heinz Stamm, Sabine Brodt, Werner Schröder. *Pyrotechnik:* Erwin Lange. *Stuntdirector:* Frank Hayden. *Script:* Monika Kalwa. *Aufnahmeleitung:* Erwin Dräger, Velimar Jakovljevic. *Produktionsleitung:* Willy Egger, Mihajlo Rasic. *Herstellungsleitung:* Dr. Götz-Dieter Wulf. *Gesamtleitung:* Artur Brauner. *Produktion:* CCC-Film (Berlin), Serena-Film (Rom), Franco-London-Film (Paris), Avala-Film (Belgrad). *Verleih:* Gloria. *Länge:* 100 Minuten.

Darsteller: Lex Barker (Dr. Karl Sternau), Gerard Barray (Graf Alfonso Rodriganda y Sevilla), Michele Girardon (Josefa), Ralf Wolter (Andreas Hasenpfeffer), Allessandra Panaro (Rosita Arbellez), Rik Battaglia (Hauptmann Lazoro Verdoja), Theresa Lorca (Karja), Hans Nielsen (Don Pedro Arbellez), Gustavo Rojo (Leutnant Potoca), Kelo Henderon (Frank Wilson), Friedrich von Ledebur (Graf Don Fernando di Rodriganda y Sevilla), Jeff Corey (Abraham Lincoln), Fausto Tozzi (Benito Juarez), Jean-Roger Caussimon (Marschal Bazaine), Jovan Nicolic (Flathouani), Rolf Rolphs (Alimpo), Vladimir Popovic (Graf Embarez), John Kirby (Lincolns Sekretär), Atun Nalis, Djordje Nenadovic.

Ausländische Originaltitel: I violenti di Rio Bravo (Italien), *Les mercenaires du Rio Grande* (Frankreich).

Inhalt

Das Mexiko des Jahres 1864 wird, wie zur gleichen Zeit die Vereinigten Staaten, von einem Bürgerkrieg aufgewühlt. Napoleon III. hat gegen den Willen des Volkes Erzherzog Maximilliam von Österreich zum ›Kaiser von Mexiko‹ proklamiert. Gegen die französischen Besatzungstruppen kämpft der von den liberalen Mexikanern gewählte Präsident Benito Juarez, ein Mann des Volkes mit Indianerblut in den Adern. Aber er hat mit seiner schlecht ausgerüsteten Truppe einen schweren Stand gegen die waffenstarrenden Franzosen.

Der Deutsche Dr. Karl Sternau, Leibarzt des Grafen Bismarck, soll, da er einen Teil seiner Jugend in Mexiko verbracht hat, die Lage dort im Auftrag seines Herrn sondieren. Im Weißen Haus in Washington bittet Sternau, der mit den Juaristen sympathisiert, Präsident Abraham Lincoln um Unterstützung für Benito Juarez. Aber Lincoln ist zu sehr damit beschäftigt, den Sezessionskrieg gegen die Südstaaten zu führen, und kann daher Sternaus Bitte nicht nachkommen. Um Juarez neuen Kampfesmut zu geben, schreibt Lincoln einen Brief an den mexikanischen Präsidenten, in dem er ihn seines Beistandes versichert. Sternau soll den Brief in geheimer Mission überbringen.

Die Postkutsche, mit der er reist, wird von einem Trupp Juaristen angehalten, der von dem eigenwilligen Hauptmann Verdoja befehligt wird. Als dieser sich einer jungen Frau bemächtigen will, wirft sich Sternau dazwischen. Verdoja will den Arzt töten, weiß er doch nicht, mit wem er es zu tun hat: In Mexiko ist Sternau unter dem Kriegsnamen ›Herr des Felsens‹ ein wahrer Volksheld. Der kleine, aber mutige Kuckucksuhrenvertreter Andreas Hasenpfeffer aus dem schönen Plochingen am Neckarstrand, ein Mitreisender Sternaus, und der von dem Verhalten seines Vorgesetzten Verdoja angewiderte Leutnant Potoco verhindern eine Exekution des Geheimkuriers an Ort und Stelle.

Verdojas Trupp bringt Sternau zu Benito Juarez, der ihn freudig empfängt. Da Abraham Lincolns Unterstützung noch auf sich warten läßt, will Sternau seinen alten Freund Graf Don Fernando de Rodriganda y Sevilla aufsuchen, den reichsten Großgrundbesitzer Mexikos, der ebenfalls nichts von Maximilians Herrschaft hält. In der Begleitung von Andreas Hasenpfeffer und Leutnant Potoca trifft Sternau unterwegs seinen alten Freund Frank Wilson, auch genannt ›Donnerpfeil‹. Dieser hat soeben beobachtet, wie Indianer vom Stamme der Chichimecs zwei junge Frauen überfallen und gefangengenommen haben. Die Freunde befreien die Aztekenprinzessin Karja, die letzte Nachfahrin des Fürsten Montezuma, und deren Freundin Rosita Arbellez.

Deren Vater Don Petro Arbellez verwaltet eine große Hacienda des Grafen Don Fernando di Rodriganda und ist ebenfalls ein alter Freund Sternaus. Da der Graf nicht auf der Hacienda weilt, reist Sternau in die Hauptstadt, um Don Fernando zu treffen. Dessen Sohn Alfonso hat permanent Spielschulden und ist der verruchten Josefa hörig. Weil Alfonso die Unterschrift seines Vaters auf einem Wechsel gefälscht hat, will Don Fernando die Ehre seines Namens wiederherstellen und vertritt seinen Sohn bei einem Duell. Dabei wird Don Fernando so schwer verwundet, daß auch die Kunst Dr. Sternaus ihn nicht mehr retten kann. Bevor er stirbt, enterbt Don Fernando seinen Sohn und setzt Sternau als Testamentsvollstrecker ein. Dieser soll den gräflichen Besitz zugunsten der Juaristen verwalten. Damit wird Sternau in den Augen Alfonsos zu seinem Feind. Außerdem sind Alfonso und Josefa hinter dem sagenumwobenen Schatz der Azteken her. Alfonso heuchelt Karja Liebe vor, weil sie das Geheimnis des Schatzes kennt.

Lex Barker als Dr. Karl Sternau in *Der Schatz der Azteken*.

Auf der Hacienda treffen sich Sternau und Benito Juarez. Der Präsident verstößt Verdoja aus seiner Armee, weil der Hauptmann nächtens Rosita belästigt hat. Verdoja nimmt einen Teil seiner Männer mit, mit denen er fortan marodierend durchs Land zieht. Als Sternau für Juarez ein Spähtrupp unternimmt, wird er von den Franzosen gefangengenommen. Marschall Bazaine, der Oberkommandierende der französischen Truppen in Mexiko, verurteilt ihn aufgrund falscher Anschuldigungen von Alfonso und Josefa zu zwanzig Jahren Haft auf der berüchtigten Teufelsinsel. Frank Wilson und Hasenpfeffer sind Sternau heimlich gefolgt und befreien ihn. Aber Sternau wird von Verdoja überfallen und stürzt einen Abhang hinunter. Karja und der alte Aztekenpriester Flathouani finden den Bewußtlosen und bringen ihn in eine geheime Grotte, in der Flathouani den Schatz der Azteken behütet. Der Alte will Sternau töten, damit dieser nicht das Geheimnis des Schatzes verraten kann.

Die Pyramide des Sonnengottes

BRD/Italien/Frankreich/Jugoslawien 1964/65. *Uraufführung:* 17. 04. 1965. *Regie:* Robert Siodmak. *Regieassistenz:* Stevo Petrovic. *Drehbuch:* Ladislas Fodor, R. A. Stemmle, Georg Marischka nach dem gleichnamigen Roman von Karl May. *Kamera:* (Eastmancolor, Ultrascope) Siegfried Hold. *Kameraassistenz:* Richard Reuben Rimmel. *Musik:* Erwin Halletz. *Ton:* Erhard Schulze, Max Galinski. *Schnitt:* Walter Wischniewsky. *Bauten:* Otto Pischinger, Herta Hareiter-Pischinger, Veljko Despotovic. *Kostüme:* Edith Almoslino. *Maske:* Heinz Stamm, Sabine Brodt, Werner Schröder. *Pyrotechnik:* Erwin Lange. *Stuntdirector:* Frank Hayden. *Script:* Monika Kalwa. *Aufnahmeleitung:* Erwin Dräger, Velimar Jakovljevic. *Produktionsleitung:* Willy Egger, Mihajlo Rasic. *Herstellungsleitung:* Dr. Götz-Dieter Wulf. *Gesamtleitung:* Artur Brauner. *Produktion:* CCC-Film (Berlin), Serena-Film (Rom), Franco-London-Film (Paris), Avala-Film (Belgrad). *Verleih:* Gloria. *Länge:* 98 Minuten.

Darsteller: Lex Barker (Dr. Karl Sternau), Gerard Barray (Graf Alfonso Rodriganda y Sevilla), Michele Girardon (Josefa), Ralf Wolter (Andreas Hasenpfeffer), Alessandra Panaro (Rosita Arbellez), Rik Battaglia (Hauptmann Lazoro Verdoja), Theresa Lorca (Karja), Hans Nielsen (Don Petro Arbellez), Gustavo Rojo (Leutnant Potoca), Kelo Henderson (Frank Wilson), Jean-Roger Caussimon (Marschall Bazaine), Jovan Nicolic (Flathouani), Rolf Rolphs (Alimpo), Vladimir Popovic (Graf Embarez), Antun Nalis.

Ausländische Originaltitel: I violenti di Rio Bravo (Italien), *Les mercenaires du Rio Grande* (Frankreich).

Inhalt

Mexiko 1864. Das Land Mexiko war von den Franzosen besetzt worden. Napoleon III. hatte den Erzherzog Maximilian von Österreich — gegen den Willen des Volkes — zum ›Kaiser von Mexiko‹ erklärt. Der mexikanische Präsident Juarez gab den Kampf gegen die Franzosen nicht auf. Im Land herrschte der Bürgerkrieg. (Anfangstext aus dem Film *Die Pyramide des Sonnengottes).*

Der alte Aztekenpriester Flathouani schenkt Dr. Sternau das Leben, weil er glaubt, der Ohnmächtige habe den Schatz der Azteken nicht erblickt. Er und Karja bringen den deutschen Arzt ins Freie, wo er von Frank ›Donnerpfeil‹ Wilson, Leutnant Potoca und Andreas Hasenpfeffer gefunden und zur Hacienda von Don Petro Arbellez gebracht wird. Als Sternau im Fiebertraum vom Aztekenschatz spricht, läßt Karja ihn an der Flasche des Vergessens riechen und löscht damit jede Erinnerung des allmählich Genesenden an den Schatz aus.

Der verräterische Hauptmann Verdoja, der sich mit den Franzosen, den Chichimec-Indianern und der ruchlosen Josefa verbündet hat, greift mit einer

Streitmacht aus Banditen und Chicimecs die Hacienda an, um hinter das Geheimnis des Schatzes zu kommen. Der Angriff wird abgewehrt. Sternau besiegt Verdoja in einem Kampf Mann gegen Mann und nimmt ihn gefangen. Der Gefangene wird zu Benito Juarez geschickt, aber unterwegs von seinen Männern und Josefa befreit. Ein erneuter Überfall Verdojas auf die Hacienda hat Erfolg: Sternau, Hasenpfeffer, Wilson und die von letzterem verehrte Rosita Arbellez geraten in Verdojas Hände. Don Petro Arbellez wird erschossen. Nur Leutnant Potoca kann entkommen.

Verdoja will aus seinen Gefangenen mit roher Gewalt das Geheimnis des Schatzes herauspressen, aber Frank Wilson verhilft Sternau zur Flucht. Der Hauptmann bringt die übrigen Gefangenen zur Pyramide des Sonnengottes, wo ihm Verliese und Folterwerkzeuge zur Verfügung stehen. Doch Sternau und Potoca dringen in die Pyramide ein und befreien ihre Freunde. Verdoja und der Chichimec-Häuptling Schwarzer Hirsch gelangen auf ihrer Flucht vor Sternau in die Schatzgrotte. Der Hauptmann erschießt Karja. Da setzt Flathouani einen uralten Mechanismus in Gang, und Lavamassen verschlingen die Schurken und den Schatz der Azteken.

Kampf um Mexiko

Auch wenn Horst Wendlandt seine Fittiche über Pierre ›Winnetou‹ Brice ausgebreitet hatte, war Artur Brauner nicht bereit, seinem Konkurrenten kampflos das Terrain der Karl-May-Filme zu überlassen. Schließlich gab es genügend May-Bücher ohne den edlen Apachen. Nachdem Lex Barker im Balkan den *Schut* zur Strecke gebracht hatte, sollte er nun für Brauner durchs wilde Mexiko reiten.

Als Vorlage dafür diente Mays gigantischer Kolportageroman *Das Waldröschen oder Die Verfolgung rund um die Erde. Großer Enthüllungsroman über die Geheimnisse der menschlichen Gesellschaft,* der von 1882 bis 1884 in 109 Lieferungsheften auf insgesamt 2612 Seiten unter dem Pseudonym ›Captain Ramon Diaz de la Escosura‹ erschien. Es war der erste von fünf umfangreichen Kolportageromanen, die May für den Verlag H. G. Münchmeyer in Dresden geschrieben hat. Diese Lieferungsromane (die so heißen, weil sie in einzelnen Lieferungen an die Besteller gingen) sind die Vorläufer der modernen Heftromane. In den Gesammelten Werken des Karl-May-Verlages ist der Roman als Band 51 bis 55 unter den Einzeltiteln *Schloß Rodriganda, Die Pyramide des Sonnengottes* (früher *Vom Rhein zur Mapimi*), *Benito Juarez, Trapper Geierschnabel* und *Der sterbende Kaiser* in einer stark bearbeiteten Fassung erschienen, die von Mays ursprünglichem Text − wie viele Bände der Gesammelten Werke − erheblich abweicht.

May ließ seine Phantasie im *Waldröschen* (so nennt er Sternaus Tochter, die in der Verfilmung nicht auftaucht) freien Lauf und schuf ein Sammelsu-

Die Pferde sind gesattelt, das große Abenteuer kann beginnen. Zum ungleichen Paar Lex Barker als furchtlosen »Herr der Felsen« und Rolf Wolter als lustig-listigen Handlungsreisenden, der jeden Indianer-Wigwam Mexikos mit Kuckucksuhren beglücken will, gesellt sich Gustav Rojo als Leutnant Potoca (rechts).

rium weltweit gespannter Intrigen, wilder Abenteuer und Verfolgungsjagden sowie immer neuer Gefangennahmen und Befreiungen. War die Kunst des Lesens bis dahin das Privileg einiger weniger gewesen, so entstand nun im Zeichen der industriellen Revolution und der fortschreitenden Arbeiterbildung ein breites Publikum mit einem Lesebedürfnis, das befriedigt werden wollte. Im ausgehenden 19. Jahrhundert waren ›richtige‹ Bücher so teuer, daß sie für einfache Arbeiter kaum erschwinglich waren. Für den Preis eines Buches konnte man sich ein Vierteljahresabonnement einer Zeitschrift leisten. Also zogen Kolporteure übers Land und brachten den Lesehungrigen ihr wöchentliches Lieferungsheft mit der neuesten Fortsetzung einer Geschichte, die inhaltlich auf die Wunschträume ihrer Leser abgestimmt war, der bedrückenden Enge ihrer Wirklichkeit für kurze Zeit zu entfliehen und glorreiche Abenteuer zwischen Fürsten und Wilden in aller Welt zu erleben.

Genau das bot May den Lesern des *Waldröschens,* indem er eine wilde Mär von tapferen Recken, abgrundtief bösen Schurken, edlen Schönheiten, von Liebe, Haß und Rache, von Kindesvertauschungen und Komplotten erzählte. Wie Old Shatterhand, der erst später seine Ausgestaltung erlebte, ist auch Dr.

Karl Sternau (man beachte den Vornamen!) ein Wunschbild des Autors, wie er sich selbst gern gesehen hätte. Und in vielem ist Sternau Old Shatterhand ähnlich. Er schmettert seine Feinde mit einem fürchterlichen Fausthieb zu Boden und hantiert mit Bärentöter und Henry-Stutzen. Auch Lord Lindsay, den May später zum Gefährten Kara Ben Nemsis machte, taucht hier schon auf (im Gegensatz zum Film).

Es spricht für May, daß er seinem Abenteuergarn einen historischen Anstrich zu geben verstand, indem er – wie meistens bei seiner Arbeit – aus historischen Quellen schöpfte und diese teilweise fast wörtlich übernahm. Das gilt besonders für das Buch *Das Trauerspiel von Mexiko*, in dem der Historiker Johannes Scherr über den Freiheitskampf des rechtmäßig gewählten Präsidenten Juarez gegen Napoleons Marionettenkaiser Maximilian berichtete. Der Bruder des österreichischen Kaisers Franz Joseph wurde nach seiner Niederlage gegen die Juaristen 1867 gefangengenommen und in Queretaro standrechtlich erschossen.

Ein Korsar, ein Cowboy und Abraham Lincoln

Atze Brauner verpflichtete ein Team mit May-Erfahrung für seinen Mexiko-Zweiteiler, der in einem Produktionsgang gedreht und im Ausland auch in einer einteiligen Fassung gezeigt wurde. Robert Siodmak, der mit dem *Schut* gezeigt hatte, daß er die Maysche Abenteueratmosphäre leinwandgerecht aufbereiten konnte, inszenierte mit *Der Schatz der Azteken/Die Pyramide des Sonnengottes* einen seiner letzten Filme. Danach führte er nur noch zweimal Regie: 1966 bei dem Western *Custer of the West* (Ein Tag zum Kämpfen) und 1968 bei dem zweiteiligen Mammutspektakel *Kampf um Rom*, das auch eine CCC-Produktion war und für Atze Brauner zu einem finanziellen Fiasko wurde. Siodmak starb 1973.

Gleich drei Leute mit May-Vergangenheit schrieben das Drehbuch: Ladislas Fodor, R. A. Stemmle und Georg Marischka fiel die undankbare Aufgabe zu, Mays Romankonvulut nach einer brauchbaren Filmhandlung zu durchforsten. Natürlich fanden auch hier wieder zahlreiche Veränderungen des Originals statt. Aber anders konnten die Filmautoren ihre Arbeit nicht bewältigen. In gut drei Stunden Film konnte man nicht 2612 Druckseiten adäquat umsetzen. Die drei Schreiber hätten bei der Straffung des Originals sogar noch rigoroser vorgehen müssen, hätten sie optimale Arbeit leisten wollen. Noch immer ist das im Film auftretende Personal so zahlreich, daß sich der Zuschauer öfters fragt, wer gerade wo und warum ist.

Besonders die zahlreichen Liebesgeschichten tragen nicht gerade zur Vereinfachung des Geschehens bei: Frank Wilson liebt Rosita Arbellez; Leutnant Potoca liebt Karja, die dem jungen Grafen Alfonso zugetan ist; dieser ist Josefa verfallen, die sich Hauptmann Verdoja zuwendet, aber auch Marschall

Bazaine ihre Gunst schenkt. Auch läßt der abrupte Schluß den Zuschauer etwas verblüfft zurück. Zwar finden die Schurken ihr verdientes Ende, aber man fragt sich, was aus dem Freiheitskampf des Präsidenten Juarez gegen Kaiser Maximilian geworden ist, wenn man nicht gerade ein Geschichtsbuch oder Karl Mays Vorlage zur Hand hat. Brauner spekulierte wohl auf weitere Filmabenteuer Dr. Sternaus und ließ sich dafür eine Hintertür offen, doch es kam zu keiner Fortsetzung dieser beiden Filme.

Die Musik zu dem Mexiko-Abenteuer komponierte der Wiener Erwin Halletz, dessen einziges May-Engagement dies blieb. Halletz versuchte nicht, Martin Böttcher nachzuahmen, sondern schuf eine ebenso eigenständige wie exotisch wirkende Musik, die viel zu der gelungenen Mexiko-Atmosphäre beiträgt. Das stimmungsvolle Titelthema war schon 1956 in einer Vokalversion als B-Seite einer Single unter dem Titel ›Ole Muchacheros‹ veröffentlicht worden.

Neben dem bewährten Lex Barker, der die Heldenrolle mit der gewohnten Souveränität verkörperte, agierten weitere may-erprobte Schauspieler. Ralf Wolter spielte den schwäbelnden Kuckucksuhrenvertreter Andreas Hasenpfeffer mit derselben Bauernschläue, die er auch als Sam Hawkens und Hadschi Halef Omar an den Tag zu legen pflegte. Rik Battaglia gab den Schurken Verdoja – wie stets – hassenswert fies. Gustavo Rojo dagegen durfte sich nach seiner Schurkenrolle in *Old Shatterhand* diesmal tapfer und edel zeigen. Auch Friedrich von Ledebur, der im *Schut* den verschlagenen Mübarek gespielt hatte, schlug sich in Mexiko als Graf mit dem langen Namen auf die Seite der Guten.

Der Franzose Gerard Barray, in Sachen May noch unbeleckt, wird im Vorspann gleich hinter Lex Barker genannt, obwohl er als junger Graf Alfonso im Film nicht mehr zu tun hat als viele seiner Mitspieler. Das erklärt sich aus dem Umstand, daß er in den sechziger Jahren ein großer Star im Co-Produktionsland Frankreich war, den sein Publikum vor allem als Helden (weshalb die Schurkenrolle in diesem Film für ihn eher ungewohnt war) aus Mantel- und Degen-Abenteuern kannte. So hatte er 1961 in der zweiteiligen Dumas-Verfilmung *Les trois mousquetaires* (Die drei Musketiere) den d'Artagnan gespielt.

Die drei Hauptdarstellerinnen Michele Girardon, Alessandra Panaro und Theresa Lorca haben nie einen größeren Bekanntheitsgrad erlangt. Alessandra Panaro hatte schon 1963 als Partnerin von Lex Barker in dem Abenteuerfilm *Il boia di Venezia* (Der Henker von Venedig) vor der Kamera gestanden. Im *Schut* spielte sie die Frau des Titelschurken. Brauners ursprünglicher Plan, zwei der weiblichen Hauptrollen mit Barbara Rütting und seiner Entdeckung Senta Berger zu besetzen, zerschlug sich.

Für die Rolle von Dr. Sternaus Kampfgefährten Frank ›Donnerpfeil‹ Wilson wurde mit dem Amerikaner dänischer Abstammung Kelo Henderson ein waschechter Cowboy aus Colorado verpflichtet, der in vielen Western als Sensationsdarsteller aufgetreten war. Er wurde als ›schnellster Schütze der Welt‹, der nur 14/100 Sekunden zum Ziehen und Abfeuern seiner schweren Colts benötigt, und als ›unschlagbarer Lassokünstler‹ gepriesen.

Der Amerikaner Jeff Corey hatte unter Robert Siodmaks Regie bereits 1946 in der Hemigway-Verfilmung *The Killers* (Die Killer/Rächer der Unterwelt) mitgewirkt. Er war ein Spezialist für die Darstellung des Abraham Lincoln, der zu Beginn von *Der Schatz der Azteken* eine kleine, aber wichtige Rolle spielt. Corey hatte den berühmten US-Präsidenten schon auf der Bühne und 1950 in den Filmen *Rock Island Trail* (Mississipi-Express) und *Transcontinent Express* verkörpert.

Lex Barker hat es eilig

Die Außenaufnahmen zu Brauners Mexiko-Opus fanden im tradionellen Karl-May-Filmland Jugoslawien statt. Im September 1964 begannen die Dreharbeiten in der Umgebung von Titograd und Dubrovnik. Selbst die Pyramide des Sonnengottes fand man in Jugoslawien. Sie war allerdings ein simpler Berg in der Nähe von Tuzi. Das für die Bauten zuständige Ehepaar Otto Pischinger und Herta Hareiter-Pischinger verkleidete den in seiner Form pyramidenähnlichen Berg so geschickt, daß er für die Kamera wie eine von Menschenhand erbaute Pyramide wirkte. Die Hacienda el Erina, auf der zahlreiche Szenen spielen, entstand im Tal von Zupci, wo noch die eigens für *Old Shatterhand* erbaute Westernstadt stand.

Brauner leistete sich mit dem Amerikaner Frank Hayden, der schon Stars wie Errol Flynn und Anthony Quinn gedoubelt hatte, einen Stuntdirector für die vielen waghalsigen Szenen – ein Novum für den deutschen Film.

Große Schwierigkeiten gab es mit Lex Barker, der nur drei Wochen Zeit für die Aufnahmen hatte, weil er danach schon wieder für einen anderen Film unter Vertrag stand.

Deshalb mußten zunächst alle Szenen, in denen Dr. Sternau auftritt – und das sind nicht wenige –, abgedreht werden. Die Lage wurde katastrophal, als sich die fortgeschrittene Jahreszeit mit schweren Stürmen und Regenfällen bemerkbar machte, so daß Dreharbeiten abgebrochen werden mußten und wichtige Kulissen häufig unter Wasser standen. Dann war die rasche Suche neuer Szenen angesagt. Überraschend fiel auch noch Rik Battaglia aus, der sich wegen einer Hautentzündung im Gesicht in München behandeln lassen mußte. Man konnte nicht anders, als zunächst ohne ihn weiterzudrehen. Als der italienische Schauspieler zurückkam, war er noch immer nicht voll einsatzfähig.

Diese Wochen müssen für den stets von allen Übeln dieser Welt geplagten Atze Brauner zu der schlimmsten Zeit seiner langen Produzentenlaufbahn zählen. Um dem schlechten Wetter ein Schnippchen zu schlagen, verlegte man die ›Außenaufnahmen‹ schließlich teilweise nach Trebinje und in ein Belgrader Atelier, wo man die Schauspieler vor auf Leinwand gemalten Landschaftsbildern agieren ließ. Im Film zusammenhängende Szenen sind teilweise in freier Natur und zum anderen Teil im Studio entstanden, was bei genauer Betrachtung des Streifens nicht immer ganz verborgen bleibt.

Als das Jahr sich dem Ende zuneigte und die Verträge für den gesamten Stab ausliefen, waren noch längst nicht alle Szenen abgedreht. Schließlich ging es aber doch weiter, und zwar in Spanien; ein Land, das sich bereits in den fünfziger Jahren als Drehort für Karl-May-Filme bewährt hatte. Erst wollte man auf Gran Canaria drehen, zog dann aber die Umgebung von Barcelona vor. Am 15. Januar stand Lex Barker erneut für acht Drehtage zur Verfügung. Doch wieder wurden die Aufnahmen von Regenfällen gestört, und das Team floh 200 Kilometer in den Süden. Aber in der Gegend von Fraga und Lerida kam plötzlich Nebel auf; also ging es zurück nach Barcelona.

Trotzdem wurde man nicht ganz fertig, so daß ursprünglich für die Außenaufnahmen geplante Szenen zusammen mit den Innenaufnahmen in den Berliner CCC-Studios gedreht wurden. Das Schloß Charlottenburg in Berlin fand gleich zweifache Verwendung: als Residenz des Grafen Rodriganda und als Weißes Haus in Washington. Noch fehlende Szenen wurden am Schneidetisch zusammengemodelt, was besonders für die Actionsequenzen gilt. Szenen, die man mit mehreren Kameras aus verschiedenen Perspektiven aufgenommen hatte, fanden so mehrfach Eingang in den fertigen Film. Einge wenige Landschaftsaufnahmen zur Erzielung des Lokalkolorits drehte man tatsächlich in Mexiko. Außerdem wurden Szenen aus Hans Domnicks erfolgreichem Dokumentarfilm *Traumstraße der Welt* (1958) einmontiert, die insbesondere dem Titelvorspann unterlegt wurden.

Der Film kann seine hybride Herkunft nicht verleugnen. Während *Der Schatz der Azteken* aufgrund seiner sorgfältigen Exposition unter Einbeziehung der historischen Figuren Abraham Lincoln und Benito Juarez noch recht interessant geraten ist, wirkt *Die Pyramide des Sonnengottes,* im wesentlichen eine große Verfolgungs- und Schießorgie, mehr verwirrend als spannend. Der Zuschauer verliert bald das Interesse an dem wüsten Gerangel der verschiedenen, sich untereinander bekämpfenden Gruppen. Bezeichnenderweise treten im zweiten Teil weder Lincoln noch Juarez in Erscheinung (mit Ausnahme eines Vorspannes, der dem Publikum einige Schlüsselszenen aus dem ersten Teil wieder ins Gedächtnis ruft).

So blieb den Filmen auch der große geschäftliche Erfolg versagt, der bisher allen Karl-May-Filmen aus den sechziger Jahren beschieden gewesen war. Mitschuld daran trug sicher auch der Umstand, daß Mays Lateinamerika-Erzählungen der breiten Masse weniger bekannt sind als die Abenteuer von Winnetou und Old Shatterhand/Kara Ben Nemsi. Zum Glück saßen diese Helden schon wieder in den Sätteln, bereit für neue Filmabenteuer.

Der Ölprinz

1965

Der Ölprinz

BRD/Jugoslawien 1965. *Uraufführung:* 27. 08. 1965. *Regie:* Harald Philipp. *Regieassistenz:* Uwe Gravenholdt. *Regie:* 2. Stab: Stipe Delic. *Regieassistenz 2. Stab:*Mate Bogdanovic. *Drehbuch:* Fred Denger, Harald Philipp nach dem gleichnamigen Roman von Karl May. *Kamera:* (Eastmancolor, Ultrascope) Heinz Hölscher. *Kameraführung:* Rudolf Sandtner. *Kamera 2. Stab:* Kresimir Grcevic. *Musik:* Martin Böttcher. *Ton:* Matija Barbalic. *Schnitt:* Hermann Haller. *Bauten:* Dusko Jericevic. *Kostüme:* Irms Pauli. *Pyrotechnik:* Erwin Lange. *Aufnahmeleitung:* Alfred Arbeiter, Herbert Kerz. *Produktionsleitung:* Wolfgang Kühnlenz. *Herstellungsleitung:* Erwin Gitt, Stipe Gurdulic. *Gesamtleitung:* Horst Wendlandt. *Produktion:* Rialto-Film (Berlin), Jadran-Film (Zagreb). *Verleih:* Constantin. *Länge:* 90 Minuten.

Darsteller: Stewart Granger (Old Surehand), Pierre Brice (Winnetou), Harald Leipnitz (Grinley, der Ölprinz), Macha Meril (Lizzy Bergmann), Mario Girotti (Richard Forsythe), Heinz Erhardt (Kantor Aurelius Hampel), Paddy Fox (Old Wabble), Antje Weisgerber (Anna Ebersbach), Walter Barnes (Campbell), Gerhard Frickhöfer (Kovacz), Vladimir Leib (Bankier Duncan), Slobodan Dimitrijevic (Knife), Dusan Janicijevic (Butler), Veljko Maricic (Bergmann), Mavid Popovic (Mokaschi), Ilija Ivezic (Webster), Zvonimir Crnko (Bill Forner), Davor Antolic (Paddy), Petar Petrovic (Jim Campbell), Slobodan Vedernjak (John Campbell), Branko Supek (Jack Campbell), Marinco Cosic (Tobby).
Jugoslawischer Titel: Kralj petroleja.

Inhalt

Winnetou und Old Surehand samt seinem Gefährten Old Wabble treffen sich in Arizona, um sich bei den Navajos und den Utahs für einen Treck vornehmlich deutscher Auswanderer einzusetzen. Die Indianer sollen ihnen Land am Shelly-See schenken, weil die Siedler zu arm sind, sich welches zu kaufen. Old Surehands junger Freund, der Scout Bill Forner, soll den Treck zum Shelly-See führen. Aber die Finders-Banditen, die für den zwielichtigen Ölprinzen Grinley arbeiten, ermorden Forner und ersetzten ihn durch den Banditen Paddy. Grinley benötigt das Gebiet am Shelly-See für seine Betrügereien. Er will dort dem Bankier Duncan von der Arizona Commercial Bank das Vorhandensein einer Ölquelle vortäuschen, um ihm diese für 75 000 Dollar zu verkaufen. Old Surehand, der mit Winnetou und Old Wabble die Leiche des Scouts entdeckt hat, stellt Paddy in Tucson. Bevor er Old Surehand seinen Auftraggeber preisgeben kann, wird er hinterrücks von einem seiner Kumpane erschossen.

Old Wabble übernimmt die Führung des Trecks, während sich Old Surehand und Winnetou bei den Navajos und Utahs für die Siedler verwenden. Der Ölprinz hat den Falschspieler Richard Forsythe in den Auswandererzug eingeschleust, um einen Überfall der Finders vorzubereiten. Aber Forsythe, der sich in die schöne Lizzy Bergmann verliebt hat, wechselt die Fronten, und mit der Hilfe von Old Surehand und Winnetou wird der nächtliche Angriff der Banditen zurückgeschlagen.

Grinley hat bereits einen neuen Plan. Er hat erfahren, daß der Auswanderer Bergmann, Lizzys Vater, einen Geldsack mit 10 000 Dollar besitzt, der abhandenkam, als die Finders eine Postkutsche überfielen, in der Bergmann saß. Grinsley berichtet Mokaschi, dem Häuptling der Utahs, von dem Geld. Dieser will sich vergewissern, ob die Siedler tatsächlich so arm sind, wie es Old Surehand und Winnetou ihm erzählten, und läßt die Planwagen auf Grinleys Vorschlag hin von seinem Sohn durchsuchen. Der junge Utah wird von Knife, dem stummen Leibwächter Grinleys, mit einem Wurfmesser getötet. Der Verdacht fällt auf Bergmann. Voller Haß schwört Mokaschi, die Auswanderer zu töten, wenn ihm nicht innerhalb eines Tages der Mörder seines Sohnes übergeben wird.

Der Ölprinz trifft sich mit seinem Komplizen Kovacz und Duncan am Shelly-See, wo Grinleys Männer mittels einer Pumpe ein reiches Öllager vorspiegeln. Als Grinley den versprochenen Scheck von Duncan erhält, läßt er den Bankier ermorden und tötet anschließend auch Kovacz, um die Beute nicht teilen zu müssen. Grinsley will sich mit Knife nach Texas absetzen, wird aber auf einer Hängebrücke von Old Surehand und Old Wabble gestellt und gefangengenommen. Bei einem Fluchtversuch fällt Knife in eines seiner eigenen Messer und stirbt.

Bei Anbruch des nächsten Tages greifen die Utahs die Wagenburg der Siedler an, die unter Winnetous Führung verteidigt wird. Old Surehand und Old Wabble kommen noch gerade rechtzeitig mit dem gefangenen Grinley und dem toten Knife. Mokaschi erkennt seinen Irrtum und übernimmt den Ölprinzen, um ihn seiner gerechten Strafe zuzuführen. Old Surehand und Winnetou bringen die Auswanderer zum Shelly-See, ihrer neuen Heimat.

Winnetou als Opernheld

Nach *Der Schatz im Silbersee* und *Unter Geiern* war *Der Ölprinz* der dritte Winnetou-Film Horst Wendlandts, der auf einem Buch basierte, das Karl May speziell für die Jugend geschrieben hat. In diesen Büchern erzählt Old Shatterhand seine Abenteuer nicht – wie gewohnt – in der Ich-Form, sondern May schildert sie in der dritten Person. Im Film *Der Ölprinz* kommt Old Shatterhand freilich gar nicht vor, weil Lex Barker schon wieder bei Artur Brauner für einen weiteren May-Streifen unter Vertrag stand. Also mußte Stewart Granger einmal mehr vorlagenwidrig in das Kostüm des Old Surehand steigen, wiederum begleitet von einem tolpatschigen Old Wabble alias Paddy Fox, der in Mays Roman auch nicht auftaucht. Dafür fanden sich die kauzigen Westmänner Sam Hawkans, Dick Stone, Will Parker, Hobble-Frank und Tante Droll nicht in der Verfilmung ihrer Abenteuer wieder. Zumindest Pierre Brice in der gewohnten Winnetou-Rolle war aber am richtigen Platz.

Die neuen Drehbuchautoren Fred Denger und Harald Philipp schufen trotz dieser und einiger weiterer personeller Änderungen gegenüber der Vorlage eine von der Atmosphäre und der Handlung her relativ werkgetreue – natürlich verkürzte – Adaption von Mays breit angelegtem Roman. Eine straffe Handlungsführung, die Vermeidung der Verzettelung in zu viele Nebenhandlungen und eine gehörige Portion Ironie, die aber – mit Ausnahme von Old Wabbles Torheiten – nicht in Klamauk ausarten, machen den *Ölprinzen* zu einer der gelungeneren Karl-May-Verfilmungen, vielleicht die beste der drei, in denen Granger an der Seite von Pierre Brice den Heldenpart übernahm. Für die richtige May-Atmosphäre sorgte natürlich auch Martin Böttchers in gewohnter Weise einfühlsame Musik. Der für diesen Film komponierte ›Chinla-River-Song‹ wurde ein rechter Ohrwurm.

Harald Philipp übernahm auch gleich die Regie. Ein Metier, in dem er sich seit Mitte der fünfziger Jahre seine Sporen verdient hatte. Er begann 1956 mit dem Heimatfilm-Lustspiel *Das alte Försterhaus* und inszenierte sich durch fast sämtliche Genres des Unterhaltungsfilms. Darunter die Kriegsfilme *Strafbataillon 999* (1959) und *Division Brandenburg* (1960), der Operettenfilm *Der Czardas-König* (1958), der Zirkusfilm *Rivalen der Manege*, der Revuefilm *Tausend Sterne leuchten* (1959, mit May-Darsteller Chris Howland), der Schlagerfilm *Träume von der Südsee* (1957) und der Jerry-Cotton-Krimi *Mordnacht in Manhattan* (1965). Die Kritiker bescheinigten Philipp selten mehr als unteres Mittelmaß, und *Der Ölprinz* darf somit als einer seiner besten Filme gelten.

Neben den bereits genannten Schauspielern übernahm Mario Girotti einmal mehr die Rolle des jugendlichen Liebhabers mit der jungen Französin Macha Meril als Partnerin. Der bärbeißig-bullige Walter Barnes spielte in seinem dritten May-Film den sympathischen Treckführer Campbell, der schlußendlich der resoluten Frau Anna (bei May *Rosalie*) Ebersbach, gespielt von Antje Weisgerber, einen Heiratsantrag macht und Old Surehand als Trauzeu-

Pierre Brice und Stewart Granger in *Der Ölprinz*.

gen in die Pflicht nimmt. ›Winnetous Vater‹ Mavid Popovic stand in seinem
ebenfalls dritten May-Film als Utah-Häuptling vor der Kamera.

Zum ersten—, aber nicht zum letztenmal in Sachen Karl May fanden sich
die Titelschurken Harald Leipnitz und der beliebte Filmkomiker Heinz
Erhardt ein. Leipnitz hatte seine Theaterkarriere mit 120 DM Monatsgehalt
begonnen und war durch den Durbridge-Fernsehkrimi *Die Schlüssel* einem
größeren Publikum bekannt geworden. Er stand unter anderem für Wendlandts Edgar-Wallace-Streifen *Die Gruft mit dem Rätselschloß* (1964, mit
Eddi Arent) und für den Abenteuerfilm *Die Banditen vom Rio Grande* (1965)
vor der Kamera und war mit dem Bundesfilmpreis ausgezeichnet worden. Als

hervorragender Reiter war er für einen Western sehr geeignet. Seine Verkörperung des Ölprinzen Grinley mit satanischem Blick und hinterhältigem Grinsen knüpfte an die besseren May-Schurken wie Herbert Lom, Mario Adorf oder Rik Battaglia an.

Überhaupt kein Reiter war Heinz Erhardt, der über die Dreharbeiten schrieb: ›Immerhin hing eine ganze Weile das Damoklespferd über mir. Ich habe Angst vor diesen Raubtieren und deshalb im Vertrag, daß ich keines besteigen brauche. Pferde sind das reinste Indianergeschenk. Kaum wollte ich in bester Absicht dem Gaul von Harald Leipnitz Zucker reichen, da biß er mich in den Finger, der nun eine einzige Quetschwunde ist. Ein Königreich für kein Pferd!‹

Erhardt ist zum größten Teil für die gelungenen komischen Einlagen verantwortlich. Er spielte den Kantor Aurelius Hampel, der im Wilden Westen eine Heldenoper komponieren will, als warmherzigen Schelm. Als ein paar Banditen ihn zu einer Partie Poker überreden wollen, antwortete er: ›Ich kann nur Schwarzer Peter.‹ Als Campbell ihn wegen seiner musikalischen Übungen ermahnt: ›Wissen Sie nicht, daß wir die Finders-Banditen erwarten?‹ lautet des Kantors Gegenfrage: ›Zum Tee?‹ Schließlich will er den Häuptling der Apachen für seine Oper verpflichten und fragt: ›Ist Winnetou Tenor?‹ Darauf Old Wabble: ›Nee, Indianer! Wollen Sie ihn beleidigen?‹ Übrigens hat Karl May mit dem Gedanken gespielt, Winnetou zum Helden einer Oper zu machen.

Gequetschte Finger

Die Dreharbeiten in Jugoslawien begannen im Frühjahr 1965, als das Wetter noch nicht so schön war, weil man für die Aufnahmen am Fluß Cetina einen reißenden Strom benötigte, den man auch vorfand. Für die Szenen, in denen ein Floß mit Siedlern vom Strom davongerissen und von Winnetou und Old Surehand gerettet wird, brauchte man eine Woche Drehzeit. Pierre Brice, Mario Girotti, Macha Meril, Antje Weisgerber und zwei Stuntmen mußten jeden Tag drei Stunden in dem brodelnden, kalten Naß zubringen. Wenn keine Großaufnahmen gedreht wurden, konnten die Darsteller Gummianzüge unter ihren Kostümen tragen. Pierre Brice verzichtete ganz auf diese kleine Erleichterung − und sagte dann: ›So muß sich Gefrierfleisch fühlen.‹

Regisseur Philipp äußerte sich über die Floßaufnahmen wie folgt: ›Für diese langwierige und mit ständiger Lebensgefahr verbundene Arbeit haben wir Flößer von der Drina engagiert. Ich sah sie einmal in einem jugoslawischen Kulturfilm und kam dadurch auf die Idee. Vor drei Jahren gab es noch zehn Drina-Flößer. Wir konnten nur noch fünf verpflichten. Die anderen sind mittlerweile ertrunken.‹

Dieses Schicksal drohte auch zwei Stuntmen, darunter dem hollywooderfahrenen Stuntchef Allan Pinson, die in letzter Sekunde aus den reißenden

Fluten gefischt werden konnten. Pierre Brice erging es bei den Floßaufnahmen ähnlich wie kurz zuvor Heinz Erhardt: Er quetschte sich den rechten Zeigefinger zwischen Holzbalken. Dazu der Komiker: ›Ich tröstete ihn mit dem immer hilfreichen Satz: ›Geteilter Quetsch ist halber Schmerz, doch ist's beileibe auch kein Scherz.‹ Pierre hatte die Stirn, sie zu runzeln.‹

Außerdem hatte Pierre fortan einen dicken Mullverband um den gequetschten Finger, was sich bei den Dreharbeiten als außerordentlich hinderlich herausstellte. Wer hat denn schon einmal einen wackeren Apachen-Häuptling mit einer Mullbinde um den Zeigefinger gesehen? Deshalb verpaßte man Winnetou einen Tomahawk mit Friedenspfeife, an der eine Perlenstickerei befestigt war, hinter der Brice den dicken Finger verbergen konnte. So kam es, daß man Winnetou in diesem Film weniger mit seiner berühmten Silberbüchse als mit dem besagten Tomahawk sieht, der sich immerhin dazu eignete, die Brandpfeile der Utahs mitten im Fluge wegzuschlagen.

Die frühe Jahreszeit brachte den Nachteil mit sich, daß eisige Winde und Regengüsse die Dreharbeiten – wie schon häufiger – verzögerten. Als nach wenigen Tagen das Hauptquartier von Dubrovnik nach Split verlegt wurde, mußte das Team vom Hotel zum Drehort am Cetina jeden Morgen ungefähr 60 Kilometer durch für Autos kaum geeignetes Gelände fahren.

Das hört sich bei Heinz Erhardt so an: ›Täglich, wenn die Sanduhr erst fünf oder sechs tickt und die Sonne zischend aus der Adria steigt, werfen sich schon die Schatten mitsamt ihren Ereignissen auf mich. Ich werde geschminkt. Da läuft mir so mancher Stein über die Leber. Sodann karrt man mich auf einem Kriegspfad zum Ort des Getümmels. Auf dem Weg treffe ich oft ein paar Indianer, die ganz aus dem Zeltchen sind, weil sie im Matsch stecken und eben so viele Schwierigkeiten haben, heraus zu kommen, wie damals Ariadne ohne Faden. Manchmal ruft einer um Hilfe, aber ich kann nicht nach jeder Rothaut Friedenspfeife tanzen. Am Drehort angekommen, gehe ich unbehenden Fußes zum Wohnwagen. Denn es regnet meist. Es sind noch kaum Indianer da, und ein Indianer macht bekanntlich keinen Sommer. Erst wenn die anderen Blauhäute – so kalt ist es – kommen, wagen sich ein paar Millieinheiten Sonne hervor. Oft sträubt sich mir die Gänsehaut, daß ich am liebsten aus derselben fahren möchte. Da sitze ich nun, ernst wie die jugoslawische Landschaft. Doch Winnetou rief, und alle, alle kamen. Auch ich stellte mich vollzählig ein. Ich weiß, ich muß meine Rolle biegen oder brechen.‹ (Alle Erhardt-Zitate aus des Komikers Drehbericht *Auch ich war in Indianien*, abgedruckt im *Illustrierten Filmkurier* Nr. 56.)

Als Kulisse für die Stadt Tucson diente die für Atze Brauners *Old Shatterhand* eigens erbaute Westernstadt Golden Hill bei Zupci, die durch ein paar Veränderungen für den *Ölprinzen* hergerichtet wurde. Sie kam auch in anderen Western zum Einsatz, so in den eher exotischen Filmen *Freddy und das Lied der Prärie* (1964) und *Graf Bobby, der Schrecken des Wilden Westens* (1965). Damit wagte sich Wendlandt weit in den Süden Jugoslawiens vor, wo für gewöhnlich Brauners May-Epen entstanden, während sich Wendlandt mehr im Norden tummelte.

Harald Philipp mußte vor Ort noch das Drehbuch umschreiben, um die Schlußszenen zu ändern. Ursprünglich sollten Lex Barker als Old Shatterhand und Ralf Wolter als Sam Hawkens zu den Protagonisten des Films stoßen, und Old Shatterhand und Winnetou sollten dann gemeinsam neuen Abenteuern entgegenreiten. Damit wäre es auf reizvolle Weise gelungen, die Shatterhand- und die Surehand-Filme miteinander zu verknüpfen. Schließlich treffen sich die beiden Recken auch bei Karl May. Lex Barkers in den Augen des Produzenten überhöhte Gagenforderungen und andere Schwierigkeiten verhinderten die Realisierung dieser Szenen. Statt Old Shatterhand und Sam Hawkens tauchte ›nur‹ Harald Reinl am Set auf, der in Jugoslawien Vorbereitungen für den abschließenden Teil der Winnetou-Trilogie traf.

Während in den meisten May-Filmen der Oberschurke am Schluß den Tod findet, wird dies im *Ölprinzen* nur angedeutet. Als die Utahs ihn mit sich nehmen, lebt er noch. Auch dies war erst anders geplant, wie ein Auszug aus der im *Illustrierten Filmkurier* Nr. 56 abgedruckten Inhaltsangabe belegt: ›Als Old Surehand dem Häuptling Nitsas-Ini die Mörder seines Sohnes gegenüberstellt, wirft Knife zum letztenmal sein Messer. Surehand reißt den Häuptling, für den es bestimmt war, zu Boden. Einem Gottesurteil gleich, trifft das Wurfmesser den Ölprinzen, der tot zusammenbricht.‹ Nitsas-Ini ist der Häuptling der Navajos, der offenbar im ursprünglichen Drehbuch die Rolle des Utah-Häuptlings Mokaschi innehatte.

Der Ölprinz leitete eine bedenkliche Tendenz ein, die sich in Wendlandts späteren Winnetou-Filmen zu deren Schaden ausweitete: Es wurde zunehmend auf Sparflamme gekocht, hier im wahrsten Sinne des Wortes. Als der Ölprinz noch vor dem Titelvorspann die Ölquellen eines gewissen Jenkins in die Luft jagt, agieren die Schauspieler deutlich erkennbar vor einer Rückprojektion. Hierzu verwendete man den Ölbrand von New Venango aus *Winnetou II*. Auch viele Nahaufnahmen bei den Floßszenen sind im Studio vor einer Rückprojektion entstanden und nur allzu deutlich erkennbar. Das schmälert den positiven Gesamteindruck des Films etwas, aber nicht so stark, daß ihm die Goldene Leinwand versagt geblieben wäre.

Die hehre Kritik freilich war anderer Meinung als das Kinopublikum und der Verfasser dieser Zeilen. ›Unsicher inszenierter Karl-May-Film, der seine Vorgänger kopiert‹, urteilt das *Lexikon des Internationalen Films.*

Und das Cineastenblatt *Cahiers du Cinema* schrieb: ›Was die Winnetou-Filme von der Banalität der europäischen Western angenehm abhebt, ist das Bestreben, mythische Figuren zu schaffen, denen man von Film zu Film wiederbegegnet (Winnetou, Old Shatterhand, Old Surehand). Leider begegnet man auch der Plattheit der Regisseure immer wieder.‹ (Zit. nach Joe Hembus, *Western-Lexikon.)*

Durchs wilde Kurdistan
Im Reich des silbernen Löwen

1965

Durchs wilde Kurdistan

BRD/Spanien 1965. *Uraufführung*: 28. 09. 1965. *Regie*: Franz Josef Gottlieb. *Regieassistenz*: Thomas Grimm. *Drehbuch*: Franz Josef Gottlieb nach den Romanen *Durch die Wüste, Durchs wilde Kurdistan* und *Von Bagdad nach Stambul* von Karl May. *Kamera*: (Farbe, Techniscope) Francisco Marin, Robert Ziller. *Musik*: Raimund Rosenberger. M. Olavi-Nozyk. *Ton*: Max Galinsky, Gerhard Müller. *Schnitt*: Walter Wischniewsky. *Bauten*: Hans Jürgen Kiebach, Ernst Schomer. *Kostüme*: Irms Pauli. *Aufnahmeleitung*: Otto Hagelstein, Theodor Henner. *Produktionsleitung*: Mario Barritua, Ricardo Merino. *Herstellungsleitung*: Eberhard Meichsner. *Gesamtleitung*: Artur Brauner. *Produktion*: CCC-Film (Berlin), Balcazar-Film (Barcelona). *Verleih*: Gloria. *Länge*: 103 Minuten.

Darsteller: Lex Barker (Kara Ben Nemsi), Ralf Wolter (Hadschi Halef Omar), Marie Versini (Ingdscha), Gloria Camera (Benda), George Heston (Machredsch von Mossul), Dieter Borsche (Sir David Lindsay), Chris Howland (Archie, sein Diener), Wolfgang Lukschy (Ali Bei), Werner Peters (Mütesselim), Gustavo Rojo (Ahmed el Corda), Charles Fawcett (Scheik Mohammed Emin), Fernando Sancho (Padischah), J. M. Cafarell (Selim Agha), Soraya Hussein (Solo-Tänzerin), José Nieto, Maite Matalonga.

Spanischer Titel: El savalje Kurdistan.

Inhalt

Weil Kara Ben Nemsi den Schut zur Strecke gebracht hat, gibt der Padischah, der Beherrscher aller Gläubigen, ein Fest für den deutschen Weltreisenden. Anschließend reitet Kara zum Lager der Haddedihn, um sich von Hadschi Halef Omar zu verabschieden, bevor er in seine Heimat zurückkehrt. Kara erfährt, daß Ahmed el Corda, der Sohn des Haddedihn-Scheiks Mohammed Emin, von dem korrupten Machredsch von Mossul verschleppt worden ist und in wenigen Tagen hingerichtet werden soll. Der Sohn des Scheiks hatte das angestammte Recht der Haddedihn verteidigt, indem er den Machredsch und seine Soldaten daran zu hindern versuchte, unerlaubt aus der kostbaren Quelle des Stammes Wasser zu schöpfen. Kara, Halef und Mohammed Emin brechen nach Burusco auf, wo Ahmed el Corda gefangengehalten wird. Kara reitet einen Sohn des prächtigen Rih, den der Scheik ihm geschenkt hat.

211

Unterwegs werden sie von Jesidi, von denen sie für Feinde gehalten werden, überfallen. Die drei Freunde können ihre Gegner überwältigen und reiten mit ihnen zur Ansiedlung der Jesidi, wo sich herausstellt, daß Kara und Ali Bei, der Anführer der Jesidi, gute Freunde sind. Auch Sir David Lindsay und sein Diener Archie machen auf der Suche nach der Arche Noah die Gegend unsicher. Soldaten des Machredsch von Mossul nehmen sie gefangen, damit sie nicht den geplanten Überfall des Machredsch auf die Jesidi verraten können. Kara, Halef und Mohammed Emin befreien die Gefangenen. Mit vereinten Kräften gelingt es Kara und seinen Gefährten, den Angriff der Soldaten auf die Siedlung der Jesidi abzuschlagen und die Angreifer zu entwaffnen, die man daraufhin ziehen läßt. Da der Machredsch für seine verräterischen Umtriebe die Rache des Padischah fürchten muß, desertiert er mit seinen Männern und gründet eine Räuberbande. Zum Dank für seine Hilfe erhält Kara von Ali Bei den Schäferhund Dojan geschenkt.

In Burusco erweist sich Dojan als Rettung für Kara, Halef und Mohammed Emin, die in eine Falle des rachsüchtigen Machredsch geraten sind. Dank Dojans Eingreifen können sie sich befreien, aber auch der Machredsch entkommt. Die Rettung Ahmed el Cordas gelingt, als dieser schon unter dem Galgen steht.

Bei einem weiteren Zusammenstoß mit dem Machredsch kann dieser Kara, Halef und Ahmed gefangennehmen und Mohammed Emin töten. Kadir Bei, der Führer der chaldäischen Christen, in deren Gebiet man sich befindet, kommt hinzu. Der Machredsch bezichtigt seine Gefangenen des Mordes an drei Chaldäern; eine Tat, die in Wahrheit auf das Konto des abgesetzten Statthalters von Mossul geht. Als die Gefangenen gehenkt werden sollen, verhindert dies die gerade eintreffende Tochter Kadir Beis, Ingdscha. Sie hat Kara Ben Nemsi im Palast des Padischahs kennengelernt und war mit ihrer Dienerin Benda und Sir David Lindsay samt Archie selbst in die Hände des Machredsch gefallen. Kara verfolgt den fliehenden Machredsch. Es kommt zum Zweikampf, und der Schurke stürzt in einen gähnenden Abgrund.

Lex Barker in der Rolle
des Kara Ben Nemsi und
Marie Versini als Ingdscha
in *Durchs wilde Kurdistan*.

Im Reiche des silbernen Löwen

BRD/Spanien 1965. *Uraufführung:* 31. .12. 1965. *Regie:* Franz Josef Gottlieb. *Regieassistenz:* Thomas Grimm. *Drehbuch:* Franz Josef Gottlieb nach den Romanen *Durch die Wüste, Durchs wilde Kurdistan* und *Im Reich des silbernen Löwen* von Karl May. *Kamera:* (Farbe, Techniscope) Francisco Marin, Robert Ziller. *Musik:* Raimund Rosenberger, M. Olavi-Nozyk. *Ton:* Max Galinsky, Gerhard Müller. *Schnitt:* Walter Wischniewsky. *Bauten:* Hans Jürgen Kiebach, Ernst Schomer. *Kostüme:* Irms Pauli. *Aufnahmeleitung:* Otto Hagelstein, Theodor Henner. *Produktionsleitung:* Mario Barritua, Ricardo Merino. *Herstellungsleitung:* Eberhard Meichsner. *Gesamtleitung:* Artur Brauner. *Produktion:* CCC-Film (Berlin), Balcazar-Film (Barcelona). *Verleih:* Nora. *Länge:* 95 Minuten.

Darsteller: Lex Barker (Kara Ben Nemsi), Ralf Wolter (Hadschi Halef Omar), Marie Versini (Ingdscha), Gloria Camera (Benda), George Heston (Machredsch von Mossul), Sieghard Rupp (Abu Seif), Dieter Borsche (Sir David Lindsay), Chris Howland (Arschie, sein Diener), Anne-Marie Blanc (Marah Durimeh), Gustavo Rojo (Ahmed el Corda), Fernando Sancho (Padischah), Antonio Casas (Scheik Zedar).

Spanischer Titel: El ataque de los Kurdos.

Inhalt

Der schurkische Machredsch von Mossul ist bei dem Sturz in den Abgrund mit dem Leben davongekommen und hat sich mit dem gefürchteten Räuberführer Abu Seif verbündet, um den kostbaren Schatz der Chaldäer zu rauben, der von der weisen Marah Durimeh im Bergkloster Nedjir behütet wird. Die Banditen entführen die schöne Ingdscha, um deren Großmutter Marah Durimeh zur Herausgabe des Schatzes zu erpressen. Kara Ben Nemsi, Hadschi Halef Omar und Ahmed el Corda sind derweil unterwegs zum Berg Nedjir, um ihn gegen die Räuber zu verteidigen. Der Machredsch lockt die drei in das Schott, einen großen Salzsee, wo sie versinken sollen, aber Karas Hund Dojan findet den Weg hinaus. Die erschöpften Gefährten werden von Scheik Zedar und seinen Leuten gefunden, die eigentlich auf der Suche nach zwei entflohenen Gefangenen sind: Sir David Lindsay und sein Diener Archie.

Der Machredsch verlangt von Zedar die Auslieferung der drei Freunde, doch der Scheik besteht auf einem schriftlichen Befehl des Padischahs. Der Machredsch kann beim Padischah seine Wiedereinsetzung erreichen und Kara Ben Nemsi als Verbrecher verleumden. Kara stellt sich beim Padischah einem Gottesgericht: Auf Rihs Sohn entkommt er unbewaffnet den zehn besten Soldaten des Herrschers. Daraufhin gibt ihm der Padischah Gelegenheit, seine Unschuld und die Schuld des Machredsch zu beweisen.

Inzwischen ist die Schlacht um den Berg Nedjir entbrannt, da Marah Durimeh die Herausgabe des den Chaldäern heiligen Schatzes verweigert. Die von Abu Seif bedrängten Christen erhalten unerwartete Unterstützung durch die mohammedanischen Haddedihn-Beduinen unter der Führung Ahmed el Cordas. Der junge Scheik kann die von ihm verehrte Ingdscha aus den Händen der Wüstenräuber befreien und Abu Seif, den ›Vater des Säbels‹, in einem Säbelduell töten. Dessen Männer schließen sich mit den Soldaten des Machredsch zusammen, die den Berg abriegeln. Gerade noch rechtzeitig erscheinen Kara Ben Nemsi und Halef. Die Haddedihn schleichen nachts aus der Festung und werden von Halef in den Rücken der Soldaten geführt. Als diese am nächsten Morgen den Berg angreifen, werden sie zwischen zwei Fronten aufgerieben. Der Machredsch erschießt Marah Durimeh, wird aber von Kara Ben Nemsi gestellt. Auf zwei an Seilen über einer tiefen Schlucht hängenden Holzgondel kommt es zum letzten Zweikampf zwischen den beiden Feinden. Wieder stürzt der Machredsch in die Tiefe, diesmal endgültig.

Der Schatz der Chaldäer ist gerettet und der Frieden wiederhergestellt. Aus Ahmeld el Corda und Ingdscha wird ein Paar. Kara Ben Nemsi und Halef brechen auf, um dem Padischah Bericht zu erstatten.

Kara Ben Nemsi geht vor Gericht

Obwohl sein Mexiko-Zweiteiler *Der Schatz der Azteken/Die Pyramide des Sonnengottes* beim Publikum nicht den erhofften Erfolg hatte, gab Artur Brauner sein Engagement in Sachen Karl May nicht auf. Freilich blieb sein nächstes May-Projekt auf der Strecke, obschon die Vorbereitungen für die Verfilmung des China-Romans *Der blaurote Methusalem* bereits in vollem Gang waren. Für die Dreharbeiten, die im Frühjahr 1965 unter der Regie von Paul Martin beginnen sollten, hatte Hans Borgelt schon das Buch geschrieben. O. W. Fischer, Carlos Thompson, Guy Madison, Heinz Erhardt und Chris Howland waren als Hauptdarsteller vorgesehen. ›Der aufwendigste deutsche Film der Saison‹ kündigte der Nora-Filmverleih, der erstmals einen May-Film herausbringen wollte, das Projekt an und schrieb in seinem Programmheft: ›Den unglaublichen Heldentaten eines Marco Polo im Reich der Mitte nacheifernd, eilt der tolle Studiosus Degenfeld, auch blauroter Methusalem genannt, von Abenteuer zu Abenteuer. Sein überraschender Wagemut, selbst gegen vielfachen Feind, verhilft seinem Freund zu einem Millionenschatz und zu einer wunderschönen Prinzessin.‹

Müßig ist es, zu spekulieren, wie die Verfilmung einer der humorvollsten Abenteuerromane Karl Mays — auch eines aus der Reihe der speziell für die Jugend geschriebenen Werke — ausgesehen hätte. Das Projekt zerschlug sich. Um seinen Vertrag, mit der Nora zu verfilmen, ließ Brauner dann *Im Reich des silbernen Löwen* durch den Verleih vertreiben, während *Durchs wilde Kurdistan* von seinem Stamm-Verleih Gloria ins Programm genommen wurde. Eine etwas kuriose Aufteilung, hängen beide Filme doch inhaltlich zusammen.

Dieser Zusammenhang hat seinen guten Grund, denn Brauner drehte beide Streifen – wie schon sein Mexiko-Epos – in einem Produktionsgang unter dem Titel *Durchs wilde Kurdistan*. Der clevere Produzent hatte seine Darsteller darüber nicht unterrichtet. Als Lex Barker, der hier nach dem *Schut* erneut den Kara Ben Nemsi spielte, mitten in den Dreharbeiten davon erfuhr, verlangte er von Brauner, statt für einen für zwei Filme Gage zu erhalten. Der sparsame Brauner weigerte sich zunächst, woraufhin sein Star mit der sofortigen Abreise drohte. Also fand der Produzent sich bereit, Barker einen Vorschuß auf die zweite Gage zu zahlen. Den Rest forderte Barker nach Fertigstellung des Streifens aber vergeblich ein, so daß er Brauner verklagte. Der Rechtsstreit ging durch alle Instanzen; erst 1969 gab der Bundesgerichtshof in Karlsruhe Kara Ben Nemsi recht.

Lex Barker hatte in dem Doppelabenteuer viele alte Bekannte aus früheren May-Filmen als Partner, allen voran Ralf Wolter als Hadschi Halef Omar, der sich zum ständigen Begleiter Barkers in dessen May-Abenteuern entwickelte. Wie Wolter wiederholten auch Dieter Borsche und Chris Howland als Sir David Lindsay und sein Diener Archie ihre Rollen aus dem *Schut* und bildeten erneut mit Wolter das komische Trio. Die Aufschneidereien des kleinen Hadschi sind aber wesentlich besser gelungen als die verdrehten Einfälle des englischen Lords und seines in allen Lebens- und Sterbenslagen gefaßten Begleiters.

Auf ihrer Suche nach der Arche Noah, begründet in einer Wette Lord Lindseys mit seinen Freunden aus dem Westminster-Club, führen sie ein ganzes Arsenal in der Wildnis eher ungebräuchlicher Gegenstände mit sich, darunter Knallfrösche, eine kugelsichere Weste (die man im wilden Kurdistan sicher ganz gut gebrauchen kann), ein Grammophon, eine Badewanne samt Dusche, eine Umkleidekabine und die ›Geheimwaffe RS 1‹. RS steht dabei für Raumschiff und bezeichnet einen Fesselballon, mit dem Lindsay über die kurdischen Berge schwebt. Das erinnert nicht von ungefähr an den anderen spleenigen Engländer Phileas Fogg, der in Jules Vernes Roman *In achtzig Tagen um die Welt* mit einem Ballon die Alpen überquert: Lindsay erwähnt sogar Vernes Romantitel. Wie schon im *Schut* wirken die meisten Gags von Lindsay und Archie, von denen viele erst vor Ort entstanden, zu aufgesetzt. Und immer hat das Drehbuch Mühe, die Tollereien der Engländer in die eigentliche Handlung zu integrieren. Wo die humoristischen Einlagen den Spannungsbogen an sich auflockern sollten, zerreißen sie ihn.

Gustavo Rojo gab nach dem Leutnant Potoca in dem Azteken-Abenteuer mit der Figur des Ahmel el Corda (bei May heißt er Ahmad el Ghandur) wiederum den edlen Jüngling, der diesmal sogar sein Mädchen bekommt: Ingdscha alias ›Winnetous Schwester‹ Marie Versini in ihrem dritten May-Einsatz. Charles Fawcett, als Ahmeds Vater Mohammed Emin nur im ersten Film *Durchs wilde Kurdistan* dabei, spielt in *Old Shatterhand* den General Taylor. Nur im zweiten Teil *Im Reich des silbernen Löwen* war Sieghardt Rupp als Abu Seif zu sehen, dessen Schurkendarstellung aber ebenso flach war wie die des Banditenführers Preston in *Unter Geiern*. Fernando San-

Lex Barker und Komparsen in *Durchs wilde Kurdistan.*

cho, hier der Padischah, stand in den beiden May-Filmen aus den fünfziger Jahren als Professor Pfotenhauer auf der komischen Seite.

Zwei bekannte deutsche Darsteller im ersten Film waren Wolfgang Lukschy als Jesidi-Führer Ali Bei und Werner Peters in der köstlichen Verkörperung des Mütesselims von Burursco, dessen Habsucht nur noch von seiner Weinseligkeit (er nennt es seine ›Medizin‹) übertroffen wird. Trotz der wenig überzeugenden Leistung von Sieghardt Rupp hatte Kara Ben Nemsi einen ebenbürtigen Gegner im Machredsch von Mossul, den George Heston mit der richtigen Mischung aus Bosheit, Verschlagenheit und Heuchelei spielte.

Neu in der Welt des Karl-May-Films sowohl als Regisseur als auch als Drehbuchautor war der Wiener Franz Josef Gottlieb, der als Journalist begonnen und sich beim Film vom ›Kaffeeholer‹ zum Regisseur hochgedient hatte. Seinem Regiedebut, dem Musiklustspiel *Meine Nichte tut das nicht* (1960), folgten Filme aus den unterschiedlichsten Genres des deutschsprachigen Unterhaltungsfilms, darunter diverse Wallace-Krimis für Brauner und auch für Wendlandt. So inszenierte er für Wendlandt *Die Gruft mit dem Rätselschloß* mit ›Ölprinz‹ Harald Leipnitz in der Hauptrolle.

217

Obwohl den meisten Winnetou-Filmen und auch Lex Barkers erstem Auftritt als Kara Ben Nemsi im *Schut* unterlegen, stellen *Durchs wilde Kurdistan* und *Im Reiche des silbernen Löwen* doch relativ gelungene May-Verfilmungen dar. Zwar wird die Handlung der May-Bücher, auf die sich die Filme berufen, nur bruchstückweise und stark verändert wiedergegeben, aber die Verwendung vieler Namen und Motive aus Mays Büchern läßt doch das gewisse May-Feeling aufkommen. Etwas, das die letzten Winnetou-Filme ganz vermissen ließen, die sich nur noch der populären Heldenfiguren Mays bedienten, sonst aber von den Drehbuchautoren frei erfunden waren. Aber davon später mehr.

Ganz in Mays Sinn dürfte auch der Umstand sein, daß Gottlieb die Haddedihn, obwohl mohammedanischen Glaubens, den chaldäischen Christen im Berg Nedjir zu Hilfe kommen läßt. May hat, besonders in seinen Spätwerken, immer wieder die Völkerverständigung über Landes-, Rassen- und Glaubensgrenzen hinweg gepredigt. Ein Aspekt, der heute wieder − oder besser noch immer − hochaktuell ist.

Geschickt ist die Anknüpfung der Handlung an den *Schut* zu Anfang von *Durchs wilde Kurdistan*. Diese ist zwar nur lose, aber das gilt auch für viele Verbindungen, die May in seinen Büchern unternahm. Kara Ben Nemsis Tiere, der Sohn Rihs und Dojan, kommen auch bei May vor und sind von Gottlieb gut in die Handlung integriert worden. Viel gelungener als im Schut wirkt hier das Verhältnis zwischen Kara und Halef. Im Schut benahm sich Kara gegenüber seinem ›Beschützer‹ häufig sehr unwirsch, während hier mehr die innere Freundschaft zwischen den beiden äußerlich so ungleichen Charakteren herauskommt. Das entspricht der Entwicklung des Halef bei May vom rein komischen Begleiter Karas zu einem echten Freund und verantwortungsbewußten Stammesfürsten (bei May wird Halef Scheik der Haddedihn), der sogar leise Töne anschlägt. Deutlich wird das in Mays Roman *Im Reich des silbernen Löwen*, als Halef mit Kara ein Gespräch über das Sterben beginnt.

Dieser Roman hat mit dem Film, dem er den Titel gab, nur sehr wenig gemein, gehört er doch in die Reihe der symbolischen Alterswerke Mays, in denen der Autor zwar auf Gestalten und Handlungsmuster seiner früheren Reiseerzählungen zurückgriff, die rein abenteuerliche Handlung aber zugunsten von Allegorien stark reduzierte. Für einen reinen Abenteuerfilm war die Handlung damit wenig brauchbar. So basiert die Handlung des zweiten Films dann auch mehr auf Motiven und Charakteren aus den Romanen *Durch die Wüste* und *Durchs wilde Kurdistan*. Die Titelgebung ist aber insoweit gerechtfertigt, als May tatsächlich eine − wenn auch schwache − inhaltliche Anknüpfung von *Im Reich des silbernen Löwen* an *Durchs wilde Kurdistan* versuchte. Anders urteilt das *Lexikon des internationalen Films:* ›Trotz Titel und Namen aus verschiedenen Karl-May-Romanen beruft sich der Film zu Unrecht auf den populären Autor.‹

Neu bei Karl May war auch der 1990 im Alter von 73 Jahren verstorbene Komponist Raimund Rosenberger, dessen orientalisch-exotische Klänge

Lex Barker als Kara Ben Nemsi in *Im Reich des silbernen Löwen*.

anfangs recht eingängig wirkten, mit der Zeit dem Zuschauer/Hörer aber auf die Nerven gehen und die Einfühlsamkeit eines Martin Böttcher (man kommt bei May an ihm nicht vorbei) vermissen lassen. Rosenbergers aufgeregte Kompositionen eigneten sich besser für Thriller wie Brauners *Das Testament des Dr. Mabuse* (1962). Brauner spielte mit dem Gedanken, den international erfolgreichen Soundtrack-Komponisten Maurice Jarre, der 1962 das Wüsten-Epos *Lawrence of Arabia* (Lawrence von Arabien) vertonte, die Musik zu seinem Orientabenteuer komponieren zu lassen. Finanzielle Erwägungen dürften dazu geführt haben, daß Brauner von diesem überaus reizvollen Gedanken Abstand nahm.

Karussell der Regisseure

Erst sollten Kara Ben Nemsis neueste Abenteuer im bewährten Jugoslawien und in der Türkei entstehen. Drehorte, die näher an den Schauplätzen der Handlung liegen als das südspanische Almeria, für das sich Brauner schließlich entschied, um Geld zu sparen. Die sonnenüberflutete Gegend mit den unterschiedlichsten landschaftlichen Motiven wie Bergen, Wüsten, Wäldern und dem nahen Mittelmeer, in der aufgrund einer bewegten geschichtlichen Vergangenheit auch die unterschiedlichsten Menschentypen zu finden sind, eignet sich hervorragend für Filmaufnahmen, was sich die internationale Filmindustrie seit den frühen sechziger Jahren zunutze machte. Dort entstanden innerhalb kurzer Zeit über zwanzig Filme, darunter Großproduktionen wie *Cleopatra* und der oben erwähnte *Lawrence of Arabia.*

›Und wenn man bedenkt, daß ein Statist hier nur 150 Peseten, also kaum mehr als 11 Mark pro Tag kostet, kann man sich die enormen Vorteile, die eine hiesige Filmtätigkeit bietet, ausmalen. Und die Preise sollen konstant bleiben, was einerseits auf eine Anordnung von oben (es gibt in Franco-Spanien ein Preislimit, an das man sich halten muß) zurückzuführen ist und zum anderen mit der Mentalität der Bevölkerung zu tun hat. Viele wohnen hier in Felshöhlen, viele sind Analphabeten, viele können nicht einmal rechnen.‹ Soweit ein in Wortwahl und Aussage bedenklicher Auszug aus dem *Illustrierten Filmkurier* Nr. 84, der ein bezeichnendes Licht auf die Mentalität der Filmwirtschaft wie auch mancher Filmjournalisten wirft.

Trotz alledem kam Brauner nicht so billig davon, wie er es sich gedacht hatte.

Sechs Millionen DM verschlangen die 40 000 Meter Film, die man verbrauchte. Ganz so dumm waren die ›Analphabeten‹ wohl doch nicht, denn die spanischen Komparsen brachten die Filmleute mit ihrer Angewohnheit zum Verzweifeln, pünktlich um zwölf Uhr ihre Mittagspause und um siebzehn Uhr Feierabend zu machen. Schließlich traten die Spanier sogar in einen Streik, weil sie die geforderte Bezahlung für ihre Samstags- und Sonntagsarbeit nicht erhalten sollten; letztere wurde notwendig, als Schlampereien des spanischen Co-Produzenten und die fast schon obligatorischen Regenfälle zu argen Zeitrückständen führten. Brauner reiste aus Berlin an und bereinigte die Differenzen.

Die Produktionsstatistik verzeichnet 4000 Komparsen, überwiegend Zigeuner, 1200 Tiere (Pferde, Zebus, Schafe, Hunde und 80 Kamele) und 200 Waffen (kleine Waffen, wie Dolche, nicht mitgezählt) plus vier Kanonen. Irms Pauli, mit Ausnahme der drei Lateinamerika-Streifen *Der Schatz der Azteken*, *Die Pyramide des Sonnengottes* und *Das Vermächtnis des Inka* für die Kostüme aller May-Filme aus den sechziger Jahren verantwortlich, entwarf in Berlin 98 Kostüme für die Hauptdarsteller; dazu wurden in Spanien 1354 Kostüme für die Edelkomparsen angefertigt, und 1000 Kostüme für die Statisten wurden aus Italien und Jugoslawien geordert.

Schwierigkeiten gab es mit dem Fesselballon Lord Lindsays, den man in Spanien bestellt hatte, denn er war viel zu klein für Menschen. Deshalb wurden die Aufnahmen später auf dem Berliner Teufelsberg nachgeholt, ergänzt durch die Aufnahme eines über einen Sandkasten fliegenden Spielzeugballons, was nicht ganz zusammenpaßte.

Positiv überrascht war die neunköpfige spanische Chinchilla-Kaskadeurtruppe von Lex Barker, der ihnen manchen gefährlichen Stunt abnahm, so den waghalsigen Ritt beim Gottesurteil.

Den Zweikampf auf den Gondeln, bei dem der Machredsch von Mossul endlich sein verdientes Ende findet, drehte der Star allerdings nicht selbst, weil er da Almeria bereits verlassen hatte. Alle Aufnahmen entstanden mit Barkers Double.

Bei den Innenaufnahmen in den CCC-Studios wurden anschließend ein paar Großaufnahmen von Barker gemacht, die man in den Zweikampf hineinschnitt.

Auch F. J. Gottlieb verließ Spanien vorzeitig. Der Streik der Spanier und andere Schwierigkeiten am Set verleideten ihm die Arbeit derart, daß er kurz vor Abschluß der Dreharbeiten das Handtuch warf. Die Regisseure Werner Klingler und Roy Rowland führten seine Arbeit zu Ende, ohne dafür im Filmvorspann genannt zu werden.

Damit endete Gottliebs May-, nicht aber seine Filmkarriere. Schon 1966 arbeitete er wieder mit Lex Barker zusammen, als er den Film *Mister Dynamit — morgen küßt Euch der Tod* inszenierte. Dies war der erfolglose Versuch, eine deutsche Agentenfilmserie nach James-Bond-Manier zu starten, in der Barker den noch heute allmonatlich ein neues Taschenbuchabenteuer erlebenden BND-Agenten Mister Dynamit spielte. Gottlieb hielt sich verhältnismäßig lange im deutschen Kinofilm über Wasser. Als Opas Kino in die ewigen Jagdgründe eingegangen war, inszenierte er bis zum Beginn der achtziger Jahre Sex- und Klamaukfilme à la *Tante Trude aus Buxtehude* (1971) und *Hurra, die Schwedinnen sind da* (1978). Heute macht er vorwiegend seichte Unterhaltung fürs Fernsehen.

Wie schon Brauners Mexiko-Zweiteiler kamen auch die Abenteuer im wilden Kurdistan in puncto Zuschauergunst nicht an Wendlandts Winnetou-Filme heran. Anscheinend waren die Zuschauer ganz auf den edlen Apachen fixiert, den sich Wendlandt exklusiv gesichert hatte. Deshalb beendete Brauner – vorläufig – seine Reihe mit Karl-May-Filmen. Lex Barker war zum letztenmal als Kara Ben Nemsi über die Leinwand geritten.

Winnetou III

1965

Winnetou III

BRD/Jugoslawien 1965: *Uraufführung:* 14. 10. 1965. *Regie:* Harald Reinl. *Regieassistenz:* Charles Wakefield. *Regie 2. Stab:* Stipe Delic. *Regieasstistenz 2. Stab:* Slavki Andres. *Drehbuch:* Harald G. Petersson, J. Joachim Bartsch nach dem gleichnamigen Roman von Karl May. *Kamera:* (Eastmancolor, Ultrascope) Ernst W. Kalinke. *Kameraführung:* Rudolf Sandtner. *Kamera 2. Stab:* Kreso Grcevic. *Musik:* Martin Böttcher. *Ton:* Matija Barbalic. *Schnitt:* Jutta Hering. *Bauten:* Vladimir Tadej. *Kostüme:* Irms Pauli. *Pyrotechnik:* Erwin Lange. *Aufnahmeleitung:* Alfred Arbeiter, Herbert Kerz. *Produktionsleitung:* Wolfgang Kühnlenz. *Herstellungsleitung:* Erwin Gitt, Stipe Gurdulic. *Gesamtleitung:* Horst Wendlandt. *Produktion:* Rialto-Film Preben Philipsen (Berlin), Jadran-Film (Zagreb). *Verleih:* Constantin. *Länge:* 93 Minuten.

Darsteller: Lex Barker (Old Shatterhand), Pierre Brice (Winnetou), Rik Battaglia (Rollins), Ralf Wolter (Sam Hawkens), Carl Lange (Gouverneur von New Mexico) Sophie Hardy (Ann), Dusan Antonijevic (Weißer Büffel), Veljko Maricic (Vermeulen), Aleksandar Gavric (Kid), Ilija Ivecic (Clark). Mihail Baloh (Gomez), Slobodan Dimitrijevic (Schneller Panther). *Jugoslawischer Titel: Vinetu III.*

Inhalt

Fast ohne Grenzen, weit und fruchtbar sind die Jagdgründe der Mescalero-Apachen, die ihrem großen Häuptling Winnetou unwandelbar treu ergeben sind. Ihm war bestimmt, in jener Zeit zu leben, als der nach dem amerikanischen Bürgerkrieg einsetzende Aufschwung eine Legion von Einwanderern über das Große Wasser lockte. Immer lauter ertönt der Ruf nach immer größeren Siedlungsgebieten im Westen. Die ehrlichen Versuche der führenden Männer, den Frieden zu bewahren, scheitern an menschlichem Unvermögen, an Selbstsucht und Verrat. Von Monat zu Monat verringert sich der Lebensraum der Indianer. Ihnen drohen Not und Untergang. Häuptling Winnetou erkennt das nahende Unheil. Unermüdlich versucht er, es von den roten Völkern abzuwenden. (Anfangstext des Films *Winnetou III.*)

Die Apachen fangen eine Bande von Weißen, die in den Jagdgründen der Indianer die Büffel abschlachten. Sie handeln im Auftrag von skrupellosen Geschäftemachern, die einen Indianerkrieg provozieren wollen, um so an das Land der Apachen und das darunter steckende Öl zu kommen. Winnetou entwaffnet die Büffeltöter und läßt sie dann ziehen.

Bei den Gräbern Intschu-tschunas und Nscho-tschis treffen sich Winnetou und Old Shatterhand. Sie reiten nach Santa Fé, um den Gouverneur zu bitten, für die Wahrung des Friedens zu sorgen. Vor der Stadt hört der Apache zum erstenmal in seinem Leben Glocken läuten und versteht ihren Klang: ›Liebe alles, was gut ist, und hasse alles, was böse ist.‹ Der Gouverneur sichert Winnetou und Old Shatterhand jede nur erdenkliche Hilfe zu. Die Blutsbrüder sollen zu den Jicarillas reiten, die in letzter Zeit von den weißen Kriegstreibern mit Branntwein und Waffen beliefert werden und ihre Landabtretungszusagen nicht einhalten. Ein Bandit sprengt im Auftrag der Kriegstreiber einen Steinbruch, durch den die beiden kommen. Durch ihre Pferde gewarnt, überleben die Freunde das Attentat. Winnetou reitet weiter zu den Jicarillas, während Old Shatterhand dem Attentäter nach Santa Fé folgt. Dessen Spur führt ihn direkt zu einer Gesellschaft reicher Geschäftsleute. Shatterhand erfährt, daß der Bandenführer Rollins den Auftrag erhalten hat, Winnetou auf dem Weg zu den Jicarillas zu ermorden. Besorgt folgt er seinem Bruder.

Immer wieder entgeht Winnetou den Fallen der Banditen und büßt dabei Pferd und Waffen ein. Von einer Gruppe Banditen verfolgt, rettet ihn Old Shatterhand, der mit einer Reihe schnell aufeinanderfolgenden Schüsse aus seinem Henrystutzen die Schurken kampfunfähig macht. Sie treffen auf die Jicarillas, und Winnetou versucht, deren Häuptling Weißer Büffel zum Frieden zu bewegen: ›Nur der wird leben, der sich dem Wandel der Zeit nicht widersetzt.‹ Da erscheint Rollins, der die Jicarillas mit Feuerwasser und Feuerwaffen versorgt, in deren Lager. Er führt die Leiche des Schnellen Panthers mit sich, des Sohnes von Weißer Büffel. Rollins hat ihn mit dem Messer Winnetous, mit dem der Apache einen Banditen tötete, erstochen, versteht es aber, die Schuld auf Winnetou zu schieben, zumal Schneller Panther zuvor Pferde aus dem Pueblo der Apachen gestohlen hatte. Weißer Büffel läßt die Blutsbrüder an den Marterpfahl binden. Sam Hawkens stürzt die Jicarillas mit einem Feuerwerk in Verwirrung und rettet seine Freunde.

Rollins und Weißer Büffel wollen nun mit vereinten Kräften den Pueblo der Mescaleros angreifen. Old Shatterhand telegrafiert dem Gouverneur in Santa Fé, er möge Truppen schicken. Dann bereiten er, Winnetou und Sam Hawkens die Verteidigung des Pueblos vor. In mehreren Verteidigungslinien versucht man, die Angreifer aufzuhalten, wobei Winnetou und Shatterhand das Leben von Freund und Feind möglichst schonen. Die Mescaleros sprengen ihren eigenen Pueblo, bevor ihn die Angreifer stürmen können, und ziehen sich in die Felsen des Nugget-Tsil zurück, wo Frauen, Kinder und Alte Schutz finden.

Die Schlacht um den Nugget-Tsil hat bereits begonnen, als die Kavallerie den Ort des Geschehens erreicht. Old Shatterhand will die Soldaten warnen, die direkt in die Gewehre der Banditen zu reiten drohen. Dabei gibt sich der Westmann eine Blöße, die Rollins zu einem gezielten Schutz ausnutzt. Winnetou wirft sich schützend vor seinen Bruder und wird von Rollins' Kugel getroffen. Die Mescaleros fangen Rollins und töten ihn, während sich die Schlacht zu ihren Gunsten entscheidet. Winnetou stirbt in den Armen Old Shatterhands: ›Winnetous Seele muß gehen. Winnetou ist bereit.‹

Auf Winnetous Spuren

Auf Winnetous Spuren nennt sich in Deutschland ein Film, der mit Karl May oder Winnetou auch nicht das geringste zu tun hat. Es handelt sich um eine kleine Lederstrumpf-Verfilmung aus dem Jahre 1950 mit dem Originaltitel *The Iroquois Trail*. Der 1939 entstandene Shirley-Temple-Film *Susannah of the Mounties* wurde von deutschen Verleiher in *Fräulein Winnetou* umgetauft. *Winnetous Söhne* heißt ein bundesdeutscher Kinderfilm von 1956, der auch unter dem Titel *Kalle wird Bürgermeister* zu sehen war. Alles Hinweise auf die große Popularität und Zugkraft, die dem Namen des Apachen-Häuptlings anhaften. Als sich diese Umstände in den sechziger Jahren für die Produzenten der Karl-May-Filme in klingender Münze auszahlten, begaben sich andere Filmemacher auf Winnetous Spuren und versuchten ihr Glück im Wilden Westen. Horst Wendlandts Winnetou-Wagnis verhalf nicht nur Karl-May zu einem ungeahnten filmischen Erfolg, ›sondern begründete auch die kontinentalen, unamerikanischen Spielarten des Western, den ›Eurowestern‹ und letztlich den ›Italowestern‹‹ *(Lexikon des Internationalen Films)*.

Diese europäische Westernflut überschwemmte die Kinos überwiegend mit Dutzendware, die schnell wieder vergessen war. So scheiterte mit *Die Flußpiraten vom Mississippi* (1963) und *Die Goldsucher von Arkansas* (1964) kläglich der Versuch, neben Karl May einen zweiten deutschen Abenteuerschriftsteller, Friedrich Gerstäcker (1816–1872), für den Film urbar zu machen. Diese Filme waren, wie viele der Eurowestern, einfältig in der Machart, bauten auf Klischees und hatten nichts Eigenständiges, der märchenhaften Romantik der Winnetou-Filme Vergleichbares zu bieten. Dabei traten in *Die Goldsucher von Arkansas* sogar einige aus Karl-May-Filmen bekannte Darsteller auf: Mario Adorf und Dieter Borsche als Schurken, Ralf Wolter als komische Figur und Marianne Hoppe. Joe Hembus meinte dazu im *Western-Lexikon*: ›Im Unterschied zu den Winnetou-Filmen, die die Konventionen des amerikanischen Western geschickt mit den Karl-May-Mythen verbinden, schert sich dieser Film überhaupt nicht um seine literarische Vorlage; die drei Drehbuchautoren, darunter Herbert Reinecker (Alex Berg) haben ihn ebenso kompliziert wie uninspiriert nach den Normen des europäischen Western-Einheitsstils zusammengeflickt.‹

Ein Kuriosum stellt die deutsch-spanische Co-Produktion *Die Hölle von Manitoba* aus dem Jahre 1965 dar, handelt es sich hier doch um den einzigen nicht auf Karl May basierenden Western mit Lex Barker und Pierre Brice in den Hauptrollen. Sie spielen zwei Revolvermänner, die in einem Schaukampf gegeneinander antreten sollen, sich aber gegen einen verbrecherischen Großgrundbesitzer miteinander verbünden. ›Ein unschicklicher und inkonsequenter Versuch, die Helden der Winnetou-Filme zu demystifizieren‹, (Hembus, *Western-Lexikon*).

Es gibt nur noch einen weiteren Nicht-Karl-May-Film, in dem sowohl Barker als auch Brice auftreten, verstärkt durch Stewart Granger und Karin Dor:

Gern hab' ich die Frauen gekillt (1966), ein Kompilationswerk nach Agenten-film-Strickmuster.

Der europäische Western jener Jahre, der die größte Verwandschaft zu den Winnetou-Filmen aufweist, wurde stimmigerweise von Harald Reinl insze-niert. 1965 entstand in deutsch-spanisch-italienischer Co-Produktion der von der Constantin verliehene Lederstrumpf-Film *Der letzte Mohikaner* nach einem Drehbuch von J. Joachim Bartsch mit Ernst W. Kalinke als Kamera-mann und musikalisch untermalt von Martin Böttcher. Die weibliche Haupt-rolle übernahm Karin Dor. ›Die Handlung von Coopers Roman ist von den fünfziger Jahren des 18. Jahrhunderts in die sechziger Jahre des 19. Jahrhun-derts verlegt worden und der Schauplatz vom Osten des French-and-Indian-Wars in einen spanischen Sand- und Felsenwesten, der vielleicht Arizona dar-stellen könnte. Die Irokesen und Mohikaner passen da nicht ganz hin, aber diese Cooper-Verfilmung ist in Wirklichkeit ohnehin ein weiterer Karl-May-Film, und Falkenauge und Unkas, die Vorbilder von Shatterhand und Winne-tou, sind ihre Nachfolger. Regisseur Harald Reinl hat seine ganze Winne-tou-Mannschaft auf diesen Seitensprung mitgenommen, und wie seine Win-netou-Filme ist dies eine liebevolle, kompetente Arbeit.‹ (Hembus, *Western-Lexikon*).

Regisseur, Drehbuchautor, Kameramann und Komponist des Mohika-ner-Films begaben sich bald darauf erneut in den Wilden Westen, um die Winnetou-Filmtrilogie zu ihrem Abschluß zu bringen.

Lebewohl, Winnetou!

Als gegen Ende des Jahres 1964 bekannt wurde, daß die sechste Karl-May-Produktion der Rialto *Winnetou III* sein sollte, erhob sich ein durch die Regenbogenpresse forciertes tausendfaches Protestgeheul der Winnetou-Fans, die ihren Helden nicht sterben sehen wollten und auch ein Ende der Karl-May-Filme befürchteten. Letzteres war aber gar nicht geplant. Schließlich hat auch Karl May nach der Schilderung von Winnetous Tod weitere Abenteuer des Apachen veröffentlicht. Horst Wendlandt aber konnte dieser Massenpro-test nur recht sein, bedeutete er doch die werbewirksame Aufmerksamkeit der Medien. Die Schlagerbuben vom Medium-Terzett trällerten Ihr ›Lebewohl, Winnetou‹ allerdings am Publikum vorbei, das vom Tod des allseits geliebten Häuptlings nichts wissen wollte. Fünfzehn Jahre später kam es zu ähnlichen Protesten, als Pierre Brice bei den Karl-May-Festspielen in Elspe wieder den Heldentod sterben sollte – und auch starb.

So begannen im Mai 1965 in Jugoslawien die Dreharbeiten zu dem Drei-Millionen-Projekt. Die in anderen Quellen angegebenen sechs Millionen DM erscheinen angesichts des gemessen an früheren Winnetou-Filmen relativ geringen Aufwandes eher unwahrscheinlich. Die in Santa Fé spielenden Sze-

Auf der Suche nach dem Banditen Rollins findet Old Shatterhand (Lex Barker) seinen Freund Sam Hawkens (Rolf Wolter), den die Desperados an einen Baum gefesselt in der Einöde zurückgelassen haben.

nen filmte man in der nahe beim Standquartier Split gelegenen Orte Trogir, dessen Rathaus als Palast des Gouverneurs diente. Die Westernstadt Clinton brauchte man diesmal nicht extra zu bauen, denn sie rührte noch von anderen Filmen her. Zum Beispiel entstanden dort 1965 zwei weitere wildwestlich angehauchte Filme deutsch-europäischer Produktion: *Onkel Toms Hütte* nach einem Drehbuch von Fred Denger, in Bilder umgesetzt von Heinz Hölscher und mit Herbert Lom in der Schurkenrolle, und der von Leopold Lahola geschriebene und inszenierte Western *Duell vor Sonnenuntergang* mit Mario Girotti, Walter Barnes und Carl Lange.

Diesmal blieb die Filmcrew von Schlechtwetterphasen weitgehend verschont. Im Gegenteil, zeitweilig meinte es die Sonne fast schon zu gut und ließ die Temperaturen auf 45 Grad Celsius im Schatten ansteigen, so daß die Maskenbildner ihr allmorgendliches Werk mehrmals am Tag reparieren mußten.

Wieder einmal bedeutete die Herstellung eines May-Films härteste Arbeit für alle Beteiligten. Schon morgens um fünf zog der Troß von Split zum 65 Kilometer entfernten Drehort. Man drehte im teilweise schwer zugänglichen

227

Gelände am Mali-Alan-Berg und mußte die Ausrüstung zu manchen Plätzen mit Maultieren heranschaffen. Für Winnetous Sterbeszene ging es besonders hoch hinauf, was dem Stab eine waghalsige Kletterei abverlangte. Doch das hinderte ein ganzes Heer von Journalisten nicht, den Set bei dieser Szene zu umlagern. Winnetous Tod war ein Multimedienereignis.

In *Winnetou III* finden sich auch ein paar Fremdszenen. Für das Büffelmassaker am Anfang wurde wieder *The Last Hunt* ausgeschlachtet, und die Bären am Bärenfluß stammen aus einem amerikanischen Dokumentarfilm. Auch die Totalaufnahme von Santa Fé wurde später in den Film montiert. Sehr gelungen sind die Erinnerungen des sterbenden Häuptlings, für die man zu Martin Böttchers sentimentalen Klängen Szenen aus dem *Schatz im Silbersee* und aus den drei *Winnetou*-Filmen zusammenschnitt.

Winnetou III ist seinen beiden Vorgängern leicht unterlegen. Zwar spricht er, wie diese, häufig den Gedanken von Frieden und Verständigung zwischen Weiß und Rot an, doch ist die Handlung weit weniger komplex als in den ersten beiden Teilen und hat auch nichts mit der Romanvorlage gemeinsam − außer dem Umstand, daß Winnetou stirbt. Sam Hawkens und Rollins tauchen bei May nicht im dritten, sondern im zweiten Teil der Winnetou-Trilogie auf; der Film verfährt umgekehrt. Bei May stirbt Winnetou durch die Kugel eines Ogellallah-Sioux. Aber auch bei ihm sind die feindlichen Indianer im Bund mit marodierenden Weißen. Als Lebensdaten des Häuptlings gab May übrigens einmal an: ›Winnetou war geboren 1840 und wurde erschossen am 2. 9. 1874.‹

Eine romanadäquate Verfilmung wäre freilich wiederum sehr schwierig gewesen, da Mays Buch, aus mehreren Erzählungen zusammengesetzt, sehr episodenhaft wirkt und sich zudem über einen Zeitraum von mehreren Jahren erstreckt. Man muß den Drehbuchautoren Harald G. Petersson und J. Joachim Bartsch zugute halten, daß sie eine über eineinhalb Stunden durchweg spannende Fabel ersannen, die auch den richtigen Schuß May-Sentimentalität enthält.

Auch liegt der Film an der historischen Wahrheit viel näher als Mays Buch. Zusammenschlüsse von Geschäftemachern, die Auseinandersetzungen mit den Indianern provozierten, um sich deren Land unter den Nagel zu reißen, gab es auch in der Realität. Und die amerikanische Armee − die natürlich auch ihren Teil zur Ausrottung der indianischen Völker beigetragen hat − hat oftmals vergebens versucht, den Landhunger weißer Siedler zu besänftigen.

Neben dem Heldentrio Barker/Brice/Wolter agiert Rik Battaglia erstmals als Schurke in einem May-Film der Rialto, nachdem er in vier CCC-Produktionen bewiesen hatte, daß er diese Rolle hervorragend beherrschte. Die junge Pariserin Sophie Hardy als von den Drehbuchautoren frei erfundenes Saloongirl Ann und Schützling von Sam Hawkens hat im Film nicht viel zu tun, außer mit ihren weiblichen Reizen nicht zu geizen. Carl Lange, schon in Reinls *Der letzte Mohikaner* dabei, stellte den Gouverneur von New Mexico als vertrauenswürdigen und sich mit allen Mitteln für die Gerechtigkeit einsetzenden Mann dar − also ein Politiker, wie man ihn im richtigen Leben schwerlich findet. Einige Bekannte aus früheren May-Filmen, wie Mihail Baloh als mexikanischer Desperado Gomez, sind unter den jugoslawischen Darstellern zu finden.

Die Uraufführung von *Winnetou III* fand mit dem bei solchen Gelegenheiten üblichen Presserummel unter Anwesenheit der Hauptdarsteller und Martin Böttchers statt. Nur Pierre Brice fehlte, weil er in Paris am Kiefer operiert werden mußte. Der Düsseldorfer Sioux-Club sorgte für indianischen Tamtam, und Lex Barker gab einem Ehrengast ein Autogramm, der tatsächlich Karl May hieß. Bei der allgemeinen Autogrammstunde herrschte ein so großes Gedränge um die Stars, daß die Polizei die Veranstaltung aus Sorge um die vielen anwesenden Kinder abbrach.

›Alle haben geweint, auch die Herren von der Constantin‹, sagte Wendlandt nach der ersten Vorführung. Dabei bestand dazu gar kein Anlaß, denn es war der achte May-Film, der genug Zuschauer anlockte, um mit der Goldenen Leinwand ausgezeichnet zu werden — allerdings auch der letzte.

Old Surehand

1965

Old Surehand

BRD/Jugoslawien 1965. *Uraufführung:* 14. 12. 1965. *Regie:* Alfred Vohrer. *Regie 2. Stab:* Stipe Delic. *Regieassistenz 2. Stab:* Slavko Andres. *Drehbuch:* Fred Denger, Eberhard Keindorff, Johanna Sibelius nach dem gleichnamigen Roman von Karl May. *Kamera:* (Eastmancolor, Ultrascope) Karl Löb. *Kameraführung:* Rudolf Sandtner. *Kamera 2. Stab:* Kresimir Grcevic. *Musik:* Martin Böttcher. *Ton:* Matija Barbalic. *Schnitt:* Hermann Haller. *Bauten:* Vladimir Tadej. *Kostüme:* Irms Pauli. *Pyrotechnik:* Erwin Lange. *Aufnahmeleitung:* Herbert Kerz, Wolfgang Hantke. *Produktionsleitung:* Wolfgang Kühnlenz. *Herstellungsleitung:* Erwin Gitt, Stipe Gurdulic. *Gesamtleitung:* Horst Wendlandt. *Produktion:* Rialto-Film Preben Philipsen (Berlin), Jadran-Film (Zagreb). *Verleih:* Constantin. *Länge:* 92 Minuten; später gekürzt auf 89 Minuten:

Darsteller: Stewart Granger (Old Surehand), Pierre Brice (Winnetou), Larry Penell (›General‹ Jack O'Neille), Paddy Fox (Old Wabble), Letitia Roman (Judith), Mario Girotti (Toby), Wolfgang Lukschy (Richter Edwards) Erik Schumann (Captain Miller), Dusan Antonijevic (Mahki-Moteh), Bata Zivojinovic (Jim Potter), Voja Miric, Dusko Janicijevic, Vladimir Medar, Hermina Pipinic, Jelena Jovanovic.

Jugoslawischer Titel: Lavirint smrti

Inhalt

Banditen rauben einen Zug aus, sperren dessen Insassen in einen Güterwagen und wollen diesen mit einer Ladung Dynamit in die Luft jagen. Old Surehand erreicht den Ort des Geschehens und löscht die glimmende Lunte mit einem Schuß, der seinem Namen alle Ehre macht. Der Westmann reitet weiter nach Mason City und sammelt unterwegs den alten Goldgräber Ben O'Brian auf, der endlich einen ergiebigen Claim gefunden hat, dem aber Banditen sein Pferd unter dem Allerwertesten weggeschossen haben.

Zwei Banditen dezimieren eine Büffelherde im Jagdgebiet der Komantschen und werden von den plötzlich auftauchenden Indianern verfolgt. Sie fliehen zu MacHaras Farm und erzählen dem alten Farmer, der bislang in Eintracht mit den Komantschen gelebt hat, die Indianer hätten sie grundlos attackiert. Als die Komantschen die Farm angreifen, tötet einer der Banditen MacHaras Sohn Bob aus dem Hinterhalt. Der Farmer hält die Komantschen für die Mörder seines Sohnes und schwört ihnen Rache, während sein Anwesen in Flammen aufgeht.

Die Jubiläumsfeier, die Mason City anläßlich des zehnjährigen Bestehens der Stadt abhält, wird unerwartet unterbrochen, als der Komantsche Tou-Wan in die Hauptstraße einreitet. Der Sohn des Häuptlings Mahki-Moteh will in Erfahrung bringen, weshalb die Weißen den Frieden brechen. Die Kugel eines unbekannten Attentäters bereitet seinem jungen Leben ein jähes Ende. Der Mörder ist Jack O'Neille, ein aus der Armee der Konföderierten ausgestoßener Lieutenant und Banditenführer, den seine Leute ›General‹ nennen. Auch Ben O'Brian wird von den Banditen ermordet, und der General eignet sich die Karte an, auf der sein Claim verzeichnet ist.

Old Surehand, der eigentlich Johnny Garden heißt, sucht seit drei Jahren den Mann, der seinen Bruder Paul bei einem Überfall auf die Garden-Ranch hinterrücks ermordet hat. Richter Edwards glaubt, eine Spur entdeckt zu haben, die zu Jeremy Sanders führt, dem ehemaligen Vorarbeiter auf der Ranch, der sich in einer Berghütte versteckt hält. Auf dem Weg dorthin wird Surehand beinahe von ein paar plötzlich herunterfallenden Felsblöcken erschlagen. Er findet Sanders, der niemand anders ist sein alter Freund Old Wabble. Zu Unrecht verdächtigt, hält sich Wabble seit Jahren versteckt. Aber er weiß, daß der wahre Mörder von Paul Garden ›General‹ genannt wird. Einen Mann, der Wabble vor dessen Hütte aus dem Hinterhalt erschießen will, trifft die tödliche Kugel Surehands.

Surehand und Wabble stoßen auf Winnetou, den die Kriegstrommeln der Komantschen hergelockt haben. Der Häuptling der Apachen erzählt ihnen, ein gewisser ›General‹ habe den Komantschen 100 Gewehre versprochen. Ben O'Brians Nichte Judith und ihr Freund Toby, der etwas linkische Gehilfe von Richter Edwards, sind bei der Verfolgung von O'Brians Mördern in die Hände der Komantschen geraten. Surehand und Wabble befreien sie. Surehand einigt sich mit Häuptling Mahki-Moteh, daß dieser das Kriegsbeil begräbt, wenn ihm Surehand den Mörder seines Sohnes bringt.

Surehand schickt Toby nach Fort Brighton, damit die von dort ausrückenden Truppen nicht frühzeitig einen Indianerkrieg vom Zaun brechen, aber Toby fällt in die Hände der Banditen. Auch Surehand, Wabble und Judith werden in einer verlassenen Poststation in eine Falle der Banditen gelockt, können ihre Gegner aber dank Surehands Geistesgegenwart überwältigen. Als sich Toby in den ›Labyrinth des Todes‹ genannten Felshöhlen, dem Hauptquartier des Generals, weigert, seine Freunde zu verraten, will der Banditenführer ihn durch einen herunterstürzenden Stalaktiten zerschmettern lassen. Winnetou verhindert das in letzter Sekunde und verhilft Toby zur Flucht. Die beiden hören, wie der General vor seinen Leuten mit dem Mord an Tou-Wan prahlt.

Die Soldaten aus Ford Brighton unter dem Kommando von Captain Miller sind von einem verräterischen Scout in eine enge Schlucht geführt worden, wo sie von den Komantschen umstellt werden. Old Surehand will ein Massaker verhindern, wird aber von Mahki-Meteh entwaffnet und überwältigt. Da erscheint Winnetou und fordert die Komantschen auf, aus ihren neuen Gewehren auf ihn zu schießen. Ganze Salven werden auf den Apachen abgefeuert, aber dieser steht ungerührt auf einem Felsen. Da erkennen die

Komantschen, daß der General sie hintergangen hat. Er hat ihnen Platzpatronen geliefert, damit sie von den Soldaten abgeschlachtet werden. Auf diese Weise wollte der Schurke billig an das Land der Indianer und das darunter verborgene Gold kommen. Soldaten und Komantschen verbünden sich und stellen den Banditen eine Falle, die in die Schlucht kommen, um die vermeintlich toten Indianer zu fleddern. Auf diese Weise werden die Desperados gefangen.

Der General aber weilt noch im Labyrinth des Todes, wo er von zwei seiner eigenen Leute bewacht wird, die ihm nicht mehr trauen. Geschickt schürt er die Gier seiner Männer nach O'Brians Gold, so daß einer der Wächter von seinem Kumpan erschossen wird. Der General erschießt den Überlebenden. Während Winnetou die Gefangennahme der Banditen überwacht, sind Old Surehand und Old Wabble zum Labyrinth geritten. Der General nimmt Wabble als Geisel, wird aber durch einen Schuß Surehands für immer unschädlich gemacht. Paul Garden und Tou-Wan sind gerächt, und die Komantschen begraben das Kriegsbeil. Aus Toby und Judith wird ein Paar, für dessen Zukunft O'Brians Claim sorgen wird, denn Surehand hat dem toten General die Schatzkarte abgenommen.

Fanny Hill im Wilden Westen

Auf den Tag genau zwei Monate, nachdem der große Häuptling der Apachen im letzten Teil der Winnetou-Trilogie in die ewigen Jagdgründe gegangen war, ließ Horst Wendlandt ihn im siebten Winnetou-Film der Rialto wieder durch die Kinos reiten. Sein neuestes Abenteuer *Old Surehand* heißt korrekterweise *Old Surehand I*, denn auch hier war eine Trilogie geplant, doch gelangten die Teile II und III nicht mehr zur Ausführung; so wollen wir uns der allgemeinen Filmgeschichtsschreibung anschließen, die sich stillschweigend auf das bloße *Old Surehand* geeinigt hat. Der kurze Zeitabstand zwischen *Winnetou III* und *Old Surehand* sollte klarstellen, daß Winnetou mit seinem Filmtod für Wendlandt keineswegs gestorben war, und eine mögliche Abkehr der Kinogänger von dieser Figur verhindern.

Alfred Vohrer inszenierte seinen zweiten Karl-May-Film nach *Unter Geiern* mit einem größtenteils mayerfahrenem Team samt dem für die Surehand-Western der Rialto obligatorischen Heldentrio Stewart Granger/Pierre Brice/Paddy Fox.

Mario Girotti, wieder der jugendliche Liebhaber, stand zum vierten- und letztenmal für einen May-Film vor der Kamera. Bald wechselte er in den Italo-Western über, wo seine Starkarriere als Terence Hill ihren Anfang nahm. Bevor es dazu kam, drehte Girotti allerdings 1966 mit vielen May-Bekannten die von Artur Brauner produzierte und von Harald Reinl inszenierte zweiteilige Neuverfilmung der *Nibelungen*. Die Kritik ließ an diesem germanischen

Winnetou (Pierre Brice) und Old Surehand (Stewart Granger) wollen den
Frieden zwischen Rot und Weiß wiederherstellen. Szene aus dem 1965 entstandenen
Kinofilm *Old Surehand.*

Epos kein gutes Haar und bescheinigte ihm – wen wundert's bei Harald
Reinls als Regisseur – eine ›Wildwest-Atmosphäre‹ (Günther Bastian, *Film-
dienst*).

Wolfgang Lukschy, der schon *Durchs wilde Kurdistan* geritten war, versuchte, als Richter Edwards für Frieden und Gerechtigkeit zu sorgen. Neu bei
May war ein anderer bekannter deutscher Mime in der Rolle des Kavallerieof-
fiziers Miller: Erik Schumann. Dessen May-Auftritt blieb ebenso einmalig in
des Wortes buchstäblicher Bedeutung wie die Auftritte des Schurken und der
weiblichen Hauptdarstellerin.

Larry Pennell gab als ›General‹ einen Oberschurken der aalglatten Sorte ab,
wie ihn auch Rik Battaglia hervorragend zu verkörpern wußte; durch seinen
gepflegten Oberlippenbart erinnerte Pennell auch ein wenig an seinen italienischen Kollegen. Der Amerikaner hatte in seiner Heimat schon neben dem
›anderen‹ James Stewart gespielt, und zwar 1959 in dem Film *The FBI-Story*
(Geheimagent des FBI). Die große Kinokarriere blieb ihm jedoch versagt.
Bekannt wurde er durch die auch in Deutschland beliebte Fernsehserie

Sprung aus den Wolken (1963—64), was Wendlandt veranlaßt haben dürfte, Pennell zu verpflichten. Schließlich hatte der Produzent ein Jahr zuvor versucht, den US-Serienstar Robert Fuller für *Unter Geiern* anzuheuern.

Auch wenn Karl Mays Bücher dies keineswegs nahelegten, spielten in den May-Filmen der sechziger Jahre stets knackige frische Damen mit, ein zusätzlicher Anreiz für die männlichen Kinobesucher. Die junge Pariserin Letitia Roman hatte durch eine besonders pikante Rolle auf sich aufmerksam gemacht, als sie 1964 die Titelfigur in Atze Brauners Version des Erotikbestsellers *Fanny Hill* spielte. Kameramann war Heinz Hölscher, Komponist Erwin Halletz, und unter den Darstellern tummelte sich auch Chris Howland. In den Regiestuhl hatte Brauner den amerikanischen Busenfetischisten Russ Meyer gesetzt, für viele Cineasten eine Kultfigur des amerikanischen Films.

Pferde für die Rübenernte

Die Dreharbeiten zu *Old Surehand* in Jugoslawien begannen mit einer Menge Schwierigkeiten. Die Westernstadt Mason City, aus anderen Blickwinkeln schon bekannt als Clinton in *Winnetou III*, wurde durch eine Unwetterkatastrophe bedroht, die Österreich, Oberitalien und Nordjugoslawien heimsuchte. Der an sich nur drei Meter breite Zufluß der Save, an den die Westernstadt grenzte, schwoll über Nacht derart an, daß die Böschung fünf Meter tief unterhöhlt wurde. Die Umgegend wurde in einem Bereich von mehreren Kilometern überschwemmt. Noch in der Nacht zog sich die Filmcrew in höher gelegene Regionen zurück, aber das Hochwasser stieg weiter an und brachte einen zur Dekoration gehörenden Wasserturm zum Einsturz.

Zu den Folgen des Hochwassers gehörte, daß die Filmleute eine geschlagene Woche auf die georderten Pferde — kein unwichtiges Bestandteil für einen Western — warten mußte, weil die Tiere zur überstürzten Einbringung der Rübenernte benötigt wurden.

Auch die berüchtigten jugoslawischen Sturmwinde Bora und Jugo schlugen während der Drehzeit zu, wobei die Bora zwei Wohnwagen umstürzte und erheblich beschädigte.

Stewart Granger sagte anläßlich der Dreharbeiten: ›Ganz gleich, ob man in Hollywood oder in Europa filmt, bei jeder Kampfszene kommt der ›Special-Effect-Mann‹ und sagt: ›Sie werden jetzt von einer Lanze durchbohrt.‹ Oder: ›Neben Ihrem rechten Ohr wird eine Kugel einschlagen.‹ Und immer setzt er gleich hinzu: ›Keine Sorge, wir kriegen das schon hin. Das ist ganz ungefährlich!‹ Der Witz dabei ist nur, daß dieser Mann nicht selten ein Holzbein oder ein Glasauge hat oder ein paar Finger zu wenig.‹

Auch die Aufnahmen zu *Old Surehand* verliefen nicht ohne Verletzungen. Für die Anfangsszene, in der die Banditen einen Zug überfallen, wurde eine Strecke der jugoslawischen Staatsbahn bei Rastevic mit zu beiden Seiten aufgeschüttetem Sand präpariert, damit sich die Kaskadeure beim Fallen vom Zug und von den Pferd nicht verletzten. Trotzdem erlitt der beste von ihnen einen dreifachen Knöchelbruch, als er vom Dach des fahrenden Zuges sprang. Da er auch den Häuptlingssohn Tou-Wan spielte und diese Rolle nicht mehr umbesetzt werden konnte, mußte er mit einem Gipsbein weiterdrehen. Bei den Zugaufnahmen wurde außerdem Kameraassistent Rudolf Sandtner durch splitternde Fenster am Arm verletzt.

Unfälle gab es auch in den Höhlen von Toborska Jama und Mali Most, die im Film das ›Labyrinth des Todes‹ (so auch der jugoslawische Filmtitel) darstellen. Die Scheinwerfer verbrauchten soviel Sauerstoff, daß Regisseur Vohrer die Aufnahmen mehrmals wegen der knapp werdenden Atemluft abbrechen mußte. Ein Sturz Vohrers bei diesen Aufnahmen verursachte eine Nierenprellung, die Vohrer aber nicht davon abhielt, die Dreharbeiten weiterhin persönlich zu leiten. Produktionsleiter Wolfgang Kühnlenz reiste nach einem ähnlichen Sturz zurück nach Deutschland, um sich ärztlich behandeln zu lassen.

Als ein jugoslawischer Monteur versuchte, die Filmcrew ins örtliche Stromnetz einzuklinken, um die eigene Lichtmaschine zu entlasten, wurde er durch einen Starkstromstoß schwer verletzt.

Der schlimmste Unfall wird im Drehbericht vom 3. Oktober 1965 so geschildert: ›Heute früh dichter Nebel. Auf der Gebirgsstraße kurz vor Obrovac kam ein Wagen des Straßenverkehrsamtes mit 60 km/Std. in die Kurve. Der Fahrer konnte den Wagen nicht mehr abfangen, so daß er mit dieser Geschwindigkeit auf den 36sitzigen, von der Jadran-Film gemieteten Autobus linksseitig auffuhr. Der Autobus wurde in den abschüssigen Graben geschleudert. Fazit: drei Schwerverletzte, von denen einer inzwischen gestorben ist, ein mittelschwer Verletzter und zwölf Leichtverletzte bei der jugoslawischen Equipe.‹

Weniger halsbrecherisch gerieten die Büffeljagdszenen. Die May-Filmer konnte es sich nicht verkneifen, noch einmal Material aus dem Stewart-Granger-Western *The Last Hunt* in ihr Werk zu montieren.

Winnetou kommt zu kurz

Obwohl nur Fred Denger im Filmvorspann und in den offiziellen Produktionsangaben genannt wird, war auch das Ehepaar Keindorff/Sibelius am Drehbuch beteiligt. Karl Mays Vorlage ist eigentlich eine Trilogie, deren Mittelteil aber vom Bamberger Karl-May-Verlag herausgelöst und als Erzählungssammlung *Kapitän Kaiman* eigenständig veröffentlicht wurde. Das geschah nicht ganz zu Unrecht, denn May verknüpfte für diesen Band mehrere seiner früheren Erzählungen derart miteinander, daß sie in einer Rahmenhandlung von den Besuchern eines Gasthauses erzählt werden. Der Schriftsteller wählte diese Konstruktion, weil er sich bei der Abfassung der Surehand-Trilogie aufgrund einer Schaffenskrise in Zeitnot befand. Dem in der Ausgabe des Karl-May-Verlags zweiteiligen Roman *Old Surehand* entnahmen die Drehbuchautoren nur ein paar Namen und das persönliche Rachemotiv des Titelhelden, verfuhren aber auch hier sehr freizügig.

Im Film *Old Surehand* erfahren wir mehr über die Hintergründe Old Surehands und Old Wabbles, als die beiden nach langen Jahren wieder zusammenfinden; damit dürfte dieser Film von der Handlungschronologie her vor *Unter Geiern* und *Der Ölprinz* anzusiedeln sein. Auf die extreme Gegensätze bei der Schilderung Wabbles durch Karl May und bei dessen filmischer Darstellung wurde bereits hingewiesen. Aber auch bei den Namen taten sich die Drehbuchautoren keinen Zwang an. Wabble heißt bei May im zivilen Leben Fred Cutter, im Film Jeremy Sanders. Surehands richtiger Name ist laut May Leo Bender, im Film aber Johnny Garden. Der ›General‹ Jack O'Neille heißt bei May Douglas alias Dan Etters alias John Bender. Und Mario Girottis liebenswert-tolpatschiger Toby ist bei May als Toby Spencer der Anführer einer berüchtigten Bande von Rowdies. Auch Mays Surehand hat einen Bruder, der allerdings weder Paul Garden heißt noch tot ist; im Roman finden Surehand und sein Bruder Fred Bender schließlich zueinander. Letzterer ist, wie Surehand, halbindianischer Abstammung und unter dem Namen Apanatschka ein Häuptling der Komantschen.

So wurde die Romanhandlung weniger in eine Filmhandlung umgewandelt, als vielmehr einzelne Motive und Namen daraus ausgeschlachtet. Der stark verästelte familiäre Hintergrund Surehands und Apanatschkas wird im Film nicht einmal ansatzweise wiedergegeben. Auch fehlen in der Leinwandversion eine Menge der eindrucksvollen Gestalten, die Mays Roman bevölkern, allen voran der Ich-Erzähler Old Shatterhand, des weiteren die Westleute Bloody-Fox, Pitt Holbers und Dick Hammerdull.

›Sehr freie Verfilmung des gleichnamigen Romans von Karl May‹, schreibt dann auch das *Lexikon des Internationalen Films*. ›Weniger dicht und spannend, dafür aber gröber als die besten seiner Vorgänger.‹ Joe Hembus bezeichnet den Film im *Western-Lexikon* als ›ein Produkt tüchtiger Routine, aber von der Frische und dem Charme der ersten May-Western ist nur noch ein Hauch vorhanden‹.

Hauptmanko des mit einer immerhin spannenden und handwerklichen sauber inszenierten Fabel aufwartenden Films ist, so paradox das im ersten Augenblick erscheinen mag, daß er ganz auf seine Titelfigur zugeschnitten ist. Der ironisch-coole Stewart Granger beherrscht ihn von der ersten bis zur letzten Szene und macht seine Sache dabei ganz hervorragend. Doch hatte sich das Publikum seit Winnetous erstem Leinwandauftritt in *Der Schatz im Silbersee* immer mehr auf die Gestalt des edlen Apachen-Häuptlings fixiert. Das wird schon durch die Tatsache belegt, daß die Winnetou-Filme regelmäßig mehr Besucher fanden als die im Orient oder in Lateinamerika spielenden May-Abenteuer. Winnetou hat aber in *Old Surehand* erst nach vollen vierzig Minuten seinen ersten Auftritt. Und dieser ist, wie die meisten weiteren Szenen des Apachen, sehr kurz. Martin Böttchers wildromantische Klänge beim Auftauchen Winnetous versprechen fast jedesmal mehr, als dann gehalten wird. Pierre Brice beschwerte sich einmal bei Harald Reinl darüber, daß er als Winnetou nicht viel zu tun habe, sondern immer nur herumstehen müsse. Der Regisseur erwiderte darauf, eben das mache er wundervoll; er solle bloß nicht mehr tun. Alfred Vohrer verwendete Winnetou in *Old Surehand* zu sehr als rein dekoratives Objekt zum Hervorrufen romantischer Stimmungen und zu wenig als wirklichen Handlungsträger. Das enttäuschte Publikum quittierte dies mit mangelndem Interesse.

So wurde *Old Surehand* der erste Winnetou-Film (wenn man ihn trotz der spärlichen Auftritte des Apachen so nennen will), der nicht mit der Goldenen Leinwand ausgezeichnet wurde. Er markierte das Ende der Ära der großen May-Filmerfolge, die mit *Winnetou III* ihren letzten Höhepunkt erreicht hatte. Horst Wendlandt schob die Verantwortung offenbar mehr seinem Surehand-Star Stewart Granger zu, der nach diesem Film nie wieder das Kostüm des Mayschen Westmannes anzog. Um den Vertrag mit Granger zu erfüllen, den dieser bereits für *Old Surehand II* unterschrieben hatte, ließ ihn Wendlandt 1966 in dem Wallace-Krimi *Das Geheimnis der weißen Nonne* einen Scotland-Yard-Inspektor spielen; an Grangers Seite sah man darin Sophie Hardy, die Blondine aus *Winnetou III*.

Stewart Grangers Karriere als großer Filmstar neigte sich in der zweiten Hälfte der sechziger Jahre dem Ende zu. Allerdings ist er bis heute als Schauspieler aktiv, sei es im Kino, im Fernsehen oder im Theater. In den späten achtziger Jahren tauchte er sogar in der deutschen TV-Familienserie *Das Erbe der Guldenburgs* auf. Im Wilden Westen sah man ihn noch mal, als er in späteren Folgen der Fernsehserie *Shiloh Ranch* den neuen Ranchbesitzer spielte.

Das Vermächtnis des Inka

1965/66

Das Vermächtnis des Inka

BRD/Spanien/Italien 1965. *Uraufführung:* 09. 04. 1966. *Regie:* Georg Marischka. *Drehbuch:* Georg Marischka, Winfried Groth, Franz Marischka nach dem gleichnamigen Roman von Karl May. *Kamera:* (Eastmancolor, Franscope) Siegfried Hold. *Musik:* Riz Ortolani, Angelo Francesco Lavagnino. *Schnitt:* Anneliese Artelt. *Bauten:* José Antonio de la Guerra. *Kostüme:* Antonio Fes, Rosa Grana. *Originalkostüme der Inkakrönung:* Centrocuzka Perú. *Aufnahmeleitung:* Peter Müller. *Produktionsleitung:* Willi Egger. *Gesamtleitung:* Franz Marischka, Carl Szokoll. *Produktion:* Franz Marischka Film (München), Orbita Films (Madrid), Pea Produzione Europea Associate (Neapel). *Verleih:* Nora. *Länge:* 100 Minuten.

Darsteller: Guy Madison (Jaguar), Rik Battaglia (Perillo), William Rothlein (Haukarapora), Geula Nuni (Graziella), Francesco Rabal (Gambusino), Fernando Rey (Präsident Castillo), Carlo Tamberlani (Anciano), Heinz Erhardt (Dr. Morgenstern), Walter Giller (Fritz Kiesewetter), Chris Howland (Don Parmesan), Santiago Riveirro (Minister Ruiz), Ingeborg Schöner (Madame Ruiz), Raf Baldassarre (Geronimo), Lubomir Dimitroff (El Brazo Valiente), Bugomil Simeonoff (Grosso), Antonio Almoros (Escobedo), Winnie Groth (Offizier), G. Gentscheff, T. Cornejo. *Ausländische Originaltitel: El ultimo rey de los Incas* (Spanien), *Viva Gringo* (Italien).

Inhalt

In Lima bestehen arge Spannungen zwischen den Weißen und den indianischen Ureinwohnern. Deren Hoffnung ruhen auf dem jungen Haukarapora, der als letzter Sproß des alten Inka-Geschlechts einen Aufstand der Indianer anführen soll. Der alte Anciano hat Haukarapora in dem Glauben erzogen, er müsse das Vermächtnis seines ermordeten Vaters, des letzten Inka-Königs, erfüllen, indem er das Inka-Reich neu erstehen lasse. Der Aufstand wird durch den Banditenführer Gambusino geschürt, der einst, als Haukarapora noch ein Knabe war, ein Stück einer indianischen Knotenschrift raubte, die den Weg zum sagenhaften Inkaschatz weist. Gambusino hofft, daß durch die Wirren eines Indianeraufstands der Weg zum Schatz frei wird. Er findet einen Verbündeten in dem Stierkämpfer Perillo, der an der Spitze einer revolutionären Gruppe steht und auf einen Umsturz hofft.

Präsident Castillo ist in dieser angespannten Lage froh, als der im ganzen Land angesehene Jaguar aus den USA zurückkommt, und bittet ihn, als Vermittler zwischen der Regierung und den Indianern aufzutreten. Um Jaguar auszuschalten, wollen ihm die Umstürzler den Mord anhängen, den Gambusino vor zehn Jahren an Haukaraporas Vater beging. Präsident Castillo glaubt jedoch an die Unschuld Jaguars, der sich, von den Männern Perillos und Gambusinos gejagt, auf den langen und gefahrvollen Weg zu den Indianern macht.

Jaguars Nichte Graziella erfährt, daß man ihrem Onkel auflauern will, und reitet ihm nach, um ihn zu warnen. Einen weiteren Verbündeten findet Jaguar in dem schrulligen Paläonthologen Dr. Morgenstern, der mit seinem Gehilfen Fritz Kiesewetter und ihrem Führer Don Parmesan auf der Suche nach prähistorischen Skeletten ist. Da der Wissenschaftler einem verschollenen Oberst zum Verwechseln ähnlich sieht, kann er putschende Soldaten umleiten.

Graziella begegnet Haukarapora, und zwischen den beiden entwickelt sich eine Liebe, die bei dem Inka-Prinzen Zweifel an dem Plan aufkommen lassen, sein Volk in einen Krieg gegen die Weißen zu führen. Obwohl Perillo und Gambusino gegen Jaguar und Graziella intrigieren, zweifelt Haukarapora nicht an ihren ehrlichen Absichten.

Gleichwohl muß sich Haukarapora der Krönungszeremonie unterziehen, die ihn zum neuen König der Inkas und zu ihrem Kriegsführer machen soll. Um das zu verhindern, läßt der junge Inka die Krone absichtlich in einen Abgrund fallen. Die wütenden Indianer töten ihn, doch endet damit auch ihr Traum vom großen Befreiungskrieg.

Kein Vater für den Jaguar

Georg Marischka, der als deutscher Regisseur der *Sklavenkarawane*, als Drehbuchautor des *Schut* und als Co-Drehbuchautor von *Der Schatz der Azteken/Die Pyramide des Sonnengottes* bereits einige May-Erfahrungen gesammelt hatte, plante seit längerem einen eigenen Karl-May-Film, den er ganz nach seinem Gusto gestalten konnte. Daß er sich schließlich für Mays in Südamerika spielenden Jugendroman *Das Vermächtnis des Inka* entschied, begründete er damit, mit einem solchen Stoff abseits der ausgetretenen May-Pfade neue Wege beschreiten zu können. Bei seiner Entscheidung dürften aber auch rein wirtschaftliche Überlegungen eine Rolle gespielt haben: An einen Winnetou-Film war nicht zu denken, weil Pierre Brice noch immer bei Horst Wendlandt unter Vertrag stand. Und mit Kara Ben Nemsi identifizierte man inzwischen Lex Barker, der für Marischka zu teuer war.

Tatsächlich hatte Marischka daran gedacht, den Helden Jaguar in *Das Vermächtnis des Inka* mit dem Mayschen Standard-Recken Barker zu besetzen, aber der amerikanische Star war nicht nur unbezahlbar, sondern auch ausgebucht. Stattdessen engagierte man Guy Madison, der als schurkischer Captain Bradley in *Old Shatterhand* eine gute Figur gemacht hatte. Bei May heißt der Held Vater Jaguar, da er, wie der Schriftsteller beim Abfassen der Erzählung, bereits 50 Lenze zählt. May projizierte damit einmal mehr sein eigenes Ich in die Wunschvorstellung eines edlen Recken hinein (Vater Jaguar traktiert das namengebende Raubtier mit der bloßen Faust), natürlich ein Deutscher namens Karl (!) Hammer. Da der zur Zeit der Dreharbeiten dreiundvierzigjährige Madison jünger war als der von May beschriebene Protagonist, ließ man im Film den Beinamen ›Vater‹ weg. Ein jüngerer Held war auch attraktiver für das zu einem großen Teil jugendliche bzw. weibliche Publikum.

Rik Battaglia, schon in *Old Shatterhand* auf der Seite der Bösewichter, verkörperte Madisons Gegenspieler Perillo in seinem sechsten May-Einsatz; der privat als sympathisch geltende Italiener avancierte immer mehr zum Standardschurken der May-Filme. Unterstützt wurde er von Francesco Rabal als Gambusino.

Eine kühne Besetzungsidee hatte Georg Marischka anfangs für den komischen Part, für den er den legendären Stummfilmkomiker Buster Keaton gewinnen wollte. Als das nicht klappte, engagierte er gleich drei im deutschen Film bekannte Komödianten: Heinz Erhardt, Walter Giller und Chris Howland, etwas protzig angekündigt als ›das beliebte deutsche Komiker-Trio‹; beliebt waren die drei zwar, aber kein feststehendes Trio. Giller war der einzige May-Neuling unter den dreien, und es blieb sein einziger May-Film. Erhardt machte, wie schon im *Ölprinz*, eine gute komische Figur. Howland nahm mit seinem fünften May-Einsatz Abschied vom Karl-May-Film, tauchte aber 1980 bei den Bad Segebergern Karl-May-Festspielen noch einmal als komische Nummer in dem Stück *Im Tal des Todes* auf.

Besetzungsschwierigkeiten gab es auch mit der Rolle des jungen Inka-Prinzen Haukarapora, für die Marischka erst an Horst Buchholz dachte, der ja auch schon als Winnetou im Gespräch gewesen war. Aber Buchholz war als inzwischen international gefragter Filmstar nicht gerade erschwinglich, und so kam man auf den damals gerade populär gewordenen Eiskunstläufer Hans-Jürgen Bäumler. Probeaufnahmen mit ihm verliefen zu Marischkas Zufriedenheit, aber dann schoß der Eiskunstlaufveranstalter quer, bei dem Bäumler unter Vertrag stand. Ihm mißfiel, daß sein Star einen Indianer spielen sollte. Schließlich verpflichtete Marischka einen jungen, unbekannten und damit billigen Kunststudenten aus New York namens William Rothlein als Haukarapora. Diese Wahl erwies sich bei den Dreharbeiten nicht als die beste, denn der Newcomer entwickelte sehr rasch Starallüren und terrorisierte damit die Filmcrew. Wenn ihm etwas mißfiel, riß er sich vor Wut die indianische Perücke vom Kopf. Vom Äußeren her erinnert er etwas an die edlen Züge von Pierre Brice, was gewiß kein Zufall ist.

Georg Marischka stellte als Regisseur und Co-Drehbuchautor (neben seinem Bruder Franz und Winfried Groth) sicher, daß *Das Vermächtnis des Inka* auch wirklich sein Projekt blieb; dafür sorgte auch Franz Marischka als maßgeblicher Co-Produzent. Kameramann Siegfried Hold (*Old Shatterhand, Der Schatz der Azteken/Die Pyramide des Sonnengottes*) hatte ebenfalls May-Erfahrung aufzuweisen. Auch Komponist Riz Ortolani (*Old Shatter-*

hand) sollte mit von der May-Veteranen-Partie sein, kam jedoch mit seinen Kompositionen in Verzug und wurde nicht rechtzeitig zur geplanten Uraufführung fertig, so daß Marischka auf eine bereits vorliegende Musik zurückgreifen mußte, die der italienische Komponist Angelo Francesco Lavagnino, der 1987 im Alter von 78 Jahren gestorben ist, ursprünglich für einen Western komponiert hatte. Georg Marischka besorgte höchstpersönlich die Unterlegung des Films mit der Musikkonserve. Während Lavagnino im Vorspann genannt ist, prangt Ortolanis Name auf den Filmplakaten. Unklar ist, inwieweit Ortolani tatsächlich an der Musik beteiligt ist.

Schwierigkeiten gab es auch mit dem Drehbuch, das anfangs noch zu undurchsichtig geraten war, so daß man einige Szenen umschreiben mußte, um Mays, wie üblich, voluminöse Vorlage in einen durchschaubaren 100-Minuten-Film umzuwandeln. Von den vorgenommenen Änderungen sei Haukaraporas tragisches Ende hervorgehoben; im Roman stirbt er nicht, sondern beschließt, sich mit einem Studium in Europa auf ein friedliches Leben vorzubereiten.

Von der Lüneburger Heide nach Peru

Der ursprüngliche Plan, kostensparend in der Lüneburger Heide zu drehen, stellte sich bald als unrealistisch heraus. Das von der wilden Schönheit der jugoslawischen Landschaft verwöhnte Publikum hätte sich kaum davon beeindrucken lassen. Statt dessen drehte man quasi an peruanischen Originalschauplätzen, wenn auch die als malerischer Drehort dienende Inka-Festung Machu Picchu erst 1911 entdeckt wurde, zwanzig Jahre nach dem Erscheinen von Karl Mays Roman. In der 2000 Meter über dem Meeresspiegel liegende Festung brachte man die logistische Meisterleistung fertig, Massenszenen mit indianischen Ureinwohnern zu filmen. Da man in Peru originale Indianerkostüme auftreiben und die Indianer dazu bringen konnte, ihre alten Kulthandlungen vor der Kamera nachzustellen, entstanden so eindrucksvolle Szenen aus der Kulturwelt der südamerikanischen Indianer.

Weitere Szenen drehte man in den etwas näheren Gefilden Spaniens und Bulgariens, wo man im Naturpark von Belogradtschik ein der peruanischen Landschaft sehr ähnliches Gelände entdeckte. Dort fanden Aufnahmen statt, die zur Vervollständigung der Machu-Picchu-Szenen dienten. In der spanischen Hauptstadt Madrid drehte man in der Stierkampfarena. Die Innenaufnahmen fanden ausnahmsweise einmal nicht in den Berliner CCC-Studios statt, sondern im Studio für Spielfilme Sofia.

Für eine besonders gefährliche Szene, in der Guy Madison gegen einen echten Jaguar kämpft, trennte man die beiden durch eine im fertigen Film nicht zu sehende Glasscheibe; ein Verfahren, das auch heute noch bei Aufnahmen mit gefährlichen Tieren angewendet wird.

Die Kritik zeigte sich von Marischkas Film wenig beeindruckt. Ein uns unbekannter Kritiker schrieb anno 1966: ›Bunte Farben, aufwendige Kostüme, bizarre Landschaftsaufnahmen aus Peru, bewegte Massenszenen, das sind die Reize einer neuen Karl-May-Verfilmung (Bd. 39 der Gesammelten Werke). Regisseur Georg Marischka hat es allerdings nicht verstanden, seinem filmischen Unternehmen irgendein Interesse zu verleihen, das über das rein Optische hinausgeht. Er läßt seine Schauspieler, allen voran Guy Madison als ›Jaguar‹, statuarisch agieren, auch das Komiker-Trio Walter Giller, Chris Howland und Heinz Erhardt dient nur als Staffage. Insgesamt ein harmloses und ziemlich langweiliges Vergnügen. Dem Regisseur fiel halt nichts ein. Leider läßt auch die Kamera bisweilen zu wünschen übrig. Die Bildqualität ist oft unscharf.‹

Die Zurückweisung der Kritik hätte die Marischka-Brüder zur Not noch verschmerzen können; viel schwerer wog für sie, daß auch das Publikum den Film nicht annahm. Das wird zum Teil daran gelegen haben, daß es die gewohnten Helden vermißte. *Das Vermächtnis des Inka* ist der einzige Karl-May-Film der sechziger Jahre in dem weder Lex Barker noch Pierre Brice mitwirken. Der finanzielle Mißerfolg machte den Traum der Marischkas, neben Wendlandt und Brauner der dritte große May-Filmproduzent zu werden, rasch zunichte. Ihr bereits geplanter Film *Der schwarze Gerard*, wieder mit William Rothlein, nach Mays Roman *Benito Juarez*, der die Ereignisse aus *Der Schatz der Azteken/Die Pyramide des Sonnengottes* fortsetzen sollte, wurde nicht mehr realisiert.

Winnetou und
das Halbblut Apanatschi

1966

Winnetou und das Halbblut Apanatschi

BRD/Jugoslawien 1966. *Uraufführung:* 17. 08. 1966. *Regie:* Harald Philipp. *Regieassistenz:* Gundula von Seelen. *Drehbuch:* Fred Denger nach dem Roman *Halbblut* von Karl May. *Kamera:* Heinz Hölscher. *Kameraführung:* Rudolf Sandtner. *Musik:* Martin Böttcher. *Ton:* Matija Barablic. *Schnitt:* Jutta Hering. *Bauten:* Vladimir Tadej. *Kostüme:* Irms Pauli. *Pyrotechnik:* Erwin Lange. *Aufnahmeleitung:* Herbert Kerz. *Produktionsassistenz:* Charles M. Wakefield. *Produktionsleitung:* Wolfgang Kühnlenz. *Herstellungsleitung:* Erwin Gitt, Stipe Gurdulic. *Gesamtleitung:* Horst Wendlandt. *Produktion:* Rialto-Film Preben Philipsen (Berlin), Jadran-Film (Zagreb). *Verleih:* Constantin. *Länge:* 90 Minuten.

Darsteller: Lex Barker (Old Shatterhand), Pierre Brice (Winnetou), Ursula Glas (Apanatschi) Götz George (Jeff Brown), Ralf Wolter (Sam Hawkens), Walter Barnes (Mac Haller), Ilija Djuvalekovski (Curly-Bill), Mihail Baloh (Judge), Marinko Cosic (Happy), Nada Kasapic (Bessie), Petar Dobric (Sloan), Vladimir Leib (Pincky), Abdurahman Salja (Hank), Marija Crnobori (Mine-Yota), Giancarlo Bastlanoni.

Jugoslawischer Titel: Apanatsi.

Inhalt

›Winnetou — der Name des Häuptlings der Apachen war schon zur Legende geworden. Er hatte dem Land zwischen Texas und Neu-Mexiko den Frieden gebracht und dem sinnlosen Blutvergießen ein Ende bereitet. Winnetou wußte aber auch, daß noch eine andere Geißel die Menschen des weiten Westens bedrohte. Dem Zug der Pioniere waren Abenteurer und Desperados gefolgt. Viele von ihnen hatten sich um den gefürchteten Curly-Bill geschart. Wie ein Phantom geisterte seine Bande durchs Land, Schrecken und Terror um sich verbreitend. Doch dann erfuhr Curly-Bill von einem sagenhaften Goldfund und stellte sich zur offenen Schlacht.‹ (Anfangstext aus dem Film *Winnetou und das Halbblut Apanatschi*).

Der Jäger Mac Haller führt mit seiner Frau Mine-Yota, einer Apachin vom Stamme Winnetous, und seinen Kindern Apanatschi und Happy ein bescheidenes, aber zufriedenes Leben. Er schenkt seiner Tochter zum 21. Geburtstag eine Goldader, die er vor Jahren entdeckte. Die Pelzjäger Sloan und Pincky,

Bekannte der Hallers, kommen hinter das Geheimnis der Goldader und stellen Mac eine Falle, als er nach Rocky Town reiten will, um den Claim eintragen zu lassen. Der junge Jeff Brown, Apanatschis Verlobter, kommt Mac zu Hilfe, wird aber angeschossen. Sloan und Pincky erschießen Mac und lassen Jeff zum Sterben zurück. Dann machen sie Jagd auf Apanatschi, die ihnen die Lage der Goldader verraten soll.

Von Sloan und Pincky hart bedrängt, werden Apanatschi und Happy durch Old Shatterhand gerettet, der als Ingenieur den Bau der Eisenbahn leitet. Er schickt seine beiden Schützlinge unter der Begleitung von Sam Hawkens ins Camp der Bahnbauer und reitet selbst nach Rocky Town, wo sich Curly-Bill mit seiner Bande eingenistet hat. Der Bandenführer hat inzwischen durch Sloan und Pincky Kenntnis von der geheimen Goldader erhalten. Als die Banditen Old Shatterhand in Miss Bessies Saloon bedrängen, nimmt dieser ihren Anführer als Geisel und kann sich so absetzen. Aber Curly-Bill weiß nun, daß Mac Hallers Kinder im Eisenbahner-Camp sind, und greift dieses mit seinen Leuten an. Sie schnappen sich Apanatschi und Happy, was Sam Hawkens nicht verhindern kann, da er gerade sein wöchentliches Bad nimmt. Immerhin kann Sam Pincky durch einen gezielten Schuß erledigen. Kurz darauf erschießt Judge, Curly-Bills rechte Hand, auch Sloan, damit sie nicht mit ihm teilen müssen.

Old Shatterhand und Winnetou, die sich inzwischen getroffen haben, führen die Bahnarbeiter und die vor den Banditen geflohenen Einwohner Rocky Towns gegen die Desperados, die sich in der Stadt verschanzt haben. Zuvor hat sich Jeff, der nicht so schwer verwundet war, wie es Sloan und Pincky angenommen hatten, bei der Bande eingeschlichen. Die Befreiung der Entführten gelingt, und Winnetou bringt sie ins Lager der befreundeten Kiowas. Doch die Banditen können Happy erneut rauben und in ihren Schlupfwinkel bringen. Durch einen unvorsichtigen Ausruf enttarnt der Junge Jeff, der aber fliehen kann.

Winnetou begibt sich unbewaffnet in die Hände der Banditen und führt sie zur Goldmine. Daraufhin hält Curly-Bill zunächst sein Wort und läßt den Häuptling und Happy frei. Judge bewegt ihn aber dazu, ihnen drei Männer nachzuschicken, die Winnetou und Happy töten sollen. Dank Old Shatterhands Eingreifen schlägt der Anschlag fehl. Judge erschießt Curly-Bill und reißt die Führung der Banditen an sich. Sie bringen das Gold nach Rocky Town, laufen dabei aber in eine Falle, die ihnen Shatterhand und Winnetou mit Hilfe der Städter und Bahnbauer stellen. Es kommt zum Kampf, den die Banditen verlieren. Judge flieht mit ein paar Goldsäcken, wird aber von einer führerlosen Lokomotive überrollt, bevor Old Shatterhand sie anhalten kann.

Winnetou bedankt sich bei den Kiowas für ihr Eingreifen. Apanatschi schenkt das Gold den Siedlern, damit sie ihre im Kampf zerstörte Stadt neu aufbauen können. Sie kehrt mit Happy, Jeff, Sam Hawkens, Winnetou und Old Shatterhand zu ihrem Haus zurück, wo Mine-Yota am Grab Mac Hallers auf sie wartet. Jeff beschließt, bei Apanatschi und ihrer Familie zu bleiben. Winnetou, Shatterhand und Sam reiten weiter.

Uschi Glas als Apanatschi und Pierre Brice als Winnetou
in *Winnetou und das Halbblut Apanatschi*.

Vorhang auf für ›Uschi‹ Glas

Horst Wendlandts achter Winnetou-Film sollte ursprünglich *Halbblut* heißen
wie der gleichnamige Roman Karl Mays in den ›Gesammelten Werken‹ (May
selbst nannte ihn *Der schwarze Mustang*) Dann entschied man sich aber für
das längere *Winnetou und das Halbblut Apanatschi*, womit man zum einen
die dem Publikum liebgewordene Winnetou-Figur und zum anderen den
Jungstar Ursula Glas (›Uschi‹ durften sie damals nur Freunde nennen) in den
Vordergrund rückte.

Die 1944 geborene Ex-Sekretärin war eine Entdeckung Wendlandts und hatte bereits 1965 eine kleine Rolle in dessen Wallace-Film *Der unheimliche Mönch* gespielt. Dort traf sie vor und hinter der Kamera mit vielen Karl-May-Veteranen zusammen, darunter Regisseur Harald Reinl, den Drehbuchautoren J. Joachim Bartsch und Fred Denger, dem Kameramann Ernst W. Kalinke sowie den Schauspielern Karin Dor, Harald Leipnitz, Eddi Arent und Dunja Rajter. Die Jungmimin wirkte darin so überzeugend, daß Wendlandt ihr Anfang 1966 einen Fünfjahresvertrag gab, um sie zum Star aufzubauen. *Winnetou und das Halbblut Apanatschi* war der erste Film, den ›Uschi‹ Glas innerhalb dieses Vertrags drehte. Ein Manko war allerdings ihre bajuwarische Aussprache, die nicht so recht zu einer Halbindianerin passen wollte, weshalb ihre Rolle synchronisiert wurde. Ihre eigene Stimme hört man nur in einem Lied, das sie auf Apanatschis Geburtstagsfeier singt.

Sie spielte ihre Rolle mit dem naiven Charme jugendlicher Unbekümmertheit neben vielen mayerprobten Kollegen wie Lex Barker, Pierre Brice, Ralf Wolter, Götz George und Walter Barnes. Diesmal gab der Jugoslawe Ilija Djuvalekovski als Curly-Bill den Oberschurken ab, blieb mit seiner Darstellung aber unter dem Durchschnitt. Sein Curly-Bill wirkte immer leicht beschränkt, so daß man sich ständig wundert, wie er eine Bande von achtzig Mann anführen kann. Gefährlicher wirkt da schon der aus einigen früheren May-Filmen bekannte Mihail Baloh als dessen Stellvertreter Judge. So ist es nur folgerichtig, daß Judge schließlich die Führung der Banditen übernimmt.

Zunächst dirigiert Paul May das Filmteam in Jugoslawien, der seine Karriere als Regisseur schon in den dreißiger Jahren mit ein paar Heimatfilmen begonnen und in den fünfziger Jahren mit der *08/15*-Trilogie einen großen Kassenerfolg gelandet hatte. Bald zeichnete sich aber ab, daß es ihm unmöglich war, den Drehplan einzuhalten, weshalb Wendlandt ihn durch Harald Philipp ersetzte, der bereits den *Ölprinz* ansprechend in Szene gesetzt hatte. Aus juristischen Gründen mußten alle von Paul May gedrehten Szenen noch einmal neu gefilmt werden.

Die Filmcrew wurde in dem neuen Ferienparadies Crvena Luka an der Adria fast urlaubsmäßig untergebracht, wo jeder der Hauptdarsteller in einem eigenen Bungalow wohnte. Lex Barker hatte es doppelt angenehm, da seine Yacht ›Peter Pan‹ vor der Küste dümpelte. Aber es hieß für alle, früh aufzustehen, denn morgens um viertel nach sechs setzte sich der aus sechs Lastwagen, zwei Bussen, sieben Kombiwagen und dreiundzwanzig Pkw bestehende Troß in Bewegung, um Stab und Darsteller zu den Drehorten zu bringen, die bis zu zweihundert Kilometer im Landesinnern lagen. Nur die Kaskadeure blieben mit den Pferden auch über Nacht an den Drehorten.

Weitere Verzögerungen im Drehplan gab es, als eine Bora die für 400 000 DM erbaute Westernstadt Rocky Town in Flammen aufgehen ließ. Zwar war der Stadt dieses Schicksal auch laut Drehbuch zugedacht, jedoch nicht zu einem solch frühen Zeitpunkt. Also blieb den Filmleuten nichts anderes übrig, als die Stadt ein zweites Mal aufzubauen.

Winnetou und Old Shatterhand
die netten Jungs von nebenan

›Der alte Schwung ist hin. Beim achten Winnetou-Film der Wendlandt-Produktion ist außer Komponist Martin Böttcher keiner mehr vom Stab der ersten Karl-May-Western dabei, und die neue Mannschaft, vor allem Autor Denger und Regisseur Philipp, bietet lustlos nur Ersatz-Leistungen.‹ (Joe Hembus, *Western-Lexikon*).

Hatten Philipp und Denger beim *Ölprinz* noch gute Arbeit geleistet, so schienen sie bei *Winnetou und das Halbblut Apanatschi* von allen guten Geistern verlassen zu sein. Dengers uninspiriertes Drehbuch hat mit Karl Mays letztem Jugendroman fast nichts gemeinsam, sieht man einmal vom Auftreten der Helden Old Shatterhand und Winnetou und den Motiven des Eisenbahnbaus und der Schatzsuche ab. Statt aber wenigstens die Handlungsstrukturen von May zu übernehmen, brachte Denger eine Reihe von Kämpfen und Verfolgungsjagden zu Papier, die man in früheren Winnetou-Filmen alle schon mal besser gesehen hatte. Manchmal verkehrte er die Mayschen Aussagen sogar in ihr Gegenteil.

Augenfälligstes Beispiel hierfür ist das ›Halbblut‹, bei May ein männlicher Schurke namens Ik Senanda (Böse Schlange), bei Denger das liebliche Mädchen Apanatschi, was laut den Produktionsangaben ›Kleine Tapferkeit‹ bedeuten soll. Auch die Kiowas sucht man in Mays Vorlage vergebens, die sich mit den Komantschen beschäftigt. Zudem wäre es May nicht im Traum eingefallen, die Kiowas als Freunde Winnetous zu schildern. Bei ihm sind Apachen und Kiowas bis über den Tod Winnetous hinaus erbitterte Feinde.

Schwerer als diese äußerlichen Differenzen wiegt aber, daß die inhaltliche Grundtendenz des Films ›bei der massenhaften Vernichtung des Gegners mit Dynamit-Wurfgranaten werkswidrig brutal‹ (*Lexikon des Internationalen Films*) ist. Während May seine Helden in der Regel alles versuchen läßt, um unnötiges Blutvergießen zu vermeiden, sprengen Old Shatterhand und Winnetou hier Menschen und Material reihenweise in die Luft. Der Film erhielt dann auch vom Verwaltungsgericht in Zürich wegen der vielen breit ausgespielten Tötungs- und Gewaltszenen ein Jugendverbot.

Obwohl Martin Böttchers Musik (das einzige, was in diesem Film noch von der alten Qualität ist) alles unternimmt, die mythische Überhöhung des Heldengespannes Winnetou und Old Shatterhand klanglich zu unterstreichen, erschienen ihre filmischen Abenteuer niemals zuvor so unbedeutend wie in *Winnetou und das Halbblut Apanatschi*. Aus den Streitern für Frieden, Gerechtigkeit und die Rechte der unterdrückten Indianer sind zwei nette Jungs von nebenan geworden, die auch in den bedrohlichsten Situationen noch ein Strahlemann-Gesicht aufsetzen und abgängigen kleinen Kindern den Weg nach Hause weisen. Von der ›De-Mille-Grandeur‹, die Allan Eyles *Winnetou I* bescheinigt, ist nichts geblieben.

Das liegt zum Teil auch an der sparsamen Machart des Films, der längst nicht so aufwendig hergestellt wurde wie die meisten seiner Vorgänger. Um die nötige Masse an Kiowa-Kriegern bei deren Ansturm auf Rocky Town auf die Leinwand zu bekommen, montierte man einfach Szenen aus *Winnetou I* in die Handlung. So kehrte Winnetous Vater Inschu-tschuna aus den ewigen Jagdgründen zurück und ritt – deutlich sichtbar – noch einmal mit seinen Apachen auf die Stadt Roswell zu.

Daß Wendlandt den Film vor allem als Vehikel für seinen neuen Star Ursula Glas betrachtete, schadet dem Streifen mehr, als daß es ihm nützte. Die ganz auf die junge Nachwuchsschauspielerin abgestellte Werbung vermochte bei den Karl-May-Fans nicht zu zünden. Für Ursula/Uschi Glas war der Film das Sprungbrett zu einer großen Karriere, aber ihre Apanatschi erreichte bei den Karl-May-Fans nicht die Beliebtheit von Marie Versinis Nscho-tschi oder Karin Dors Ribanna.

Winnetou und das Halbblut Apanatschi wurde verdienterweise ein geschäftlicher Mißerfolg und war der letzte Winnetou-Film, den Wendlandt mit dem ›Traumpaar‹ Lex Barker und Pierre Brice produzierte.

Winnetou und sein Freund Old Firehand

1966

Winnetou und sein Freund Old Firehand

BRD/Jugoslawien 1966. *Uraufführung:* 13. .12. 1966. *Regie:* Alfred Vohrer. *Regieassistenz* Eva Ebner. *Regie 2. Stab:* Charles M. Wakefield. *Drehbuch:* David DeReske, C. B. Taylor, Harald G. Petersson nach Motiven von Karl May. *Kamera:* (Eastmancolor, Ultrascope) Karl Löb. *Musik:* Peter Thomas. *Ton:* Matija Barbalic. *Schnitt:* Jutta Hering. *Bauten:* Vladimir Tadej. *Kostüme:* Irms Pauli. *Pyrotechnik:* Erwin Lange. *Aufnahmeleitung:* Herbert Kerz, Wolfgang Hantke. *Produktionsleitung:* Wolfgang Kühnlenz. *Herstellungsleitung:* Erwin Gitt, Stipe Gurdulic. *Gesamtleitung:* Horst Wendlandt. *Produktion:* Rialto-Film Preben Philipsen (Berlin), Jadran-Film (Zagreb). *Verleih:* Columbia-Bavaria; später Warner-Columbia. *Länge:* 94 Minuten.

Darsteller: Pierre Brice (Winnetou), Rod Cameron (Old Firehand), Marie Versini (Nscho-tschi), Harald Leipnitz (Silers), Rik Battaglia (Sergeant Mendozza), Viktor de Kowa (Ravenhurst), Todd Armstrong (Tom), Nadia Gray (Michèle), Jörg Marquard (Jace), Walter Wilz (Billy-Bob Silers), Aleksandar Gavric (Dercks), Milan Bosiljcic (Vince) Vladimir Medar, Ilija Ilvecic, Dusko Antonijevic. Mihail Baloh, Boris Dvornic, Tana Mascarelli, Drago Gal.

Inhalt

Winnetou und Nscho-tschi treiben mit ein paar Apachen eine Mustangherde durch das Grenzgebiet zwischen Texas und Neu-Mexiko zum Pueblo der Mescaleros. Die zahlenmäßig weit überlegenen Banditen des berüchtigten Silers wollen ihnen die Pferde rauben. Auf der Flucht vor den Desperados finden die Apachen Hilfe bei einer Gruppe von Pelzjägern unter der Führung von Jason Waade, der im ganzen Westen als Old Firehand berühmt ist. Mit vereinten Kräften können sie die Banditen zurückschlagen, was nicht ohne eigene Verluste abgeht: Drei Apachen und ein Trapper sterben; Winnetous Schwester wird am Arm verwundet.

Nicht nur diese Niederlage treibt Silers zur Weißglut. Sein kleiner Bruder Billy-Bob ist in dem mexikanischen Grenzstädtchen Miramonte wegen Falschspiels und Mordes festgenommen worden und wartet auf seine Hinrichtung. In Miramonte hat Sergeant Mendozza einen schweren Stand gegen eine Anzahl der Bürger unter der Führung des Peons Puglia, die Billy-Bob aus

Angst vor der Rache seines großen Bruders freilassen wollen. Das Eintreffen von Winnetou und Old Firehand mit ihren Leuten stärkt Mendozzas Position. Ein privater Grund hält Firehand dazu an, den Einwohnern von Miramonte beizustehen: Seine alte Liebe Michèle lebt in dem Ort und hat einen Sohn Jace, der − was weder Firehand noch Jace wußten − Jason Waades Sohn ist. Als Puglia und der zwielichtige Cantina-Wirt German-Joe Billy-Bob zu befreien versuchen, wird der junge Bandit in Notwehr von Firehands Gefährten Calb getötet. Puglia und ein Teil der Einwohner verlassen Miramonte in ihren Planwagen, werden aber, obwohl unbewaffnet, von Silers' Leuten abgeschlachtet, als der Bandenführer vom Tod seines Bruders erfährt. Die Banditen treiben die Planwagen mit den Leichen zurück nach Miramonte, wo die mit Dynamit beladenen Wagen explodieren und heillose Verwirrung stiften.

Winnetou, Old Firehand, Mendozza und der Engländer Ravenhurst, der in Miramonte erfolglos um Michèle wirbt, leiten die Verteidigung von Miramonte gegen die angreifende Banditenhorde. Die Verteidiger werden immer weiter zurückgedrängt und verschanzen sich schließlich in der Kirche. Winnetou schlägt sich durch die Reihen der Belagerer, um Hilfe zu holen. Aber statt auf reguläre Truppen trifft er auf die Desperados des Kapitän Quilvera, die in Miramonte eine fette Beute wittern und versuchen, Winnetou zu töten. Dank seines Rappen Iltschi entgeht der Häuptlingssohn dem Anschlag.

Silers und Quilvera haben sich zusammengetan und greifen Miramonte erneut an. Winnetou bemächtigt sich des Dynamits der Banditen und dezimiert damit deren Reihen. Daraufhin wagt Old Firehand mit seiner zusammengeschmolzenen Schar einen Ausfall, bei dem Quilvera fällt. Aber auch Firehands junger Gefährte Tom, der sich in Nscho-tschi verliebt hat, stirbt im Kampf. Als Firehand Silers mit Winnetous Pfeil und Bogen tötet, erkennen die Banditen, daß ihre Sache verloren ist.

Zwischen Sauerkraut und Spaghetti

Horst Wendlandts ursprüngliche Planung für das Jahr 1966 sah folgende drei Karl-May-Filme vor: *Halbblut, Old Surehand II* und *Old Firehand*. Der finanzielle Mißerfolg des ersten Surehand-Streifens brachte Wendlandt zu dem Entschluß, *Old Surehand II* erst einmal auf die lange Bank zu schieben. Statt dessen sollte mit *Winnetous Erben* − der Verfilmung des bei seinem Erscheinen *Winnetou IV* heißenden Romans, der zeitlich nach dem Tod des Apachen-Häuptlings angesiedelt ist − erstmals ein im Wilden Westen spielender May-Film in Spanien gedreht werden. Inflationäre Preisanstiege im einstigen Billig-Filmland Jugoslawien ließen Wendlandt − wie vor ihm schon Atze Brauner − Ausschau nach neuen Jagdgründen halten. Dann zog man aber den Film *Old Firehand* vor, den man in *Winnetou und sein Freund Old Fire-*

hand umbenannte, weil der Name des Apachen im Titel eine größere Werbewirksamkeit versprach.

Die finanziellen Einbrüche, welche die Winnetou-Serie bei den beiden letzten Filmen *Old Surehand* und *Winnetou und das Halbblut Apanatschi* erlitten hatte, ließen Wendlandt nach einem neuen Konzept suchen, das die Zuschauer zurück in die Kinos lockte. Er kam offenbar zu der Überzeugung, daß die eigenständige Mythenwelt Karl Mays für das breite Publikum nicht mehr zugkräftig genug war, und verfiel auf die gewagte Idee, die Winnetou-Filme sowohl dem amerikanischen Urbild des Western als auch der neuen stilistischen Form des Italo- oder ›Spaghetti‹-Western anzugleichen, die gerade ihre ersten Erfolge feierte. Erfolge, die ohne die Winnetou-Filme nicht möglich gewesen wären.

›Die deutschen Western beeinflußten die Entwicklung des Italo-Western zunächst wohl mehr als die amerikanischen ›Problemfilme‹ des Genres. Die ersten italienischen Western (. . .) waren ganz nach dem Muster der ›naiven‹ Abenteuerfilme gefertigt, wie sie die deutschen Karl May-Filme darstellten und wie sie auch das italienische Kino in Serie mit ihren ›Muskelprotz‹-Filmen (. . .) hervorgebracht hatte. Auch standen am Anfang des italienischen Western die legendären *guten* Gestalten des Genres im Mittelpunkt: Gordon Scott war Buffalo Bill (. . .), Guy Madison spielte Wyatt Earp (. . .) und Gloria Milland als Calamity Jane und Adrian Hoven als Wild Bill Hickock (. . .)‹ (George Seeßlen / Claudius Weil, *Western-Kino*).

Zwei frühe Meilensteine des Italo-Western, die weltweit Aufsehen erregten und auch in Deutschland zum Kassenschlager avancierten, waren *Per un pugno di dollari* (Für eine Handvoll Dollar, 1964) und *Par qualche Dollaro in piu* (Für ein paar Dollar mehr, 1965), in denen Regisseur Sergio Leone den damals noch weithin unbekannten Clint Eastwood als wortkargen, schießfreudigen und schlagkräftigen Protagonisten präsentierte. In diesen Filmen gab es nicht mehr das Gute an sich, wie es in den Karl-May-Filmen von Winnetou und Old Shatterhand symbolisiert wurde, sondern nur noch verschiedene Spielarten des Bösen, des Häßlichen und der Gewalttätigkeit. Die in exzessiven Brutalitäten schwelgende Handlung spielte in einer die innere Trostlosigkeit der Protagonisten widerspiegelnden Welt voller Staub, Schmutz und Schlamm.

Die enge Verflechtung des ›Spaghetti‹- mit dem ›Sauerkraut‹-Western (so der amerikanische Spitzname für Western made in Germany) zeigt sich auch darin, daß die beiden Dollar-Filme deutsche Co-Produktionen waren: Die Constantin-Film beteiligte sich an ihrer Herstellung und verlieh sie auch. So finden sich auch ein paar May-Bekannte unter den Darstellern, Sieghardt Rupp und Wolfgang Lukschy im ersten, Klaus Kinski im zweiten Film.

›Interessant ist hierbei übrigens auch, daß die ja zeitlich vor der Entwicklung des Italo-Western stehenden Karl May-Western, ebenso wie die italienischen ›Schieß-Opern‹, mit ihrer — zumindest im Vergleich zu den amerikanischen Filmen des Genres — ein wenig hypertrophen Musik warben und sie als wesentliches Gestaltungsmoment verwendeten.‹ (Seeßlen / Weil, *Western-*

Kino). Das Gegenstück zum fast allgegenwärtigen Martin Böttcher in den Winnetou-Filmen wurde im Italo-Western Ennio Morricone.

Ironischerweise ist *Winnetou und sein Freund Old Firehand* der erste und einzige Winnetou-Film der Rialto, bei dem Böttcher nicht zum Einsatz kam. In seinem Bestreben, auf der ganzen Linie etwas Neues zu bieten, wandte sich Wendlandt diesmal an Peter Thomas, der sich bereits bei den Edgar-Wallace- und den Jerry-Cotton-Filmen Meriten erworben hatte. Kurz vor seinem May-Engagement hatte er für die erste deutsche Science-Fiction-Fernsehserie, *Raumpatrouille – Die phantastischen Abenteuer des Raumschiffs ORION*, die im Herbst 1966 ausgestrahlt wurde, eine aufsehenerregende Musik mit futuristischem Touch geschrieben, – auch wenn der musikalische Großeinsatz des Synthesizers damals erst noch bevorstand. Seine Winnetou-Musik wies Anklänge an den SF-Soundtrack auf, wirkte hier aber weniger passend. Böttchers romantische Klänge hatten aggressiveren Tönen weichen müssen.

Auch in der Wahl der Schauplätze glich man sich dem Italo-Western an. Zwar ging man letztlich ins erprobte Jugoslawien, doch fehlten diesmal die malerischen Landschaftsaufnahmen, die seit Harald Reinl ein Markenzeichen der May-Filme waren. Der in dem Ort Miramonte spielende Großteil der Handlung wurde in einem Zementwerk bei Bobrec gedreht, wo weißgetünchte Häuser den Eindruck mexikanischer Adobebauten hervorriefen. Viele weitere Aufnahmen entstanden in einer kargen ›Mondlandschaft‹ bei Vrlika.

Wichtigstes Stilmittel der neuen Art von Winnetou-Filmen war zweifellos die von den Italo-Western übernommene Gewalttätigkeit. Gewalttätige Szenen hatte es auch in den früheren May-Filmen gegeben, doch seit *Winnetou und das Halbblut Apanatschi* wurden sie in einem unverhältnismäßig hohen Grad in den Vordergrund gerückt. Dienten früher Actionszenen dazu, die Story voranzutreiben, so war die Story jetzt nur noch ein Aufhänger für die Aneinanderreihung möglichst vieler Action- und Gewaltszenen. Wie schon im *Apanatschi*-Film hieß einer der Hauptdarsteller Dynamit.

Ein neuer Freund für Winnetou

Nachdem sich herausgestellt hatte, daß Stewart Grangers Old Surehand nicht der gewünschte Kassenmagnet war, suchte Wendlandt nach einem Ersatz. Lex Barker, der durch die Karl-May-Filme überaus gefragt im europäischen Filmgeschäft war, stand nicht alle paar Monate als Old Shatterhand zur Verfügung. Also verfiel man auf den dritten großen Westmann, den Karl May neben Winnetou durch die ›dark and bloody grounds‹ reiten ließ: Old Firehand. Doch wurde dieser im Zuge einer Amerikanisierung – wie vor ihm der Film-Surehand – umgetauft: Aus dem deutschstämmigen Martin Winter wurde der kernige Texaner Jason Waade.

Wendlandt schielte mit diesem Film ganz besonders auf den amerikanischen Markt, der im Vergleich zum deutschen viel höhere Zuschauerzahlen versprach. So verlieh erstmals nicht die Constantin einen Winnetou-Film der Rialto, sondern der amerikanische Verleih Columbia-Bavaria. Auch die Filmhandlung stammte von zwei amerikanischen Autoren, und Harald G. Petersson fügte darin nur ein paar Maysche Charaktere ein.

Für die Firehand-Rolle machte man Probeaufnahmen mit dem Charakterdarsteller Van Heflin, der auch in einigen namenhaften Western mitgewirkt hatte. Möglicherweise war der Engländer Van Heflin aber nicht amerikanisch genug, denn man entschied sich schließlich für den ›amerikanischeren‹ Rod Cameron, der 1910 in Kanada das Licht der Welt erblickte. Schon 1940 gab er sein Western-Debüt mit einer kleinen Rolle in dem von Cecil B. DeMille inszenierten Gary-Cooper-Streifen *North West Mounted Police* (Der scharlachrote Reiter). Hier offenbart sich eine erstaunliche Parallele zu Lex Barker, dessen erste Western-Rolle ein kleiner Part in *Unconquered* (Die Unbesiegten, 1947) war, auch unter der Regie von DeMille und mit Cooper (mit dem Barker eine enge Freundschaft verband) in der Hauptrolle.

Als Wendlandt nach Hollywood flog, um Cameron zu engagieren, listete dieser in seiner Filmographie ungefähr 140 Spielfilme und 400 Fernsehauftritte auf, darunter viele Western-Filme und Gastauftritte in Western-TV-Serien wie *Bonanza* und *Am Fuß der blauen Berge*. Je größer die Rollen des 1,97-Meter-Mannes wurden, desto unbedeutender wurden allerdings auch die Filme, und Mitte der sechziger Jahre war sein Hollywood-Ruhm schon arg am Verblassen. So hatte auch er die Flucht nach Europa angetreten und schon 1964 neben May-Darsteller Hans Nielsen den historischen Sheriff Pat Garrett in dem deutsch/italienisch/spanischen Western *Die letzten Zwei vom Rio Bravo* gespielt, der von der Constantin co-produziert und verliehen wurde.

Winnetou und sein Freund Old Firehand ist von der Handlungschronologie her als der erste Winnetou-Film anzusehen, was daran liegt, daß Marie Versini hier erneut ihre populäre Rolle als Winnetous Schwester Nscho-tschi spielte, die ja bekanntlich bereits in *Winnetou I* gestorben war. Während Rod Cameron den Film für die Amerikaner interessant machen und der ganze Stil die Fans des harten Italo-Western ansprechen sollte, wollte man mit Nscho-tschis Rückkehr den romantischen May-Touch auf die Leinwand zurückzaubern.

Da Harald Leipnitz nach dem *Ölprinz* erneut den Oberschurken spielte, durfte Rik Battaglia als Sergeant Mendozza ein einzigesmal in einem May-Film auf der Seite der Guten stehen.

Viktor de Kowa, ein Veteran des deutschen Films, sorgte als typisch spleeniger Engländer Ravenhurst diesmal für den Humor, der in keinem May-Film fehlen durfte, allerdings in einer von den Drehbuchautoren frei erfundenen Rolle.

Winnetou im Tal des Todes

Die Mixtur verschiedendster Stilelemente, die Wendlandt zusammengebraut hatte, vermochte letztlich niemanden so recht zufriedenzustellen, und der Versuch, die Karl-May-Filme auf diese Weise zu regenerieren, scheiterte auf der ganzen Linie. ›Der plumpe und unattraktive Rod Cameron war das Schlimmste, was den Winnetou-Filmen in einem Stadium, in dem der alte Elan ohnehin völlig verloren war und ein verderblicher Einfluß des amerikanischen Western sichtbar wurde (. . .), passieren konnte. Der May'sche Mythenflair ist völlig verschwunden, die Story verläuft sich in unsäglichen Nebenhandlungen, das Publikum bleibt nur noch wach, weil dauernd irgend jemand eine Ladung Dynamit zündet.‹ (Joe Hembus.)

Das *Lexikon des Internationalen Films* schreibt: ›Westernunterhaltung mit viel Blei, Blut und Gefühl. Mit Karl May hat nur noch der Titel etwas gemein.‹ Und nicht einmal der stammt von Karl May, sondern nur der ursprüngliche Filmtitel *Old Firehand*. So heißt die frühe Winnetou-Erzählung Mays, die später zu einem Kernstück des Romans *Winnetou II* wurde. Film und Erzählung verbindet aber rein gar nichts außer den Hauptfiguren Winnetou und Old Firehand. Letzterer wiederum benimmt sich im Film ganz anders, als May ihn beschrieb.

War Drehbuchautor Petersson bei allen seinen früheren May-Filmen stets ein Garant für gute Qualität und das Hervorrufen des gewissen May-Feelings selbst in Filmen, die mit der Vorlage nicht mehr sehr viel gemeinsam hatten, so scheiterte er diesmal kläglich. An die Vorlage der amerikanischen Autoren gebunden, konnte er außer Winnetou, Firehand und Nscho-tschi nichts für Karl May Typisches einbringen, so daß die May-Fans nicht erreicht wurden.

Den Anhängern des knallharten Italo-Western wurde zwar jede Menge Explosives geboten (der amerikanische Filmtitel lautet dann auch ganz treffend *Thunder at the Border*), aber sie wurden von den titelgebenden May-Figuren eher abgeschreckt als angelockt. Sie wollten lieber Django als Winnetou. Und für die Amerikaner sind ›unamerikanische‹ Filme in der Regel sowieso uninteressant, weil sie erstens keinem trauen, der nicht in Hollywood dreht, und weil zweitens ausländische Filme in den USA in sehr schauderhaften Synchronisationen laufen (was auch auf die meisten Winnetou-Filme zutrifft).

Nach diesem neuen May-Mißerfolg war die Columbia-Bavaria nicht dazu bereit, einen weiteren Versuch mit Winnetou zu wagen. Wendlandt aber hatte bereits drei weitere Filme für das Jahr 1967 in Planung, die den Häuptling der Apachen in der Handlung und im Titel herausstellen sollten: *Winnetou und Kapitän Kaiman, Winnetou im Tal des Todes* und *Winnetou auf fremden Pfaden*. Für *Winnetou und Kapitän Kaiman* hatten Lex Barker und andere May-Darsteller bereits einen Vertrag unterschrieben. Die Rolle des Kapitäns sollte eventuell Harald Leipnitz übernehmen. Für *Winnetou im Tal des Todes* sollte erstmals in Kanada gedreht werden; ein Exposé lag auch schon vor. Aber auch bei der Constantin hatte man kalte Füße bekommen.

Im Februar 1967 wurde eine Krisensitzung einberufen, an der die führenden Köpfe der Constantin, der Rialto und Harald Reinl teilnahmen. Thema war die Realisierungsmöglichkeit weiterer Winnetou-Filme, die man als nicht gegeben ansah. So plötzlich wie Winnetous Stern 1962 am Filmhimmel aufgetaucht war, so plötzlich ging er keine fünf Jahre später auch wieder unter.

Auch Atze Brauner war klar geworden, daß der Name Karl May kein sicherer Garant mehr für volle Kassen war. So ließ er seinen Plan, Lex Barker und Ralf Wolter ein viertesmal als Kara Ben Nemsi und Hadschi Halef Omar vor die Kameras zu bringen und sie *Durch die Wüste* (so der Titel seines geplanten Films) reiten zu lassen, rasch wieder fallen.

Ihren Vertrag für *Winnetou und Kapitän Kaiman* löste die Constantin 1967 mit dem von Harald Reinl inszenierten Gruselfilm *Die Schlangengrube und das Pendel* ein, bei dem Ernst W. Kalinke für die Kamera und Peter Thomas für die Musik zuständig waren. Neben Barker spielten die aus May-Filmen bekannten Schauspieler Karin Dor, Carl Lange und Vladimir Medar sowie der Fast-Winnetou Christopher Lee.

Als die Nachricht bekannt wurde, daß der Film-Winnetou endgültig in die ewigen Jagdgründe eingegangen sein sollte, erhob die Öffentlichkeit unter Anführung der Regenbogenpresse ihr lautes Protestgeheul, wobei besonders das Teenager-Blatt *Bravo* scharfe Attacken gegen Wendlandt ritt. Aber es nützte nichts.

Die Einstellung der Winnetou-Serie ist Wendlandt auch nicht vorzuwerfen, da zu dem Zeitpunkt ein finanzieller Gewinn mit dem edlen Apachen nicht mehr zu erwarten war. Vorwerfen kann man dem Produzenten aber, daß er es überhaupt soweit kommen ließ. Nach den qualitativ gut gemachten Filmen bis einschließlich *Winnetou III* hatte Wendlandt schlimme Qualitätseinbußen zugelassen. Man kann sich des Eindrucks nicht erwehren, daß er die Kuh, die er selbst großgezogen hatte, einfach bis zum letzten Tropfen melken wollte.

Wendlandt hätte den Drehbuchautoren nicht durchgehen lassen dürfen, daß sie Karl May völlig verleugneten. Sicher sind auch dessen Werke, was Aufbau und Führung der Handlung angeht, nicht immer stringent. Aber im Vergleich zu den letzten beiden Winnetou-Filmen aus der Rialto-Serie sind auch Mays schwächere Werke nobelpreisverdächtig.

Überdies war Sparsamkeit der falsche Weg, die Winnetou-Filme finanziell tragbar zu halten. Gewiß, die Preise in Jugoslawien waren in wenigen Jahren stark angestiegen, seit man dort gemerkt hatte, daß man sich im Filmgeschäft eine goldene Nase verdienen konnte. Aber große Abenteuerfilme erfordern nun einmal einen gewissen Produktionsaufwand, um sie glaubwürdig zu gestalten. Dieser Produktionsaufwand nahm jedoch im Verlauf der Serie immer weiter ab. Statt viele Winnetou-Filme mit einem kleinen Budget zu drehen, hätte man besser daran getan, Winnetou seltener, aber dafür mit mehr Aufwand und Liebe zum Original über die Leinwand reiten zu lassen.

Denn in der Übersättigung des Publikums mit Karl May, mit Winnetou, mit Pierre Brice und Lex Barker liegt ein weiterer gewichtiger Grund für den abnehmenden Erfolg der Serie. Seit dem überwältigenden Überraschungserfolg von *Der Schatz im Silbersee* waren im Zeitraum von vier Jahren sechzehn Karl-May-Filme in die Kinos gelangt, im Schnitt also vier Filme pro Jahr. In zehn dieser Filme hatte Pierre Brice den idealen Winnetou abgegeben. Hinzu kam, daß die populär gewordenen Darsteller Barker und Brice in jenen Jahren auch außerhalb ihrer May-Tätigkeit einen Film nach dem anderen abdrehten und auch ältere Filme mit ihnen erneut in die Kinos kamen. Auch die May-Filme wurden immer wieder aufgeführt. Da die älteren von ihnen qualitativ besser waren als die neueren, wird sich so mancher May-Filmfan gefragt haben, warum er sich die neuen überhaupt ansehen solle.

Wie man eine erfolgreiche Serie lange am Leben erhält, haben die Produzenten der James-Bond-Filme vorgeführt. Obwohl die doppelte Null im Geheimdienst Ihrer Majestät ebenfalls in den sechziger Jahren boomte, gab es nie mehr als einen Bond-Film pro Jahr, ab 1965 sogar nur alle zwei Jahre ein neues Abenteuer. So hielt man das Interesse an den Abenteuern von 007 wach, der in immer neuen Metamorphosen über die Leinwände turnt.

Rod Cameron, der bekundet hatte, den Old Firehand gerne öfter spielen zu wollen, erhielt dazu keine Gelegenheit. Er hatte sich nicht als Rettungsanker für Winnetou erwiesen, sondern eher als schwere Last am Bein des ohnehin untergehenden Helden. Cameron, der sich vergebens Hoffnung auf eine zweite Filmkarriere in Europa gemacht hatte, starb am 21. Dezember 1983 im Alter von 73 Jahren nach langer Krankheit.

Alfred Vohrer hatte mit *Winnetou und sein Freund Old Firehand* seinen dritten und letzten May-Film in Szene gesetzt. Er machte noch ein paar Jahre weiter mit Edgar Wallace und landete in den siebziger Jahren die letzte Erfolgsserie des deutschen Kommerzfilms alter Coleur, als er für den Produzenten Luggi Waldleitner die Romanbestseller von Johannes Mario Simmel für das Kino adaptierte. Als Opas Kino endgültig tot war, wechselte er zum Fernsehen über und inszenierte Serienstoffe wie *Derrick* und *Das Traumschiff*. Er starb überraschend am 3. März 1986.

Horst Wendlandt tröstete sich über den Verlust von Winnetou hinweg, indem er weiterhin die Wallace-Serie produzierte, die es bis zu ihrer Einstellung im Jahre 1972 auf immerhin 32 Filme brachte, die Wallace-Produkte anderer Produzenten nicht mitgerechnet. Ähnlich wie bei den Winnetou-Filmen ging den Wallace-Krimis irgendwann der alte Schwung verloren. Auch hier scheiterte Wendlandts Versuch, die Serie aufzupeppeln, indem er ihr neue Stilelemente hinzufügte und zunehmend mit Italien co-produzierte. Heraus kamen dabei schließlich italienische Thriller, die mit der Nebelschwaden- und Käuzchenruf-Atmosphäre der alten Wallace-Filme nichts mehr zu tun hatten. Als das Produzieren von Filmen in den siebziger Jahren in Deutschland zum vorprogrammierten Verlustgeschäft wurde, machte sich Wendlandt mit seinem Tobis-Filmverleih einen Namen. Inzwischen feiert er auch wieder Erfolge als Produzent, indem er durchs Fernsehen bekannt gewordene Komiker wie Loriot und Otto im Kino vorführt.

Winnetou und Shatterhand im Tal der Toten

1968

Winnetou und Shatterhand im Tal der Toten

BRD/Jugoslawien/Italien 1968. *Uraufführung:* 12. 12. 1968. *Regie:* Harald Reinl. *Regieassistenz:* Charles M. Wakefield,Stipe Delic. *Drehbuch:* Alex Berg, Harald Reinl nach Motiven von Karl May. *Kamera:* (Farbe, Ultrascope) Ernst W. Kalinke. *Kameraassistenz:* Joachim Gitt. *Musik:* Martin Böttcher. *Schnitt:* Hermann Haller. *Bauten:* Vladimir Tadej. *Kostüme:* Irms Pauli. *Maske:* Erich Lothar Schmekel. *Pyrotechnik:* Erwin Lange. *Aufnahmeleitung:* Franz Achter. *Produktionsleitung:* Stipe Gurdulic. *Herstellungsleitung:* Georg M. Reuther. *Gesamtleitung:* Artur Brauner. *Produktion:* CCC-Film (Berlin), Jadran-Film (Zagreb), Super International Pictures (Rom). *Verleih:* Constantin, später Neue Constantin. *Länge:* 89 Minuten. *Darsteller:* Pierre Brice (Winnetou), Lex Barker (Old Shatterhand) Rik Battaglia (Murdock), Karin Dor (Mabel Kingsley) Ralf Wolter (Sam Hawkens) Eddi Arent (Lord Castlepool), Clark Reynolds (Leutnant Cummings), Vladimir Medar (Sheriff), Vojo Govedariza (Roter Büffel), Milan Sosa (Meadows), Branco Spoljar (Major Cranfield), Kurt Waitzmann, Heinz Welzel. *Italienischer Titel: Il lungo fiume del west.*

Inhalt

Banditen des abgefeimten Murdock jagen den US-Major Kingsley, der das Versteck eines Wagens mit der aus Goldbarren und -münzen bestehenden Kriegskasse von Fort Dawson kennt. Nachdem das Fort im Kampf aufgegeben werden mußte, hatte sich der Major von seiner Truppe getrennt, um das Gold in Sicherheit zu bringen. Winnetou vertreibt die Banditen mit zwei gut gezielten Schüssen aus seiner Silberbüchse. Sein alter Freund Kingsley stirbt in seinen Armen.

Major Cranfield beantragt vor einem Armeegericht den unehrenhaften Ausschluß Kingsleys aus der Armee, weil dieser sich angeblich mit der Kriegskasse von Fort Dawson nach Mexiko abgesetzt habe. In Wahrheit will Cranfield sich das Gold selbst unter den Nagel reißen und arbeitet zu diesem Zweck mit Murdock zusammen.

Mabel, Major Kingsleys schöne Tochter, ist mit einer Postkutsche unterwegs, um die Ehre ihres verschollenen Vaters vor Gericht zu verteidigen. Bei sich trägt sie den letzten Brief ihres Vaters, von dem man sich einen Hinweis auf den Verbleib des Goldes erhofft. Die Kutsche wird von Murdocks Banditen überfallen, aber Old Shatterhand rettet die Reisenden. Mit der Unterstützung des Westmannes erhält Mabel vom Gericht eine Frist von 60 Tagen, um die Unschuld ihres Vaters zu beweisen.

Murdock überfällt Mabel in ihrem Hotelzimmer, um an den Brief ihres Vaters zu kommen. Old Shatterhands Schmetterfaust sorgt dafür, daß er und seine Kumpane hinter Gittern landen. Dann brechen Shatterhand und Mabel auf, um sich mit Winnetou zu treffen. Aus Kingsleys Brief weiß Shatterhand, daß Winnetou sie zum Versteck des Goldes führen kann. Der junge Leutnant Cummings schließt sich ihnen mit zwei Kavalleristen an. Da der Sheriff mit Murdock gemeinsame Sache macht, können die Banditen aus dem Gefängnis fliehen und die Verfolger aufnehmen. Sam Hawkens macht sich auf, um Shatterhand vor Murdock zu warnen. In seiner Begleitung befindet sich Lord Castlepool, der sich der Botanik zugewandt hat und eine bislang unbekannte Pflanze sucht, der er seinen Namen geben will: Herba castlepoolensis gigantis.

Old Shatterhand hat die Verfolger entdeckt und hetzt ein Volk wilder Bienen auf sie. Auch Sam und Castlewood werden von den Insekten nicht verschont. Ein paar Banditen lauern Shatterhand auf und bringen ihn in Lebensgefahr, bis Winnetou auftaucht und die Feinde seines Blutsbruders in die Flucht schlägt. Die Gruppe um Mabel Kingsley, der sich auch Sam und der Lord anschließen, reitet weiter, immer vor Anschlägen der Banditen auf der Hut.

Diese bereiten inzwischen eine perfide Falle vor. Sie stürzen den Planwagen eines Siedlers um, so daß der Mann von dem Wagen eingequetscht wird. Seine lauten Hilferufe locken Winnetou, Old Shatterhand und ihre Gefährten an. Trotz der Warnungen Shatterhands reitet Leutnant Cummings mit seinen Männern zu dem Planwagen. Die im Hinterhalt liegenden Banditen nehmen Cummings als Geisel und töten seine Soldaten sowie den jetzt nutzlosen Siedler. Cummings soll sterben, wenn Murdock nicht Kingsleys Brief ausgehändigt wird.

Old Shatterhand reitet zu den Sioux, um Häuptling Schwarzer Panther, dem er das Leben gerettet hat, um Unterstützung zu bitten. Aber der Häuptling ist tot, und Roter Büffel, ein unversöhnlicher Feind der Weißen, führt jetzt den Stamm. Er läßt Shatterhand gefangennehmen und bringt anschließend Murdock und dessen Bande in seine Gewalt. Winnetou ergibt sich mit seinen Begleitern freiwillig, um ein Blutvergießen zu vermeiden. Indem Murdock dem Häuptling der Sioux die Hälfte des Goldschatzes verspricht, womit sich die Indianer Waffen und Munition kaufen wollen, erreicht er die Freilassung seiner Leute. Winnetou fordert den Roten Büffel zum Zweikampf heraus und besiegt ihn. Deshalb erhalten alle Gefangenen außer Old Shatterhand freien Abzug. Letzterer konnte sich inzwischen selbst befreien, da Winnetou ihm während des Zweikampfes mit Roter Büffel einen Tomahawk ins Tipi geworfen hat.

Wieder verfolgt Murdocks Bande Mabel und ihre Begleiter. Winnetou führt die Gruppe durch das Tal der Schlangen. Er kennt eine Pflanze, deren Saft die giftigen Bewohner des Tals abschreckt, und läßt damit die Beine der Menschen und Pferde einreiben. Die Banditen, die das Mittel nicht kennen, fallen zum Teil den unzähligen Schlangen zum Opfer.

Winnetou wird mit seinen Gefährten freundlich von den Osagen aufgenommen. Während sich Sam Hawkens und Lord Castlepool endlich der Pflanzensuche widmen können, reiten die übrigen Freunde zu Major Kingsleys Grab, wo der Plan des Goldverstecks verborgen ist. Der Wagen mit der Kriegskasse steht im Tal der Toten, wo giftige Dämpfe aus der Erde strömen und die Indianer ihre Verstorbenen bestatten. Die Banditen überwältigen Sam und Castlepool und bringen in der Verkleidung der beiden Mabel in ihre Gewalt. Um Mabel zu retten, erklären sich Winnetou und Old Shatterhand bereit, das Gold aus dem Tal der Toten zu holen. Dort greift der nach Rache dürstende Rote Büffel an. Während des Kampfes mit den Banditen entzündet sich das Erdgas im Tal und explodiert. Der Wagen mit dem Gold fällt in einen Feuerschlund, und Murdock folgt ihm nach, nachdem er den Häuptling der Sioux getötet hat. Lord Castlepool findet endlich seine unbekannte Pflanze.

Das Armeegericht bescheinigt Major Kingsley, seinem Land bis zuletzt treu gedient zu haben. Der Vorsitzende dankt Winnetou und Old Shatterhand, die einmal mehr dem Recht zum Sieg verholfen haben.

Die Blutsbrüder reiten wieder

Zwei Jahre nach dem letzten Winnetou-Film der Rialto und sechs Jahre nach dem *Schatz im Silbersee* stiegen Lex Barker und Pierre Brice noch einmal — ein letztes Mal — auf ihre Rappen, um als Karl Mays Blutsbrüder Old Shatterhand und Winnetou für das Gute zu reiten und zu streiten. Verantwortlich dafür war Artur Brauner, der endlich seine Stunde gekommen sah, als Brice/Winnetou nicht länger bei Wendlandt unter Vertrag stand. »Brauner, der sich an die Welle gehängt hatte, gab nicht so schnell auf, denn er ist zäh wie ein Comanche, von dem John Wayne im *Schwarzen Falken* erzählt: ›Ein Mensch reitet ein Pferd, bis es zusammenbricht. Dann geht er zu Fuß weiter. Dann kommt ein Comanche vorbei. Er nimmt das Pferd und reitet es noch 20 Meilen, dann frißt er es auf.‹« (Joe Hembus, *Western-Lexikon*).

Er tat sich mit Wendlandts alten Partnern, dem Constantin-Verleih und der Zagreber Jadran-Film, zusammen, um das Projekt zu verwirklichen, alljährlich einen neuen Winnetou-Film in die Kinos zu bringen. Inzwischen hatte man gemerkt, daß zuviel des Guten eher schlecht für das Geschäft war.

Brauner wollte, anders als Wendlandt, nicht nach neuen Wegen und Stilmitteln suchen, sondern ganz die Linie der frühen Winnetou-Filme verfolgen. Das überzeugte die Constantin-Leute schließlich, noch einmal Geld in einen Karl-May-Film zu investieren. So sollten auch nicht Old Surehand oder Old Firehand an Winnetous Seite stehen, sondern Lex Barker als Old Shatterhand, der bekannteste und beliebteste der weißen Westmänner. Im Oktober 1967 unterschrieben Barker und Brice ihre Verträge für *Winnetou im Tal des Todes*, wie der Film ursprünglich heißen sollte. Dabei handelte es sich um eines der drei unrealisiert gebliebenen Winnetou-Projekte, die Wendlandt für das Jahr 1967 geplant hatte.

Von der ursprünglichen Handlung, in der auch Winnetous große Liebe Ribanna noch einmal vorkommen sollte, blieb jedoch nicht viel übrig, nachdem erst Herbert Reinecker (= Alex Berg) und dann Regisseur Harald Reinl das Drehbuch überarbeiteten. Reinecker, der später im Fernsehen durch Serien wie *Der Kommissar* und *Derrick* bekannt wurde, ersann eine ganz andere Handlung mit neuen Charakteren, die außer den Figuren Winnetou, Old Shatterhand, Sam Hawkens und Lord Castlepool nichts mit Karl May zu tun hat.

Die Verpflichtung der vier Schauspieler Brice, Barker, Ralf Wolter und Eddi Arent in ihren altbekannten Rollen, die sie schon in *Der Schatz im Silbersee* verkörpert hatten, unterstrich die Intention, den Ton der ersten Winnetou-Filme zu treffen. Auch Karin Dor, die letztlich nicht wieder die Ribanna, sondern die Mabel Kingsley spielte, war eine May-Veteranin der ersten Winnetou-Stunde. Rik Battaglia in seinem siebten May-Film wieder einmal als Oberschurke sowie ein paar jugoslawische Schauspieler sorgten für weitere Wiedererkennungseffekte.

Brauner schaffte es auch, fast den gesamten Stab der ersten Winnetou-Filme zu engagieren, allen voran natürlich Harald Reinl, Kameramann Ernst W. Kalinke und Komponist Martin Böttcher, der mit seinen melodiösen Klängen nahtlos an seine früheren May-Soundtracks anknüpfte. Nur Harld G. Petersson fehlte in der Reihe der Prominenz hinter der Kamera.

Einen gewichtigen Unterschied zu den früheren Winnetou-Filmen sollte es jedoch geben: War Winnetou trotz gegenteiliger Pläne bisher doch immer wieder durch die jugoslawische Landschaft geritten, so sollten die Dreharbeiten diesmal in Rumänien und sogar an Originalschauplätzen in den USA stattfinden. Als der Termin für den Drehbeginn im Juli 1968 immer näher rückte und es Probleme mit den Rumänen gab, ging man schließlich doch wieder nach Jugoslawien.

Dieser Wechsel war mitursächlich dafür, daß Reinl das Drehbuch noch während der Aufnahmen teilweise umschreiben mußte. So fügte er die Szenen ein, in denen Old Shatterhand die ihn verfolgenden Banditen durch ein Gebiet wilder Bienen lockt und dann die Insekten auf seine Verfolger losläßt. Auch tilgte er Reineckers Patzer, zu beschreiben, wie Sam Hawkens und Lord Castlepool sich kennenlernen, denn das war schon in *Der Schatz im Silbersee* geschehen. Reinl schwächte den von Reinecker sehr schroff angelegten Charakter von Leutnant Cummings in eine etwas sympathischere Figur ab und taufte ihn auch gleich um; bei Reinecker hatte der Offizier noch Sanders geheißen, was sich fast so anhörte wie Santer, der Mörder von Winnetous Vater und Schwester.

Mit dem Inhalt des Drehbuchs änderte sich auch der Filmtitel in *Winnetou und Shatterhand im Tal der Toten*, was auf das Drängen von Lex Barker zurückging, der seine Star-Position dadurch gefährdet sah, daß immer nur Winnetou in den Filmtiteln erwähnt wurde. Um den überlangen Titel noch auf die Anzeigetafeln der Kinos bringen zu können, ließ man das ›Old‹ von Shatterhand weg.

Reinl mußte erneut am Drehbuch feilen, als Rik Battaglia an Hepatitis erkrankte und von August bis Anfang September für mehr als drei Wochen arbeitsunfähig war. Aus einigen Szenen wurde sein Banditenführer Murdock herausgestrichen, zum Beispiel bei der anfänglichen Hatz auf Major Kingsley. Für andere Szenen mußten mit Battaglia Anschlußszenen gedreht werden, als er wieder einsatzfähig war.

Der größte Teil des Teams hatte sein Standquartier in Dubrovnik, während das tägliche Vorauskommando, näher an den Drehorten, in Trebinje untergebracht war. Die allmorgendliche Wagenkarawane mußte sich über die Serpentinenstraße an der dalmatischen Küste schlängeln. Dabei gab es einen tragischen Unfall, als ein Lastwagen die Kurve nicht kriegte und in einen Abgrund stürzte. Nach schwierigen Bergungsarbeiten fand man einen Insassen tot und drei weitere schwerverletzt auf, von denen einer noch am selben Tag im Krankenhaus starb.

Von dem ursprünglichen Plan, auch in den USA zu drehen, blieb nicht allzu viel übrig. Brauner schickte nur ein Drehteam in die Staaten, das ein paar Landschaftsaufnahmen vom Grand Canyon machte, die in den Film einmontiert wurden. Zwar ritten auch Old Shatterhand und Winnetou durch den echten Wilden Westen Arizonas, aber es waren nur Doubles, die man seitlich und von hinten aufnahm, so daß ihre Gesichter nicht zu sehen waren.

Rückkehr zum Silbersee

›Der in jedem Sinn letzte Winnetou-Film‹, schreibt der unvergessene Joe Hembus in seinem *Western-Lexikon* über *Winnetou und Shatterhand im Tal der Toten* und hat dieses eine Mal unrecht. Der Film ist zumindest den beiden traurigen letzten Winnetou-Abenteuern der Wendlandt-Serie haushoch überlegen. Dafür sorgt schon das Trio Reinl/Kalinke/Böttcher, die mit beeindruckenden Aufnahmen des jugoslawischen Wilden Westens zu Böttchers sentimental-romantischen Klängen noch einmal die märchenhafte Atmosphäre der alten Winnetou-Filme zurückholten. So erwies sich die Notlösung, wieder in Jugoslawien zu drehen, letztendlich als Glücksfall, denn das Kinopublikum identifizierte dieses Land inzwischen mit Karl Mays ›dark and bloody grounds‹. In *Winnetou und Shatterhand im Tal der Toten* tauchten viele malerische Motive aus früheren May-Filmen noch einmal auf.

Reinl legte, wie stets, großen Wert auf die Einbeziehung der Landschaft und zog sich mehr als einmal den Mißmut Lex Barkers zu, weil er Einstellungen so lange wiederholen ließ, bis er den landschaftlichen Hintergrund endlich richtig im Kasten hatte. Die Aufnahmen einer Kanufahrt von Winnetou und Old Shatterhand zogen sich so in die Länge, daß Barker, der sich vom vielen Reiten ein Bandscheiben-Zipperlein eingefangen hatte, sich schließlich Schaumstoff-Unterlagen ins Kanu legen ließ — Komfort nach Westmannsart.

Auch agierten die Helden diesmal wieder mehr im Mayschen Sinne mit Spurenlesen, Anschleichen und Fallenstellen, während Wendlandt sie in den letzten Rialto-Filmen zu Dynamit-Wurfschleudern degradierte. Das alles und der Umstand, daß Reinl viele Szenen aus seinen früheren Filmen kopierte (zum Beispiel die Kanufahrt aus *Der Schatz im Silbersee*, Sam Hawkens' Techtelmechtel mit einer sehr fülligen Squaw aus *Winnetou I* und die Beförderung eines Banditen durch Old Shatterhands Faustschlag auf einen Misthaufen aus *Winnetou III*) trugen dazu bei, *Winnetou und Shatterhand im Tal der Toten* näher an die gewohnte May-Qualität herankommen zu lassen.

Die Handlung freilich hat mit dem Buch, das in den Gesammelten Werken den Titel *Im Tal des Todes* trägt, nicht das geringste zu tun. Vielmehr handelt es sich um ein inoffizielles Remake von Reinls *Der Schatz im Silbersee*. Da ist zunächst das übereinstimmende Motiv der Schatzsuche, die von der guten und der bösen Gruppe betrieben wird. Mußte im Silbersee-Film Fred Engels Vater für den Schatz sein Leben lassen, so ist es hier Mabel Kingsleys Vater. In beiden Filmen überfallen die Banditen anfangs eine Postkutsche. Wieder sind die Osagen die indianischen Verbündeten auf der Seite der Guten und die Sioux die auf der Seite der Bösen, die sich letztlich aber eines Besseren besinnen. In *Der Schatz im Silbersee* tritt Old Shatterhand zum siegreichen Zweikampf gegen den Sioux-Häuptling an, im neuen Film fällt Winnetou diese Aufgabe zu. In beiden Filmen werden sowohl das beidemale von Karin Dor verkörperte Mädchen als auch ihr junger Freund (Fred Engel bzw. Leutnant Cummings) von den Banditen als Geiseln genommen. Wieder sorgten Sam Hawkens und Lord Castleppool (allerdings und leider unter Ausschluß des Gunstick Uncle) für die komischen Momente, und wieder wird der Lord von einer Sammlerleidenschaft getrieben (erst waren es Schmetterlinge, nun sind es Pflanzen). Und wieder werden der Schatz und der Oberschurke schlußendlich von durch Menschen entfesselten Naturgewalten verschlungen.

Die Rechnung, die Brauner und Reinl dabei aufgemacht haben, liegt auf der Hand: Was einmal gut war, wird auch ein zweites Mal gut sein. Daß diese Rechnung nicht aufging, liegt zum Teil daran, daß diesmal alles ein paar Nummern kleiner war als bei früheren Winnetou-Filmen, sogar das Format des *Illustrierten Filmkuriers*. Weder Brauner noch die Constantin wollten zuviel Geld in das inzwischen unsicher gewordene Karl-May-Geschäft hineinstecken, so daß *Winnetou und Shatterhand im Tal der Toten* mit einem relativ bescheidenen Budget gedreht wurde. Da Jugoslawien nicht mehr so billig war wie bei Beginn der Karl-May-Filmwelle, wirkte sich das doppelt aus, und Harald Reinl standen längst nicht solche Massen an Helfern, Statisten und Material zur Verfügung wie bei seinen früheren May-Projekten. Warum sich aber die Neuverfilmung von etwas ansehen, das es viel größer und besser bereits gab?

Ein weiteres Manko für den neuen Film war, daß er nicht bundeseinheitlich gestartet wurde, weil man nicht soviel Geld für Kopien ausgeben wollte. So dauerte es von Dezember 1968 bis Mai 1969, bis der Film im ganzen Bundesgebiet zu sehen war. Ein viel zu langer Zeitraum, um ihn durch eine konzentrierte Werbekampagne unterstützen zu können.

Diese Halbherzigkeit der Produzenten hat mit dazu beigetragen, daß *Winnetou und Shatterhand im Tal der Toten* kein Erfolg an den Kinokassen wurde. Das ließ Brauner und die Constantin Abstand von der Herstellung weiterer Karl-May-Filme nehmen. Lex Barker und Pierre Brice waren zum letzten Mal gemeinsam als Karl Mays Heldenpaar über die Leinwände geritten.

Der Tag, an dem Old Shatterhand starb

Das Ende der Karl-May-Filmwelle ging einher mit dem allmählichen Niedergang des deutschen Altfilms, dem Karl May noch einmal Auftrieb gegeben hatte. Eine Weile noch konnte man sich mit Lümmel-, Pauker- und Sexfilmchen über Wasser halten, aber das war letzten Endes nur der Griff eines Ertrinkenden nach dem Strohhalm.

Atze Brauner arbeitet heute noch als Produzent, doch die große Zeit seiner CCC-Studios in Berlin-Spandau ging 1971 zu Ende, als er die Pforten des wirtschaftlich nicht mehr rentablen Studiogeländes schloß. Er hatte sich eine Zeitlang durch die Vermietung seiner Studios ans Fernsehen über Wasser gehalten, aber die öffentlich-rechtlichen Sender nahmen inzwischen genug Gebühren ein, um sich eigene Studios bauen zu können. In den sechziger Jahren hatten die großen Filmfirmen, wie die CCC und die Rialto, ihren gewaltigen Apparat an Menschen und Material dadurch rentabel gehalten, daß sie einen Film nach dem anderen drehten, wozu sich Filmserien à la Karl May und Edgar Wallace vorzüglich eigneten. Als diese Serien nicht mehr beim Publikum ankamen, bedeutete das auch das Ende der kommerziellen deutschen Filmproduktion. Das Zeitalter des ›Neuen deutschen Films‹ war angebrochen mit Werken, die überwiegend für die Blindenanstalt gedreht wurden, wie es der Filmkritiker Gert Berghoff einmal polemisch ausdrückte.

Solange der Altfilm sich noch in Überlebens- bzw. Todeskrämpfen wand, stand auch Harald Reinl an seiner vordersten Front, wo er bis 1977 Filme aus dem Pauker-, dem Heimat- und dem Abenteuermilieu inszenierte. Das *Lexikon des Internationalen Films* bescheinigt seinem 1973 entstandenen Abenteuergarn *Die blutigen Geier von Alaska* ›Anleihen bei Karl May‹. Anerkennung fanden auch seine Dokumentarstreifen *Erinnerungen an die Zukunft* (1969), *Erich von Däniken: Botschaft der Götter* (1975/76) und *. . . und die*

Bibel hat doch recht (1977). 1977 inszenierte er noch einmal Karl May, allerdings nicht für das Medium Film. Die Karl-May-Festspiele im sauerländischen Elspe holten sich Pierre Brice als Winnetou und Harald Reinl als Regisseur, um Mays *Der Schatz im Silbersee* für das große Publikum interessant zu machen — mit Erfolg; doch davon später mehr. Der Film vergaß seinen großen Veteranen Reinl in der zweiten Hälfte der siebziger Jahre. Er konnte froh darüber sein, für Wolfgang Liebeneiners Goethe-Verfilmung *Götz von Berlichingen mit der eisernen Faust* (1978) wenigstens die Actionszenen inszenieren zu dürfen. 1982 nahm Reinl mit der in keiner Beziehung bemerkenswerten Abenteuerklamotte *Im Dschungel ist der Teufel los*, einem müden Vehikel für die Teenie-Stars Tommi Orner und Jenny Jürgens, Abschied vom Regiestuhl.

Er starb im Alter von 78 Jahren auf tragische Weise, als seine Frau Danielle, eine Alkoholikerin, ihn in ihrem gemeinsamen Haus auf Teneriffa im Rausch erstach.

Die Gerüchte, daß es doch noch zu einer Fortsetzung der Winnetou-Filme kommen sollte, wollten nicht verstummen und wurden von der Presse begierig aufgegriffen. Winnetou-Begeisterte organisierten sogar Unterschriftenaktionen an die Adresse der Constantin, um die Filmbosse zu einer Wiederaufnahme der einst erfolgreichen Serie zu veranlassen.

Zu Beginn der siebziger Jahre sah es tatsächlich nach einer solchen Fortsetzung aus. 1971 brachte die Constantin *Winnetou I* erneut mit großem Werberummel in die Kinos. Dafür gingen sogar Pierre Brice, Marie Versini und Mario Adorf noch einmal auf Verbeugungstournee; ein Aufwand, der ansonsten nur für Premieren betrieben wurde. Der Erfolg war groß und zog die Wiederaufführung von *Der Schatz im Silbersee, Winnetou II, Unter Geiern* und *Der Ölprinz* nach sich, jedoch mit abnehmender Publikumsresonanz. 1973 sorgte dann die Fernsehserie *Kara Ben Nemsi Effendi* im ZDF für ein erneutes Interesse an Karl May.

Lex Barker und Pierre Brice hätten für weitere Winnetou-Abenteuer gewiß zur Verfügung gestanden, denn nach ihrem Abschied von Karl May versandeten beider Filmkarrieren. ›Barker und Brice waren nicht Stars qua Person, sondern qua Rolle. Ihre Starexistenz beruhte allein auf den Karl-May-Filmen. Mit keinem anderen Lichtspiel erreichten sie eine vergleichbare Popularität. Zum Star machte sie das märchenhafte Sujet der Filme, Geschichten, die erkennbar nicht aus der trivialen Erlebniswelt der Zuschauer stammten, außerdem die simple Tatsache, daß sie Ausländer waren, was wohl einen Imagevorteil bedeutete (zumindest in der Welt des Films) als auch die nötige Distanz zum Publikum schuf.‹ (Michael Petzel, *Ein Mythos wird besichtigt — Winnetou und der deutsche Film*).

Lex Barker drehte nur noch zwei Kinofilme im Jahre 1970, die in Deutschland nicht gezeigte, spanische Produktion *Aoom!* und das von Franz Josef Gottlieb inszenierte Melodram *Wenn du bei mir bist*. Eine amerikanische Fernsehserie mit Barker aus dem Jahre 1972 fand ebenfalls nicht den Weg nach Deutschland.

Lex Barker genoß das unfreiwillige Überangebot an Freizeit in seinem spanischen Haus oder beim Globetrotting auf seiner 25-Meter-Yacht ›Peter Pan‹. Am 11. Mai 1973, drei Tage nach seinem 54. Geburtstag, brach er urplötzlich auf der Lexington Avenue im New Yorker Stadtteil Manhattan zusammen. Der von Passanten herbeigerufene Arzt konnte nur noch Tod durch Herzversagen diagnostizieren. Barker hinterließ eine trauernde Fangemeinde und die drei ehelichen Kinder Lynne (geb. 1945), Alexander (geb. 1947) und Christopher (geb. 1960). Er war verheiratet gewesen mit Constance Thorlow (1942–50), Arlene Dahl (1951–52), Lana Turner (1953–57), Irene Labhart (1959–62) und Maria del Carmen Cevera, genannt ›Tita‹ (1965–72).

Der Tag, an dem Old Shatterhand starb, bereitete allen Spekulationen über neue Karl-May-Abenteuer mit dem letzten Traumpaar des deutschen Films ein Ende.

Karl May

1974

Karl May

BRD 1974. *Uraufführung:* 17. 10. 1974. *Regie:* Hans-Jürgen Syberberg. *Drehbuch:* Hans-Jürgen Syberberg. *Kamera:* (Eastmancolor) Dietrich Lohmann. *Musik:* Gustav Mahler, Frédéric Chopin, Franz Liszt, Eugen d'Albert, Johann Sebastian Bach, Charles Gounod. *Schnitt:* Ingrid Broszat. *Ausstattung:* Nino Borghi. *Gesamtleitung:* Bernd Eichinger. *Produktion:* TMS (München), ZDF (Mainz). *Verleih:* Warner-Columbia. *Länge:* 187 Minuten; später gekürzt auf 135 Minuten.

Darsteller: Helmut Käutner (Karl May), Kristina Söderbaum (Emma May), Käthe Gold (Klara May), Attila Hörbiger (Max Dittrich, Militärschriftsteller) Willy Trenk-Trebitsch (Rudolf Lebius, Journalist), Mady Rahl (Pauline Münchmeyer) Lil Dagover (Bertha von Suttner), Rudolf Prack (Sächsischer Justizminister), Rainer von Artenfels (Adolf Hitler), Leon Askin (Klotz-Sello, Anwalt), Marquard Bohm (Überhorst, Anwalt im Büro Gerlach), Wolfgang Büttner (Ehrecke, Vorsitzender des Kriminalgerichts Moabit), Peter Chatel (Horace Herzfelder), Erwin Faber (Napoleon Krügel), Rudolf Fernau (Bredereck, Anwalt), Fritz von Friedl (Larrass, Untersuchungsrichter), Penelope Georgiou (Penelope), Alexander Golling (Fischer, Möbelhändler), Egon von Jordan (Drei Wiener im Sophiensaal), Harry Hardt (Wessel, Vorsitzender des Gerichts in Charlottenburg), André Heller (Robert Müller, Vorsitzender des Akademischen Vereins), Peter Kern (Georg Grosz), Rudolf Lenz (Casella), Peter Moland (Sascha Schneider), Stefan Paryla (Dr. Euchar Albrecht Schmid), Rudolf Schündler (Kreutzmann, Konditor), Guido Wieland (Bernstein, Anwalt), Hans Joachim Schmidl (Dr. Blau, Anwalt), Peter Branoff (Dr. Hermann, Amtsrichter), Peter P. Jost (Seyfert, Staatsanwalt), Bruno Thost (Protokollführer), Amand von Ozoroczy (Pater Ildefons Schober), Gerhard von Halem (Friedrich Ernst Fehsenfeld, Verleger), Fritz Veigl (Brant-Sero).

Untertitel: Bloody dark grounds (Teil I); *Die Seele ist ein weites Land, in das wir fliehen* (Teil II).

Inhalt

Der berühmte Schriftsteller Karl May bricht im Jahre 1899 zu seiner ersten großen Reise in den Orient auf, die ihn endlich an die Schauplätze seiner Bücher führen soll. Noch beim Aufbruch überfällt ihn die Vorahnung böser Ereignisse. Eine Identitätskrise auf Ceylon bringt ihn zu dem Entschluß ›Ich muß anders schreiben. Jetzt beginnt mein eigentliches Werk. Ich sehe Licht und Schatten kämpfen. Ich werde schreiben, wie das Gute siegt, ganz real, wie im Märchen, und ich werde zum Monographen der Menschheitsseele werden.‹

Derweil verkauft Pauline Münchmeyer, die Witwe seines früheren Verlegers, ihr Unternehmen samt der von May verfaßten und unter Pseudonym erschienenen Kolportageromane. Diese erscheinen jetzt unter Mays Namen und lösen eine Hetzkampagne wegen der Verbreitung von Unzucht und des Vortäuschens des Katholizismus gegen ihn aus. Die von May anfangs nicht ernst genommenen Vorwürfe weiten sich zu einer Lawine von Prozessen aus, die den alten Schriftsteller bis an sein Lebensende verfolgt. Neue Vorwürfe kommen hinzu: May sei ein Lügner, weil er die Reisen, die er in der Ich-Form beschreibt, nicht unternommen habe. Und ein Okkultist soll er sein, weil er und seine Frau Emma seiner Sekretärin Klara Plöhn glauben, die mit den Mächten des Jenseits in Verbindung zu stehen meint.

Der korrupte Journalist Rudolf Lebius steigert sich in einen Anti-May-Eifer hinein und wird der Hauptgegner des Schriftstellers. Er schickt ihm den Staatsanwalt und ein Durchsuchungskommando ins Haus, zerrt seine frühen Vorstrafen ans Licht der Öffentlichkeit und bezichtigt ihn der Propagierung von Homosexualität. Als May sich von Emma scheiden läßt und Klara heiratet, liefert Emma den Gegnern ihres Ex-Mannes neue Munition.

May sieht sich selbst immer mehr als Menschheitsseele, die alle Verfolgungen um der Menschheit und um des Sieges des Guten willen erleide. Seinen Entschluß, nicht mehr im alten Stil zu schreiben, führt er durch. Fortan sind seine Werke allegorisch gehalten und predigen mehr noch als früher den Frieden und die Völkerverständigung.

May hat aber nicht nur Gegner, sondern er findet auch Zuspruch bei der Friedensnobelpreisträgerin Bertha von Suttner, bei dem Schriftsteller Peter Rosegger und bei dem Maler George Grosz. May feiert einen letzten großen Triumph, als er auf Einladung des Akademischen Verbands für Literatur und Musik am 22. März 1912 in Wien einen Vortrag mit dem Thema ›Empor ins Reich der Edelmenschen!‹ hält. Unter der zweitausendköpfigen Zuhörerschaft, die ihn enthusiastisch feiert, befinden sich Karl Kraus, Heinrich Mann, Trakl, Berthold Viertel, aber auch der Vorbote einer düsteren Zeit: Adolf Hitler.

Am 30. März 1912 stirbt Karl May in seiner Radebeuler Villa ›Shatterhand‹.

Ludwig, Hitler und Karl May

Sechs Jahre nach Winnetous und Old Shatterhands letztem Leinwandabenteuer kam ein Karl-May-Film in die Kinos, der ganz anders war als alle bisherigen May-Filme. Erstmals bildeten nicht Karl Mays Werke die Grundlage oder zumindest die Anregung für eine Verfilmung, sondern das an Irrungen und Wirrungen reiche Leben des sächsischen Schriftstellers. Das gilt aber nur für das Kino, denn im Fernsehen hatte der Schriftsteller May bereits 1965 in *Freispruch für Old Shatterhand* im Mittelpunkt einer Spielhandlung gestanden (Näheres dazu im Kapitel über Karl May auf Bildschirm und Bühne).

Der 1935 geborene intellektuelle Filmemacher Hans-Jürgen Syberberg hatte mit *Karl May* aber weniger eine historisch genaue Biographie als eine exemplarische Abhandlung über die Mythenbildung im Sinn; gleichwohl sind Daten, Fakten und Namen im wesentlichen richtig wiedergegeben. Der Film beschränkt sich auf die letzten zwölf Lebensjahre Mays, in dem der durch die Pressehatz verbitterte Schriftsteller am eigenen Mythos von der Menschheitsseele strickte.

Der unter Kollegen und Kritikern aufgrund seiner eigenwilligen Formen und Inhalte höchst umstrittene Syberberg hatte zunächst durch die Dokumentarfilme *Kortner probt ›Kabale und Liebe‹* (1965), *Kortner spricht Monologe für die Schallplatte ›Dokumentation Romy Schneider‹* (1966), *Die Grafen Pocci* (1967) und *Sexbusiness made in Paising* (1969) auf sich aufmerksam gemacht, nachdem er schon 1952/53 8-mm-Dokumentationen über die Proben zu Brecht-Inszenierungen angefertigt hatte. Sein Spielfilm-Debüt gab er 1968 mit der Tolstoi-Interpretation *Scarabea*. Es folgten weitere von der Kritik stark beachtete Werke wie die Kleist-Interpretation *San Domingo* (1970) und der filmische Monolog *Theodor Hirneis* (1972).

Seinen May-Film versteht Syberberg als das Mittelstück einer ›deutschen Trilogie‹, deren beide anderen Teile auch Bezug auf Karl May nehmen. In *Ludwig − Requiem für einen jungfräulichen König* (1972) läßt Syberberg in einer Szene den alten May (Oscar von Schab) im Gewand des Sehers Teiresias auftreten, (vor)geführt von Winnetou (Eddy Murray). In dem Sieben-Stunden-Opus *Hitler, ein Film aus Deutschland* (1977) kommen Karl-May-Puppen neben solchen von Ludwig II. und Hitler vor.

Syberberg über Karl May und *Ludwig*: ›Das geht zurück auf Ludwigs Freude an Privatdarstellungen von lebenden Bildern aus der Geschichte. (. . .) Der Auftritt Winnetous und Karl Mays nimmt eine frühere Szene zwischen Ludwig und Sissi wieder auf, in der Sissi auf das Schicksal der Indianer hinweist und deren Untergang mit dem Ludwigs vergleicht. − Natürlich geht die leibhaftige ahistorische Erscheinung Karl Mays in diesem Zusammenhang auf seinen Roman *Der Weg zum Glück*, erschienen im Todesjahr König Ludwigs, zurück, aus dessen Illustrationen ich den jodelnden Ludwig in Lederhosen am Ende des Films entnahm. − Der kurze Auftritt Karl Mays wird also lange vorbereitet und ist für das Ende des Filmes und dessen

Bedeutung im Zusammenhang mit der Ludwigslegende und Volkstümlichkeit nicht unerheblich.‹

Wie sein Kollege Rainer Werner Fassbinder hat auch Syberberg keine Scheu vor den großen Namen des deutschen Altfilms und bediente sich so für *Karl May* nach Herzenslust im Fundus deutscher Schauspielergrößen. Viele Darsteller aus *Karl May*, wie Kristina Söderbaum, Käthe Gold, Attila Hörbiger, Lil Dagover oder Willy Trenk-Trebitsch, waren schon zu Ufa-Zeiten Stars. Andere, wie Rudolf Prack und Rudolf Lenz, waren in den fünfziger Jahren Leitfiguren des Heimat- und Schnulzenfilms.

Star des May-Films ist sein Titeldarsteller Helmut Käutner (1908—80), der seit seinem Regiedebüt, dem Lustspiel *Kitty und die Weltkonferenz* (1939), zu den ganz großen deutschen Filmregisseuren zählt. Von ihm stammen so unvergessene Werke wie *Große Freiheit Nr. 7* (1944), *Unter den Brücken* (1945), *Des Teufels General* (1954, nach dem Bühnenstück von May-Verehrer Zuckmayer) und *Der Hauptmann von Köpenick* (1956, wieder nach Zuckmayer). Wie Syberberg drehte Käutner auch einen Ludwig-Film: *Ludwig II. – Glanz und Ende eines Königs* (1955). Seinen Abschied vom Regiestuhl nahm Käutner 1970 mit der von Horst Wendlandt und der Rialto produzierten dritten — und uninspiriertesten — Verfilmung von Heinrich Spoerls Roman *Die Feuerzangenbowle*. Mit seiner eindringlichen Darstellung des Karl May zeigte Käutner, daß er auch ein herausragender Schauspieler war. Er wurde dafür mit dem Bundesfilmpreis ausgezeichnet.

Das war nicht die einzige Auszeichnung des Films. Schon vor Drehbeginn war das Drehbuch vom Bundesinnenministerium mit 250 000 DM prämiert worden. Nino Borghi erhielt den Bundesfilmpreis für die Ausstattung von *Karl May*.

Großer Oper für einen Gassenhauer

›Dem Regisseur geriet der Film zu einem trivialen Faust-Drama; von Mephisto bis Philemon und Baucis fehlt beinahe nichts; auch der Silberlöwe ist nicht fern. Helmut Käutner, der niemandem empfehlen möchte, May zu lesen (Fernsehinterview), spielt einen faszinierenden, echten May. Eine bewundernswerte Leistung, die ihn in die Galerie unserer bedeutendsten Schauspieler einreiht. In einer rührenden Szene am Rande wirkt Amand von Ozoroczy als Ildefons Schober; der als einziger May noch kannte, steht nun im Gewand des Abtes May-Käutner gegenüber. Die Presse des Films erstreckt sich vom niedrigsten Ardistan bis in die Höhen von Dschinnistan. Von 12 uns vorliegenden Rezensionen könnten etwa zwei mit ›miserabel‹, aber auch zwei mit ›hervorragend‹ bezeichnet werden. Die Mitte ist schwankend bis ratlos; die meisten haben einen solchen May weder gekannt noch erwartet. So scheint es die Süddeutsche Zeitung für Rennomiersucht des Regisseurs zu halten, wenn dieser George Grosz oder Robert Müller auftreten läßt. Das Vokabular reicht von ›Rufmord und Leichenschändung‹ (Blatt für Volksliteratur 3, noch bevor der Film heraus war!) bis zur ›Anschauung erfüllter Utopie eines guten Lebens‹ (Bazon Brock im Spiegel 44). Es erwies sich, daß die guten Kritiken auch von namhaften Fachleuten stammen. ›Syberberg kann sich bei Käutner bedanken — und umgekehrt‹ (Klaus Hebecker in Welt am Sonntag). Ärgerlich jedoch: ›Das schwülstige idealisierte Edelmenschenepos eines sächsischen Proletariers (sic!) . . . wird ernst genommen als Bekenntnis‹, tadelt die Unabhängige Zeitschrift für Ärzte, ›status‹. An diesem ›Status‹ hat sich seit 70 Jahren offenbar nichts geändert, da kann man nicht helfen. Eher kann man darüber reden, wenn der Münchner Merkur von ›Kitsch als Methode‹ spricht. Besser sagte es jedoch die Zeit (44): › . . . große Oper für einen Gassenhauer‹.‹ (*Mitteilungen der Karl-May-Gesellschaft* Nr. 22/1974).

Der Uraufführung des Films am 17. Oktober 1974 in Wien (die deutsche Premiere fand am darauffolgenden Tag in Hamburg statt) wohnte der österreichische Bundeskanzler Bruno Kreisky bei. Trotz dieses hochstehenden Premierengastes war dem Film kein großer Publikumserfolg beschieden. Syberbergs langatmiger, mit scheinbar endlosen Monologen durchsetzter und zwischen großer Kunst und großem Kitsch schwankender, durch optische Verfremdungen den Inhalt immer wieder relativierender Stil sprach das breite Publikum ebensowenig an wie die Verehrer der Mayschen Abenteuerschmöker. Auch eine drastische Kürzung des 187-Minuten-Werks auf 135 Minuten konnte daran nichts ändern. So blieb es ›ein Film für May-Kenner und Cineasten‹ (Hansotto Hatzig im *Karl-May-Handbuch*).

›Karl May hatte stets den Wunsch zu unterhalten, sein großer Traum war, von Millionen Lesern gelesen und geachtet zu werden. Von dieser seelischen Orientierung gibt uns der Syberberg-Film nichts frei. *Die Seele des Lesers wendet sich von jeder Bewegungslosigkeit ab, denn diese bedeutet für sie den Tod*, heißt es in ›Mein Leben und Streben‹. Um wieviel mehr mag dies für einen Film gelten, der keinen Traum träumen läßt?‹ (Annette Deeken, *Träume eines Geistersehers — Zur Ästhetik eines Syberberg-Films*).

Die Spur führt zum Silbersee

1986—89

Die Spur führt zum Silbersee

DDR 1986—89. *Uraufführung:* 21.01.1990. *Regie:* Günter Rätz. *Sprachregie:* Fritz Göhler. *Drehbuch:* Günter Rätz nach dem Roman *Der Schatz im Silbersee* von Karl May. *Dramaturgie:* Addy Kurth. *Dialoge* und *Liedtexte:* Günter Rätz. *Kamera:* (Farbe) Rudolf Uebe. *Musik:* Addy Kurth. *Ton:* Manfred Mammitzsch. *Sound-Effekte:* Manfred Jähne, Detlef Weber. *Schnitt:* Sibille Zumpe. *Bauten:* Gert Morzinek, Sabine Wittig. *Requisiten:* Hans Claus. *Gestaltung:* Walter Rehn. *Ausführung:* Hans Claus. Volkmar Töpfer, Gert Morzinek. *Puppengestaltung:* Sybille Härtel, Bärbel Häßelbarth. *Animation:* Günter Rätz, Sibille Zumpe. *Technische Assistenz:* Achim Rockstroh. *Titelgestaltung:* Alfred Brückner. *Produktionsleitung:* Helga Kurth. *Produktion:* DEFA-Studio für Trickfilme (Dresden). *Länge:* 84 Minuten.

Sprecher: Gerd Grasse (Old Shatterhand), Henry Hübchen (Winnetou), Dieter Wien (Cornel Brinkley), Viktor Deiß (Hobble-Frank), H. J. Hanisch (Tante Droll), Klaus Mannchen (Großer Bär), Reinh. Michalke (Sheriff).

Inhalt

1000 Dollar Belohnung sind auf den Kopf des berüchtigten Schurken Cornel Brinkley ausgesetzt, der mit seiner Bande von Tramps den Wilden Westen durch allerlei Schandtaten unsicher macht. Als er von dem legendären Schatz im Silbersee erfährt, der von zwei Indianern, dem Großen und dem Kleinen Bär, bewacht wird, kennt seine Gier keine Grenzen. Er bricht mit seiner Bande zum Silbersee auf, um sich des Schatzes zu bemächtigen. Aber eine Gruppe tapferer Westleute folgt seiner Spur: Winnetou, Old Shatterhand, Hobble-Frank und Tante Droll verhindern, daß sich Brinkley in den Besitz des Schatzes bringt. Die einstürzende Schatzhöhle am Silbersee wird ihm zum Verhängnis.

Karl May wird rehabilitiert

Nachdem sich 1968 der Filmtitel *Winnetou und Shatterhand im Tal der Toten* als programmatisch erwiesen hatte, brach im Kino eine länger als zwei Jahrzehnte dauernde May-lose Zeit an, nur unterbrochen durch den Syberberg-Film, der die Freunde Mayscher Abenteuerunterhaltung freilich kaum zu begeistern wußte. Diese konnten ihren May-Hunger im Kino nur mit ein paar Wiederaufführungen zu besänftigen versuchen. Der Elysee-Filmverleih hatte Artur Brauners May-Produktionen *Der Schut* und *Durchs wilde Kurdistan* für gutes Geld angekauft und wollte sie, mit neuen Werbematerialien ausgestattet, nach und nach wieder in die Kinos bringen. Der Erfolg der ersten beiden Wiederaufführungen blieb aber weit hinter den Erwartungen zurück, so daß die Elysee-Leute ihren Plan wieder aufgaben.

Fast sah es in den frühen Achtzigern so aus, als sollte es tatsächlich einen neuen Karl-May-Film geben. Als sich Steven Spielbergs aufwendige Huldigungen an den alten Abenteuerfilm, *Riders of the Lost Ark* (Jäger des verlorenen Schatzes, 1980) und *Indiana Jones and the Temple of Doom* (Indiana Jones und der Tempel des Todes, 1983), als große Kassenschlager erwiesen, brachten viele Produzenten und Regisseure ähnliche Produktionen auf den Markt, zum größten Teil völlig niveaulose Billigprodukte, deren einzige Intention es war, an Spielbergs Erfolg zu partizipieren. Der Regisseur Ernst von Theumer, der schon in den frühen Sechzigern ein paar belanglose Abenteuerfilme inszeniert hatte, kündigte in diesem Zusammenhang eine Neuverfilmung von *Das Vermächtnis des Inka* an. Die Handlung sollte dabei von der zweiten Hälfte des 19. in die erste Hälfte des 20. Jahrhunderts verlegt werden, um den Indiana-Jones-Filmen ähnlicher zu sein. So geschah es auch mit Sir Henry Rider Haggards klassischem Abenteurer Allan Quatermain, als er Mitte der Achtziger in zwei Kinofilmen vergewaltigt wurde. Letztlich drehte von Theumer aber nicht *Das Vermächtnis des Inka*, sondern einen ebenfalls in Südamerika angesiedelten Action-Streifen mit dem knalligen Titel *Jungle Warriors − Euer Weg führt durch die Hölle* (1983), eine nur auf spektakuläre Effekte angelegte ›Schießorgie‹ (*Lexikon des Internationalen Films*) über Mannequins in der Gewalt von Rauschgifthändlern. Angesichts dessen wohl ein Glück für den alten May, daß er diesem Filmmenschen nicht in die Hände fiel.

Daß es die damalige DDR war, die Karl May für das Kino wiederentdeckte, hat seinen guten Grund. In den Achtzigern rollte eine wahre May-Welle über Ostdeutschland hinweg, ähnlich der westdeutschen May-Begeisterung zwanzig Jahre zuvor. Bis dahin war May in der DDR zwar nicht offiziell verboten, aber doch in höchstem Maß verpönt gewesen. Er wurde dort als Autor totgeschwiegen oder deklassiert, seine Werke wurden nicht verlegt. Es gab immer wieder Bestrebungen, die alten May-Bände auch aus den Leihbüchereien zu verbannen, denn das Volk mochte seinen May wie eh und je.

Man warf May vor, einem unsozialistischen Abenteurertum zu huldigen. Wenig förderlich für seine Reputation in der DDR waren auch die christlichen

Töne in seinen Werken sowie der Umstand, daß May in Nazi-Deutschland zwar nicht von allen geliebt, aber doch stets gegenwärtig war. Klaus Mann ging 1940 im amerikanischen Exil sogar so weit, May als ›Cowboy Mentor of the Führer‹ bzw. als ›Hitler's Literary Mentor‹ zu diffamieren. Das war ebenso falsch wie ungerecht, denn obwohl May deutsche Helden in aller Welt Abenteuer bestehen ließ, sprach er sich doch vehement gegen die Vorherrschaft des weißen Mannes aus. Im Gegensatz zu Hitlers Auffassung vom Edelmenschen als blondem und blauäugigem Arier stritt May für ein Edelmenschentum aller Rassen und Völker, das sich von innen zu entwickeln habe. Doch in ihrem Bestreben, alles auch nur im entferntesten an den Faschismus und das Dritte Reich Erinnernde aus ihrem Staat zu verbannen, machte der DDR-Staat solche feinen Unterschiede nicht.

So ganz kam der DDR-Film aber auch in der Zeit der May-Verpönung nicht an dem in seiner Heimat ungeliebten Sachsen vorbei. 1977/78 hatte er einen ›Gastauftritt‹ in der von Rainer Simon inszenierten und 1979 uraufgeführten DEFA-Satire *Zünd an, es kommt die Feuerwehr*. Der sich sehr frei an tatsächliche Begebenheiten anlehnende Film schildert die Nöte einer kleinen Ortsfeuerwehr zu Zeiten Mays, die verzweifelt nach Möglichkeiten sucht, sich ins rechte Licht zu rücken. Der große, lang ersehnte Brand bricht just an dem Tag aus, als Karl May (Hannes Fischer) – im Old-Shatterhand-Kostüm – den Ort besucht. May ist von den wackeren Feuerwehrern so beeindruckt, daß er den sächsischen König veranlaßt, diese mit einem Orden auszuzeichnen. Die Szenen um May, der als gänzliches Kind der wilhelminischen Ära porträtiert wird, nehmen ungefähr zwanzig Minuten der Handlung ein und machen damit einen nicht unbeträchtlichen Teil des Films aus. Hier zeichnete sich eine Wende der DDR-Politik in Sachen May bereits ab.

Endgültig eingeläutet durch Erich Loests biographischen Karl-May-Roman *Swallow, mein wackerer Mustang* (1980), vollzog sich dann die Wende in Sachen Karl May noch vor der ganz großen politischen Wende. Immer häufiger tauchte Mays Name mit positiver Grundtendenz in der Öffentlichkeit auf. So schrieb die Zeitschrift *Trommel* in ihrer Ausgabe 1/1982 über May: ›Seine Bücher erzielten einen außerordentlichen Erfolg, vor allem bei der Jugend, weil er spannend erzählte und Helden in den Mittelpunkt seiner Handlung stellte, die als Vorbilder wirkten. So schrieb er über Mut und Treue, über uneigennützige Hilfe und zeigte für die unterdrückten Indianer Mitgefühl.‹

Eine Anzahl prominenter Fürsprecher, darunter auch der damalige Honecker-Kronprinz Egon Krenz, sorgte für die endgültige Rehabilitierung Mays. Bald erschienen erste May-Bücher, allen voran natürlich *Winnetou*, in der DDR und waren quasi schon bei Erscheinen ausverkauft. Mit Christian Heermans *Der Mann, der Old Shatterhand war* kam 1988 die erste May-Biographie in der DDR heraus – nicht die schlechteste übrigens. Das ›Karl-May-Museum‹ in Radebeul erhielt seinen alten Namen wieder, nachdem man es nach dem Zweiten Weltkrieg in ›Indianermuseum‹ umgetauft hatte. Und auch in Mays Geburtshaus in Hohenstein-Ernstthal entstand ein May-Museum. Die Felsenbühne Rathen in der Sächsischen Schweiz, die schon in den Dreißigern und Vierzigern Karl May unter freiem Himmel aufgeführt hatte, besann sich erneut auf ihren heimatlichen Dichter.

Auch Karl-May-Filme waren plötzlich in der DDR gefragt, nachdem sie vorher bereits von den unzähligen Schwarzsehern des Westfernsehens goutiert worden waren. Pierre Brice, Lex Barker und Stewart Granger ritten nun erfolgreich durch die DDR-Kinos und durch das Weihnachts-Fernsehprogramm. Weihnachten 1982 strahlte das DDR-Fernsehen auch das 45-minütige May-Portrait *Ich habe Winnetou begraben* aus. May-Stoffe wurden für das DDR-Fernsehen verfilmt und auch – so im Fall von *Der Schatz im Silbersee* – erneut für das Kino.

Ein Lob für die Puppen

Das DEFA-Studio für Trickfilme produzierte den Puppentrickfilm *Die Spur führt zum Silbersee* mit einem beachtlichen Aufwand. Die Dreharbeiten im Stop-Trick-Verfahren begannen bereits 1986 und nahmen den nicht unbeachtlichen Zeitraum von mehr als dreieinhalb Jahren in Anspruch. Das spricht für die Sorgfalt der Herstellung, die sich auch im Ergebnis niederschlägt. In Osteuropa gibt man sich mit der Herstellung von Kinderfilmen im allgemeinen und Puppentrickfilmen im besonderen regelmäßig mehr Mühe als im Westen, wo das Genre des Kinderfilms ein Schattendasein führt. Kopf des Films ist Günter Rätz als Regisseur, Drehbuchautor, Dialog- und Liedtexter sowie – unterstützt von seiner Frau Sibille Zumpe – als Animateur in Personalunion, der schon 1981 mit dem abendfüllenden DEFA-Puppentrickfilm *Die fliegende Windmühle* gute Kritiken erntete.

Auch ein Puppenfilm muß eine glaubhafte Kulisse haben, wenn seine Geschichte die Zuschauer fesseln soll. *Die Spur führt zum Silbersee* erfüllt diesen Anspruch, präsentiert er doch nicht nur eine komplette Miniatur-Westernstadt, sondern auch den von May beschriebenen Arkansas-Steamer ›Dogfish‹ und eine Western-Eisenbahn; beides hatten die Produzenten der ersten Silbersee-Verfilmung unterschlagen. ›Ein Sonderlob gebührt Kameramann Uebe, der die kleine Lokomotive des Westernzuges aus wirkungsvollen Perspektiven aufnahm. Schnaufend und pustend bahnte sie sich ihren Weg durch Tunnel, Täler und über Brücken. Man glaubte, mitten im Waggon zu sitzen oder auf dem Tender der Lok zu stehen – so lebensecht waren die Kamerastandpunkte gewählt.‹ (Hartmut Schmidt, *Karl-May-Film einmal anders*).

Daß man nicht den Originaltitel Mays verwendete, ist kein Anzeichen für eine Abkehr von der Vorlage, sondern sollte von vornherein Verwechslungen mit dem bundesdeutschen Silbersee-Film ausschließen. Trotz der wieder einmal notwendigen Kürzungen in der Story lehnt sich der Film relativ eng an Mays Roman an und stellt in vielerlei Hinsicht eine kongenialere Verfilmung dar als der Streifen mit Lex Barker und Pierre Brice. Zwar hat man auch diesmal auf Old Firehand verzichtet, aber dafür sind endlich einmal die komischen Westmänner Hobble-Frank und Tante Droll zu Filmehren gekommen.

Die enge Verbundenheit mit Mays Vorlage zeigt sich auch an dem Aussehen der 90 im Film auftretenden Puppen, davon acht sogenannte Star-Puppen in den Hauptrollen und 30 Pferdefiguren, ›denn die Gestalter hatten sich mit Akribie an Mays Beschreibungen orientiert. Das reichte vom Amazonenhut mit weißer Feder und blauem Frack für Hobble-Frank über Brinkleys rote Perücke bis hin zum sackähnlichen Gewand, in dem Tante Droll steckte. Wie überhaupt Frank und Droll zu den Favoriten der Filmschöpfer zählten, denn jede der beiden Figuren war besonders liebevoll May nachempfunden. Dazu hatte der Sprecher des Hobble-Frank diesem eine Stimme im reinsten Dresdner Sächsisch geliehen. Es bereitete große Freude, dem ehemaligen Forstgehilfen aus Moritzburg bei seinen Wortgefechten mit Vetter Droll aus Altenburg zuzuhören.‹ (Schmidt a. a. O.).

Auch das Heldenpaar Winnetou und Old Shatterhand sah man im Realfilm nie so werkgetreu abgebildet wie als Puppen. Der Häuptling der Apachen hat das Haar tatsächlich zu einem helmartigen Schopf gebunden, und sein weißer Bruder zeigt sich mit Hut und blondem Bart (den Lex Barker sich in *Der Schatz im Silbersee* gleich zu Anfang und für alle Zeiten abrasierte). Oberlippen- und Kinnbart der Shatterhand-Puppe sind eine ironische Reminiszenz an die Barttracht Karl Mays.

»Inszeniert wurde mit leiser Ironie, ohne in Klamauk auszuarten. Die Puppen ›wurden von ihren Schöpfern fair behandelt, kaum persifliert, eben wie sie Karl May gesehen haben mag, humorvoll und naiv, aber durchaus glaubhaft in einer in sich geschlossen wirkenden Logik des Handelns.‹« (Schmidt a. a. O. mit einem Zitat aus den *Sächsischen Neuesten Nachrichten* vom 20.01.1990).

Der Film wurde auf dem siebten Kinderfilmfestival in Gera mit dem Goldenen Spatzen ausgezeichnet. Westdeutsche Zuschauer konnten ihn erstmals zu Weihnachten 1990 im Fernsehprogramm von Bayern III sehen, wo er in fünf Teilen lief.

KARL MAY
AUF BILDSCHIRM
UND BÜHNE

Dokumentarisches und Semidokumentarisches

Der erste vom Fernsehen produzierte und ausgestrahlte Film mit einer Spielhandlung, der Karl May thematisierte, basierte nicht auf einer Erzählung des
Schriftstellers, sondern auf seinem wildbewegten Leben. Der einstündige Film
Freispruch für Old Shatterhand, den das ZDF im Februar 1965 zeigte, beginnt
mit dem Charlottenburger Prozeß vom 12.04.1910, in dem sich der alte May
gegen die Behauptung seines Feindes Lebius verteidigte, er sei ein ›geborener
Verbrecher‹. Rückblenden erhellen Mays Vorleben, seine kriminellen Akte,
seine Haftstrafen und seinen Weg zum Schriftsteller.

May wurde von dem Schauspieler Friedrich Georg Beckhaus verkörpert,
der 1966 als Raumfahrer Atan Shubashi in der mittlerweile zum Kultfilm
avancierten Sience-Fiction-Fernsehserie *Raumpatrouille — Die phantastischen Abenteuer des Raumschiffes ORION* bekannt wurde.

Atze Brauners ausgeprägtem Geschäftssinn ist es zu verdanken, daß Szenen
aus zweien seiner Karl-May-Filme mit der Handlung verknüpft wurden. Da
seine CCC-Film *Freispruch für Old Shatterhand* produzierte, ließ sich der
gewiefte Produzent diese Gelegenheit zur Eigenwerbung nicht entgehen.

Obwohl sich das Drehbuch des Berliner Journalisten Hellmut Kotschenreuther auf einige wohlfundierte Quellen stützte — darunter Mays Autobiographie —, erhebt der Film keinen Anspruch auf objektive Wahrheit. Der
Karl-May-Verlag setzte durch, daß in einem Nachspann auf den fiktiven Charakter des Stückes hingewiesen wurde. Aber schließlich handelte es sich ja
auch nicht um einen Dokumentarfilm, sondern um ein Fernsehspiel, das den
etwas geschraubten Untertitel *Eine Semidokumentation* trug.

Schon vor diesem Film und auch danach hat sich das Fernsehen immer wieder rein dokumentarisch mit Leben und Werk Karl Mays befaßt. Noch vor
dem Beginn des großen May-Kinobooms sendete der Süddeutsche Rundfunk
im März 1962 die einstündige Dokumentation *Ich, Old Shatterhand und Kara
Ben Nemsi*, zu der Carl Zuckmeyer das Nachwort sprach. Lob in May-Fach-
kreisen erntete auch der im April 1972 vom ZDF gezeigte 45-Minuten-Film *An
Marterpfahl und Pranger*, bei dem der bekannte TV-Journalist Peter von Zahn
als Co-Autor und Kommentator mitwirkte. Daran schlossen der 1982 vom
DDR-Fernsehen ausgestrahlte Film *Ich habe Winnetou begraben* und 1987 die
zum 75. Todestag Mays von der ARD gezeigte Dokumentation *Leserausch
und Abenteuer* an, beide jeweils 45 Minuten lang.

Die Aufzählung aller Karl-May-Dokumentationen würde an dieser Stelle
zu weit führen und wohl auch unvollständig bleiben. Das andauernde Interesse an dem Schriftsteller und den verschiedenen Bearbeitungen seiner Werke
hat immer wieder zu Berichten über May, die Verfilmungen, die Bühnenauf-
führungen und die verschiedenen Gedenkstätten geführt.

Wir wollen uns jetzt auf die Spur der Fernsehfilme begeben, die auf Karl
Mays Werken basieren.

Bühne frei für Winnetou

Der Gedanke, Winnetous Abenteuer auch auf der Bühne darzustellen, geht auf Karl May selbst zurück. Jedoch schrieb er kein entsprechendes Stück. Sein einziges vollendetes Drama ist die zu seinem symbolischen Alterswerk gehörende ›Arabische Fantasie‹ *Babel und Bibel*, die 1906 im Druck erschien, aber nicht aufgeführt wurde.

Der Häuptling der Apachen jedoch gelangte 1919 zu Bühnenehren, als das Deutsche Theater München nach einem Buch von Hermann Dimmler das Stück *Winnetou* aufführte, das 1928 vom Renaissance-Theater Wien nachgespielt wurde. Unter dem von Karl May zeitweilig für seine Winnetou-Romane verwendeten Titel *Winnetou, der rote Gentleman* erschien das Stück ein Jahr später in Berlin auf dem Spielplan von Viktor Barnowskys Theater an der Königgrätzer Straße. Der Berliner Old-Shatterhand-Darsteller und Regisseur Ludwig Körner hatte Dimmlers Zusammenfassung des Romans *Winnetou I* und der sich mit Winnetous Tod beschäftigenden Kapitel aus *Winnetou III* stark überarbeitet und zusätzlich Elemente aus *Der Ölprinz* in das Stück integriert. Das Dresdner Albert-Theater spielte *Winnetou* 1931, und 1938 brachte die Berliner Volksbühne in einer Inszenierung von Ludwig Körner das Stück mit dem berühmten Will Quadflieg in der Titelrolle heraus.

Die Dimmler-Körner-Bearbeitung von Karl Mays berühmter Reiseerzählung bildete auch die Grundlage für die erste Freilichtaufführung eines May-Stückes. Der Dresdner Lyriker Martin Rasche überarbeitete diese Version für die *Winnetou*-Aufführung der Felsenbühne im Jahre 1938, die im folgenden Jahr wiederholt und 1940 durch *Der Schatz im Silbersee* ersetzt wurde.

In dieser Zeit wurde Karl May auf deutschsprachigen Bühnen mit und ohne Überdachung richtiggehend populär. Das Dimmler-Körner-Stück wurde in verschiedenen Städten Deutschlands und Österreichs aufgeführt. Eine andere Version schrieb R. G. Garding 1941 unter dem Titel *Old Shatterhand und Winnetou* für das Stadttheater Steyr in Österreich. Der Krieg verhinderte eine Ausweitung dieser Tendenz.

Der Krieg war kaum vorbei, da kehrte Karl May 1946 schon wieder auf die Bretter, die angeblich die Welt bedeuten, zurück, vorerst jedoch nur in Österreich. In Deutschland hatte man von ›Heldenstücken‹ verständlicherweise erst mal die Nase voll. Ab 1947 war May dann auch auf (west-)deutschen Bühnen zu sehen, vornehmlich repräsentiert durch Körners *Winnetou*.

Körner selbst überarbeitete sein Stück 1950 zusammen mit Roland Schmid, einem der Inhaber des Karl-May-Verlags. Bis heute finden sich Einflüsse der Dimmler-Körner-Schmid-Fassung von *Winnetou* bei verschiedenen Dramatisierungen. Sogar das Drehbuch zum Film *Winnetou I* griff hierauf zurück. Der Schurke Santer erhielt in dieser Version den Vornamen Fred und hieß dann im Film Frederic.

Die Textfassung von Körner und Schmid bildete auch den Auftakt zu den Bad Segeberger Karl-May-Festspielen, die 1952 mit eben diesem *Winnetou* begannen und noch heute jeden Sommer die May-Begeisterten anlocken. Da die Anti-May-Gesinnung in der DDR eine Fortführung der May-Stücke im sächsischen Rathen verhinderte, war das schleswig-holsteinische Bad Segeberg eine willkommene neue Heimat für May-Aufführungen unter freiem Himmel. Das norddeutsche May-Engagement basierte anfangs weniger auf einer May-Begeisterung als auf zweckdienlichen Erwägungen. In den dreißiger Jahren war am Fuße des Segeberger Kalkbergs eine große Freiluftarena für Propagandaveranstaltungen gebaut worden, die man nun irgendwie gewinnträchtig nutzen wollte. Der publikumswirksame Karl May schien da genau richtig zu kommen, wie man aufgrund des Erfolgs der Rathener Freilichtspiele mutmaßte.

Und man behielt recht, wie der Zuspruch sowohl des Publikums als auch der Kritiker bewies. Die Bad Segeberger May-Aufführungen wurden bald zu einer Institution, die bis in die späten siebziger Jahre hinein sogar alljährlich vom Fernsehprogramm der ARD übertragen wurden. 1955 und 1956 zeigte man mit den Aufführungen der Stücke *Hadschi Halef Omar* und *In den Schluchten des Balkan*, daß man sich nicht auf Mays Wildwest-Geschichten beschränken wollte, wie es bisher die Regel bei May-Bühnenstücken gewesen war — im Gegensatz zum Film, wo man dem Mayschen Orient bis 1962 treublieb. In den folgenden Jahren wechselten Winnetou- und Orient-Stücke in Bad Segeberg.

In den sechziger Jahren pilgerten pro Saison ungefähr 100 000 May-Fans nach Bad Segeberg, wo man, wie auch anderswo, das Aussehen und die Ausstattung der Heldenfiguren dem Bild anglich, das die Karl-May-Filme mit Lex Barker und Pierre Brice dem Publikum vermittelten.

In Schleswig-Holstein hatte man in den Sechzigern ein eigenes Helden-Traumpaar mit Harry Walther und Heinz-Ingo Hilgers. Walther spielte Old Shatterhand oder Kara Ben Nemsi, bis er in den Siebzigern zum Intendanten der Segeberger Spiele avancierte und seine Tätigkeit hinter die Bühne verlegte. Hilgers, der 1959 noch als Kara Ben Nemsi *In den Schluchten des Balkan* geritten war, verkörperte von 1960 bis 1970 einen kongenialen Winnetou, der mit seiner Rolle auch außerhalb der Festspiel-Saison auf Werbetouren Geld verdiente.

Diese Popularität veranlaßte Horst Wendlandt, bei seinen Vorbereitungen zum Film *Der Schatz im Silbersee* Hilgers für die Winnetou-Rolle ins Auge zu fassen. Die Produktion schrieb einen Brief an Hilgers und lud ihn zum Vorsprechen ein. Aber die Segeberger Festspielveranstalter fürchteten, ihren Winnetou zu verlieren, und hielten darum den Brief zurück. Welche Bedeutung Wendlandt der Winnetou-Darstellung durch Hilgers beimaß, sieht man daran, daß die Segeberger auf Drängen der Filmproduktion die Winnetou-Rolle aus der Fernsehfassung des 1962 aufgeführten Stückes *Unter Geiern* strichen; Hilgers, in dem Wendlandt offenbar einen ernsthaften Konkurrenten für Pierre Brice sah, spielte nun den Wokadeh.

Zweimal Kara Ben Nemsi

Aber Hilgers' Bad Segeberger Partner Harry Walther schaffte immerhin den Sprung vor die Kameras, als das Fernsehen 1963 zum erstenmal einen May-Stoff verfilmte. Er spielte den Kara Ben Nemsi in der sechsteiligen Fernseh-serie *Mit Karl May im Orient*, die man, angeregt durch den unerwarteten Kinoerfolg von *Der Schatz im Silbersee*, in Jugoslawien drehte. Die knapp halbstündigen Folgen basierten auf Episoden aus Karl Mays sechsbändigem Orientzyklus *Im Schatten des Großherrn*. Neben Walther spielten Osman Ragheb als Hadschi Halef Omar und Eduard Wiemuth als Sir David Lindsay sowie zum größten Teil jugoslawische Darsteller, von denen einige auch in den May-Kinofilmen mitwirkten.

Auftraggeber war die Freie Fernsehgemeinschaft (FGG), welche die Serie in ihrem Vorabendprogramm ausstrahlen wollte. Als das Bundesverfassungsge-richt das von Konrad Adenauers Bundesregierung initiierte kommerzielle Staatsfernsehen für verfassungswidrig erklärte, gingen die bereits gedrehten FGG-Programme an das neu gegründete Zweite Deutsche Fernsehen über. Das strahlte *Mit Karl May im Orient* niemals aus, weil man das qualitative Niveau der Serie als zu gering ansah (ein heute nicht mehr vorstellbares Geba-ren der Fernsehverantwortlichen). Vielleicht fürchtete man auch den direkten Vergleich mit den aufwendig inszenierten May-Kinospektakeln der Wend-landt- und der Brauner-Produktion.

Das gerade erst gegründete ZDF zeigte lediglich die drei Episoden *Kara Ben Nemsi, Das Geheimnis des Bettlers* und *Der falsche Hakim* auf der Berliner Funkausstellung im Jahre 1963 in einem auf die Messehalle beschränkten Ver-suchsprogramm.

Schließlich schickte das ZDF Kara Ben Nemsi doch noch in die deutschen Wohnzimmer, und zwar in der 1973 und 1975 ausgestrahlten Serie *Kara Ben Nemsi Effendi*, die wiederum auf dem sechsbändigen Orientzyklus basierte. Karl Michael Vogler als Titelheld und der als ›Ekel‹ Alfred Tetzlaff aus Wolf-gang Menges Fernsehserie *Ein Herz und eine Seele* bekannt gewordene Heinz Schubert als Hadschi Halef Omar füllten die Rollen von Typ und Anlage her besser aus als vor ihnen Lex Barker und Ralf Wolter. Weitere bekannte Schau-spieler in der Serie waren Ferdy Mayne als Lindsay, Dieter Hallervorden, Lina Carstens, Herbert Fleischmann, Willy Semmelrogge, Heinz Baumann, Gün-ther Lamprecht und Gerd Baltus.

Fernsehveteran Günter Grävert, der schon zu Beginn der Sechziger *Die seltsamen Methoden des Franz Josef Wanninger* mitinszeniert hatte, zeichnete als Regisseur und Drehbuchautor für das Unternehmen verantwortlich; außerdem spielte er in der zweiten Staffel den Dr. Marterstein. Um der Serie ein musikalisches May-Flair zu geben, beauftragte man Martin Böttcher mit der Komposition des Soundtracks.

Mit einem — im Vergleich zu den May-Kinofilmen schmalen — Etat von 1,7 Millionen DM ausgestattet, drehte Grävert die ersten dreizehn ca.

25-minütigen Folgen in enger Anlehnung an Karl Mays Bücher. Zwar mußte Gräwert aus Gründen der Sparsamkeit und der Dramaturgie einiges ändern und streichen, aber *Kara Ben Nemsi Effendi* war trotzdem ungleich werkgetreuer als die meisten May-Kinofilme.

›Das etablierte Action-Publikum wurde so allerdings in seinen Erwartungen enttäuscht: Verglichen mit den Taten anderer abenteuerlustiger Serienhelden war das, was Kara Ben Nemsi da so leistete, nicht mehr als durchschnittlich zu nennen. Das Tempo gab sich gemächlich: Die Karl-May-echte Konzeption konnte nicht darüber hinwegtäuschen, daß Gräwert der pralle Abenteuerstoff unversehens zum Kammerspiel geriet – es gab viele Großaufnahmen der Darsteller, viele Dialoge über Gott, Welt und die Jungfrauen des Paradieses, aber die schillernde Welt des Orients, die Landschaften, kamen nur am Rande zur Geltung. Bisweilen roch es gar nach Atelierluft, etwa wenn Gräwert die heilige Stadt Mekka mittels einiger fanatisch-gläubig dreinschauender Pilger-Komparsen – und weiter nichts – suggerieren wollte. Die Tumultszenen an der Kaaba, wo aufgebrachte Moslems dem ungläubigen deutschen Giaur den Garaus machen wollten, hat man sich nach der Lektüre doch anders vorgestellt, als es hier fast schon symbolisch verkürzt in Szene gesetzt wurde.‹ (Michael Petzel, *Karl May im Fernsehen).*

Die Zuschauerresonanz der von Oktober bis Dezember 1973 im Vorabendprogramm ausgestrahlten Serie war zunächst nicht überwältigend. Im Verlauf der weiteren Ausstrahlung wurde das Echo aber immer positiver, so daß die Fernsehbosse die nächsten dreizehn Folgen in Angriff nahmen. Das entsprach der ursprünglichen Planung, da die erste Staffel ein offenes Ende hatte.

Nicht der ursprünglichen Planung entsprach, daß man diesmal nach Spanien ging und in der Gegend von Almeria und Alicante filmte. Anfangs wollte man einmal mehr ins May-Land Jugoslawien ziehen, das dem Handlungsort Balkan schließlich auch entsprach. Aber obwohl man diesmal ungefähr drei Millionen DM zur Verfügung hatte, war Jugoslawien zu teuer geworden. Die Kritik der Zuschauer war nicht auf taube Ohren gestoßen, und Karl Michael Vogler versprach für die Fortsetzung: ›Weniger langatmige Dialoge, mehr Aktion‹. Gleichwohl blieb Günter Gräwert seiner Linie treu und hielt sich in der Handlungsführung eng an die Vorlage, was die Serie in den Augen der May-Kenner zu einer der besten May-Verfilmungen macht.

Von Januar bis April 1975 im Vorabendprogramm gezeigt, wurde die zweite Staffel nicht der erhoffte Zuschauererfolg. Dies und die hohen Produktionskosten (bei der zweiten Staffel doppelt soviel wie bei einer entsprechenden Studioproduktion) ließen keinen Gedanken an eine Fortsetzung aufkommen. Schade, wenn man die Kongenialität der Umsetzung bedenkt. Schade auch, daß die Serie – bei all den vielen Wiederholungen – lange nicht mehr zu sehen gewesen ist. Das ZDF besitzt die Ausstrahlungsrechte für *Kara Ben Nemsi Effendi* schon seit einigen Jahren nicht mehr. Vielleicht beschert uns ja das private Fernsehen einmal ein Wiedersehen mit dem kleinen Halef und seinem Sidhi.

1978 sah es so aus, als sollten Karl Michael Vogler und Heinz Schubert, die

1991 in der ARD-Vorabendserie *Stocker und Stein* wieder gemeinsam spielten, doch noch mal *Durchs wilde Kurdistan* reiten. Harry Walther, inzwischen in Bad Segeberg zum Intendanten aufgestiegen, wollte die beiden Fernsehstars als Kara und Halef für dieses Stück verpflichten, scheiterte damit aber an den Gagenvorstellungen seiner Traumbesetzung. Statt dessen übernahmen zwei andere aus dem Fernsehen bekannte Darsteller die Rollen: Der unter anderem im Münchner Komödienstadel aufgetretene Gerhart Lippert spielte Kara Ben Nemsi und der kahlköpfige Komiker Jürgen Feindt seinen treuen Halef. Beide waren alte Bekannte in Bad Segeberg: Lippert hatte dort schon 1953 den Winnetou gegeben und Feindt 1976 und 1977 den Hobble-Frank. Für den Komiker war der Hadschi eine seiner letzten Rollen; er verunglückte am 10. September 1978 mit seinem einmotorigen Sportflugzeug tödlich.

Pierre Brice reitet wieder

In den späten Siebzigern tauchten weitere bekannte Namen in den Bad Segebergern Programmheften auf. Als man zum 25jährigen Jubiläum der Karl-May-Festspiele im Jahre 1976 den *Winnetou* in zwei Teilen auf die Bühne brachte – nachmittags *Winnetou I* und abends *Winnetou II* – engagierte Harry Walther den kartoffelquetschenden Fernseh-Seewolf Raimund Harmstorf und bot ihm zwei sehr unterschiedliche Rollen zur Auswahl an: Old Shatterhand und Santer. Harmstorf, der 1968 in dem in der Berliner Deutschlandhalle aufgeführten Stück *Der Schatz im Silbersee* als Indianer Kleiner Bär erste May-Erfahrungen gesammelt hatte, entschied sich für den Mörder Inschu-tschunas und Nscho-tschis. 1979 wechselte er auf die Seite der Guten über, als er in Segeberg die Titelrolle in dem Stück *Old Firehand* übernahm. ›Raimund Harmstorf war vom Typ her der ideale Old Firehand. (. . .) Trotz der hervorragenden Besetzung in Bad Segeberg schleppte sich die Handlung mühsam und ohne große Spannungseffekte dahin. Hier wurde eine Chance vertan, ein zugkräftiges Stück mit einer Idealbesetzung zügig und spannungsgeladen zu inszenieren.‹ (Thomas Winkler, *Mit eigenen Augen dabei – Karl-May-Festspiele in der Bundesrepublik*).

1980 spielte der als Titelheld der Fernsehserie *Percy Stuart* bekannt gewordene Claus Wilcke in dem Stück *Im Tal des Todes* den Banditen Juan Cortinez, und Chris Howland sorgte als ›Musicman‹ für die humoristischen Einlagen. Als man im folgenden Jahr *Der Schatz im Silbersee* aufführte, schlüpfte der sächselnde Komiker Eberhard Cohrs in das Kostüm der Tante Droll.

Das Bad Segeberger Star-Karussell drehte sich aus gutem Grund so emsig, denn dem norddeutschen Karl-May-Mekka war in der kleinen, im idyllischen Südsauerland gelegenen Gemeinde Elspe eine bedrohliche Konkurrenz erwachsen, die spätestens 1976 übermächtig wurde, als Film-Winnetou Pierre

Brice wieder als edler Apachen-Häuptling in den Sattel stieg und über den Elsper Rübenkamp ritt. Die Zuschauerzahlen in Bad Segeberg sanken drastisch, was die Nordlichter veranlaßte, ihrerseits bekannte Namen auf die Bühne zu holen, ohne damit den gewünschten Erfolg zu erzielen. Die Verpflichtung des noch immer von jung und alt geliebten und verehrten Franzosen war eine Notlösung der bis dahin nur mit Laienschauspielern agierenden Elsper und zugleich ein genialer Schachzug.

Die seit 1950 im Freien spielenden Sauerländer wagten sich in den Jahren 1958−60 mit den Stücken *Winnetou, Der Schatz im Silbersee* und *In den Schluchten des Balkan* zum erstenmal an Karl May. Als die Aufführungen von *Wilhelm Tell, Michael Kohlhaas* und *Dreizehnlinden* in den drei folgenden Jahren bei weitem nicht so viele Zuschauer anlockten wie die drei May-Stücke, verlegte man sich ab 1964, wo man das Stück *Hadschi Halef Omar* spielte, endgültig auf den sächsischen Schriftsteller. Als Jochen Bludau ab 1970 Mays Bücher für die Bühne bearbeitete, führte man in Elspe nur noch Winnetou-Stücke auf. Bludau, der seit den späten Sechzigern den Old Shatterhand/Kara Ben Nemsi darstellte, avancierte 1971 auch zum Vorsitzenden der Naturbühne Elspe und damit zum dominierenden Mann der dortigen Karl-May-Festspiele. Unter seiner Leitung wuchsen sich die alljährlichen Spiele zum regelrechten Wildwest-Spektakel mit viel Action, Attraktionen und Klamauk aus. Kaskadeure wurden engagiert, und die Hauptdarsteller erhielten eine richtige Stunt-Ausbildung. Fortan galoppierten ganze Pferdeherden mit auf den Tieren herumturnenden Indianern über die durch Explosionen und Feuersbrünste erschütterte Naturbühne; Planwagen, eine Postkutsche und eine kleine Western-Eisenbahn fuhren durch die Szenerie. Der Erfolg im Sinne beständig wachsender Zuschauerzahlen gab Bludau recht: *Hadschi Halef Omar* lockte 1964 17 500 Besucher nach Elspe, *Winnetou* 1967 20 068 und *Der Schatz im Silbersee* ein Jahr später 25 476; 1975 zählte man bei *Im Tal des Todes* schon 145 632 Besucher.

1976 sah sich Bludau vor die Aufgabe gestellt, die Winnetou-Rolle neu zu besetzen. Sein bisheriger roter Bruder Peter Löher wollte sich als Fahrlehrer selbständig machen und konnte deshalb nicht den ganzen Sommer über im Indianerkostüm auf der Bühne stehen. So kam Bludau auf die Idee, bei Pierre Brice anzufragen.

Dieser übernahm nur zu gern wieder die Rolle, die ihm Ruhm und Reichtum eingebracht hatte, denn seit seinem letzten Winnetou-Film war es mit seiner Karriere nicht so recht weitergegangen. Zwar stand er auch weiterhin vor der Filmkamera, doch für ziemlich unbedeutende Werke, die in der Regel noch nicht einmal den Weg nach Deutschland fanden. Eine Ausnahme bildet die italienisch-französische Kriminalkomödie *La pupa del gangster/La pepee du gangster* (Die Puppe des Gangsters, 1974), in der er immerhin Co-Star von Sophia Loren und Marcello Mastroianni war. Für das Fernsehen drehte er verschiedene Serien, von denen in Deutschland *Ein Mädchen fällt vom Himmel* und *Die Mädchen aus dem Weltraum* am bekanntesten sind. In der ersten spielte er einen Piloten und in der zweiten einen Außerirdischen, der vor den weiblichen Herrschern seines Planeten auf die Erde flieht. Er fand also durchaus neue Rollen, konnte aber nicht an den überwältigenden Erfolg seiner Winnetou-Verkörperung anknüpfen.

Das gelang ihm erst 1976, als er wieder als Winnetou an der Seite von Old Shatterhand (Jochen Bludau) durch den Wilden Westen und das Stück *Der Ölprinz* ritt und für Elspe mehr als 100 000 neue Zuschauer hinzugewann, deren Gesamtzahl in diesem Jahr sich auf 252 602 belief. So viele Besucher hatten bislang weder ein Karl-May-Stück noch sonst irgendeine Aufführung auf einer Freilichtbühne angelockt. Es war, als hätte es die acht Jahre zwischen dem letzten Winnetou-Film und Pierre Brices Comeback im Sauerland nicht gegeben. Wieder beherrschte Brice-Winnetou die Medien und wurde zum Mittelpunkt des Interesses zahlreicher Fans und Fan-Clubs.

Erst hatte man in Elspe überlegt, ob Brice die Rolle im Playback sprechen oder ob man ihn, wie in den Filmen, synchronisieren lassen sollte, da er nicht besonders gut deutsch sprach. Beides wäre problemlos möglich gewesen, da die Hauptdarsteller über drahtlose Mikrofone sprechen und die Stimmen der Nebendarsteller mangels freier Frequenzen ohnehin vom Band kommen. Aber man entschied sich dafür, Brice nicht nur live spielen, sondern auch sprechen zu lassen, wofür der Franzose ordentlich Deutsch pauken mußte. Er lernte die Sprache ganz gut, wenn auch mit starkem Akzent, was der Exotik des Apachen-Häuptlings aber nur zugute kam. Sein ›Isch bihn där Äuptling allär Apatschänn‹ wurde zum regelrechten Markenzeichen des Briceschen Winnetous.

Damit *Der Schatz im Silbersee* im folgenden Jahr ein noch größerer Erfolg wurde, engagierte Bludau nicht nur wieder Pierre Brice, sondern auch Harald Reinl als Regisseur, der in Elspe für noch mehr Tempo und Dynamik sorgte, indem er einen filmischen Inszenierungsstil mit vielen kurzen Szenen einführte. Die Premiere erlebte Reinl aber nicht mehr mit, da die Elsper sich kurz vorher wegen Meinungsverschiedenheiten von ihm trennten. Andernfalls hätte sich Reinl mit eigenen Augen davon überzeugen können, daß seinen Bemühungen ein voller Erfolg beschieden war. 326 453 Besucher zählten die Elsper in dieser Saison und gaben Pierre Brice daraufhin einen Dreijahresvertrag für die komplette Winnetou-Trilogie. Ein wichtiges Element des Erfolgs waren einmal mehr Martin Böttchers romantische Filmmelodien, derer man sich in Elspe bediente, während die Segeberger lange Zeit auf die schrilleren Klänge Ennio Morricones setzten.

Die neue Popularität in seiner alten Rolle ermöglichte es Pierre Brice schließlich, einen langgehegten Wunsch in die Tat umzusetzen: Er trat wieder als Winnetou vor die Kamera.

Winnetou in Mexiko

Schon 1967, nachdem Horst Wendlandt die Winnetou-Filmserie eingestellt hatte, plante Pierre Brice, einen eigenen Winnetou-Film zu produzieren, der mehr seiner Auffassung von dem Apachen-Häuptling entsprechen sollte. Er hatte sich immer darüber beklagt, die Deutschen würden sich in ihren Filmen davor scheuen, Gefühle zu zeigen. Anfang 1968 sollten die Dreharbeiten zu *Winnetous Sohn* unter der Regie von Altmeister Alfred Weidenmann beginnen, der 1964/65 den Agentenfilm *Schüsse im Dreivierteltakt* mit Brice in der Hauptrolle inszeniert hatte. Alain Tissier, der in *Old Shatterhand* Winnetous Adoptivsohn Tujunga gespielt hatte, sollte eine ähnliche Rolle in *Winnetous Sohn* übernehmen. Das Projekt zerschlug sich, als Artur Brauner Brice für *Winnetou und Shatterhand im Tal der Toten* engagierte.

Aber die Idee der Geschichte, daß Winnetou zum Lehrmeister eines jungen Indianers wird — eine Thematik, die in *Old Shatterhand* nur angeschnitten wurde —, ließ Brice nicht mehr los. Angeregt durch seinen neuen Winnetou-Erfolg in Elspe, machte er ein Exposé für einen neuen Kinofilm daraus. Als die WDR-Redakteurin Marlis Robels den Entwurf bei einem Besuch in Elspe las, war sie davon so begeistert, daß sie Brice vorschlug, das Projekt als Fernsehserie zu realisieren. Brice war einverstanden, und die Planungen zu *Mein Freund Winnetou* liefen 1976 an.

Ursprünglich für den September 1977 geplant, verzögerte sich der Beginn der Dreharbeiten bis zum Januar 1979. Bis zum Mai filmte man unter der Regie des Franzosen Marcel Camus im mexikanischen Durango und seiner Umgebung. Zum erstenmal wurde eine Winnetou-Verfilmung quasi an Originalschauplätzen inszeniert. Da sich einige Einstellungen später als unbrauchbar erwiesen, wiederholte man sie in Elspe, wo die entsprechenden Kostüme und Ausrüstungsgegenstände zur Verfügung standen.

Hauptgeldgeber waren der Westdeutsche Rundfunk, Frankreich und die Schweiz; außerdem waren noch Österreich und die USA an der Produktion beteiligt. Nach dem Exposé von Brice schrieb der mit einer Indianerin verheiratete Franzose Jean-Claude Deret das Drehbuch. Für die musikalische Untermalung kam einmal mehr Martin Böttcher ins Gespräch, der aber letztlich durch Peter Thomas ersetzt wurde; das war nach *Winnetou und sein Freund Old Firehand* der zweite May-Einsatz für Thomas. Der anfangs auf zwei Millionen DM festgesetzte Etat stieg im Verlauf der Dreharbeiten auf 4,4 Millionen an.

Von vornherein stand fest, daß Pierre Brice wieder den Winnetou spielen würde. Heftig umstritten war dagegen die Rolle des Old Shatterhand, die der WDR gern mit Raimund Harmstorf besetzen wollte. Viele May-Fans aus den Sechzigern sahen ihr inzwischen verstorbenes Idol Lex Barker gefährdet und forderten, es sollte gar keinen Shatterhand in der Serie geben. Und wenn schon, dann sollte er von Ron Ely gespielt werden. Der Amerikaner Ely wies tatsächlich einige Ähnlichkeiten zu Lex Barker auf, die sich nicht nur im Aussehen erschöpften. Ely hat in einer amerikanischen Fernsehserie die von Barker in fünf Kinofilmen verkörperte Rolle des Dschungelhelden Tarzan und in Harald Reinls Jack-London-Western *Der Schrei der schwarzen Wölfe* mit Raimund Harmstorf als Co-Star einen Trapper gespielt, der in seiner braunen Lederkluft sehr an Barkers Shatterhand erinnerte. Bei einer Umfrage unter May-Fans belegte Ely als Wunsch-Shatterhand ganz klar den ersten Platz, dem weit abgeschlagen Karl-Michael Vogler und Jochen Bludau folgten.

Die Produzenten von *Mein Freund Winnetou* hatten neben Harmstorf zwei andere Kandidaten im Sinn: Hans von Borsody und Siegfried Rauch. Letzterer, bekannt aus Fernsehserien wie *Es muß nicht immer Kaviar sein* und *Eine glückliche Familie*, machte schließlich das Rennen. Im nachhinein erwies sich die Wahl nicht als sehr glücklich. In seinem Bemühen, in nichts an Barker zu erinnern, brachte es Rauch fertig, auch in nichts an Karl Mays Old Shatterhand zu erinnern. Er stellte den Westmann als einen recht groben Klotz dar, wie er im historischen Westen häufig vorgekommen sein mag, der aber von Mays Beschreibung des edlen Streiters für das Gute nichts wiedererkennen ließ. Da konnte der Zuschauer nur dankbar sein, daß die Shatterhand-Rolle in der Serie nicht allzu groß war.

Erst hatte man vorgehabt, Nscho-tschi wiederauferstehen zu lassen, gespielt von einer May-Veteranin, wenn man die rassige Dunja Rajter so bezeichnen darf. Dann merkte man aber wohl, daß eine gereifte Nscho-tschi etwas seltsam wirken würde, war sie doch schon als junge Frau von Santer ermordet worden. So wurde die Rolle ersatzlos gestrichen.

Neben Pierre Brice war Ralf Wolter der einzige, der erneut seine aus den Winnetou-Filmen gewohnte Rolle spielte. Nur schrieb er sich diesmal seltsamerweise Sam Hawkins statt Hawkens. Zwar gab es auch einen den Indianern freundlich gesonnenen Leutnant Merrill, gespielt von Arthur Brauss, doch hatte die Figur nichts mit dem gleichnamigen Offizier aus dem Film *Winnetou II* zu tun. Zweiter Hauptdarsteller neben Brice war der aus Paris kommende Franco-Vietnamese Eric Do (auch als Eric Hieu Do und Eric Do Hieu geführt) als junger Komantsche Tashunko, der nach dem mißglückten Versuch, Winnetous Pferd zu stehlen, von dem Apachen wie ein Sohn in den Gebräuchen der Indianer unterwiesen wird.

Das Vater-Sohn-Motiv zieht sich wie ein roter Faden durch die Serie und spiegelt sich auch in dem Verhältnis zwischen Winnetou und Alter Bär wieder. Letzterer ist ein alter Arapahoe, von dem Karl May nichts wußte und der für Winnetou ein dritter Vater (neben Inschu-tschuna und Klekih-petra) gewesen ist. Was Alter Bär einst für Winnetou war, ist dieser nun für Tashunko.

Die Serie beginnt mit dem Überfall weißer Banditen unter der Führung eines gewissen Sammy Cook auf ein Arapahoe-Dorf, bei dem Kleiner Bär und Alter Bär, die Freunde Winnetous, getötet werden, wie der Apache glaubt. In Wahrheit ist Alter Bär nur verwundet und wird später unter Verdrehung der Tatsachen wegen Mordes angeklagt. Winnetou, der Tashunko unter seine Fittiche genommen hat, steht derweil den Cheyenne gegen skrupellose Weiße bei, die den Indianern ihr Land für den Bau der Eisenbahn rauben wollen. Der

Versuch Winnetous, alle roten Stämme für einen Krieg gegen die Weißen zu vereinen, scheitert an der Uneinigkeit der Häuptlinge. Als der Apache von dem Prozeß gegen Alter Bär erfährt, sagt er als Zeuge für seinen Ziehvater aus. Bevor die Geschworenen ihr Urteil verkünden können, stirbt Alter Bär. Das alles hat mit Karl May nicht das geringste zu tun. Pierre Brice und Jean-Claude Deret, der in der Serie auch den kauzigen Fotografen Napoleon Charbonneau spielte, benutzten lediglich die Popularität der bekannten May-Figuren, um das tatsächliche Leben und Sterben der roten Rasse zu zeigen. Brice hatte sich seit den Sechzigern sehr stark mit der Geschichte der Indianer auseinandergesetzt und versuchte mit der neuen Serie, einen Einblick in ihre Kultur und Denkweise zu geben. Über die Tashunko-Figur konnte Brice/Winnetou sein Wissen an die Zuschauer weitergeben.

Winnetou hat sich seit den Karl-May-Filmen sehr verändert. Er ist nicht nur äußerlich gealtert – Brice feierte während der Dreharbeiten seinen 50. Geburtstag –, sondern auch innerlich gereift. Pierre Brice: ›In den alten Spielfilmen nach Karl May war Winnetou so etwas wie ein überdimensionaler Held. Ein Held, der nicht lachen und nicht weinen durfte. Für einen Schauspieler keine sehr ergiebige Rolle. Jetzt ist Winnetou menschlicher geworden.‹ Und: ›Mein Ziel und mein Traum wäre es, Winnetou zu einem Idol zu machen, das alles überdauert. Ein Idol, das an die wahren Werte des Lebens erinnert. An die Natur, an die Freundschaft, an die Ehre, Treue und Tapferkeit, an Fairneß und Aufrichtigkeit gegenüber sich selbst und anderen. Das ist mein Anliegen. Und wenn die Menschen das begreifen, wird Winnetou niemals wirklich sterben.‹

Der Apache hat sich von Karl Mays romantischer Märchenfigur zu einem seinen historischen Vorbildern sehr ähnlichen Indianer gewandelt, der lange Monologe voller Weisheit, aber auch Bitterkeit hält. Als er zu Beginn der ersten Episode die Gräber seines Vaters und seiner Schwester besucht, sagt er: ›Inschu-tschuna, mein Vater, Nscho-tschi, meine geliebte Schwester, getötet von Männern mit bleichen Stirnen. Es gibt immer wieder Tage, wo Winnetou nicht versteht, Blutsbrüderschaft geschlossen zu haben mit einem Bleichgesicht.‹ Das sind Worte, die Karl Mays Winnetou und auch dem der alten Filme nicht einmal im Traum eingefallen wären. Jedoch passen sie zu dem ganz und gar kalten Verhältnis zwischen Winnetou und Old Shatterhand in der Serie.

Der WDR strahlte *Mein Freund Winnetou* von Mai bis Juni 1980 im WDF-Regionalprogramm am Vorabend aus, wobei die ursprünglich sieben Folgen von je etwa 50 Minuten Länge auf 14 Folgen von je ca. 25 Minuten aufgespalten wurden, um zwischendurch noch Werbung unterzubringen. Im selben Jahr lief die Serie auch in Frankreich und in der Schweiz. Es lagen bereits sieben weitere Drehbücher nach einem Exposé von Pierre Brice vor, weil die Serie 1980 fortgesetzt werden sollte. Aber diese Fortsetzung unterblieb, da *Mein Freund Winnetou* nicht der erhoffte Erfolg wurde.

Dafür gab es mehrere Gründe. Die Fans der Karl-May-Filme aus den Sechzigern waren enttäuscht, weil die neue Serie jeglichen Hauch der alten Abenteuer-Romantik vermissen ließ. Für den normalen Zuschauer dürfte die Handlung schlichtweg zu langweilig gewesen sein. Regisseur Camus, dessen bekanntestes Werk das 1959 entstandene Film-Melodram *Orfeu Negro* ist, inszenierte die Serie zu pathetisch und zu semidokumentarisch. Die nicht enden wollenden Szenen aus dem indianischen Kulturleben sind für den anthropologisch Interessierten überaus lehrreich, ermüden den auf Unterhaltung eingestellten Normalzuschauer aber recht schnell. Weniger wäre hier mehr gewesen. Die ernste Thematik machte die Serie für das ganz auf Unterhaltung abgestellte Vorabendprogramm ungeeignet. Daß sie in Deutschland nicht bundesweit gleichzeitig ausgestrahlt wurde, verringerte zudem die Aufmerksamkeit der Medien.

In anderen Ländern, wo die Serie im Hauptabendprogramm zu sehen war, stieß sie auf größere Resonanz. In Frankreich erschien sogar ein opulent ausgestatteter Bildband unter dem französischen Serientitel *Winnetou le Mescalero*. In Deutschland brachte man immerhin die Serie mit den Originalstimmen auf Hörspielplatten und -kassetten heraus. Die Stimme von Pierre Brice ist darauf allerdings nicht zu hören, da er in der Serie von Christian Brückner (die deutsche Stimme von Burt Reynolds) synchronisiert wird.

Unter Pleitegeiern

In *Mein Freund Winnetou* trug Pierre Brice nicht mehr das aus den Karl-May-Filmen bekannte Winnetou-Kostüm, sondern verschiedene Trachten, die historischen Vorbildern entsprachen, womit das gewandelte Verständnis der Winnetou-Figur auch äußerlich dokumentiert wurde. Ab 1979 trug der Franzose auch auf der Bühne nicht mehr ein Kostüm, das denen aus alten Filmtagen ähnelte, sondern eine historisch getreue Apachen-Kluft mit rotem Stirnband und Reitstiefeln. Sein Winnetou wurde zunehmend nachdenklicher und setzte sich in Dia- und Monologen für Frieden und Völkerverständigung ein. Diese ganz im Sinne des alten May liegenden Themen wurden auf der Bühne nicht so breitgetreten wie die Indianerproblematik in der Fernsehserie und standen dem weiteren Erfolg von Pierre Brice in Elspe nicht im Weg. Ganz im Gegenteil, die 1978−80 aufgeführte Winnetou-Trilogie lockte jedes Jahr etwa 400 000 Zuschauer an, womit die Aufnahmekapazität der Freilichtbühne erreicht war.

1981 gingen Brice und Bludau getrennte Wege. Es wollte wohl keiner zu abhängig vom anderen werden. Auch tauchten Gerüchte über Meinungsverschiedenheiten zwischen den beiden eigenwilligen Charakteren auf. Bludau engagierte Claus Wilcke als Old Firehand für das Stück *Im Tal des Todes*, weil er ganz ohne einen bekannten Namen nicht auszukommen glaubte. Derweil ging Brice mit dem Stück *Winnetou* auf Tournee, nicht ahnend, daß er unter die Pleitegeier geraten war.

Hintermann des Tournee-Projekts war der damals dreißigjährige Rechtsanwalt und Anlageberater Peter Stenzel, Sohn der Brice-Managerin Ruth Killer. Er und Brice schrieben unter dem Pseudonym Peter Bruno das Stück nach dem Roman *Winnetou I*, ließen sich von Erfolgskomponist Ralph Siegel eine Musik komponieren, die irgendwo zwischen Böttcher, Thomas und Morricone liegt, und verpflichteten fast 60 Darsteller und 20 Pferde für das Spektakel. Für die pyrotechnischen Effekte sorgte der in fast allen Karl-May-Filmen der Sechziger dabeigewesene Erwin Lange.

Rüdiger Bahr, Hauptdarsteller des auf Jack London basierenden ZDF-Vierteilers *Lockruf des Goldes*, spielte den Old Shatterhand, Eberhard Cohrs den Sam Hawkens und der aus Elspe und vielen Filmeinsätzen bekannte Kaskadeur Mario Luraschi den Klekih-petra. Die Ralph-Siegel-Entdeckung Claudia Condor (alias Claudia Adelhart), ehemals Kassiererin bei Kaufhof, durfte als Nscho-tschi ein paar friedenssehnsüchtige Liedchen trällern, darunter ›Friede für dies Land‹. Zur selben Zeit machte Siegel die Sängerin Nicole mit dem Lied ›Ein bißchen Frieden‹ zur Grand-Prix-Siegerin. Die Liedtexte für *Winnetou* schrieb Siegel-Partner Bernd Meinunger.

24 Monate sollte die Tournee durch sämtliche Bundesländer und durchs europäische Ausland führen. Wo keine festen Hallen zur Verfügung standen, sollte in einem vom Zirkus Busch-Roland gemieteten Zelt gespielt werden. Peter Stenzel investierte nach eigenen Angaben 7,5 Millionen DM in das Projekt. Einnahmen von 55 Millionen DM sollten erforderlich sein, um keine Verluste entstehen zu lassen. Als das Stück am 4. Februar 1982 in der Dortmunder Westfalenhalle seine Uraufführung erlebte, sah es ganz und gar nicht danach aus, als würde man diese 55 Millionen DM jemals erreichen. Man munkelte, daß die Halle nur durch die Vergabe entsprechend vieler Freikarten gefüllt werden konnte. An normalen Spieltagen kamen statt der erwarteten 6000 nur 1200 Besucher zu dem ›Action- und Musik-Schauspiel‹.

Ein Grund für das Wegbleiben der Zuschauer war der überhöhte Eintrittspreis. Eine Karte kostete bis zu 35 DM. Für eine ganze Familie wurde das sehr schnell sehr teuer — viel teurer als ein Winnetou-Film aus der Videothek. Als die Tournee nach dem 17. Februar nach Wuppertal ins Zirkuszelt wechselte, kam ein weiterer Nachteil hinzu. Pierre Brice: ›Die Bühne war mit zwölf Metern viel zu klein. Ich konnte mit meinem Pferd nicht mal galoppieren.‹

Trotz der sich von Anfang an abzeichnenden Pleite wurde erst mal weitergespielt, weil das ganze Team durch juristisch ausgeklügelte Verträge dazu verpflichtet war. Am letzten Februartag platzte die ganze Veranstaltung schließlich, als die Schauspieler streikten, weil sie ihre Löhne nicht bekamen. Stenzel tauchte unter, und Karl Mays edler Apache machte negative Schlagzeilen à la ›Pleite! Winnetou stieg vom Pferd‹ und ›Traumkarriere geplatzt! Winnetous Schwester lebt von Alu‹. Tatsächlich standen alle Beteiligten im Regen. Viele Schauspieler hatten für die geplante Tourneedauer von zwei Jahren alle anderen Engagements abgesagt. Und der Zirkus Busch-Roland wartete auf 300 000 DM Leihgebühren und Vorleistungen von Stenzel. Profit machte nur Ralph Siegel mit der *Winnetou-Bühnenshow*, denn er ließ sich klugerweise im voraus bezahlen.

Der ewige Winnetou

Für Pierre Brice hielt sich die Misere in Grenzen, denn noch 1982 kehrte er reumütig ins Sauerland zurück, um neben Jochen Bludaus Old Shatterhand in *Der Schatz im Silbersee* erneut über den Elsper Rübenkamp zu reiten. Der vierundzwanzigjährige Student Mike Schmitz, der 1981 einen sehr jugendlichen und im Vergleich zum doch schon etwas angejahrten Pierre Brice sehr agilen Winnetou in Elspe gegeben hatte, war 1982 aus beruflichen Gründen nicht verfügbar. Der ursprünglich für die Saison '82 als Winnetou vorgesehene ungarische Kaskadeur Steve Szigeti erwies sich nicht als gewandt genug für eine Charakterrolle und bekam außerdem die deutsche Sprache nicht in den Griff. Da war Bludau sehr froh, daß er wenige Tage vor der Premiere erneut Blutsbrüderschaft mit Pierre Brice schließen konnte.

Der Franzose blieb bis 1986 dort und spielte noch *Der Ölprinz* und die Winnetou-Trilogie. Und wieder strömten die Zuschauer in Massen ins Südsauerland. Nebenbei bewies Pierre Brice, daß von ihm selbst geschriebene Winnetou-Stücke – natürlich auch mit ihm selbst in der Hauptrolle – durchaus erfolgreich sein konnten, und zwar in der Wiener Stadthalle, wo auch die Elsper schon Gastspiele gegeben hatten. In der Vorweihnachtszeit 1980 erlebte dort *Winnetou, der Apache* seine Premiere. Brice und Jean-Claude Deret hatten das Stück ganz im Geist der Fernsehserie *Mein Freund Winnetou* geschrieben, allerdings mit etwas stärkerem May-Bezug als im Fernsehen, zumindest, was das auftretende Personal anbetraf, zu dem sogar der Schriftsteller May selbst gehörte. Deret spielte darin wieder seine Rolle aus der TV-Serie, den Fotografen Charbonneau. Das Stück wurde ein triumphaler Erfolg. 1983 wiederholte Brice ihn mit dem ganz von ihm allein geschriebenen Stück *Winnetou und das Geheimnis des Feuerberges*, das wiederum nicht auf einer Vorlage Mays basierte.

Nachdem er in der Saison 1986 in *Winnetou III* erneut ins Gras der ewigen Jagdgründe gebissen hatte, nahm Brice endgültig Abschied von Elspe, was wohl weniger an ihm als an Blutsbruder Bludau gelegen hat. Dieser wollte endlich beweisen, daß die Elsper auf eigenen Füßen stehen konnten, und verpflichtete fortan verschiedene Winnetou-Darsteller, aber keine großen Stars mehr. Doch alle waren erheblich jünger als der damals siebenundfünfzigjährige Brice; dessen Alter war einer der Gründe dafür gewesen, daß Bludau ihn nicht mehr unter Vertrag nahm. Das Stammpublikum pilgerte auch weiterhin ins Sauerland, wenn auch nicht mit solch absoluten Rekordzahlen wie zu den Brice-Zeiten. 1989 wurde die Elsper Aufführung von *Der Schatz im Silbersee* sogar im Sonntagsvormittags-Fernsehprogramm der ARD übertragen. Man fragt sich, weshalb niemand auf diese Idee gekommen ist, solange Brice noch im Sauerland weilte.

Inzwischen hat man die Karl-May-Festspiele zum ›Elspe Festival‹ umdeklariert und wirbt mit ›Artistik, Tanz und Showvergnügen‹. Durch eine Ausweitung des Rahmenprogramms will man weiterhin attraktiv bleiben. Die jeweiligen May-Aufführungen wirken dabei jedoch ebenso austauschbar wie ausgemergelt. Sie setzen sich aus den stets gleichen Versatzstücken zusammen und erreichen nicht mal die Länge von 90 Minuten Spielzeit. Und was geboten wird, ist sehr wenig May, dafür viel Action-Spektakel und Holzhammer-Klamauk.

Trotz seines fortgeschrittenen Alters besaß Brice weiterhin einen guten Namen in der Show-Branche, besonders als Winnetou. Verschiedene Veranstalter bemühten sich um seine Mitwirkung. Der Häuptling der Apachen entschied sich schließlich für Elspes alten Konkurrenten Bad Segeberg. Ob die edle Rothaut da wohl ein wenig von Rachegefühlen getrieben wurde?

Ob man in Elspe darüber verärgert war, ist nicht bekannt. Sehr geärgert hat sich jedoch Klaus-Hagen Latwesen, damals Intendant und Winnetou in Bad Segeberg. Der um seine Heldenrolle fürchtende Fünfundvierzigjährige: ›Brice ist viel zu alt – den muß ich unter eine Glaskuppel stecken, damit ihm nichts zustößt!‹ Aber die Segeberger Veranstalter, seit der Brice-Verpflichtung in Elspe nur noch die Nummer Zwei unter den Karl-May-Festspielern, witterten mit Brice als neuem Zugpferd Morgenluft. Latwesen wurde kurzerhand als Winnetou wie auch als Intendant gefeuert: Dafür erhielt Brice ein Mitspracherecht bei Buch und Inszenierung.

Im Sommer 1988 war es endlich soweit: 9000 Zuschauer erlebten am Segeberger Kalkberg mit, wie Brice in seinem eigenen Stück *Winnetou, der Apache* die schleswig-holsteinischen Festspiele zu neuen Erfolgen führte. In den beiden folgenden Jahren wiederholte er dort die Winnetou-Rolle in *Der Schatz im Silbersee* und *Winnetous letzter Kampf,* Brices eigener Version von Winnetous Tod.

Mit Besucherzahlen von etwa 300 000 in der Saison 1990 erreichten die Segeberger zwar nicht das Elsper Niveau, waren für ihre Verhältnisse aber mehr als zufrieden. Darum waren sie ebenso bestürzt wie das Brice-treue Publikum, als sie erfuhren, daß im Sommer 1990 *Winnetous letzter Kampf* in doppelter Bedeutung stattfinden sollte. Mit 61 Jahren wollte Brice das Indianerkostüm endlich an den Nagel hängen.

Der Westberliner *Tagesspiegel* berichtete am 10.07.1990: ›Mit Ovationen und Transparenten mit Aufschriften wie ›Winnetou – Du darfst nicht sterben‹ und ›Pierre, mach weiter!‹ begleiteten Zuschauer am Wochenende die Premiere des Stücks ›Winnetous letzter Kampf‹ bei den Karl-May-Spielen in Bad Segeberg. 9000 Besucher erhoben sich im Freilichttheater von ihren Sitzen, Feuerwehrleute nahmen ihre Dienstmützen ab, als der tote Winnetou von Indianern durch das Publikum getragen wurde. Die Sterbeszene mit dem französischen Schauspieler Pierre Brice gelang so gut, daß Hunderte von

Besuchern der Bahre Winnetous folgten. Pierre Brice erschien anschließend auf seinem Pferd wieder auf der Bühne. Großer Jubel, Fans durchbrachen die Absperrung und versuchten, den Schauspieler anzufassen, warfen Blumen und zündeten Wunderkerzen an.‹

Brice/Winnetou ist zur Identifikationsfigur eines überwiegend jungen und weiblichen Publikums geworden, das seine May-Filmerfolge im Kino gar nicht miterlebt hat. Es spricht für den Schauspieler, für die Figur Winnetou und für deren Verkörperung durch Brice, daß er die Massen derart zu bewegen vermag. Und die Fans selbst versuchten auch, etwas zu bewegen. Sie starteten die Aktion ›Winnetou darf nicht sterben‹ und brachten auf diese Weise fast 30 000 Unterschriften dafür zusammen, daß Brice weiterhin als Winnetou für Frieden und Gerechtigkeit streiten sollte. Bundesfinanzminister Theo Waigel schloß sich in seiner Eigenschaft als Bad Segeberger Ehrenhäuptling in einem Brief an Brice dieser Bitte an.

Das war sogar der größten amerikanischen Tageszeitung, *The New York Times*, am 06.09.1990 einen Artikel wert unter der Überschrift ›An Apache Bites the Dust In the German Wild West‹. Darin sagte Brice: ›Ich bin seit fast 30 Jahren Winnetou, und ich dachte, ich würde nach dieser Saison aufhören. Aber das Publikum will nicht, daß ich aufhöre. Ich muß darüber nachdenken. Man nimmt den Leuten nicht gern etwas weg, was ihnen so viel bedeutet.‹

Ein Aufatmen ging durch die Reihen der Winnetou-Verehrer und der Segeberger Veranstalter, als Brice verlauten ließ, auch 1991 wieder in den Sattel steigen zu wollen. Extra dafür schrieb er das Stück *Winnetou – Das Vermächtnis*, eine Kompilation der wichtigsten Ereignisse aus dem Leben des Apachen. Diese Nachricht war dem Segeberger Bürgermeister sogar eine Pressekonferenz wert. Böse Zungen behaupteten nachher, Brice habe von vornherein nicht ans Aufhören gedacht und nur das Publikumsinteresse schüren wollen. Für *Das Vermächtnis* holte Brice seinen alten Weggefährten Ralf Wolter in dessen Paraderolle als Sam Hawkens in Karl Mays Abenteuerwelt zurück.

Die Zuneigung des Publikums ist Pierre Brice als Winnetou sicher, während er sich in anderen Rollen schwertut. Das Fernsehen verpflichtet ihn hin und wieder zu Gastauftritten in Serien wie *Traumschiff* und *Ein Schloß am Wörthersee*, wo er aber auch von seinem Winnetou-Ruhm zehrt. Außerdem nährt der Winnetou den Schauspieler und Autor Brice recht gut; eine Saison in Bad Segeberg macht ihn um 250 000 DM reicher. Wahrscheinlich verdient seine langjährige Lebensgefährtin und jetzige Frau Hella Krekel ein Zubrot, wenn sie, wie in *Winnetous letzter Kampf*, als Squaw mit ihrem Mann auf der Bühne steht. Jedoch sagte sie danach: ›Einmal Squaw reicht!‹

Auch kann Brice den Bühnenerfolg gut gebrauchen, um ein Projekt zu verwirklichen, mit dem er schon seit Jahren schwanger geht: Ein neuer Winnetou-Kinofilm, zwischenzeitlich auch mal als Fernsehserie angekündigt, von und mit Pierre Brice soll seine Karriere als Deutschlands beliebtester Indianer krönen. Brice: ›Die Ideale, für die Winnetou zur Symbolfigur wurde –

Humanität, Menschenrechte, der Kampf um das Überleben von Minderheiten und die Liebe zur bedrohten Natur — sie packen die Menschen heute wieder. Der Geist von Karl May ist aktuell, aber man muß bei der künstlerischen Realisierung neue Wege finden, darf nicht stehenbleiben bei dem, was vor 20 Jahren ankam.‹

Wie sagte Pierre Brice doch einmal: ›Ich werde Winnetou sein, solange ich reiten kann.‹

Von Buschgespenstern und Präriejägern

Der Puppentrickfilm *Die Spur führt zum Silbersee* ist nur eines von mehreren Karl-May-Filmprojekten, die in der DDR nach der Rehabilitierung Mays in Angriff genommen wurden. Bereits zu Weihnachten 1986 strahlte das DDR-Fernsehen mit dem zweiteiligen Film *Das Buschgespenst* die erste Verfilmung eines May-Romans aus, die nicht im Wilden Westen, im Orient oder in sonstigen exotischen Gefilden angesiedelt ist, sondern im heimatlichen Deutschland. Das sächsische Erzgebirge, Mays eigene Heimat, dient als Handlungshintergrund für eine Geschichte, in der May viel Autobiographisches verarbeitet hat.

Er schrieb den 2300 Seiten umfassenden Kolportageroman *Der verlorene Sohn oder Der Fürst des Elends* von 1983—85 für den Dresdner Münchmeyer-Verlag in Anlehnung an die Romane *Les mystères de Paris* (Die Geheimnisse von Paris, 1842/43) von Eugene Sue und *Le comte de Monte-Christo* (Der Graf von Monte Christo, 1945/46) von Alexandre Dumas. Der Ex-Zuchthäusler May legte Erlebtes und Erträumtes in die Figur des unschuldig verfolgten Gustav Brandt hinein, der, in Indien zu Ruhm und Reichtum gekommen, nach 20 Jahren zurückkehrt, um Rache an seinen Peinigern zu nehmen.

Das DDR-Fernsehen schrieb zu seiner Produktion: ›Ein idyllisches Städtchen im deutschen Erzgebirge Ende des vergangenen Jahrhunderts. Ein Mann der sich Arndt nennt, kehrt nach langer Zeit in seine Heimat zurück. Niemand kennt ihn mehr, und er will unerkannt bleiben, denn sein Ziel ist es, ein Verbrechen aufzuklären, das vor 20 Jahren geschah. Er wurde damals unschuldig verurteilt wegen angeblichen Kindermordes und Brandstiftung. Jetzt will er die wahren Schuldigen überführen. Und er kommt zur rechten Zeit, denn das ›Buschgespenst‹ macht das Leben in dem kleinen Ort unsicher und gefährlich. Keiner weiß, wer sich hinter dieser Maske verbirgt. Allerdings kann Arndt nicht ahnen, daß seine Entlarvung des Verbrechers für ihn persönlich auch tragische Entdeckungen birgt.‹

Diese tragischen Entdeckungen offenbaren Arndt, daß sein eigener Sohn, den er angeblich ermordet haben soll, in der Maske des Buschgespenstes der Anführer einer berüchtigten Pascherbande im deutsch-böhmischen Grenzgebiet ist. Und hinter den Untaten steckt Arndts Frau, die sich als biedere Geschäftsfrau ausgibt.

Das Buschgespenst ist übrigens der Titel, den ein Teil des umfangreichen Kolportageromans bei der Bearbeitung durch den Karl-May-Verlag erhielt. Das DDR-Fernsehen sicherte sich den Titel, um dessen Werbewirksamkeit auszunutzen, hielt sich aber textlich an Mays Originalfassung.

Die DDR-Programmzeitschrift *FF-Dabei* kommentierte: ›Es gibt in diesem ersten Karl-May-Film des DDR-Fernsehens alles, was man vom Autor erwartet: viel Spannung, Abenteuer, eine Liebesgeschichte mit einer Intrige, ein Verbrechen, Schmuggel, Eifersucht, Rache. Man begegnet einem bösen Buschgespenst, einem zu Unrecht Bestraften, der sich rächen will, einem armen, anständigen Weberssohn, der um sein Mädchen bangt, einem mysteriösen Leichengräber, einem zweifelhaften Staatsanwalt – alles hervorragende Rollen. Gedreht wurde natürlich im Erzgebirge. Die Bedingungen waren kompliziert, denn die Filmhandlung spielt im tiefsten Winter. Aber die Bewohner der Ortschaften, die davon Kunde hatten, daß bei ihnen ein Karl-May-Film entsteht, unterstützten den Drehstab, wo sie nur konnten, auch die örtlichen Organe halfen.‹

Was bei aller Spannung leider zu kurz kommt, sind die erzgebirgischen Weber und ihr leidvolles Dasein, das May nur zu genau kannte und in seinem Roman eindringlich beschrieb, während der Film es nur in wenigen Szenen am Rande schildert. Im Vordergrund steht die Detektivgeschichte, deren Held Arndt mit seiner Vorliebe für eine Jagdmütze und einen Überzieher wohl nicht zufällig an Sherlock Holmes erinnert. Mit dem englischen Detektiv gemeinsam hat Arndt auch die Verkleidungsmasche, die im Film gelungen wirkt. So erscheint Arndt als alter Mann, als Kirchenprüfer, als Bettler, als Gendarm, als Kellner, als zwielichtiger Geschäftsmann und als altes Weib. Der in der DDR bekannte Schauspieler Rolf Ludwig erhielt als Arndt ebenso gute Kritiken wie die übrige Besetzung. Ludwig spielte die Rolle mit einem gebrochenen Arm, was in keiner einzigen Szene auffällt. Ludwig und sein Co-Star Kurt Böwe gehören übrigens auch zu den Hauptdarstellern des ›ersten ostdeutschen Karl-May-Films‹ *Zünd an, es kommt die Feuerwehr.*

Regisseurin Vera Loebner, von Haus aus keine Karl-May-Leserin, wollte ›reizvoll andere May-Helden‹ und ›ein Stückchen Heimatgeschichte‹ zeigen. *Das Buschgespenst* sollte ›Unterhaltung mit Charme‹ werden, und das ist größtenteils gelungen. Bemängelt wurden einige Unstimmigkeiten im Drehbuch sowie unnötige Abweichungen von Mays Vorlage. Im Vergleich zu den meisten bisherigen May-Verfilmungen hält sich *Das Buschgespenst* jedoch erstaunlich eng an das Original und gibt ganze Dialogpassagen May-getreu wieder.

Eine kleine Szene beleuchtet das damals frisch ›entstaubte‹ Verhältnis der DDR zu Karl May. Der von Kurt Böwe gespielte Förster bleibt in einer Gaststube vor einem verstaubten Porträt des Maysters stehen, fährt mit dem Finger darüber und brummt: ›Das hat er wirklich nicht verdient!‹ Sofort ruft der Wirt nach einem Staubtuch.

Da *Das Buschgespenst* bei Publikum und Kritik gut ankam, ließ das DDR-Fernsehen bald Pläne für weitere May-Verfilmungen verlauten, die wiederum nicht an exotischen Plätzen, sondern im europäischen Raum spielen sollten. Letzteres war wohl nicht so ganz ernst gemeint, wie schon der Titel des nächsten – und letzten – May-Films des mittlerweile nicht mehr existierenden DDR-Fernsehens belegt: *Präriejäger in Mexiko*.

Wiederum handelt es sich um einen zur Weihnachtszeit ausgestrahlten Zweiteiler, der zwei Jahre nach dem *Buschgespenst* über die DDR-Bildschirme flimmerte; 1990 wurde *Präriejäger in Mexiko* als sechsteilige Serie wiederholt. Als Vorlage dienten die zum Kolportagewälzer *Das Waldröschen* gehörenden Romane *Benito Juarez* und *Trapper Geierschnabel*. Die beiden Teile des Films heißen dann auch im Untertitel *Benito Juarez* und *Geierschnabel*. Damit schließt *Präriejäger in Mexiko* (ein von den Filmleuten frei erfundener Titel) handlungsmäßig an die beiden Filme *Der Schatz der Azteken* und *Die Pyramide des Sonnengottes* an, ohne sich direkt auf sie zu beziehen.

Alfried Nehring, als Chef-Dramaturg des DDR-Fernsehens für dessen May-Filme verantwortlich, schrieb in einem Artikel für das DDR-Magazin *Film und Fernsehen:* ›In ›Schatz der Azteken‹ und ›Pyramide des Sonnengottes‹ blieben erstaunlicherweise gerade die volkstümlichen Gestalten ausgespart: Geierschnabel, der schwarze Gerard, der kleine André und Mizteka-Häuptling Bärenauge. Unsere Handlung hingegen – das sei für den Karl-May-Kenner vermerkt – konzentriert sich stärker auf den ›Juarez‹- und ›Geierschnabel‹-Roman. Gerade bei der Zeichnung seiner Präriejäger erweist sich Karl May als Schilderer origineller Typen, zeigt sich seine unterhaltsame Fabulierkunst, offenbart sich sein naiver sozialer und politischer Gerechtigkeitssinn. Der Hintergrund des Befreiungskrieges Mexikos gegen das französische Kolonialregime war für den dramaturgischen Zugriff strukturbestimmend.‹

Präriejäger in Mexiko schildert die Auseinandersetzungen dreier Parteien um die Vorherrschaft in Mexiko. Auf der Seite der Guten stehen die Gefolgsleute des rechtmäßigen Präsidenten Benito Juarez: der schwarze Gerard, Bärenauge, der Trapper Geierschnabel, André Straubinger, Lord Lindsay und der Haciendero Arbellez. Sie kämpfen gegen die französischen Truppen und die Anhänger Kaiser Maximilians. Als dritte Partei mischen der zwielichtige Pablo Cortejo und seine verruchte Tochter Josefa mit; Cortejo, ein ehemaliger Gefolgsmann Maximilians, hat eine Bande von Strauchdieben um sich versammelt, mit deren Hilfe er das Präsidentenamt an sich reißen will.

Sämtliche Parteien sind hinter einem mit Waffen und Munition beladenen Schiff her, daß Lord Lindsay im Auftrag der mit Benito Juarez sympathisierenden britischen Regierung zum mexikanischen Präsidenten bringen soll, was nach einigen Reibereien auch gelingt. Weiterhin geht es um die schon aus den Siodmak-Filmen bekannte Hacienda del Erina, die von den Cortejos überfallen wird, und um einen erfolgreichen Handstreich der Juaristen gegen die französischen Garnison in Chihuahua.

Der Jugoslawe Gojko Mitic, dessen Karriere als Film-Indianer in den sechziger Jahren mit Karl May begann, kehrte für diesen Film nach mehr als 20 Jahren Abstinenz zu Karl May zurück. Der von ihm gespielte Häuptling Bärenauge erinnert in vielem an Winnetou. Koljo Dontschev als der schwarze Gerard gab an seiner Seite den Shatterhand-Ersatz. Mitic hätte selbst einen guten Winnetou abgegeben und ihn sicher auch gespielt, wenn die DDR den Weg zurück zu Karl May schon früher gefunden hätte. Regisseur und Drehbuchautor Hans Knötzsch stand ebenfalls vor der Kamera in der komischen Rolle des Gastwirts Pirnero, der seinen Namen zu Ehren seiner deutschen Heimatstadt Pirna trägt. Drehorte waren die turkmenische Karakumwüste in der UdSSR, Bulgarien und − wie auch schon beim *Buschgespenst* − die DEFA-Studios in Potsdam-Babelsberg.

Gegenüber den beiden Siodmak-Filmen, die nach dem *Waldröschen*-Stoff entstanden, tut sich *Präriejäger in Mexiko* durch engere historische Bezüge hervor. Andererseits läuft der DEFA-Film ohne große Höhepunkte ab und spaltet sich in zu viele Einzelhandlungen auf. Der gesamte erste Teil ist fast nur Exposition und mit der Einführung der Figuren beschäftigt. Das Ende dagegen wirkt überstürzt, alles löst sich schlußendlich in Wohlgefallen auf. Cortejo begeht Selbstmord; was aus seiner Tochter wird, bleibt unklar. Nicht gezeigt, sondern nur erzählt wird, daß sich Maximilian den Truppen von Juarez ergeben hat. Gerard heiratet Pirneros Tochter Residella und läßt sich mit ihr auf der Hacienda del Erina nieder.

Gab es bei Siodmak und Brauner − besonders in deren zweitem Film *Die Pyramide des Sonnengottes* − zuviel Action, Knallerei und Turbulenz, so kommt der DDR-Film etwas zu gemächlich daher. Die Kritiker empfanden ihn als eine weitaus weniger gelungene May-Verfilmung als das vorhergehende *Buschgespenst*. Einer von ihnen schrieb: ›Der Film war so trocken wie die mexikanische Wüste bei Chihuahua‹.

Gleichwohl nahm das Fernsehen der DDR ein weiteres May-Projekt in Angriff, diesmal keine Verfilmung eines May-Romans, sondern eine dramatische May-Biographie, die in Zusammenarbeit mit der ARD entstehen sollte. Inzwischen hat die DDR wie auch ihr Fernsehen in seiner damaligen Form aufgehört zu existieren. Gleichwohl begannen die Dreharbeiten zu einem mehrteiligen Film über Karl Mays Leben im Dezember 1990 an den Originalschauplätzen in Sachsen. Federführend ist allerdings nicht die ARD, sondern das ZDF, das mit diesem Projekt Karl Mays 150. Geburtstag am 25. Februar 1992 feiern will.

Produzent, Regisseur und − zusammen mit Manfred Stahnke − Drehbuchautor ist Klaus Überall, der Ehemann der Entertainerin Katja Ebstein. Überall, der schon früher in der DDR gefilmt hat, über May: ›Seine Lebensgeschichte ist spannender als alle seine Bücher. Er war ein Spieler, der ständig in eine andere Rolle geschlüpft ist − eine geniale, aber gespaltene Persönlichkeit.‹

Im − schlicht und in Anlehnung an Syberberg − *Karl May* betitelten Film wird Mays Lebensgeschichte in der Rückschau erzählt. Von seinem letzten Vortrag in Wien kehrt der alte May nach Radebeul zurück, wo er einem Journalisten sein Leben offenbart. Dessen Schilderung soll möglichst genau sein, weshalb Überall und Stahnke beim Schreiben des Drehbuches auf alte Gerichtsakten und auf die neuesten Ergebnisse der Karl-May-Forschung zurückgegriffen haben.

Der DDR-Schauspieler Henry Hübchen, unter anderem bekannt aus der DDR-Fernsehserie *Polizeiruf 110* und als Winnetous Stimme in *Die Spur führt zum Silbersee*, spielt Karl May dank der Kunst der Maskenbildner in allen Stationen seinen Erwachsenenlebens vom jungen Aushilfslehrer bis zum Greis. Kinderdarsteller verkörpern den Schriftsteller in Kindheit und Jugend. Einer der Nebendarsteller, René Rollin, war 1991 auf der Naturbühne Greifensteine in dem Stück *Winnetou und Old Shatterhand* als Karl Mays wildwestliches alter ego zu sehen.

Für Hübchen, der in seiner Jugend Karl May las, ist dieser ein ›Mensch, der zwischen Traum und Wirklichkeit wandelt, zwischen hohem Anspruch und reinem Zwangstrieb nach Berühmtheit und Geld. Er ist ja nicht bewußt ein Lügner oder Scharlatan. Er ist ein alltäglicher Mensch mit Problemen, mit Hysterien, voller Verträumtheit — und einer Phantasie, die ins Unendliche geht.‹

Filmographie der dramatischen
Karl-May-Fernsehfilme

Mit Karl May im Orient

BRD/Jugoslawien 1963. *Regie:* Francesco Stefani. *Drehbuch:* Winfried Schnitzler nach Motiven der Romane *Durch die Wüste, Durchs wilde Kurdistan, Von Bagdad nach Stambul, In den Schluchten des Balkan, Durch das Land der Skipetaren* und *Der Schut* von Karl May. *Produzent:* Michael Arthur. *Sender:* ZDF (Mainz). *Episodenzahl:* sechs. *Episodenlänge:* ca. 27 Minuten. *Darsteller:* Harry Walther (Kara Ben Nemsi), Osman Ragheb (Hadschi Halef Omar), Eduard Wiemuth (Sir Lindsay), Bingi von Jakobowsky (Nelly), René Magron (Amasat), Harald Maresch (Mamur/Galingré).

Episodentitel und Daten der Erstsendung (bei der Funkausstellung): Kara Ben Nemsi (02.09.1963); *Tod im Sumpf* (nicht gesendet); *Die Rose von Kbili* (nicht gesendet); *Die tote Stadt* (nicht gesendet); *Das Geheimnis des Bettlers* (31.08.1963); *Der falsche Hakim* (05.09.1963).

Freispruch für Old Shatterhand

BRD 1964/65. *Regie:* Hans Heinrich. *Drehbuch:* Hellmut Kotschenreuther. *Produzent:* Artur Brauner. *Produktion:* CCC-Television. *Sender:* ZDF (Mainz). *Länge:* 62 Minuten. *Darsteller:* Friedrich G. Beckhaus (Karl May), Toni Herbert (Rudolf Lebius), Guenter Hanke (Mays Anwalt), Gerhard Schinske (Lebius' Anwalt), Walter Janssen (Richter), Peter Schiff (Louis Krügel), Bruno W. Pantel (Bauer Reimann), Werner Stock (Seilermeister Krause), Manfred Meurer (Gendarm). *Datum der Erstsendung:* 16.02.1965.

Kara Ben Nemsi Effendi

BRD/Spanien 1973/74. *Regie:* Günter Gräwert. *Drehbuch:* Günter Gräwert nach den Romanen *Durch die Wüste, Durchs wilde Kurdistan, Von Bagdad nach Stambul, In den Schluchten des Balkan, Durch das Land der Skipetaren* und *Der Schut* von Karl May. *Musik:* Martin Böttcher. *Produktion:* Elan-Film Gierke & Co. *Sender:* ZDF (Mainz). *Episodenzahl:* 26. *Episodenlänge:* ca. 25 Minuten.

Darsteller: Karl Michael Vogler (Kara Ben Nemsi), Heinz Schubert (Hadschi Halef Omar), Ferdy Mayne (Lindsay), Joachim Regelien (Hamd el Amasat/Barud el Amasat/Ali Manach), Hans Epskamp (Mübarek), Will Danin (Omar Ben Sadek), Mogens von Gadow (Ibarek), Marlies Dräger (Mascha), Heinz Meier (Hamdi/Selim). *Darsteller der 1. Staffel:* Dieter Hallervorden (Wekil), Ellen Umlauf (Amscha), Richard Lauffen (Mohammed Emin), Wilfried Klaus (Heiratsvermittler/Ali), Lina Carstens (Mersina), Herbert Fleischmann (Mütesselim), Peter Matic (Selim Agha), Ezzine Mugu (Machredsch), Monces Tifafi (Amat el Ghandur), Edwige Pierre (Senitza), Hans Wyprächtiger (Maflei/Glawa), Jean-Pierre Zola (Baruch/Doxati), Peter Capell (Hulam), Eric Pohlmann (Kadi), Otto Kurth (Bekdschi), Herbert Steinmetz (Jafis/Schimin), Willy Semmelrogge (Boschak), Katharina Seyferth (Ikbela), Fred Stillkrauth (Saban/Individuum), Richard Höllerbauer (Deselim). *Darsteller der 2. Staffel:* Alberto Fernandez (Kadi), Adolfo Thous (Gefängnisschließer), Victor Israel (Basch Kiatib), Heinz Baumann (Bybar), Domingo Melero (Sandar), Jorge Rigaud (Dr. Ömer), Günter Grävert (Dr. Marterstein), Peter Schiff (Ilia), Tito Garcia (Tschurak), Mario Martin (Toma), Charly Bravo (Hajdar), Emilio Berrio (Afrit/Suef), Gerlach Fiedler (Murad Habulam), Antonio Pica (Humun), Simon Arriaga (Israd), José Villasante (Einödbauer), Elisabeth Neumann-Viertel (Einödbäuerin), Günther Lamprecht (Dschemal, Wirt von Treska Konak), Maria Vico (Wirtin), Aldo Sambrell (Manach el Barscha), Fabian Condé (Chefgeneral), Elsa Zabala (Guska), Hans-Helmut Dickow (Scharka), Gerd Baltus (Marko, der Alim), Lorenzo Robledo (Junak), Heinz Friese (Fan Hoti, Lindsays Dolmetscher), Eduardo Fajardo (Schut), Maria Nevada (Schuta), Maria Sanchez (Mutter des Schut), Ricardo Palacios (Kolami), Elmer Modlin (Galingré), Andres Mejuto (Stojko).

Episodentitel und Daten der Erstsendung (1. Staffel): Der Tote im Wadi Tarfaui (1.10.1973); Der Schwur im Schott (08.10.1973); Mekka (15.10.1973); Die Festung (22.10.1973); Amat el Ghandur (29.10.1973); Die Flucht (05.11.1973); Abu en Nassr (12.11.1973); Barud el Amasat (19.11.1973); Die Falle (26.11.1973); Die Koptscha (03.12.1973); Unter Paschern (10.12.1973); Wieder auf der Spur (17.12.1973); Mübarek (31.12.1973).

Episodentitel und Daten der Erstsendung (2. Staffel): Die Entlarvung des Mübarek (06.01.1975); Die Brüder Aladschy (13.01.1975); Das Geheimnis der Schluchthütte (20.01.1975); Knapp am Tode vorbei (27.01.1975); Der Tschakan des Skipetaren (03.02.1975); Der Turm der alten Mutter (10.02.1975); Der Überfall (17.02.1975); Der Tod des Mübarek (24.02.1975); In der Teufelsschlucht (03.03.1975); Die Juwelenhöhle (10.03.1975); Der Vertraute des Schut (17.03.1975) Der Schut (24.03.1975); Rih (07.04.1975).

Mein Freund Winnetou

BRD/Frankreich/Schweiz/Österreich/USA 1979/80. *Regie:* Marcel Camus. *Drehbuch:* Jean-Claude Deret nach einem Exposé von Pierre Brice. *Kamera:* (Farbe) Pierre Petit. *Musik:* Peter Thomas. *Schnitt:* Pierre Houdain, Bernard Bourgoin. *Ausstattung:* Enrique Estevez. *Kostüme:* Adolfo Ramirez, Mario Luraschi. *Produktionsleiter:* Anuar Badin. *Redaktion:* Marlis Robels. *Produktion:* Antenne 2 (Paris), Intertel (München). *Sender:* WWF/WDR (Köln), Antenne 2 (Paris), SRG (Bern). *Episodenzahl:* 14. *Episodenlänge:* ca. 25 Minuten.

Darsteller: Pierre Brice (Winnetou), Eric Do (Tashunko), Siegfried Rauch (Old Shatterhand), Ralf Wolter (Sam Hawkins), Arthur Brauss (Leutnant Merrill), Jean-Claude Deret (Napoleon Charbonneau), Leopold Francis (Ambrose), José Antonio Marroz (Sammy Cook), Vicente Lara (Alter Bär), Noé Murayama (Pajute-Häuptling), Carlo East (Skerbeck), Roger Cudney (Vincent), Monica Miguel (Nalin Vincent), Jesus Alvaro (Peter Vincent), Miguel Angel Fuentes (Yaqui), Ignacio Martinez (Chihuahua), Ramon Menendez (Captain Stone), Gérard Buhr (Major Turner), José Hernandez (Barton), René Barrera (Wolfszahn), Armando Soya (Kleiner Wolf), Jacques Francois (Stevens), Chad Hastings (Fowler), Elpidia Carillo (Wetatoni), Jorge Reynoso (Hehaka Pa), Rosenda Montero (Hehaka Win), Aurora Clavel (Mutter), Salvador Godinez (Cheyenne-Ältester), Carlos Cardan (Sullivan), Rodrigo Puebla (Krieger ›Hund‹), Reto Babst (Robinson), Antonio Zubiaga (Bessette), Carlos Camara (Mortimer), Luis Guevara (Fatty).

Episodentitel und Daten der WDR-Erstsendung: Blutspuren (02.05.1980); *Ein junger Komantsche* (02.05.1980); *Der Zweikampf* (09.05.1980); *Tashunko* (09.05.1980); *Im Fort der Weißen* (16.05.1980); *Sam Hawkins City* (16.05.1980); *Das Feuerroß* (23.05.1980; *Die Flöte* (23.05.1980); *Der große Kriegsrat* (30.05.1980); *Gequältes Volk* (30.05.1980); *Die Rache der Cheyennes* (06.06.1980); *Aufbruch* (06.06.1980); *Der Prozeß* (13.06.1980) *Alter Bär* (13.06.1980).

Französischer Titel: Winnetou le Mescalero.

Das Buschgespenst

DDR 1986. *Regie:* Vera Loebner. *Szenarium:* Friedemann Schreiter nach den Romanen *Das Buschgespenst* und *Der Fremde aus Indien* von Karl May. *Dramaturgie:* Ellen-Maria Jäger. *Kamera:* (Farbe) Wolfgang Pietsch. *Musik:* Uwe Hilprecht. *Produktion:* DEFA-Studio für Spielfilme (Potsdam-Babelsberg). *Sender:* Fernsehen der DDR (Berlin). *Episodenzahl:* zwei. *Episodenlänge:* 90 Minuten (1. Teil) und 80 Minuten (2. Teil).

Darsteller: Rolf Ludwig (Arndt alias Gustav Brandt), Kurt Böwe (Förster Wunderlich), Marianne Wünscher (Barbara, Frau des Försters), Detlef Gieß (Fritz Seidelmann), Barbara Dittus (Frau Seidelmann), Andreas Herrmann (Eduard Hauser), Heike Meyer (Angelika Hofmann), Günther Junghans (Staatsanwalt), Hermann Beyer (Leichgräber), Ulrich Mühe (Kaufmann Strauch), Fred Delmare (Wirt), Gerry Wolff, Jenny Gröllmann, Anne Wollner, Hans-Joachim Brieske, Karl-Ernst Horbat, Frank Lienert, Horst Rehberg, Günter Rüger, Günter Wolf.
Daten der Erstsendung: 26.12.1986 (1. Teil); 28.12.1986 (2. Teil).

Präriejäger in Mexiko

DDR 1988. *Regie:* Hans Knötzsch. *Regieassistenz:* Ulrich Kanakowski. *Drehbuch:* Hans Knötzsch nach den Romanen *Benito Juarez* und *Trapper Geierschnabel* von Karl May. *Dramaturgie:* Alfried Nehring. *Kamera:* (Farbe) Horst Hardt. *Szenenbild:* Klaus Winter. *Musik:* Karl-Ernst Sasse. *Schnitt:* Ursula Henning. *Kostüme:* Ewald Forchner. *Maske:* Regina Lück. *Aufnahmeleitung:* Holger Bohm, Egon Schlarmann. *Produktionsleitung:* Siegfried Kabitzke. *Produktion:* DEFA-Studio für Spielfilme (Potsdam-Babelsberg). *Sender:* Fernsehen der DDR (Berlin). *Episodenzahl:* zwei. *Episodenlänge:* ca. 90 Minuten.
Darsteller: Koljo Dontschev (der schwarze Gerard), Gojko Mitic (Bärenauge), Helmut Schellhardt (Benito Juarez), Djoko Rossich (Geierschnabel), Andreas Schmidt-Schaller (André Straubinger), Renata Draltscheva (Emilia), Wilfried Pucher (Arbellez), Horst Schulze (Kommandant), Ulrike Mai (Residella), Leon Niemczyk (Pablo Cortejo), Anamaria Chiuseleva (Josefa Cortejo), Jan Spitzer (Passo), Erwin Berner (Kaiser Maximilian), Hans Knötzsch (Pirnero), Heinz Schröder (Lord Lindsay), Pedro Hebenstreit (Kapitän), Sabine Unger (Charlotta), Rolf Mey-Dahl (General Merija), Werner Ehrlicher (Marschall Bazaine), Joachim Siebenschuh (Porter), Eckhard Bilz (Casal), Giso Weißbach (Oberst Lamarel), Günter Schubert (Lalo).
Episodentitel und Daten der Erstsendung: Benito Juarez (25.12.1988); *Geierschnabel* (28.12.1988).

Karl May

BRD 1991. *Regie:* Klaus Überall. *Regieassistenz:* Magda Gressmann. *Drehbuch:* Klaus Überall, Manfred Stahnke. *Kamera:* (Farbe) Axel Leist, Erik Kormann. *Kameraassistenz:* Herbert Kempe. *Ton:* George Dirtinger. *Tonassi-*

stenz: Heiko Heinz. *Bauten:* Frank Abraham (Außen), Dieter Adam (Innen). *Requisite:* Gerhard Thümmler (Außen), Ralph Friedrich (Innen). *Kostüme:* Günther Pohl, Hans Linke, Christiane Linke, Christa Walter. *Maske:* Gisela Polzin, Lea Schlecht. *Aufnahmeleitung:* Jürgen Fortmann, Werner Giersch. *Produktionsleitung:* Richard Rasky. *Redaktion:* Reiner Schmalisch. *Produktion/Sender:* ZDF (Mainz). *Erstausstrahlung:* 1992.

Darsteller: Henry Hübchen (Karl May [20−72 Jahre]), Florian Knorn (Karl [5−9 Jahre]), André Widner (Karl [12−17 Jahre]), Petra Kelling (Christiane May), Hans Jörn Weber (Heinrich May), Kati Grasse (Christiane May), Anja Stange (Auguste May [14−32 Jahre]), Evamaria Bath (Großmutter May), Gerry Wolff (Barbier Pollmer), Ulrike Mai (Emma Pollmer), Madeleine Lierk (Pauline Münchmeyer), Günter Junghans (Heinrich Münchmeyer), Angelika Bötger (Minna Ey), Anne-Kathrein Kretschmar (Klara May-Plöhn), Jürgen Mai (Friedrich Fehsenfeld), Dieter Mann (Rudolf Lebius), Peter Herden (Prof. der Augenklinik), Mary-Edith Schreiber (Schwester Herta), Lars Junge (Pfarrer Schmidt), Dieter Wien (Gendarm Hartmann/Lebius' Anwalt), Martin Nimz (Ankäufer bei Seidelmann/Gendarm Wiederau/Gerlach), Anna Katherine Muck (Bedienung auf der Kegelbahn), Erik Dolata (Junger Mann auf der Kegelbahn), Stefan Kowski (Lehrer), Wolfgang Bachmann (Wirt auf der Kegelbahn), Wolfgang Winkler (Gevatter Weißpflog), Esther Fortmann (Dienstmädchen), Sven Martinek (Anwerber), Wolfgang Sörgel (Reicher Mann), Sylvia Wolff (Anna Preßler), Herbert Köfer (Direktor im Seminar), Holger Hübner (Deutsch-Lehrer/Ansager in Gastwirtschaft), Frank Höhnerbach (Mathe-Lehrer/Musterungsarzt), Stefan Schwenninger (Erdkunde-Lehrer/1. Friedhofsarbeiter), Heinz Hupfer (Religions-Lehrer/Wessel), Albrecht Götte (Rektor in Glauchau/Larras), Ernst Bollwetzel (Billardspieler), Katherina Lange (Henriette Meinhold), Achim Schmidtchen (Gendarmerie-Chef in Hohenstein), Reiner Gruß (Händler Zacharias), Michael Nitzel (Steinberg), Petra Förster (Auguste Gräßler), Edda Schwarzkopf (Pensionswirtin), Bernd Herold (Schneider in Penig), Benno Schramm (Reisender), Elvira Grecki (Frau Bayer), Bernd Wolf (1. Polizist), Jan Mahr (2. Polizist), Kreczan Bart (Gepäckträger), Sybille Schäfer (Frau Reimann), Martin Svodenk (Gerbermeister Krause), Armin Wagner (Staatsanwalt Taube), Wolfgang Bachmann (Richter in Mittweida), Lutz Günther (Verteidiger Haase), Maria Schramm (Kammersängerin), Thomas Albrecht-Ott (Junger Mann in Penig), Torsten Born (Bote im Pelzgeschäft), Lothar Krompholz (Wirt in Glauchau), Günther Kurze (Julius Schöne/Bredereck), Janina Brankatsch (Ernstthalerin), René Rollin (Buchhändler in Dresden), Wilfried Weschke (Redakteur), Peter Kurth (Kolportagehändler), Roland May (Oskar Fuchs), Frieder Venus (Fotograf), Gerhard Vogt (Angestellter), Gerhard Hähndel (2. Friedhofsarbeiter), Alfred Wronetzki (Sanitätsrat Mikel).

150 JAHRE
KARL MAY

ZEITTAFEL

1842 Karl Friedrich May wird am 25.02. im erzgebirgischen Städtchen Ernstthal (später: Hohenstein-Ernstthal) als fünftes von 14 Kindern des Webers Heinrich August May (1810−88) und seiner Frau Christiane Wilhelmine May geb. Weise (1817−85) geboren und erblindet kurz nach der Geburt.

1846 Karl Mays Mutter besteht ihre Hebammenprüfung und ermöglicht Karl eine Augenoperation, durch die er die Sehkraft wiedergewinnt.

1948−56 Karl May besucht die Rektoratsschule in Ernstthal.

1856 Karl May wird konfirmiert und im Herbst in das einjährige Proseminar in Waldenburg aufgenommen, um sich auf die Lehrerausbildung vorzubereiten.

1857−60 Karl May ist Seminarist in Waldenburg. Weil er im Dezember 1959 ein paar Talgkerzen unberechtigt an sich nimmt, wird er im Januar 1860 von der Anstalt verwiesen.

1860−61 Karl May setzt die Lehrerausbildung im Seminar Plauen fort und besteht dort im September 1861 die Lehramtsprüfung.

1861 Karl May ist im Oktober kurzzeitig Hilfslehrer in Glauchau und wird dann Fabrikschullehrer in Altchemnitz. Am 26.12. wird er in Hohenstein verhaftet und beschuldigt, seinem Zimmergenossen in Altchemnitz eine Taschenuhr, eine Tabakspfeife und eine Zigarrenspitze entwendet zu haben; die Gegenstände werden bei May gefunden.

1862 Karl May wird zu einer sechswöchigen Gefängnisstrafe verurteilt, die er im September/Oktober in Chemnitz verbüßt. Bei der Musterung im Dezember wird er für untauglich befunden.

1863 Karl May wird die Berechtigung abgesprochen, im Schuldienst tätig zu sein.

1863−65 Karl May scheitert bei dem Versuch, seinen Unterhalt durch Privatstunden, Kompositionen und deklamatorische Abende zu verdienen. Schwere seelische Depressionen plagen ihn. Er begeht Diebstähle und Betrügereien.

1865—68 Karl May verbüßt eine Arbeitshausstrafe von vier Jahren und einem Monat im Schloß Osterstein und wird im November 1868 wegen guter Führung vorzeitig entlassen. In der Strafanstalt entsteht das *Repertorium C.* May mit schriftstellerischen Plänen, die größtenteils unverwirklicht bleiben. Nach seiner Entlassung erfährt May, daß seine geliebte ›Märchengroßmutter‹ Johanne Christiane verw. Vogel verw. May geb. Kretschmer (1780—1865) gestorben ist.

1869 Karl May begeht neue Straftaten, die zunehmend ins Groteske umschlagen. Er wird im Juli 1870 in Hohenstein verhaftet, kann aber am Monatsende bei einem Lokaltermin in Kuhschnappel seine Fesseln sprengen und entkommen.

1870 Karl May wird im Januar im nordböhmischen Algersdorf verhaftet, an Sachsen ausgeliefert und im April zu vier Jahren Zuchthaus verurteilt.

1870—74 Karl May verbüßt die Strafe in Waldheim.

1874 Nach seiner Entlassung im Mai wird Karl May für zwei Jahre unter Polizeiaufsicht gestellt. Er beginnt zu schriftstellern.

1875 Der Dresdner Verleger H. G. Münchmeyer stellt Karl May als Redakteur ein. May gründet die Zeitschriften *Deutsches Familienblatt* und *Schacht und Hütte.* Er zieht nach Dresden, wird von der Polizei ausgewiesen, darf dann aber zurückkehren. In der Erzählung *Old Firehand* tritt zum erstenmal der Apachen-Häuptling Winnetou auf.

1876 Karl May lernt seine spätere Frau Emma Lina Pollmer (1856—1917) in Ernstthal kennen. Die von May 1875 gegründeten Zeitschriften werden eingestellt und durch die *Feierstunden am häuslichen Heerde* ersetzt. Dort erscheint Mays erster Roman *Der beiden Quitzows letzte Fahrten.*

1877 Karl May verläßt Münchmeyer und wird freier Schriftsteller

1878 Karl May arbeitet kurzzeitig als Redakteur der Zeitschrift *Frohe Stunden* im Verlag von Bruno Radelli, Dresden. Er bezieht zusammen mit Emma Pollmer die ›Villa Forsthaus‹ in Dresden-Neustrießen. Dann wird May wieder Freiberufler und zieht mit Emma nach Hohenstein.

1879 Karl May muß wegen Amtsanmaßung seine letzte Haftstrafe verbüßen: drei Wochen im Gerichtsgefängnis von Hohenstein-Ernstthal (September). Die langjährige Mitarbeit Mays am *Deutschen Hausschatz* beginnt. In der katholischen Familienzeitschrift erscheinen in der Folgezeit seine berühmten Reiseerzählungen. Dort wird in der Erzählung *Unter Würgern* erstmals der Name ›Old Shatterhand‹ genannt. Mays erste Bücher erscheinen: *Im fernen Westen*, Mays Bearbeitung von Gabriel Ferrys *Der Waldläufer* und — ohne Mays Wissen — in den USA *Auf der See gefangen*.

1880   Im August heiraten Karl May und Emma Pollmer in Ernstthal.

1881   Im Deutschen Hausschatz erscheinen unter dem Obertitel *Giölgeda padishanün* die ersten Teile des später sechsbändigen Orientromans, der Karl Mays schriftstellerischen Ruhm wesentlich mitbegründete. Kara Ben Nemsi und Hadschi Halef Omar erleben damit ihre Geburtsstunde.

1882–87   Karl May schreibt für Münchmeyer fünf umfangreiche Lieferungsromane.

1883   Das Ehepaar Karl und Emma May zieht nach Dresden-Blasewitz.

1884   Umzug nach Dresden-Johannstadt.

1885   Karl Mays Mutter stirbt am 15.04. in Ernstthal.

1887   Das Ehepaar May zieht nach Dresden-Altstadt um.

1887–97   Karl May schreibt für die Knabenzeitschrift *Der Gute Kamerad* acht Jugenderzählungen, die heute zu seinen beliebtesten Werken gehören.

1888   Umzug der Mays in den Dresdner Vorort Kötzschenbroda. Karl Mays Vater stirbt am 06.09. in Ernstthal.

1890   Umzug der Mays nach Niederlößnitz (heute: Radebeul).

1891   Erneuter Umzug nach Oberlößnitz (heute: Radebeul) in die ›Villa Agnes‹. Dort wird Karl May im November von dem Freiburger Verleger Friedrich Ernst Fehsenfeld besucht. Man schließt einen Vertrag über die Herausgabe von Mays ›Gesammelten Reiseromanen‹ in Buchform.

1892   Die ersten sechs Bände der ›Gesammelten Reiseromane‹ — der berühmte Orientzyklus — erscheinen. Karl May wird ein Bestseller-Autor. H. G. Münchmeyer stirbt.

1893	Die ›Gesammelten Reiseromane‹ werden durch den dreibändigen *Winnetou* ergänzt. Den ersten Band schreibt Karl May extra für die Buchausgabe und schafft damit ein Maysterwerk der Abenteuerliteratur.
1896	Das Ehepaar May bezieht die ›Villa Shatterhand‹ in Radebeul und stattet es mit allerlei exotischem Interieur aus, um die ›Old-Shatterhand-Legende‹ zu stützen. Diesem Zweck dient auch die Umbenennung der ›Gesammelten Reiseromane‹ in ›Gesammelte Reiseerzählungen‹, die auf Karl Mays Betreiben erfolgt.
1897—98	Karl May bereist Deutschland und Österreich.
1898	Karl May wird das Führen eines Doktortitels verboten.
1899	Münchmeyers Witwe Pauline verkauft den Verlag an Adalbert Fischer, der besonders an den dort erschienenen Lieferungsromanen des inzwischen berühmt gewordenen Karl May interessiert ist. May, an den alle diesbezüglichen Rechte zurückgefallen sind, warnt Fischer schriftlich vor der Veröffentlichung der Lieferungsromane. Fedor Mamroth und Hermann Cardauns greifen May in Presseartikeln an.
1899 —1900	Karl May unternimmt eine große Orientreise, auf der ihn später seine Frau und das befreundete Ehepaar Plöhn begleiten. Die neuen Eindrücke führen zu einer seelischen Krise Mays, die sich auf seine Person und sein weiteres Schaffen auswirkt. Fortan schreibt er ›symbolisch‹.
1900	Ungeachtet des Einspruches von Karl May beginnt Fischer mit der Veröffentlichung des Lieferungsromans *Die Liebe des Ulanen*.
1901	Richard Plöhn stirbt. Karl Mays unter dem Eindruck der Orientreise entstandener pazifistischer Roman *Et in terra pax* erscheint in Josef Kürschners Sammelwerk *China* und unterminiert die chauvinistischen Absichten des Herausgebers. May macht sich damit bei der herrschenden Schicht unbeliebt und zur Zielscheibe weiterer Presseattacken. Da Fischer die Neuveröffentlichung der Lieferungsromane fortsetzt, erhebt May im Dezember Klage gegen Fischer wegen des unberechtigten Nachdrucks der Lieferungsromane und setzt eine Reihe von unglückseligen Prozessen in Gang, die den Schriftsteller bis zu seinem Lebensende verfolgen.
1903	Die Ehe von Karl und Emma May wird im Januar geschieden. Im März heiratet Karl May Klara Plöhn geb. Beibler (1864— 1944),

die Witwe seines Freundes Richard Plöhn. Im Februar wird der Streit mit Fischer durch einen Vergleich vorläufig beigelegt.

1904 Weil Karl May sich weigert, den korrupten Journalisten Rudolf Lebius (1868−1946) zu ›bezahlen‹, wird dieser zu seinem erbittertsten Gegner und gräbt nach und nach Mays sämtliche Vorstrafen aus.

1906 Mit *Babel und Bibel* erscheint Karl Mays einziges vollendetes Drama, für das sich nie der Vorhang hebt.

1907−11 Die anschwellende Prozeßflut überrollt Karl May fast und beschädigt seine Gesundheit. In der Öffentlichkeit wird er vom Geachteten zum Geächteten.

1908 Karl und Klara May reisen nach Nordamerika.

1909 Karl May verarbeitet die Eindrücke der Amerikareise zu seiner letzten großen Reiseerzählung, *Winnetou IV,* die in der *Augsburger Postzeitung* erscheint.

1910 Mit der Buchausgabe von *Winnetou IV* werden die ›Gesammelten Reiseerzählungen‹ nach 33 Bänden abgeschlossen. Karl Mays Biographie *Mein Leben und Streben* erscheint. Ein Charlottenburger Schöffengericht spricht Lebius frei, der behauptet hatte, May sei ein ›geborener Verbrecher‹ − ein schwerer Schlag für May.

1911 In der Berufungsverhandlung vor dem Landgericht Berlin-Moabit wird Lebius wegen Beleidigung zu 100 Mark Geldstrafe verurteilt.

1912 Am 22.03. hält Karl May eine umjubelte Rede vor 3000 Zuhörern in Wien; Thema: ›Empor ins Reich der Edelmenschen!‹ Am 30.03. stirbt May in der ›Villa Shatterhand‹ an Herzversagen. Am 03.04. wird er auf dem Radebeuler Friedhof beigesetzt.

1913 Der ›Verlag der Karl May-Stiftung Fehsenfeld & Co.‹ wird von Klara May und den Verlegern Fehsenfeld und Dr. Euchar Albrecht Schmidt in Radebeul gegründet. Er macht es sich zur Aufgabe, Karl Mays Gesamtwerk zu veröffentlichen, wozu Rechte von Dritten erworben werden müssen. Auch soll May in der Öffentlichkeit rehabilitiert werden. Aus diesem Grund und aus dem Bestreben, eine bessere Verkäuflichkeit zu erreichen, werden Mays Werke in der Folgezeit einschneidend bearbeitet.
Unter dem Vorsitz von Dr. Adolf Droop wird die ›Karl-May-Vereinigung‹ gegründet, deren Ziel die Förderung von Mays Anse-

hen in der Öffentlichkeit ist; der 1. Weltkrieg bringt diese Aktivitäten zum Erliegen.

1915   Umbenennung des 1913 gegründeten Verlags in ›Karl-May-Verlag Fehsenfeld & Co.‹.

1917   Emma May stirbt. Die Karl-May-Stiftung wurde am 05.03. in das Stiftungsregister eingetragen. Diese Stiftung ist gemäß Mays letzten Testament von 1908 Universalerbin des Nachlasses von Karl und Clara May.

1918   In Berlin wird unter dem Vorsitz von Dr. Rudolf Beissel der ›Karl-May-Bund e. V.‹ gegründet, der bald wieder aufgelöst wird.

1919   Karl Mays Theaterpremiere mit dem Stück *Winnetou* findet im Deutschen Theater in München statt. Bis 1944 erlebt das von Hermann Dimmler geschriebene Stück mehr als 375 Aufführungen, und es wird auch später noch häufig nachgespielt.

1920–21 Marie-Luise Droop und die Ustad-Film, an der auch der Karl-May-Verlag beteiligt ist, bringen drei stumme Orientfilme nach Vorlagen von Karl May heraus − die Leinwandpremiere des Dichters: *Auf den Trümmern des Paradieses*, *Die Todeskarawane* und *Die Teufelsanbeter/Bei den Teufelsanbetern*.

1921   Fehsenfeld scheidet aus dem Karl-May-Verlag aus.

1927   Der Karl-May-Verlag beginnt mit der Abgabe von Lizenzen erfolgreicher May-Titel an andere Verlage.

1936   Mit Heinz Stoltes Dissertation *Der Volksschriftsteller Karl May* erscheint die erste Hochschulschrift über May; damit ist der Grundstein für eine spätere May-Forschung gelegt.
Mit *Durch die Wüste* kommt der erste May-Tonfilm in die Kinos.

1938   Die Felsenbühne im sächsischen Rathen führt mit *Winnetou* als erstes Freilichttheater ein Karl-May-Stück auf.

1939   Mit 65 Bänden sind die ›Gesammelten Werke‹ des Karl-May-Verlags vorerst komplett.

1942   G. Henninger gründet den ›Deutschen Karl-May-Bund‹ mit dem Ziel, auf das Pazifistische in Mays Werk aufmerksam zu machen.

1944	Die Gestapo löst den ›Deutschen Karl-May-Bund‹ als ›staatsfeindliche‹ Vereinigung auf. Klara May stirbt.
1946	Erstmals nach dem 2. Weltkrieg erscheint Karl May wieder im Theater: Das neue Schauspielhaus in Wien führt das Stück *Old Shatterhand und Winnetou am Silbersee* auf.
1949	Die ersten Karl-May-Freilichtspiele nach dem 2. Weltkrieg: *Old Shatterhand* in Ratingen und *Winnetou und sein weißer Bruder* in München.
1950	Da der Karl-May-Verlag in der SBZ/DDR keine Erlaubnis zur Wiederaufnahme seiner Produktion erhält, überträgt er alle Rechte an Mays Werken an den zu diesem Zweck gegründeten ›Verlag Joachim Schmid‹ in Bamberg.
1952	Der ›Verlag Joachim Schmid‹ wird in ›USTAD-Verlag Gebr. Schmidt‹ umbenannt. Mit dem Stück *Winnetou* startet Bad Segeberg seine bis heute andauernden Karl-May-Freilichtspiele.
1955	Nach Ablauf der Lizenzverträge übernimmt der USTAD-Verlag die Produktion und den Vertrieb von Karl Mays Werken in eigener Verantwortung.
1958	*Winnetou* heißt die erste Karl-May-Freilichtaufführung in Elspe. Das Stück ist so erfolgreich, daß die Sauerländer auch in den beiden folgenden Jahren May-Stücke spielen.
1958–59	Mit *Die Sklavenkarawane* und *Der Löwe von Babylon* gelangen die ersten Karl-May-Farbfilme in die Kinos.
1959	Der Karl-May-Verlag verlegt seinen Sitz nun auch offiziell von Radebeul nach Bamberg.
1960	Der Karl-May- und der USTAD-Verlag fusionieren zum ›Karl-May-Verlag Joachim Schmid & Co.‹, geleitet von Dr. Schmids Söhnen Joachim, Lothar und Roland. Die ›Gesammelten Werke‹ liegen erstmals nach dem 2. Weltkrieg wieder komplett vor und sind auf 70 Bände angewachsen. Der in Wien und Heidelberg ansässige Ueberreuter-Verlag bringt Mays Werke in Lizenz als preiswerte Taschenbücher heraus. Der Karl-May-Verlag vergibt weitere Lizenzen und startet selbst weitere May-Reihen, um seine Marktposition im Hinblick auf den

bald ablaufenden Urheberrechtsschutz an Mays Werk auszubauen.

1962   Der Urheberrechtsschutz an Karl Mays Werk läuft am Jahresende ab. Andere Verlage beginnen mit der Herausgabe von May-Büchern.

Im Dezember kommt *Der Schatz im Silbersee* in die Kinos, die erste verbürgte Verfilmung von Mays Wildwest-Erzählungen. Lex Barker und Pierre Brice werden als Old Shatterhand und Winnetou zum Traumpaar des deutschen Films.

1963   Der Karl-May-Verlag kann − inklusive Lizenzausgaben − auf 70 Millionen verkaufte May-Bücher verweisen. Der überwältigende Erfolg von *Der Schatz im Silbersee* (erfolgreichster deutscher Kinofilm der Spielzeit 1963) zieht weitere May-Filme nach sich, beginnend mit *Winnetou I.*

Für das von Konrad Adenauer geplante Staatsfernsehen entsteht die sechsteilige TV-Serie *Mit Karl May im Orient.* Das ZDF übernimmt diese Produktion, strahlt sie aber niemals aus. Nur auf der Berliner Funkausstellung werden drei Episoden gezeigt.

1964   Karl May im Kino: *Old Shatterhand, Der Schut, Winnetou II* und *Unter Geiern.*

In Elspe kehrt man mit dem Stück *Hadschi Halef Omar* zu May zurück und bleibt dem sächsischen Dichter fortan treu.

1965   Karl May im Kino: *Der Schatz der Azteken, Die Pyramide des Sonnengottes, Der Ölprinz, Durchs wilde Kurdistan, Im Reiche des silbernen Löwen, Winnetou III* und *Old Surehand.*

Das ZDF strahlt mit der TV-Produktion *Freispruch für Old Shatterhand* den ersten dramatischen Film aus, der sich mit Mays Leben beschäftigt.

1966   Karl May im Kino: *Das Vermächtnis des Inka, Winnetou und das Halbblut Apanatschi, Winnetou und sein Freund Old Firehand.*

1968   Mit *Winnetou und Shatterhand im Tal der Toten* verabschiedet sich die erfolgreiche Welle von Karl-May-Filmen aus den deutschen Kinos.

Insgesamt 17 Mal dienten Mays Werke in den sechziger Jahren als Vorlage oder Inspiration für einen Kinofilm.

1969   Die ›Karl-May-Gesellschaft e. V.‹ wird mit dem Ziel gegründet, Mays Leben und Werk zu erforschen. Sie wird in den kommenden Jahrzehnten zur maßgebenden Triebkraft der Karl-May-Forschung, bringt zahlreiche Publikationen heraus und zählt heute über 1600 Mitglieder.

1973 ›Old Shatterhand‹ Lex Barker stirbt am 11.05. Das ZDF strahlt die ersten 13 Folgen der TV-Serie *Kara Ben Nemsi Effendi* aus.

1974 Hans-Jürgen Syberbergs Film *Karl May* kommt in die Kinos.

1975 Das ZDF strahlt weitere 13 Folgen von *Kara Ben Nemsi Effendi* aus.

1976 Pierre Brice steht erstmals als Winnetou auf einer Freilichtbühne, als er in der Elsper Aufführung von *Der Ölprinz* mitwirkt. Dieser Auftritt bedeutet sein Comeback als Karl Mays edler Apachen-Häuptling.

1980 Der WDR strahlt die 14-teilige TV-Serie *Mein Freund Winnetou* mit Pierre Brice in der Titelrolle aus. Erich Loests biographischer ›Karl-May-Roman‹ *Swallow, mein wackerer Mustang* erscheint in beiden Teilen des noch geteilten Deutschlands und läutet eine ›May-Wende‹ in der DDR ein.

1981–82 Die DDR rehabilitiert Karl May: Der Berliner Verlag ›Neues Leben‹ veröffentlicht einige – ideologisch überarbeitete – Bücher des Maysters. Das DDR-Fernsehen strahlt 1982 den Dokumentarfilm *Ich habe Winnetou begraben* sowie einige westdeutsche May-Filme aus den Sechzigern aus.

1984 Karl May ist erstmals wieder auf ostdeutschen Bühnen zu sehen. Das Theater der Freundschaft in Berlin gibt das Stück *Ihr seid ein Greenhorn, Sir!* nach Mays *Winnetou;* auf Rathens Felsenbühne ist *Der Schatz im Silbersee* zu sehen.

1985 Die ›Gesammelten Werke‹ des Karl-May-Verlags sind auf 74 Bände angewachsen.

1986 Pierre Brice stirbt in *Winnetou III* den Heldentod und kehrt danach Elspe den Rücken zu.
Das DDR-Fernsehen strahlt die zweiteilige Karl-May-Eigenproduktion *Das Buschgespenst* aus.

1987 Der Nördlinger Greno-Verlag beginnt mit einer auf 99 Bände angelegten ›Historisch-kritischen Ausgabe‹ von Karl Mays Originaltexten.

1988   Pierre Brice reitet ab jetzt durch den Talkessel am Bad Segeberger Kalkberg und debütiert dort mit seinem eigenen Stück *Winnetou, der Apache.*

Das DDR-Fernsehen strahlt die zweiteilige Karl-May-Eigenproduktion *Präriejäger in Mexiko* aus.

1989   Der Züricher Haffmans-Verlag übernimmt die Edition der ›historisch-kritischen‹ Karl-May-Ausgabe vom maroden Greno-Verlag.

1990   Der DDR-Puppentrickfilm *Die Spur führt zum Silbersee* erlebt nach gut dreijähriger Produktionszeit seine Kinopremiere.

1992   Karl Mays 150. Geburtstag.

Zu diesem Anlaß strahlt das ZDF den mehrteiligen an Originalschauplätzen in der Ex-DDR gedrehten TV-Film *Karl May* über das Leben des nach wie vor ungeheuer populären Schriftstellers aus.

AUSBLICK

Karl May hat sich auf dem Buchmarkt als feste Institution bewährt. Die nächsten Jahre werden zeigen, ob das ehrgeizige Projekt des Haffmans-Verlags, Mays Gesamtwerk im Originaltext vorzulegen, von den Käufern und Lesern angenommen wird. Mays 150. Geburtstag sichert dem großen Sachsen einmal mehr die Aufmerksamkeit der Massen und der Medien und wird vielleicht helfen, das in der Öffentlichkeit noch immer schiefe Bild des › Volksschriftstellers‹ und ›Räuberhauptmannes‹ zurechtzurücken. Der Mitgliederzuwachs der Karl-May-Gesellschaft bestätigt das gesteigerte Interesse an der Person des Autors.

Viele der neuen Mitglieder kommen aus den fünf neuen Bundesländern, wie überhaupt Karl May in Osteuropa sehr beliebt ist. 1990 wurde die Brauner-Produktion *Old Shatterhand* mit 30 Kopien in den polnischen Kinos gestartet. Und auch in der Sowjetunion sollte der Film gezeigt werden.

Ob Pierre Brice tatsächlich noch einmal als Winnetou über die große Kinoleinwand reiten wird, ist mehr als fraglich. Schon das fortgeschrittene Alter *des* Winnetou dürfte seinen langjährigen Plänen für einen neuen Winnetou-Kinofilm im Wege stehen. Wenn es denn wirklich dazu käme, dürfte es sich um ein Werk handeln, das weniger in der Tradition der in den sechziger Jahren gedrehten Karl-May-Filme als in derjenigen der Fernsehserie *Mein Freund Winnetou* stünde. Zu intensiv hat sich Brice mit Winnetous roten Brüdern befaßt, als daß er ein rein naives Abenteuerspiel auf die Leinwand bringen könnte. Ein anspruchsvolles Werk würde aber schwerlich Geldgeber finden, zumal *Mein Freund Winnetou* nicht der erhoffte Erfolg wurde.

1987 ritt der Franzose in dem von Franz Josef Gottlieb inszenierten Klamaukfilm *Zärtliche Chaoten* bis jetzt zum letztenmal im Winnetou-Kostüm durch einen Kinofilm bzw. durch dessen erste zehn Minuten. Pierre Brice spielte darin sich selbst, wie er bei den Dreharbeiten zu einem neuen Karl-May-Film von Fernsehliebling Thomas Gottschalk als Aushilfs-Old-Shatterhand zur Verzweiflung getrieben wird. Der zweimalige Karl-May-Schurke Harald Leipnitz mimte den Karl-May-Regisseur.

Karl Mays 150. Geburtstag hat den Schriftsteller bei den Filmleuten wieder ins Gespräch gebracht. Von Plänen zu mehreren May-Fernsehserien war zu lesen. Eine davon wird von Artur Brauner unter dem Titel *Winnetou und Old Shatterhand* vorbereitet. Die Drehbücher folgen Karl Mays Winnetou-Trilogie, wurden aber in einer späteren Version dahingehend geändert, daß sowohl Winnetou als auch Santer am Schluß überleben, um für eine mögliche Fortsetzung zur Verfügung zu stehen. Als Drehorte werden die CSFR, Polen, die südliche Sowjetunion und mal wieder Jugoslawien angegeben. Auf dem Besetzungskarussell drehten sich folgende Namen, ohne daß bei Abschluß dieses Buches eine Entscheidung gefallen war: Anthony Quinns Sohn Francesco oder ein Sohn des Kung-Fu-Stars Bruce Lee als Winnetou, Christopher Barker oder Mark Pillow als Old Shatterhand und Natja Jamaan als Nschotschi. Christopher Barker ist der Sohn von Lex; auch die Elsper hatten ihn schon mal als Old Shatterhand ins Auge gefaßt, ihn dann aber als zu teuer befunden.

Mark Pillow und Natja Jamaan standen für Brauner bereits in einer neuen Jack-London-Serie namens *Goldrausch* vor der Kamera.

Brauner will die für *Goldrausch* errichteten Bauten, u. a. eine Goldgräberstadt, kostensparend für die Karl-May Serie weiterverwenden. Die 13 Stunden Film, die so entstehen sollen, möchte der Produzent auch in zwei Kinofilmen auswerten. Bei einem Erfolg des auf 30 Millionen Mark veranschlagten Projekts soll eine ähnliche Serie nach Mays Orientromanen folgen. Geldgeber der Winnetou-Serie sollen das ZDF – für das auch die Jack-London-Serie entsteht – und ausländische Produktionspartner sein.

Bleibt zu hoffen, daß einige der neuen Karl-May-Serien realisiert werden und daß sie uns gute Unterhaltung und möglichst viel von Karl May bieten. Gerade das Fernsehen hat in Sachen Karl May noch viel aufzuholen. In den Siebzigern und frühen Achtzigern, als das ZDF jedes Jahr zu Weihnachten einen großen Abenteuer-Vierteiler ausstrahlte, überging es merkwürdigerweise konsequent den sächsischen Schriftsteller. Dabei hätten sich gerade dessen umfangreiche, oft mehrbändige Werke hervorragend für ein Sechs-Stunden-Opus geeignet. Vielleicht war da die Scheu vor einem Vergleich mit den Karl-May-Filmen der Sechziger mit im Spiel. Denn einer der ersten Abenteuer-Vierteiler des ZDF entstand durchaus in direkter Reaktion auf den May-Kino-Boom: *Lederstrumpf* mit Hellmut Lange in der Titelrolle verband – wie die Winnetou-Filme – Wildwest-Abenteuer und Romantik auf gut gemachte Weise.

Sicher hätte es auch mehr Karl-May-Verfilmungen aus der DDR gegeben, wenn es denn die DDR noch gäbe. Vielleicht überlebt ja das künstlerische Potential der DEFA allen Widrigkeiten zum Trotz und geht eine fruchtbare Verbindung mit dem westlichen Kommerzdenken ein.

Auf Eis liegt derzeit ein zweiter Karl-May-Puppentrickfilm der DEFA, den wiederum Günter Rätz inszenieren sollte: *Der Geist des Llano Estacado*. Einige Kulissen waren bereits hergestellt, als im Sommer 1990 die Null-Stunden-Kurzarbeitswoche die Produktion lahmlegte. Zum Weiterdrehen – fast sämtliche Puppen müssen noch hergestellt werden – fehlen zwei Millionen DM. Aufgrund der langwierigen Dreharbeiten, die frühestens im großen Karl-May-Jahr 1992 hätten abgeschlossen sein können, konnte man auch nicht mit der Filmförderung des Bundesinnenministeriums rechnen, da diese nur für Filme gewährt wurde, die Anfang 1991 abgedreht waren. So bleibt ungewiß, ob Winnetou und Old Shatterhand, Hobble-Frank und Tante Droll ein weiteres Puppentrickabenteuer bestehen werden.

Der Verfasser dieser Zeilen glaubt fest daran, daß Winnetou, Old Shatterhand, Kara Ben Nemsi und Hadschi Halef Omar auch in Zukunft ihre Abenteuer nicht nur zwischen Buchdeckeln, sondern auch auf Bildschirmen und Leinwänden erleben werden. Karl May hat sich als zeitlos gut und beliebt erwiesen. Daran können die Film- und Fernsehmacher auf Dauer nicht vorbei.

NÜTZLICHE ADRESSEN FÜR KARL-MAY-FREUNDE

I. KARL MAY

Archiv und Versand der Karl-May-Gesellschaft
Ekkehard Bartsch
Postfach 1122, W−2360 Bad Segeberg
(zugleich Versandbuchhandel/Antiquariat für Karl-May- und klassische Abenteuerliteratur)

Haffmans Verlag
Haus zum Raben im Waldgarten, Postfach, CH−8057 Zürich *(bringt die auf 99 Bände angelegte historisch-kritische Karl-May-Ausgabe mit den Original-texten des Maysters heraus)*

Karl-May-Archiv e. V.
Am Fuchsberg 21, W−3400 Göttingen
(sammelt alles zu Karl Mays Wirkungsgeschichte)

Karl-May-Festspiele Bad Segeberg
Oberbergstraße 29, W−2360 Bad Segeberg

Karl-May-Festspiele Elspe
Zur Naturbühne 1, W−5940 Lennestadt 12

Karl-May-Gesellschaft e. V.
Maximiliankorso 45, W−1000 Berlin 28
(widmet sich der Erforschung von Leben und Werk Karl Mays und bringt zahlreiche hochinteressante Publikationen heraus)

Karl-May-Haus
Karl-May-Straße 54, O−9270 Hohenstein-Ernstthal
(zum Museum ausgebautes Geburtshaus Karl Mays)

Karl-May-Museum
Karl-May-Straße 5, O−8122 Radebeul

Karl-May-Museum
Hainstraße 11, W−8600 Bamberg

Karl-May-Rundbrief
Regina Arentz, Dollendorfer Straße 189, W−5330 Königswinter 21
(zweimonatliche Informationsschrift rund um Karl May in Film, Fernsehen und auf der Bühne − bei Anfragen Rückporto beilegen!)

Karl-May-Verlag
Karl-May-Straße 8, W−8600 Bamberg
(gibt die ›Gesammelten Werke‹ des Maysters heraus)

II. SCHAUSPIELER

Mario Adorf
- Perlacher Straße 28, W−8022 Grünwald
- c/o Agentur Lentz, Holbeinstraße 4, W−8000 München 80

Eddi Arent
Beethovenstraße 13, 8011 Vaterstetten

Gérard Barray
c/o Olga Horstig-Primuz, 78 Champs-Elysées, 75008 Paris, Frankreich

Rik Battaglia
Via Monte Grappa 10, 00013 Colle Verde, Roma, Italien

Friedrich Georg Beckhaus
Am Hegewinkel 64, W−1000 Berlin 37.

Pierre Brice
- 52 boulevard Malesherbes, 75008 Paris, Frankreich
- c/o Olga Horstig-Primuz, 78 Champs-Elysées, 75008 Paris, Frankreich

Karin Dor
c/o Agentur Killer, Harthauser Straße 54, W−8000 München 90

Götz George
Terrassenstraße 32, W−1000 Berlin 38

Walter Giller
Via Tamporiva 26, 6976 Castagnola, Schweiz

Mario Girotti (Terence Hill)
c/o Terence Hill Productions, 1 Fifth Avenue,
New York, NY 10003, USA

Uschi Glas
c/o Agentur Alexander, Lamontstraße 9, W−8000 München 80

Stewart Granger
17331 Tramanto Drive, No. 1, Pacific Palisades, CA 90272, USA

Marianne Hoppe
W−8221 Scharam, Post Siegsdorf

Chris Howland
Postfach 27 04 01, W−5000 Köln 1

Henry Hübchen
Wolfhagener Straße 85, O−1100 Berlin

Klaus Kinski
− c/o Paul Kohner Agency, 9169 Sunset Boulevard, Los Angeles,
CA 90069, USA
− c/o Artmedia, 10 avenue George-V, 75008 Paris, Frankreich

Daliah Lavi
5900 SW 117th Street, Miami, FL 33156, USA

Harald Leipnitz
− Poschinger Straße 12, W−8000 München 80
− c/o Agentur Alexander, Lamontstraße 9, W−8000 München 80

Herbert Lom
c/o London Management, 235 Regent Street, London, W. 1, England

Guy Madison
35022 1/2 Avenue ›H‹, Yucaipa, CA 92399, USA

Francesco Rabal
− c/o Promotion 2, Viale Parioli 59, 00197 Roma, Italien
− c/o Anne Alvares Correa, 18 rue Troyon, 75017 Paris, Frankreich

Bill Ramsey
Biebricher Allee 37, W−6200 Wiesbaden

Siegfried Rauch
− Weilheimer Straße 6, W−8121 Untersöchering
− c/o Agentur Alexander, Lamontstraße 9, W−8000 München 80

Gustavo Rojo
Fuente de la Peninsula 62, Tecamachalso, Estado de Mexico, Mexiko

Sieghardt Rupp
Khevenhüllerstraße 17, Haus D, 1180 Wien, Österreich

Erik Schumann
Frundsbergstraße 33, W−8021 Straßlach

Kristina Söderbaum
St. Jakobsplatz 10/III-E, W−8000 München 2

Elke Sommer
Atzelberger Straße 46, W—8521 Marloffstein

Georg Thomalla
Haus Nefer, 5640 Bad Gastein, Österreich

Marie Versini
— 23 résidence Elysee, 78170 La Celle Saint-Cloud, Frankreich
— c/o agentur von Pilecki, Eilandstraße 12, W—8000 München 90

Karl Michael Vogler
Auweg 60, Seehof, W—8110 Seehausen

Antje Weisgerber
Rosenstraße 6, W—8133 Rottach-Egern

Ralf Wolter
Erkweg 9, W—8000 München 81

Anmerkung: Nichts ändert sich so leicht wie die Zuneigung einer Frau und wie Adressen. Deshalb kann leider keine Gewähr für die Richtigkeit der obigen Angaben übernommen werden. Bei Anfragen an die obigen Institutionen sowie bei Autogrammwünschen an die Schauspieler kann ein frankierter und adressierter Rückumschlag bzw. (im Ausland) ein Rückumschlag mit einem internationalen Antwortschein (erhältlich bei der Post) hilfreich sein.

LITERATUR-
VERZEICHNIS

HAUPTSÄCHLICH BENUTZTE LITERATUR

I. Selbständige Veröffentlichungen über Karl May und sein Werk

Beissel, Rudolf: *Von Atala bis Winnetou. Die ›Väter des Western-Romans‹.* Bamberg/Braunschweig 1978.

Böhm, Viktor: *Karl May und das Geheimnis seines Erfolges.* Gütersloh 1979.

Braumann, Randolph (Hrsg.): *Auf den Spuren von Karl May. Reisen zu den Stätten seiner Bücher.* Frankfurt am Main 1978.

Eggebrecht, Harald (Hrsg.): *Karl May — der sächsische Phantast. Studien zu Leben und Werk.* Frankfurt am Main 1987.

Heermann, Christian: *Der Mann, der Old Shatterhand war. Eine Karl-May-Biographie.* Berlin 1988.

›ICH‹ — *Karl Mays Leben und Werk.* (Enthält in überarbeiteter Form Karl Mays Autobiographie *Mein Leben und Streben).* Bamberg 1976.

Kann, Albrecht P.: *Karl May — So war sein Leben.* Hamburg 1979.

Karl May. Eine philologische Streitschrift. Nördlingen 1988.

Klußmeier, Gerhard/Heiner Peul (Hrsg.): *Der große Karl May Bildband. Karl May — Biographie in Dokumenten und Bildern.* Hildesheim/New York 1978.

Kreiner, Otto: *Der Schatten. Phantasien über den Volksschriftsteller Karl May.* Salzburg/Wien 1989.

Loest, Erich: *Swallow, mein wackerer Mustang. Karl-May-Roman.* Frankfurt am Main 1983.

Ostwald, Thomas: *Karl May — Leben und Werk.* Braunschweig 1974.

Plaul, Heiner: *Illustrierte Karl-May-Bibliographie.* München/London/New York/Paris 1989.

Pleticha, Heinrich: *Abenteuer-Lexikon.* Ohne Ortsangabe 1978.

Schmidt, Arno: *Sitara und der Weg dorthin. Eine Studie über Wesen, Werk und Wirkung Karl Mays.* Frankfurt am Main 1979.

Schmiedt, Helmut (Hrsg.): *Karl May.* Frankfurt am Main 1983.

Stolte, Heinz: *Der Volksschriftsteller Karl May.* Reprint der Erstausgabe von 1936. Bamberg 1979.

Sudhoff, Dieter/Hartmut Vollmer: *Karl Mays ›Winnetou‹. Studien zu einem Mythos.* Frankfurt am Main 1989.

Ueding, Gert/Reinhard Tschapke (Hrsg.): *Karl-May-Handbuch.* Stuttgart 1987.

Wiedenroth, Hermann/Hans Wollschläger (Hrsg.): *Der Karl-May-Rabe.* Zürich 1989.

Wollschläger, Hans: *Karl May — Grundriß eines gebrochenen Lebens.* Zürich 1976.

Selbständige Veröffentlichungen über Film, Fernsehen und Bühne

Albrecht, Gerd (Hrsg.): *Die großen Filmerfolge.* Ebersberg 1985.

Bandmann, Christa/Joe Hembus: *Klassiker des deutschen Tonfilms 1930—1960.* München 1980.

Barthel, Manfred: *So war es wirklich. Der deutsche Nachkriegsfilm.* München/Berlin 1986.

Bernhard, Manfred: *Die Tarzan-Filme.* München 1983.

Berg, Alex: *Winnetou im Tal des Todes.* Drehbuch.

Bludau, Jochen/Fred Aurich: *Elspe — Deutschlands Wilder Westen. Ein Blick hinter die Kulissen der Karl-May-Festspiele Elspe.* Gerabronn/ Crailsheim 1981.

Blum, Heiko R.: *Götz George. Seine Filme — sein Leben.* München 1989.

Bojarski, Richard: *The Films of Bela Lugosi.* Secaucus 1980.

Brauner, ›Atze‹: *Mich gibt's nur einmal. Rückblende eines Lebens.* München/Berlin 1976.

Essoe, Cabe: *Tarzan of the Movies. A Pictorial History Of More Than Fifty Years Of Edgar Rice Burroughs' Legendary Hero.* Secaucus 1979.

Fischer, Robert/Joe Hembus: *Der Neue Deutsche Film 1960— 1980.* München 1981.

Giesen, Rolf: *Lexikon des phantastischen Films.* 2 Bände. Frankfurt am Main/Berlin/Wien 1984.

Giesen, Rolf: *Sagenhafte Welten. Der phantastische Film.* München 1990.

Hembus, Joe: *Western-Geschichte 1540—1894.* München 1981.

Hembus, Joe: *Western-Lexikon. 1324 Filme von 1894—1978.* München 1978.

Jeier, Thomas: *Bud Spencer und Terence Hill.* München 1981.

Jeier, Thomas: *Der Western-Film.* München 1987.

Karl-May-Archiv e. V. (Hrsg.): *Die Drehorte der Karl-May-Filme.* Göttingen 1986.

Katholisches Institut für Medieninformation e. V./Katholische Filmkommission für Deutschland (Hrsg.): *Lexikon des Internationalen Films.* 11 Bände. Reinbek bei Hamburg 1988/89.

Knötzsch, Hans/Alfried Nehring: *Präriejäger in Mexiko.* Drehbuch. 2 Bände.

Lorenz, Detlef: *Alles über Tarzan. Bücher — Filme — Comics.* Ohne Ortsangabe 1982.

Maibohm, Ludwig: *Fritz Lang. Seine Filme — sein Leben.* München 1981.

Naha, Ed: *The Films of Roger Corman. Brilliance on a Budget.* New York 1982.

Pauer, Florian: *Die Edgar-Wallace-Filme.* München 1982.

Schiele, Joachim: *Tarzan — Der barfüßige Held.* München 1981.

Seeßlen, Georg/Claudius Weil: *Western-Kino. Geschichte und Mythologie des Western-Films.* Reinbek bei Hamburg 1979.

Unucka, Christian /Hrsg.): *Karl May im Film. Eine Bilddokumentation.* Dachau 1980.

Weber, Reinhard/Andrea Rennschmid: *Die Karl-May-Filme*. Ohne Ortsangabe 1990.
Winkler, Thomas: *Die Karl-May-Film-Story*. Ohne Angaben.
Winkler, Thomas: *Mit eigenen Augen dabei. Karl-May-Festspiele in der Bundesrepublik*. 2 Hefte. Ohne Angaben.

III. Aufsätze

Arentz, Regina: *Der Knüller: Neue ›Winnetou‹-TV-Serie*. In: Karl-May-Rundbrief August 1990.
Deeken, Annette: *Träume eines Geistersehers — Zur Ästhetik eines Syberberg-Films*. In: *Jahrbuch der Karl-May-Gesellschaft* 1984.
Erhardt, Heinz: *Auch ich war in Indianien*. In: *Illustrierter Filmkurier* Nr. 56.
Hatzig, Hansotto: *Karl May als Teiresias im Ludwig-Film von Hans-Jürgen Syberberg*. In: *Mitteilungen der Karl-May-Gesellschaft* Nr. 14.
Hatzig, Hansotto: *Winnetou macht sich selbständig. Beispiele der Interpretation durch Schauspieler: Hans Otto — Will Quadflieg — Pierre Brice*. In: *Sudhoff/Vollmer a. a. O.*
Hatzig, Hansotto/Erich Heinemann: *Die Karl-May-Filme*. In: *Mitteilungen der Karl-May-Gesellschaft* Nr. 9—13.
Kastner, Jörg: *›Die Spur führt zum Silbersee‹ — Noch ein Karl-May-Film*. In: *Mitteilungen der Karl-May-Gesellschaft* Nr. 72.
Kipp, Rudolf W.: *Die Lu-Droop-Story*. In: *Mitteilungen der Karl-May-Gesellschaft* Nr. 37—38.
Köhler, André: *Am Drehort — Henry Hübchen alias Karl May in einer neuen Serie*. In: *Karl-May-Rundbrief* Nr. 40.
Köhler, André: *Die Geier — Ein Karl-May-Film, der vielleicht für immer unvollendet bleiben wird*. In: *Karl-May-Rundbrief* Nr. 41.
Krauskopf, Peter: *›Pferde, Action, Explosionen‹ — Winnetou auf der Bühne*. In: *Sudhoff/Vollmer a. a. O.*
Nehring, Alfried: *Karl May — Gepriesener, vielgeschmähter Lügenbold*. In: *Film und Fernsehen* Heft 12/1988.
Petzel, Michael: *Deutsche Helden — Karl May im Film*. In: Unucka a. a. O.
Petzel, Michael: *Karl May im Fernsehen*. In: *Mitteilungen der Karl-May-Gesellschaft* Nr. 24—27.
Schmidt, Hartmut: *Ein neuer Film über Karl May?* In: *Mitteilungen der Karl-May-Gesellschaft* Nr. 41.
Schmidt, Hartmut: *Karl-May-Film einmal anders*. In: *Mitteilungen der Karl-May-Gesellschaft* Nr. 84.
Schmidt, Hartmut/Walther Illmer: *Erste Karl-May-Verfilmung des DDR-Fernsehens*. In: *Mitteilungen der Karl-May-Gesellschaft* Nr. 72.
Steinmetz, Hans-Dieter: *Ein neuer Film über Karl May?* In: *Mitteilungen der Karl-May-Gesellschaft* Nr. 42.

T. W.: *(K)ein Urlaub an der Adria. Ein Werkstattbericht über die Dreharbeiten des Karl-May-Filmes ›Winnetou im Tal des Todes‹.* In: *Karl May Star- und FilmJournal* Nr. 9
T. W.: *Winnetous Tod — oder: Die Karl-May-Film-Welle geht in die ›Ewigen Jagdgründe‹.* In: *Karl May Star- und FilmJournal* Nr. 10.

IV. Periodika

Illustrierter Filmkurier.
Jahrbuch der Karl-May-Gesellschaft.
Karl-May-Rundbrief.
Karl May Star- und FilmJournal.
KMG-Nachrichten (vormals: *Karl-May-Gesellschaft-Geschäftsführerbrief*).
Mitteilungen der Karl-May-Gesellschaft.

Sowie weitere einzelne Artikel, Interviews und Meldungen verschiedener Publikationen.

Anmerkung: Karl Mays Leben und Werk ist inzwischen zum Gegenstand vielfältiger Forschung geworden, nicht zuletzt dank der Aktivitäten der Karl-May-Gesellschaft. Die in Abschnitt I. aufgeführte Literatur stellt nur einen Ausschnitt aus der Karl-May-Sekundärliteratur dar. Weitere Literaturhinweise finden sich in vielen der dort genannten Werke. Im *Jahrbuch der Karl-May-Gesellschaft* ist alljährlich ein Literaturbericht über die Neuerscheinungen an May-Literatur enthalten.

Dan Cushman

Durch tropische Hitze,
von Insel zu Insel,
von Frau zu Frau –
Frisco Dougherty
auf dem Diamantenpfad

Juwel der Java See

Band 13 262

Dan Cushman

Juwel der Java See

Deutsche
Erstveröffentlichung

Eine faszinierende Abenteuergeschichte aus dem Indonesien der vierziger Jahre

Seit zehn Jahren quält sich Frisco Dougherty durch die indonesische Tropenwelt. Endlich sieht er seine große Chance gekommen – er erwirbt einen Diamanten aus einem offenbar größeren Juwelenschatz. Von Insel zu Insel, von Frau zu Frau folgt der ebenso widerstandsfähige wie verträumte Dougherty der vagen Spur. Doch schon bald muß er feststellen, daß die anderen mehr wissen, als sie zugeben: der Kapitän Jaske, der gierige Locheng, eine chinesische Geheimgesellschaft und nicht zuletzt Anna – eine einsame und geheimnisvolle Frau von vollkommener Schönheit.

Sie erhalten diesen Band im Buchhandel, bei Ihrem Zeitschriftenhändler sowie im Bahnhofsbuchhandel.

Band 13 264
Dan Cushman
Port Orient Express
Deutsche
Erstveröffentlichung

Ambrose Leeper, ein biederer amerikanischer Buchhalter, verläßt Heim und Herd und bricht nach China auf. Durch einen mysteriösen Hilferuf ist er dem Port Orient Express auf die Spur gekommen. Diese Fluggesellschaft hat früher, zur Zeit der kommunistischen Rebellion, die Goldschätze reicher Leute aus dem Land geflogen. Was ist übrig geblieben von dieser heißen Fracht? Das will nicht nur Ambrose Leeper wissen, sondern auch eine ganze Crew bunt zusammengewürfelter Abenteurer: ein Müßiggänger, der aussieht wie Kirk Douglas, ein Schwächling namens Kid Boots und zwei bezaubernd schöne Frauen. Sie alle hat der Goldrausch nach China getrieben.

Sie erhalten diesen Band
im Buchhandel, bei Ihrem
Zeitschriftenhändler sowie
im Bahnhofsbuchhandel.

Band 13 301

John Evans

**Die Madonna
von Portobello**

Deutsche
Erstveröffentlichung

Habbakuk Parton hat schon viele Eisen für die britische Admiralität aus dem Feuer geholt. Doch diesmal ist sein Auftrag nichts anderes als ein Himmelfahrtskommando. Er soll entflohene Sklaven, die sich in die Berge der Karibikinsel St. Domingue geflüchtet haben, dazu bewegen, eine blutige Rebellion gegen die Franzosen zu beginnen.
Der kleinste Fehler kann Parton das Leben kosten – erst recht, als er vom Geheimnis der Madonna von Portbello erfährt und der blutrünstige Etcharry zur Treibjagd auf ihn bläst.
Habbakuk Parton kämpft um sein Leben – um die Madonna, die ihrem Besitzer sagenhaften Reichtum verspricht – und um die Liebe der schönen Sklavin Mardi . . .

Band 13 361

Bernard Cornwell

Rotröcke

**Deutsche
Erstveröffentlichung**

Rotröcke ist die dramatische Geschichte einer besetzten Stadt im Krieg. Die Stadt in Philadelphia im Winter 1777, und die Besatzer sind die britischen Rotröcke, deren Ziel es ist, die Flammen der Rebellion in den Kolonien der Neuen Welt zu ersticken. Selbst die britische Regierung und große Teile der Bevölkerung im Mutterland glauben, daß der Preis für einen Krieg gegen die Rebellen zu hoch ist. Doch in der Armee gibt es Männer, die lieber weitere Siege erkämpfen als über einen Frieden verhandeln wollen. Zu ihnen gehört Captain Christopher Vane.

Nur einer steht dem Ehrgeiz des Captains im Wege: Sam Gilpin, ein einfacher Rotrock, der sich zwischen der Loyalität zur britischen Armee und seinem Patriotismus entscheiden muß . . .